Auteursrecht in hoofdlijnen

Auteursrecht in hoofdlijnen

door

mr. N. van Lingen

vierde, herziene druk

Samsom
Alphen aan den Rijn 1998

Colofon
Zetwerk: Academisch redactiebureau Editor, Rotterdam

ISBN 90 6092 951 9
NUGI 692
D-nummer 1997/5641/055

Copyright finds its justification
in fair play and in traditional notions
of personal property.
(Unesco, *The ABC of copyright*)

Oprekking en uitbaleining van het auteurs-
recht tot een hoepelrok waar men van alles
onder kan brengen verdient geen aanbeveling.
(S. Gerbrandy, *Auteursrecht in de steigers*, p. 47)

Inhoud

IV Inhoud van het auteursrecht

V Het persoonlijkheidsrecht (droit moral)

VI De beperkingen van het auteursrecht

Woord vooraf

Bij de vierde druk

Dit boek bevat, zoals de titel aangeeft, de hoofdlijnen van het auteursrecht. Niet meer, maar ook niet minder. Het doel is kennis en inzicht te verschaffen in (het wettelijk systeem van) het auteursrecht, op een ook voor niet-juristen begrijpelijke manier. Sinds de eerste druk in 1975 is het boek, als inleiding op dit steeds complexer geworden rechtsgebied, ook van nut gebleken voor het juridisch onderwijs en voor de rechtspraktijk. Daarom zijn de hoofdlijnen hier en daar wat verder uitgewerkt, en wordt in ruime mate verwezen naar jurisprudentie en literatuur. Daarbij is er steeds naar gestreefd om het inleidend karakter te behouden, zodat het boek ook in omvang hanteerbaar blijft zonder dat dit afbreuk doet aan de volledigheid.
Sinds de vorige druk (1990) is de informatiemaatschappij in rap tempo verder gedigitaliseerd, hetgeen het auteursrecht niet ongemoeid heeft gelaten. Er wordt voortdurend aan de Auteurswet gesleuteld, met name ook om deze aan te passen aan de stortvloed van EG-richtlijnen.
In deze vierde druk is het boek wederom grondig herzien en op de hoogte van de tijd gebracht. De voortgaande ontwikkelingen in wetgeving en rechtspraak maakten dat noodzakelijk. Verwerkt zijn onder meer de wetswijzigingen van 1991 (thuiskopie), 1992 (nieuw BW), 1993 (naburige rechten), 1994 (computerprogramma's), 1995 (duurverlenging; leen- en verhuurrecht) en 1996 (kabel en satelliet). Ook wordt aandacht besteed aan komende wetswijzigingen (reprorecht; databanken) en aan ontwikkelingen op internationaal niveau (EG-richtlijnen, TRIPs-verdrag 1994, WIPO-verdragen 1996).
De systematische indeling van het boek is niet veranderd. Enkele nieuwe paragrafen werden toegevoegd. In de bijlagen is de volledige en geheel bijgewerkte tekst van de Auteurswet 1912 opgenomen, alsmede de overgangsbepalingen van 1995 en 1996.

Wanneer de lezer niet verdwaalt in het auteursrecht maar het bos én de bomen blijft zien, beantwoordt het boek aan zijn doel.

Amsterdam, november 1997 NvL

Gebruikte afkortingen

AA	–	Ars Aequi, Juridisch studentenblad
AB	–	Administratiefrechtelijke Beslissingen
Adv.-Gen.	–	Advocaat-Generaal
AMI	–	Informatierecht, tijdschrift voor auteurs-, media- en informatierecht
AMR	–	Auteursrecht, tijdschrift voor auteurs- en mediarecht (tot 1982 zonder ondertitel)
amvb	–	algemene maatregel van bestuur
(Vz.)ARRvS	–	(Voorzitter) Afdeling Rechtspraak van de Raad van State
Aw	–	Auteurswet 1912
a.w.	–	aangehaald werk
BC	–	Berner Conventie
BenGH	–	Benelux Gerechtshof
BIE	–	Bijblad bij De Industriële Eigendom
BMW	–	Eenvormige Beneluxwet op de Warenmerken
BTMW	–	Eenvormige Beneluxwet inzake Tekeningen of Modellen
Buma	–	Vereniging 'Het Bureau voor Muziekauteursrecht Buma'
BW	–	Burgerlijk Wetboek
CIBRA	–	Commissie incasso, beheer en repartitie auteursrechtgelden
e.v.	–	en verder
EER	–	Europese Economische Ruimte
EG	–	Europese Gemeenschappen
ero	–	eigenrechtorganisatie
EU	–	Europese Unie
EVRM	–	Europees Verdrag tot bescherming van de rechten van de mens en de fundamentele vrijheden (Rome 1950)
GATT	–	General Agreement on Tariffs and Trade
Gr.	–	Grondwet
GRUR-IT	–	Gewerblicher Rechtsschutz und Urheberrecht, Internationaler Teil
Hof EG	–	Hof van Justitie van de Europese Gemeenschappen (Luxemburg)
IER	–	Intellectuele eigendom & reclamerecht
KB	–	Koninklijk Besluit
KG	–	Kort Geding
KNUB	–	Koninklijke Nederlandse Uitgeversbond
Ktg.	–	Kantongerecht
MvA	–	Memorie van antwoord

MvT	–	Memorie van toelichting
NBW	–	nieuw Burgerlijk Wetboek
NJ	–	Nederlandse Jurisprudentie
NJB	–	Nederlands Juristenblad
NTBR	–	Nederlands Tijdschrift voor Burgerlijk Recht
OM	–	Openbaar Ministerie
OMPI	–	Organisation Mondiale de la Propriété Intellectuelle
Pb.	–	Publicatieblad der Europese Gemeenschappen
Rb.	–	Arrondissementsrechtbank
RO	–	Wet op de Rechterlijke Organisatie
ROW	–	Rijksoctrooiwet
Rv.	–	Wetboek van Burgerlijke Rechtsvordering
RvdW	–	Rechtspraak van de Week
RvdW/KG	–	Rechtspraak van de Week/Kort Geding
Stb.	–	Staatsblad
Stcrt.	–	Nederlandse Staatscourant
Stemra	–	Stichting tot exploitatie van mechanische reproductierechten der auteurs
t.a.p.	–	ter aangehaalde plaatse
TRIPs	–	Agreement on Trade-Related aspects of Intellectual Property Rights
Trb.	–	Tractatenblad
UAC	–	Universele auteursrechtconventie
VvL	–	Vereniging van Letterkundigen/Vakbond van Schrijvers
WCT	–	WIPO Copyright Treaty (1996)
WIPO	–	World Intellectual Property Organization
WNR	–	Wet op de Naburige Rechten
WOB	–	Wet Openbaarheid van Bestuur
WPNR	–	Weekblad voor Privaatrecht, Notariaat en Registratie
WPPT	–	WIPO Performances and Phonograms Treaty (1996)
WTO	–	World Trade Organization
WvSr.	–	Wetboek van Strafrecht

Summiere literatuuropgave

Onderstaande lijst bevat een selectie uit de voornaamste bronnen en literatuur. Gezien het inleidende karakter van dit boek wordt, behoudens een enkele verkorte aanhaling, in de tekst hiernaar niet verder verwezen.

Auteurswet 1912, editie Schuurman & Jordens (nr. 75-I), veertiende druk, bewerkt door J.M. Meijer-van der Aa m.m.v. H. Cohen Jehoram, Zwolle 1995, W.E.J. Tjeenk Willink.

Auteursrecht en naburige rechten, Ars Aequi Wetsedities, Nijmegen 1997.

Intellectuele Eigendom, tekstuitgave van de wet- en regelgeving op het gebied van de intellectuele eigendom, derde druk, Lelystad 1997, Vermande.

Jurisprudentie en annotaties Ars Aequi, Intellectuele eigendom 1954-1992, Nijmegen 1992, Ars Aequi Libri.

Rechtspraak intellectuele eigendom, jurisprudentiebundel, tweede druk, Lelystad 1994, Vermande.

Computerrecht, tijdschrift voor informatica en recht, Deventer, Kluwer, 6 × per jaar, sinds 1984.

IER, Intellectuele eigendom & reclamerecht, Deventer, Kluwer, 6 × per jaar, sinds 1985.

Informatierecht/AMI, tijdschrift voor auteurs-, media- en informatierecht, uitgave van de Vereniging voor Auteursrecht, Deventer, Kluwer, 10 × per jaar, sinds 1977. (Hier geciteerd als AMI; tot 1986 genaamd *Auteursrecht*, hier geciteerd als AMR).

Mediaforum, tijdschrift voor media- en communicatierecht, Amsterdam, Cramwinckel, maandblad, sinds 1989.

H.L. de Beaufort, *Auteursrecht*, Zwolle 1932, W.E.J. Tjeenk Willink.

CIBRA-rapport, Eindrapport van de Commissie Incasso, Beheer en Repartitie Auteursrechtgelden, Den Haag 1982, Ministerie van Justitie.

H. Cohen Jehoram, *Kernpunten van intellectuele eigendom en mediarecht*, Zwolle 1984, W.E.J. Tjeenk Willink.

H. Cohen Jehoram, *Kernpunten van auteursrecht*, Nijmegen 1993, Ars Aequi Libri.

H. Cohen Jehoram en M.W.B. Asscher (red.), *Uitgeefovereenkomsten*, Zwolle 1988, W.E.J. Tjeenk Willink.

T.E. Deurvorst, *Schadevergoeding, voldoening van een redelijke gebruiksvergoeding en winstafdracht bij inbreuk op intellectuele eigendomsrechten*, diss. Utrecht, Deventer 1994, Kluwer.

G. van Empel en P.G.F.A. Geerts, *Bescherming van de intellectuele eigendom*, derde druk, Deventer 1995, Kluwer.

Th.C.J.A. van Engelen, *Prestatiebescherming en ongeschreven intellectuele eigendomsrechten*, diss. Leiden, Zwolle 1994, W.E.J. Tjeenk Willink.
S. Gerbrandy, *Kort commentaar op de Auteurswet 1912*, Arnhem 1988, Gouda Quint.
S. Gerbrandy, *Auteursrecht in de steigers*, Arnhem 1992, Gouda Quint.
F.W. Grosheide, *Auteursrecht op maat*, diss. Utrecht, Deventer 1986, Kluwer.
E.D. Hirsch Ballin, *Auteursrechtelijke opstellen*, Deventer 1970, Kluwer.
P.B. Hugenholtz, *Auteursrecht op informatie*, diss. Amsterdam, Deventer 1989, Kluwer.
A. Komen en D.W.F. Verkade, *Compendium van het auteursrecht*, Deventer 1970, Kluwer, met *Supplement* 1973.
Th. Limperg, *Bescherming van vormgeving tegen plagiaat*, Amsterdam/Brussel 1971, Agon Elsevier.
N. van Lingen, 'Ontwikkelingen in het auteursrecht', in *Omroeprecht en auteursrecht*, preadviezen CJV, Zwolle 1986, W.E.J. Tjeenk Willink.
C. Masouyé, *Guide to the Berne Convention*, Genève 1978, OMPI/WIPO (ook Franse editie verkrijgbaar).
G.J.H.M. Mom, *Kabeltelevisie en auteursrecht,* diss. Amsterdam, Lelystad 1990, Vermande.
J.C.S. Pinckaers, *From privacy toward a new intellectual property right in persona*, diss. Amsterdam, Den Haag 1996, Kluwer Law International.
A.A. Quaedvlieg, *Auteursrecht op techniek*, diss. Nijmegen, Zwolle 1987, W.E.J. Tjeenk Willink.
A.A. Quaedvlieg, *Auteur en aantasting, werk en waardigheid*, inaug. rede Nijmegen, Zwolle 1992, W.E.J. Tjeenk Willink.
J.M.B. Seignette, *Challenges to the Creator Doctrine*, diss. Amsterdam, Deventer 1994, Kluwer.
W.J. Soetenhorst, *De bescherming van de uitgeefprestatie*, diss. Utrecht, Zwolle 1993, W.E.J. Tjeenk Willink.
J.H. Spoor, *Scripta manent, de reproduktie in het auteursrecht*, diss. Utrecht, Groningen 1976, H.D. Tjeenk Willink.
J.H. Spoor, *De gestage groei van merk, werk en uitvinding,* inaug. rede VU, Zwolle 1990, W.E.J. Tjeenk Willink.
J.H. Spoor en D.W.F. Verkade, *Auteursrecht*, tweede druk, Deventer 1993, Kluwer.
D.W.F. Verkade, *Intellectuele eigendom, mededinging en informatievrijheid*, inaug. rede Leiden, Deventer 1990, Kluwer.
D.J.G. Visser, *Auteursrecht op toegang*, diss. Leiden, Den Haag 1997, Vuga.
L. Wichers Hoeth (voorheen W.H. Drucker en G.H.C. Bodenhausen), *Kort begrip van het intellectuele eigendomsrecht*, zevende druk, bewerkt onder redactie van Ch. Gielen en N. Hagemans, Zwolle 1993, W.E.J. Tjeenk Willink.

I Aard en functie van het auteursrecht

1. Inleiding; wat is auteursrecht?

Auteursrecht, ook wel aangeduid met de Engelse term *copyright*, is de door de wet aan een auteur verleende waarborg van zeggenschap over het door hem gemaakte werk.
Wanneer we het over 'het auteursrecht' hebben, bedoelen we daar meestal het exclusieve exploitatierecht mee. Daarbij moet dan evenwel niet uit het oog verloren worden dat het recht meer inhoudt, in die zin namelijk dat het ook de meer ideële, niet direct in guldens uit te drukken belangen van de auteur in bescherming neemt.

exploitatierecht

Krachtens zijn auteursrecht heeft de maker, en hij alleen, de beslissing over wat er met zijn werk gebeurt, en daarmee het middel in handen om het te *exploiteren.* Het is duidelijk dat het juist deze exclusieve mogelijkheid tot exploitatie van het werk is, waar het in de praktijk op aankomt; de auteur kan de vruchten van zijn creatieve arbeid plukken.
Dit mag dan in onze tijd een tamelijk vanzelfsprekende zaak zijn (maar daarover kan men twisten), – in het niet eens zo verre verleden was dat anders. De uitvinding van de boekdrukkunst in de vijftiende eeuw bracht ineens de mogelijkheid om geschriften in grotere aantallen te vermenigvuldigen en te verspreiden, en de vraag of men daartoe wel het recht had was er aanvankelijk in het geheel niet bij. Langzaamaan kwam er een bescherming van drukkers-uitgevers tegen roofdrukken tot stand, eerst bij wijze van gunst (*privilegie*) verleend door de overheid, later als recht (*kopijrecht*). De auteur zelf kwam in het stuk nog niet voor.
Tegen het eind van de achttiende eeuw begon het inzicht te groeien dat het werk van de auteur meer is dan een stoffelijk product; het accent werd geleidelijk verschoven van de uitgever naar de auteur zelf, van bescherming van commercie naar bescherming van creatie.[1] Tevens werd het begrip 'auteur' ruimer opgevat, en niet meer beperkt tot enkel het gebied der letterkunde.

persoonlijkheidsrecht (droit moral)

Hierbij is ook een ander aspect aandacht voor zich gaan opeisen. Tussen het werk, als product van de geest, en de maker bestaat een meer of minder strikt persoon-

1 Bij KB van 25 januari 1826 werd aan Goethe 'het regt van kopij of kopijeren door den druk' verleend, vermeld in *NJB* 1982/35, p. 971. Zie ook: J.A. de Vries, 'Enige beschouwingen over het 19e eeuwse auteursrecht tegen de achtergrond van het incident Douwes Dekker/Van Lennep', *AMI* 1996/9, p. 180.

lijke relatie; het zou een onwenselijke situatie zijn indien anderen deze band konden aantasten, bijvoorbeeld door het (lukraak) aanbrengen van wijzigingen in het werk. Ook kan men denken aan praktijken als waarover reeds Vondel zich beklaagde: het uitbrengen van werk van anderen onder *zijn* naam.[2] In Vondels tijd was daar weinig aan te doen, – tegenwoordig zou hiertegen zeker kunnen worden opgetreden. Het auteursrecht van nu beschermt tot op zekere hoogte ook de meer ideële belangen van de maker. Dit is het zogenaamde persoonlijkheidsrecht van de auteur; men spreekt ook wel van morele rechten, of droit moral.
Die persoonlijke band tussen maker en werk laat zich ook goed illustreren door het besluit van Jean-Paul Sartre in de jaren zestig, geen toestemming meer te geven voor openbare opvoering van zijn 'Les mains sales'. De politieke situatie was gewijzigd en de schrijver voorzag een verkeerde interpretatie door het publiek. Toen het stuk niettemin in België toch een keer was opgevoerd en Sartre daartegen in het geweer kwam, werd hij door de rechter in het gelijk gesteld.[3]
Het verschil in karakter tussen exploitatierecht en persoonlijkheidsrecht komt ook tot uiting in het volgende. Krachtens zijn exploitatierecht kan de auteur anderen verbieden datgene met het werk te doen waartoe uitsluitend hijzelf bevoegd is,

licentie

anders gezegd: hij kan hen *toestemming* (licentie) daartoe verlenen tegen door hem te stellen, doorgaans financiële voorwaarden. Hij kan ook het exploitatierecht, ge-

overdracht

heel of gedeeltelijk, aan een ander *overdragen*, zodat deze rechtsopvolger dan de uitsluitend gerechtigde wordt. Zie over dit alles de nrs. 50 e.v. Het persoonlijkheidsrecht is echter naar zijn aard *on*overdraagbaar; het blijft altijd bij de auteur en kan bovendien ook nog na diens dood worden uitgeoefend door iemand die daartoe uitdrukkelijk door hem is aangewezen.

rechtsgrond

De vraag naar de *grondslagen* (rechtsgrond) van het auteursrecht is niet eenduidig te beantwoorden. Elk antwoord steunt uiteindelijk op een eigen theoretische opvatting over inhoud en gelding van recht.[4] De vraagstelling is echter van meer dan theoretisch belang, omdat de evoluerende opvattingen ter zake bepalend zijn voor rechtsvorming en rechtsvinding door wetgever en rechter, en daarmee voor de (actuele) rechtsposities der betrokkenen. In het algemeen, kan men zeggen, is de wettelijke erkenning van het recht van de auteur gegrond op overwegingen van billijkheid en van utiliteit.[5]

2 Zie H.L. de Beaufort, *Het auteursrecht in het Nederlandse en internationale recht*, Utrecht, 1909, p. 31.
3 Cour d'Appel de Bruxelles 11 april 1969, *Journal des Tribunaux* 1969, 388; zie E. Schulze, *Rechtsprechung zum Urheberrecht*, Ausl. Belg. 6.
4 De sinds het eind van de vorige eeuw wat in het slop geraakte grondslagendiscussie heeft een belangrijke impuls gekregen door het in 1986 verschenen proefschrift van F.W. Grosheide. Hierover Gerbrandy (1988), onder andere p. 8 e.v. en 212. Zie voorts nog Gerbrandy (1992), de redes van Spoor (1990) en Verkade (1990), en Verkade, 'De rol van rechtsbeginselen in het recht van de intellectuele eigendom en de ongeoorloofde mededinging', *AA* 1991/10, p. 859 (143).
5 Zie H. Cohen Jehoram, 'Auteursrecht: opportuniteit of recht. Een onvoltooid debat', *AMI* 1992/4, p. 63.

billijkheid

intellectuele eigendom

In ons collectieve rechtsbewustzijn is de gedachte levend dat de auteur een billijke aanspraak heeft op erkenning van zijn geestelijke en materiële belangen met betrekking tot het werk dat hij heeft voortgebracht. Men zou, in het voetspoor van desbetreffende bepalingen in internationale verdragen,[6] kunnen spreken van een mensenrecht,[7] maar ook in deze optiek is *intellectuele eigendom* (het gebruikelijke verzamelbegrip voor auteursrecht en industriële eigendomsrechten) geen onbeweeglijke heilige koe. Dat betekent dat het auteursrecht ook als absoluut verbodsrecht zijn tijdgebonden grenzen kent; waar die grenzen liggen, is mede afhankelijk van heersende opvattingen inzake (vrije) toegang[8] tot informatie en cultuuroverdracht en van maatschappelijke, vooral technische ontwikkelingen. De voorbeelden liggen voor het oprapen: zie de gevoerde discussies inzake reprorecht, kabelomroep, leenrecht, computerprogrammatuur, alsook op mondiaal niveau inzake de in dit verband bijzondere behoeften van ontwikkelingslanden en de actuele implicaties van de digitale snelweg (Internet).[9]

Het auteursrecht heeft daarnaast ook een meer instrumentele zijde. Het is een effectief middel ter bescherming van de exploitatie van werken en steunt daardoor de instandhouding van informatiekanalen, waarvan de uitoefening van het recht van vrije meningsuiting (of ruimer: vrijheid van expressie en informatie) zozeer afhankelijk is.[10] Dat is tegelijk een producenten- en consumentenbelang. Men ziet vandaag de dag dan ook een groeiende aandacht voor de bescherming van de rechtspositie van de primaire exploitanten van het werk (zoals uitgevers, producenten van beeld- en geluidsdragers, filmproducenten), hetzij als rechtsopvolger van de auteur, hetzij uit eigen hoofde (naburige rechten of *droits voisins*). Dit ligt in de lijn van een meer utilitaire benadering van het auteursrecht, zoals in de Amerikaanse Constitutie waar de rechtsbescherming van creativiteit wordt gekoppeld aan de doelstelling, de voortgang van (toegepaste) kunsten en wetenschappen te bevorderen.[11]

utiliteit

mediarecht, informatierecht

Aldus bezien staat de 'geestelijke eigendom' van na de Franse revolutie thans weer wat dichter bij het eigenlijke begin, de komst van de drukpers, als eerste medium tot informatieverspreiding op grotere schaal. Auteursrecht en mediarecht worden tegenwoordig dan ook vaak in een adem genoemd. Weer ruimer is het inmiddels ingeburgerde begrip informatierecht, waaronder de talrijke uiteenlopende publiek- en privaatrechtelijke aspecten van het actuele informatietijdperk zijn samengebracht.[12] De enorm toegenomen economische betekenis van de informatiesector en de veranderende communicatiepatronen in de samenleving hebben geleid tot ver-

6 Art. 27, lid 2, Universele verklaring van de rechten van de mens (1948); art. 15, lid 1, sub c, VN-verdrag inzake economische, sociale en culturele rechten (1966, door Nederland geratificeerd in 1978).

7 F. Klaver, 'Het auteursrecht is ook een mensenrecht', *AMR* 1982/5, p. 125 e.v.

8 Zie het proefschrift van D.J.G. Visser (1997).

9 Maatschappelijke verontrusting klonk door in gestelde Kamervragen naar aanleiding van de WIPO-verdragen van 1996; zie *AMI* 1997/1, p. 18.

10 Art. 7 Grondwet; art. 10 EVRM.

11 Vgl. H. Cohen Jehoram, 'Actuele hoofdlijnen in het auteurs- en mediarecht en het recht van de industriële eigendom', *NJB* 1983/11, p. 329 e.v. Verdere kronieken in *NJB* 1990/5, p. 186, 1993/24, p. 883, 1995/10, p. 371 en 1997/10, p. 463 (Verkade en Visser).

12 Vgl. H. Cohen Jehoram, 'Auteurs-, media- en informatierecht', *AMR* 1985/3-4, p. 43 e.v.

grote belangstelling voor, en ook kritische herwaardering van aard en functie van het auteursrecht.[13]

Ten slotte nog dit. Een goede exploitatie van het werk is een gezamenlijk belang van auteur en exploitant. Maar als contractpartners staan zij ook tegenover elkaar, doorgaans in ongelijke economische machtsposities. Een wettelijke regeling betreffende auteurscontracten zou de verhoudingen waar nodig kunnen rechttrekken.

arbeidsrecht

Voor de rechtspositie van de beroepsauteur is echter, naast het auteursrecht, vooral ook van belang de bescherming die hij aan het arbeidsrecht en het sociale verzekeringsrecht kan ontlenen, en niet te vergeten ook de mate van financiële steun door de overheid (subsidies, de voormalige beeldende kunstenaarsregeling BKR, enzovoort). Deze terreinen worden in dit boek niet verder betreden.[14]

2. Auteursrecht in de digitale wereld

Het hedendaagse auteursrecht is in de ban geraakt van de snelle digitalisering van informatiestromen. De voortgaande ontwikkeling van de elektronische snelweg en van het Internet vormt een revolutionaire fase in de geschiedenis van de informatievoorziening, waarvan de maatschappelijk-culturele betekenis wel wordt vergeleken met de uitvinding van boekdrukkunst. *Access for all* is het moderne credo, en tevens de veelzeggende naam van een der Internetproviders (XS4ALL). De vraag is wel gesteld, of traditionele intellectuele eigendomsrechten zoals het auteursrecht nog wel bestaansrecht hebben in de digitale maatschappij.[15] Anderen wijzen erop dat het auteursrecht in het verleden de opkomst van een groot aantal nieuwe media en technieken – zoals de fonograaf, radio en televisie, kabel, informatica – heeft doorstaan en voorspellen dat dit voor de informatiesnelweg niet anders zal zijn.[16] 'The answer to the machine is in the machine.'[17]

Digitalisering is een technisch proces, dat nieuwe typen van communicatie (computernetwerken) en van informatiedragers (de 'nieuwe media', multimediale producten) heeft gebracht. Dit roept voor het auteursrecht vragen en problemen op die onder meer te maken hebben met de toepassing van de bestaande kern-

13 Zie de in noot 4 aangehaalde werken en voorts Spoor/Verkade (1993) en Van Lingen (1986). De economische betekenis is gekwantificeerd in de SEO-rapporten nrs. 188, 238 en 317, Universiteit van Amsterdam, 1986, 1989 en 1993. Zie ook H. Cohen Jehoram in *AMI* 1989/4, p. 91 en 1989/6, p. 143; T. Koopmans, 'Intellectuele eigendom, economie en politiek', *AMI* 1994/6, p. 107; F.W. Grosheide, 'De commercialisering van het auteursrecht', *AMI* 1996/3, p. 43.

14 Vgl. H. Cohen Jehoram 'De maatschappelijke positie van auteurs en hun relatie tot de exploitanten van hun werken', *AMR* 1978/4, p. 53 e.v.; F.W. Grosheide, 'Moeten kunstenaars van de wind leven?', *AMR* 1979/4, p. 63 e.v.; C.H.J. van Leeuwen e.a., *Praktijkgids Artiest & Recht*, Kluwer (jaarlijkse editie).

15 Vgl. E.J. Dommering, 'Het auteursrecht spoelt weg door het elektronisch vergiet', *Computerrecht* 1994, p. 109.

16 P.B. Hugenholtz, 'Het auteursrecht, het Internet en de informatiesnelweg', *NJB* 1995/14, p. 513.

17 Charles Clark. Het gaat er met andere woorden niet om, de toegang tot en het gebruik van auteursrechtelijk beschermd materiaal te blokkeren, maar om dit (via het netwerk) te registreren.

begrippen (werk en makerschap; openbaar maken en verveelvoudigen; de strekking van de beperkingen van het auteursrecht) op dat nieuwe gebeuren.[18] De antwoorden liggen niet alleen in de schoot van nieuwe wetgeving en jurisprudentie, maar ook in de techniek zelf (kopieerbeveiligingen). Enkele van de belangrijkste problemen worden hieronder aangestipt. Zij zullen verder in dit boek bij de behandeling van de afzonderlijke onderwerpen nog ter sprake komen.

informatica

Het auteursrecht beschermt oorspronkelijke werken met een eigen, persoonlijk karakter. Voor wat betreft de informatica is er duidelijkheid ontstaan. Dat computerprogramma's werken (kunnen) zijn, staat sinds 1994 in de wet (art. 10, lid 1, sub 12° jo. art. 45h-45n Aw). Het werd voordien ook al in rechtspraak en literatuur aangenomen.

informatie

Problematischer ligt de situatie bij de informatie zelf, de werken op het digitale netwerk. Traditionele aanknopingspunten als plaats, tijd, originaliteit en authenticiteit zijn hier door de snelle interactie moeilijker te bepalen of dreigen zelfs te verdwijnen. Tekst, geluid en beeld kunnen in seconden wereldwijd worden gereproduceerd, waarbij de kopie (kloon) niet van het origineel is te onderscheiden. Voorts kunnen interactiviteit en computermanipulatie kijkers en luisteraars tot medeauteurs maken.

uploaden, downloaden

Het invoeren van werken in een digitaal netwerk (*uploaden*) en het kopiëren door een gebruiker (*downloaden*) zijn onder het auteursrecht vallende verveelvoudigingshandelingen. Vooralsnog moet worden aangenomen, dat dit niet geldt voor het enkel bekijken of beluisteren van werken via het netwerk, waarbij een technisch onvermijdelijke tijdelijke opslag in het werkgeheugen van de computer plaatsvindt.[19] Dat dergelijk consumptief gebruik, zoals het *browsen* over het netwerk, buiten de werkingssfeer van het auteursrecht dient te blijven, is ook de strekking van een Kamerbrede motie uit december 1996.[20] Het Europese Groenboek van 1995 wijst echter in een andere richting.[21] Bij de totstandkoming van de 'digitale' WIPO-verdragen in december 1996 (WCT voor het auteursrecht en WPPT voor de naburige rechten) is men er op dit punt nog niet uitgekomen.[22]

browsen

WIPO-verdragen

Die mondiale WIPO-verdragen zijn mede geïnitieerd door de lobby van (vooral Amerikaanse) uitgevers en audiovisuele producenten met ambities op de informatiesnelweg. Het heeft onder meer geleid tot vastlegging van een openbaarmakingsrecht, omvattend het uitsluitend recht tot elke 'communication to the public' waaronder is begrepen het 'making available to the public'. Daaronder vallen ook elektronische *on demand* diensten. Of en in welke mate het publiek daadwerkelijk van die beschikbaarstelling gebruikmaakt, is auteursrechtelijk niet doorslaggevend.

18 Zie S.J.H. Gijrath, R. van den Hoven van Genderen en H.W. Wefers Bettink (red.), *Intellectueel eigendom in digitaal perspectief*, Alphen aan den Rijn 1996, Samsom.

19 Vgl. echter voor computerprogramma's de ruime omschrijving van verveelvoudigen in art. 45*i* Aw.

20 Afgedrukt in *AMI* 1997/1, p. 18.

21 Europese Commissie, *Green Paper, Copyright and Related Rights in the Information Society*, COM(95) 382, 19 juli 1995, p. 51-52.

22 Zie de bijdragen van E.J. Arkenbout, F.W. Grosheide en P.B. Hugenholtz in *AMI* 1997/4. Daar zijn ook de verdragsteksten afgedrukt.

Het WCT noemt voorts in algemene bewoordingen de beschermbaarheid van computerprogramma's en van creatief samengestelde gegevensverzamelingen (databanken). Ook dit brengt voor het Nederlandse recht geen nieuws. Databanken worden ingrijpender geregeld door een EG-richtlijn uit 1996, die begin 1998 in de nationale wetgevingen moet worden geïmplementeerd.[23]

Het belang van de WIPO-verdragen van 1996 is betrekkelijk, omdat een aantal belangrijke kwesties ongeregeld is gebleven. Daartoe behoort onder meer de vraag

providers

of *accessproviders* (die, wat simpel gezegd, voor de technische verbinding zorgen) aansprakelijk zijn te houden voor auteursrechtinbreuk op het netwerk.[24] Een andere actueel brandende vraag is, aan wie de elektronische rechten toekomen, van belang bij nieuwe exploitatie van bestaand werk. Daarover wordt bijvoorbeeld gestreden tussen dagbladuitgevers en journalistenbonden.

3. Wettelijke regeling

Auteurswet 1912

BC en UAC

De nu geldende wettelijke regeling van het auteursrecht is bij de volgende hoofdstukken als uitgangspunt genomen. Dat is de Auteurswet 1912 (Aw), zoals deze in de afgelopen decennia herhaaldelijk werd herzien; de tekst hiervan is achter in dit boek opgenomen. Bovendien zijn, in internationale situaties, van belang de auteursrechtverdragen waartoe Nederland is toegetreden: de Berner Conventie van 1886 (BC) en de Universele Auteursrechtconventie van 1952 (UAC).

Na de inleidende opmerkingen in de eerste paragraaf wordt hier niet verder ingegaan op de historische ontwikkeling van het auteursrecht en de ervoor aan te voeren rechtsgronden. Het doel van dit boek is niet meer dan de op het eerste gezicht noodzakelijk geachte informatie te verschaffen aan hen die in de praktijk met het auteursrecht in aanraking komen. Een historisch overzicht noch een theoretische beschouwing over het 'waarom' van het auteursrecht zou in dit bestek passen.

wetswijzigingen

In 1985 zijn de meest recente, in 1971 herziene teksten van beide conventies (Aktes van Parijs) goedgekeurd.[25] De voor bekrachtiging van de herziene BC noodzakelijke aanpassing van de nationale wetgeving heeft in 1985 geleid tot enkele niet onbelangrijke wijzigingen in de Auteurswet, met name betreffende de rechten op films. Daarna volgden wijzigingen in verband met, onder meer,

23 Richtlijn 96/9/EG van 11 maart 1996 betreffende de rechtsbescherming van databanken (Pb. L 77/20). Zie hierover H.M.H. Speyart in *AMI* 1996/8, p. 151 en 1996/9, p. 171.

24 Niet aangenomen in Pres. Rb. Den Haag 12 maart 1996, *AMI* 1996/5, p. 96; *Computerrecht* 1996/2, p. 73, met noot DWFV; *Mediaforum* 1996, p. B59, met noot Visser op p. 61 (*Scientology-church/XS4ALL*). Zie hierover, en over de te onderscheiden soorten Internetproviders, ook Drion en Linnemann in *NJB* 1996/41, p. 1734.

25 Wet van 30 mei 1985, *Stb.* 306. De verdragsteksten zijn opgenomen in *Trb.* 1972, 157 en 114, en *Trb.* 1976, 37.

piraterijbestrijding (1989)[26], heffing op blanco audio- en videocassettes (1991)[27], invoering nieuw BW (1992)[28], invoering WNR (1993)[29], computerprogramma's (1994)[30], duurverlenging (1995)[31], leen- en verhuurrecht (1995)[32], en satellietomroep en kabeldoorgifte (1996)[33]. Verdere wetswijzigingen zijn in de nabije toekomst te verwachten (reprorecht; databanken; toezichtstructuur collectieve beheersorganisaties).

gelijkstellings-beginsel

Op de internationale aspecten van het auteursrecht zal nader worden ingegaan in hoofdstuk IX. Het beginsel van de beide genoemde verdragen (conventies) is, dat de auteurs die onderdaan zijn van een lidstaat in de andere landen dezelfde bescherming genieten als deze landen aan hun eigen onderdanen verlenen (gelijkstellings- of assimilatiebeginsel). Anders gezegd: het werk van bijvoorbeeld een Duitse auteur is in Nederland op dezelfde wijze beschermd als werken van Nederlandse auteurs. Een Duits boek mag dus hier niet worden uitgegeven, ook niet in vertaling, zonder toestemming van de auteur.
De conventies – en dit geldt met name voor de BC, waarvan het beschermingsniveau aanmerkelijk hoger ligt dan dat van de UAC – stellen aan de toetredende landen voorwaarden met betrekking tot de eigen nationale wetgeving. Wanneer de conventie wordt herzien, is toetreding tot de nieuwe tekst voor een lidstaat dan ook veelal niet mogelijk zonder herziening van de van de eigen wet, zoals in 1985. De verdere herzieningen van de Auteurswet vloeiden met name voort uit de implementatie van een groeiend aantal, op dit rechtsgebied steeds belangrijker geworden, EG-richtlijnen. De wetswijzigingen zijn zo talrijk en zo snel elkaar opvolgend, dat wel gezegd is dat de Auteurswet voortdurend in de steigers staat.[34]

4. Ontstaan van auteursrecht, omvang en beperkingen; plan van behandeling

geen formaliteiten

Anders dan bijvoorbeeld voor het verkrijgen van een octrooi (patent) geldt, is aan het ontstaan van auteursrecht geen enkele formaliteit als voorwaarde verbonden.

Dit is in overeenstemming met de BC, die bepaalt dat het genot en de uitoefening van het auteursrecht aan geen enkele formaliteit is onderworpen. De UAC daaren-

26 Wet van 3 juli 1989, *Stb.* 282 (in werking getreden op 1 oktober 1989).
27 Wet van 30 mei 1990, *Stb.* 305 (in werking getreden op 1 januari 1991).
28 Wet van 2 april 1991 (Invoeringswet Boeken 3, 5 en 6 nieuw BW, dertiende gedeelte), *Stb.* 199 (in werking getreden op 1 januari 1992).
29 Wet van 18 maart 1993, *Stb.* 178 (in werking getreden op 1 juli 1993).
30 Wet van 7 juli 1994, *Stb.* 521 (in werking getreden op 1 september 1994).
31 Wet van 21 december 1995, *Stb.* 651-652 (in werking getreden op 29 december 1995).
32 Wet van 21 december 1995, *Stb.* 653 (in werking getreden op 29 december 1995).
33 Wet van 20 juni 1996, *Stb.* 364 (in werking getreden op 1 september 1996).
34 Gerbrandy (1992). Het laatste artikel van de Aw draagt nummer 53, maar de wet bevat inmiddels meer dan honderd artikelen.

tegen laat dergelijke formaliteiten wèl toe; van niet-ingezetenen mogen de landen die aan hun eigen onderdanen formele eisen stellen, evenwel niet meer verlangen dan dat alle exemplaren van meet af aan voorzien zijn van het 'copyright-notice' © plus de naam van de auteursrechthebbende en het jaartal van eerste openbaarmaking van het werk. In een land dat wel bij de UAC, maar niet bij de BC is aangesloten en dat in zijn eigen auteurswet formele voorwaarden stelt (zoals voorheen de USA), is de Nederlandse auteur dus in beginsel alleen beschermd indien hij het genoemde voorbehoud maakt. (Zie over deze internationale kwestie verder nr. 64.)

copyright-notice ©

Voorzover het Nederlandse recht toepasselijk is, is het dus irrelevant of men op of in het werk een clausule aanbrengt als 'auteursrecht voorbehouden' of iets dergelijks; ook zonder deze vermelding is men beschermd. Hoogstens kan de clausule fungeren als een herinnering daaraan. Een uitzonderingssituatie in verband met wettelijke beperkingen van het auteursrecht, waarbij zo'n voorbehoud wel zinvol kan zijn, komt nog ter sprake in de nrs. 36, sub *A* en 42.

voorbehoud van auteursrecht

Enkel en alleen door het creëren van een 'werk' ontstaat daarop auteursrecht, toekomend aan de maker. Vereist is, dat het werk in een zintuiglijk waarneembare vorm is neergelegd, maar deze hoeft niet per se stoffelijk te zijn (improvisatie, redevoering).

werk

Creëren is scheppend bezig zijn. Het product daarvan, het 'werk', wordt door het auteursrecht in bescherming genomen. *Wanneer* er nu sprake is van een creatie, een 'werk' in de zin van de Auteurswet, zal worden besproken in hoofdstuk III, dat handelt over het *object* van het auteursrecht.

maker, auteur

Subject van het auteursrecht, dus degene aan wie het recht toekomt, is de maker van het werk (of zijn rechtverkrijgende, dat is degene aan wie hij zijn rechten heeft overgedragen of nagelaten). Natuurlijk valt hierbij in de eerste plaats te denken aan de werkelijke maker. Toch zijn er ook situaties waarin een ander dan hij mede (in geval van diverse samenwerkingsvormen) of zelfs uitsluitend (bijvoorbeeld de werkgever) auteursrechthebbende is. Zie hierover hoofdstuk II.

Ten slotte nog dit. Bij het woord 'auteur' denkt men vaak enkel aan schrijvers. Auteursrecht hebben echter ook componisten, schilders, beeldhouwers, fotografen, computerprogrammeurs enzovoort. Ook zij zijn dus auteurs. De Auteurswet hanteert uitsluitend het begrip 'maker'. In dit boek zullen de beide termen naast en door elkaar, als synoniemen, worden gebruikt.

definitie van auteursrecht

Artikel 1 van de Auteurswet 1912 definieert het auteursrecht als 'het uitsluitend recht van de maker van een werk van letterkunde, wetenschap of kunst, of van diens rechtverkrijgenden, om dit openbaar te maken en te verveelvoudigen, behoudens de beperkingen, bij de wet gesteld'.

inhoud van het recht

In haar beknoptheid is de definitie duidelijk en volledig, en vormt zij een goed uitgangspunt bij de bespreking van het auteursrecht. Over de begrippen openbaar maken en verveelvoudigen, die de *inhoud* van het auteursrecht dekken, handelt hoofdstuk IV. Het gaat hierbij om uitsluitend aan de maker toekomende bevoegdheden met betrekking tot het werk. Niettemin kan deze zijn rechten aan een ander overdragen (zie hoofdstuk VII) of, bij zijn overlijden, nalaten; dat zijn de ge-

recht-verkrijgenden

noemde rechtverkrijgenden, die op hun beurt zelfstandig de rechten van de maker kunnen uitoefenen.

beperkingen

Zoals de definitie al aangeeft, stelt de wet[35] een reeks beperkingen aan het recht van de maker.[36]

Naast de beperking in tijdsduur zijn er de gevallen waarin de wet het auteursrecht een halt toeroept ten gunste van de gerechtvaardigde belangen van anderen (bijvoorbeeld de mogelijkheid tot citeren) of van de gemeenschap (bijvoorbeeld onderwijsdoeleinden); ook de feitelijke (on)mogelijkheden tot controle kunnen hierbij van betekenis zijn (bijvoorbeeld fotokopiëren). Deze beperkingen worden behandeld in hoofdstuk VI.

Het persoonlijkheidsrecht (droit moral) van de maker, wetssystematisch thuishorend bij de beperkingen van het auteursrecht, is hier ondergebracht in een afzonderlijk hoofdstuk V.

Aan het begin van dit hoofdstuk werd het auteursrecht omschreven als een waarborg voor de auteur. Uiteraard betekent dat niet een volledige garantie tegen inbreuk. De wet geeft daarom ook mogelijkheden om op te treden tegen inbreukmakers ter handhaving van het auteursrecht.

inbreuk en handhaving; strafbepalingen

Over de middelen die de auteur ten dienste staan om zijn rechten te handhaven handelt hoofdstuk VIII, waarin ook de door de wet gestelde strafsancties ter sprake zullen komen.

35 Ook bij andere wetten kan het auteursrecht expliciet beperkt worden, zoals in de art. 21, lid 3, j° 24 BTMW (zie nr. 19). Zie voorts P.A. Stein, 'Misbruik van auteursrecht' (art. 3:13 BW), *AMI* 1993/7, p. 123. De Wet Openbaarheid van Bestuur (WOB) beperkt het auteursrecht niet. Vgl. A. Backx, *AMI* 1988/2, p. 30 en *NJB* 1986/1, p. 11; de kwestie is echter omstreden.

36 Sinds HR 20 oktober 1995, *NJ* 1996, 682, met noot Spoor (*Dior/Evora*) is die reeks niet als limitatief aan te merken.

II De rechthebbende

5. De maker of diens rechtverkrijgenden; wie is de maker?

Het auteursrecht komt toe aan de *maker* van het werk of, in het geval dat deze zijn recht aan een ander heeft overgedragen of bij zijn overlijden heeft nagelaten, aan zijn *rechtverkrijgende(n)*.

object en subject

Elk werk van letterkunde, wetenschap of kunst, dat als zodanig object is van auteursrecht, heeft een geestelijke vader. Deze is het die bedoeld wordt wanneer de wet de maker noemt als subject van het auteursrecht. De begrippen *werk* en *maker* hebben een specifiek auteursrechtelijke betekenis, en haken aan bij de *geestelijke prestatie* waar het in het auteursrecht om draait. Niet het stoffelijke exemplaar (het boek dat men in handen heeft) is object van het recht, maar de geestelijke prestatie die op deze of gene wijze in een waarneembare vorm gestalte heeft gekregen. Zo is ook niet de feitelijke vervaardiger van de exemplaren van het werk (de drukker van het boek) subject van het recht, doch degene uit wiens creativiteit het werk is ontstaan, de geestelijke vader, de 'auctor intellectualis' (de schrijver van het boek). Dit neemt intussen niet weg dat maker en feitelijke vervaardiger een en dezelfde kunnen zijn (zoals bijvoorbeeld in de beeldende kunst vaak het geval zal zijn).

werk en stoffelijk exemplaar

werk en maker

Samenvattend: het *werk* is het geestesproduct en niet het stoffelijke exemplaar waarin dit belichaamd is, de *maker* is de schepper van het werk en niet de feitelijke vervaardiger van de stoffelijke drager. Schrijvers en architecten zijn 'makers', auteurs; drukkers en aannemers niet.
Deze, op het eerste gezicht misschien wat al te dogmatisch lijkende vaststelling is nodig om te kunnen inzien hoever de auteursrechtelijke bescherming wel niet gaat. De schrijver van een boek komen niet alleen de rechten toe met betrekking tot uitgave in druk, maar ook met betrekking tot vertaling, bewerking tot filmscenario, uitzending als tv-serie of radiohoorspel, en allerlei andere wijzen waarop het 'werk' kan worden geëxploiteerd.

Het auteursrechtelijk beschermde werk zal verder worden besproken in hoofdstuk III. Aan de auteur, de maker, zijn nu de volgende paragrafen gewijd.

uitvoerende kunstenaars

Uitvoerende kunstenaars zijn geen auteurs in de zin van de Auteurswet. Zij vinden bescherming in de Wet op de naburige rechten. Daarover meer in nr. 14.

Zoals vaak wanneer het beginsel duidelijk is, stuit men bij de uitwerking op problemen. Wie is de maker van een boek waarvan op de kaft twee schrijvers vermeld staan, van een tijdschrift of een krant, van een film, van een bouwwerk met aangepaste glas-in-loodramen, van de wandschildering waarvoor de schilder van helpers (bijvoorbeeld leerlingen) gebruik heeft gemaakt, van het jaarverslag van een vennootschap of een stichting, van het anoniem of onder pseudoniem verschenen werk, van de vertaling van een roman, van het filmscenario dat een bewerking is van een toneelstuk, enzovoort? Nog veel meer voorbeelden zouden genoemd kunnen worden waarbij het aanwijzen van een maker niet zo vanzelfsprekend kan gebeuren als in het geval van het boek, vioolconcert of schilderij waarbij meestal wel duidelijk is wie de schrijver, componist of schilder, en dus de maker is.

makers

Het systeem der wet volgend kunnen de makers, degenen dus aan wie het auteursrecht *originair* toekomt, als volgt in groepen worden onderverdeeld.

a. De *maker* zelf als rechthebbende:
   - een of meerdere makers (nr. 8);
   - de maker van het verzamelwerk (nr. 9);
   - makers en vervaardigers (nr. 11);

b. Een *ander* dan de werkelijke maker als rechthebbende (de 'maker' krachtens wetsbepaling):
   - de werkgever als 'maker' (nr. 12);
   - de rechtspersoon (vennootschap, stichting, vereniging) als 'maker' (nr. 13).

rechtverkrijgenden

Met *rechtverkrijgenden* worden diegenen bedoeld, die een van de maker afgeleide auteursrechtelijke positie hebben. Zij komen nog ter sprake in hoofdstuk VII. Eén categorie wordt hier wel afzonderlijk besproken, namelijk de rechthebbenden op filmwerken (nr. 10); voor dezen geldt een bijzondere wettelijke regeling.

Sinds 1985 bevat de wet een nieuw, afzonderlijk hoofdstuk met bijzondere bepalingen betreffende films en vergelijkbare werken. Kern daarvan is een concentratie van rechten bij de producent, krachtens (weerlegbaar) wettelijk vermoeden van overdracht van auteursrechten.
Alvorens op genoemde groepen afzonderlijk zal worden ingegaan volgen eerst enkele opmerkingen over het *bewijs* van makerschap en over anoniem of onder pseudoniem verschenen werken.

6. Bewijs van makerschap

Wanneer iemand stelt rechthebbende op het auteursrecht op een werk te zijn, zal hij dat zo nodig moeten bewijzen.

de kennelijke maker

Vaak zal op of aan een werk, zoals dat zich aan ons voordoet, wel te zien zijn wie de maker ervan is of zal dit op een andere manier te achterhalen zijn, zonder dat er aanleiding bestaat voor twijfels. Zo zal men er bijvoorbeeld in beginsel van uit moeten gaan dat een fotograaf de maker is van de foto waarvan het negatief zich in zijn archief bevindt.

registratie

Wil de auteur wat meer zekerheid, dan zou hij ertoe kunnen overgaan het werk (c.q. een beschrijving of afbeelding) en zichzelf als maker daarvan te laten registreren. Dat kan op betrekkelijk eenvoudige wijze en zonder noemenswaardige kosten gebeuren bij de Inspectie der Registratie en Successie (gevestigd in de meeste grotere gemeenten). Het aangeboden stuk wordt van een stempel voorzien en de naam van de aanbieder plus datum en aard (niet inhoud) van het stuk worden geregistreerd. Voor het ontstaan van auteursrecht is dit zonder betekenis, maar wel kan het later in geval van inbreuk de bewijsvoering vergemakkelijken, met name ten aanzien van de ontstaansdatum van het werk;[1] zeker een verstandige maatregel indien het gaat om enigszins uitgewerkte ontwerpen en werken die zich naar hun aard 'lenen' voor plagiaat (nabootsing), zoals liedjes of werken van toegepaste kunst.

modellenrecht; depot

Voor laatstgenoemde werken, mits nieuw, bestaat sinds 1975 naast het auteursrecht ook de meer specifieke wettelijke bescherming als tekening of model; ze dienen dan wel als zodanig te worden gedeponeerd (zie verder nr. 19).
Als gezegd, veelal zal er aanleiding zijn voor een vermoeden van makerschap dat in overeenstemming is met de realiteit. De bepaling van artikel 4 knoopt hierbij aan.

bewijsvermoeden van makerschap

Volgens artikel 4 (lid 1) Aw wordt, behoudens tegenbewijs, als maker beschouwd degene die als zodanig op of in het werk is aangeduid (bijvoorbeeld de op de titelpagina van een boek vermelde schrijver, de schilder die het schilderij heeft gesigneerd, de partituur met de naam van de componist erop, de architectennaam op de plaquette in een gebouw, of op de maquette of bouwtekeningen daarvan, het gebruikelijke copyrightstempel op de achterzijde van foto's) of, als hiervan geen sprake is, degene die bij de openbaarmaking van het werk als maker is bekendgemaakt door degene die het openbaar maakt (vermelding in een programma, een catalogus, op affiches, op kledingetiketten[2] en dergelijke). Meer dan een *vermoeden* is dit niet; beweert iemand evenwel het tegendeel, dan is het aan deze het bewijs daarvan te leveren (omkering van de bewijslast).[3]

vermelding op of in het werk; hoe?

In het bovenstaande werden slechts enkele duidelijke voorbeelden genoemd van vermelding van de maker. Niet nodig is het, het 'op of in het werk' (hier in de zin van stoffelijk exemplaar) altijd even letterlijk te nemen; ook vermelding op het ontwerp (bijvoorbeeld bij bouwwerken of werken van toegepaste kunst) is, naar men algemeen aanneemt, voldoende voor het bewijsvermoeden van artikel 4. De

1 De bewijskracht staat ter beoordeling van de rechter, te meer sinds in 1988 de oude regel van art. 1917 BW is vervallen.
2 Hof Amsterdam 27 oktober 1988, *BIE* 1990/3, p. 79 (*Blanc-Bleu sweatshirts*).
3 Zie Hof Arnhem 26 november 1996, *AMI* 1997/5, p. 108 (*Japans theehuis*).

Auteurswet gaat in dit opzicht verder dan de vergelijkbare bepaling in de BC (art. 15, lid 1), waar gesproken wordt van vermelding op de gebruikelijke wijze ('en la manière usitée').
In het algemeen zal de auteur er verstandig aan doen al te sterke gevoelens van bescheidenheid opzij te zetten indien het om naamsvermelding gaat. Men late zich leiden door wat algemeen gebruikelijk is (zie ook nr. 32, sub *a* en *b*).

schuilnaam; initialen

Voorts is niet vereist dat de auteur met zijn *ware* naam vermeld staat. Ook een pseudoniem of een teken (initialen bijvoorbeeld) kan fungeren als aanduiding, mits dit maar een zekere mogelijkheid tot identificatie geeft. Wel zal de auteur zodra hij zich op artikel 4 beroept, genoodzaakt zijn om van achter zijn schuilnaam te voorschijn te komen. Wil hij dit niet, dan staat hem – indien het om een in druk verschenen werk gaat – de in artikel 9 Aw geboden mogelijkheid ten dienste: handhaving van het auteursrecht door de uitgever of drukker van het werk (zie nr. 7).

mondelinge voordracht

Artikel 4 (lid 2) Aw noemt nog een apart geval van (bewijs-)vermoeden ten aanzien van het makerschap. Wordt bij het houden van een (niet in druk verschenen – zie daarvoor lid 1) mondelinge voordracht geen mededeling omtrent de maker gedaan, dan wordt, behoudens tegenbewijs, degene die de voordracht houdt voor de maker daarvan gehouden.

ghostwriter

Ook dit zal doorgaans in overeenstemming zijn met de werkelijkheid. Zo zal men ervan uit moeten gaan dat Wim Kan de maker was van de door hem gebrachte conférence, voorzover het programma niet anderen als tekstschrijvers vermeldt. Een welbewust afwijken van de werkelijkheid is er in geval van 'ghostwriters', zoals de ambtenaar achter de minister of de journalist achter de voetballer.

7. De maker die anoniem wil blijven

anoniem; pseudoniem

uitgever, drukker

Ook de maker die zich niet, of niet met zijn ware naam als zodanig bekend wil maken heeft auteursrecht. Tegen inbreukmakers zou hij echter niet kunnen optreden zonder zijn ware gezicht te laten zien. Aan dit bezwaar komt artikel 9 tegemoet. De handhaving van het auteursrecht op anoniem of onder pseudoniem *in druk* verschenen werken kan ten behoeve van de rechthebbende geschieden door de op of in het werk vermelde uitgever of, wanneer zo'n aanduiding ontbreekt, door degene die als drukker vermeld staat. De auteur hoeft hen hiertoe niet uitdrukkelijk te machtigen.

Men houde in het oog dat deze regeling slechts een hulpmiddel is voor de auteur die (en alleen voorzover hij) de openbaarheid schuwt. Een eigen recht voor de uitgever respectievelijk drukker kan er niet uit worden afgeleid. Te allen tijde kan de auteur-rechthebbende het heft zelf in handen nemen; een kwestie van mogen, niet van moeten. (De uitgever kan wel uit anderen hoofde rechthebbende zijn, zoals wanneer de maker het auteursrecht aan hem heeft overgedragen.)

bescherming der anonimiteit

In dit verband dringt de vraag zich op of de auteur ook beschermd is tegen doorbreking van de door hem verkozen anonimiteit of pseudonimiteit.

persoonlijkheidsrecht

onrechtmatige daad (art. 6:162 BW)

De Auteurswet geeft maar ten dele een antwoord. Voorzover dit gebeurt door openbaarmaking van het werk met *wijziging* van de gehanteerde auteursaanduiding (bijvoorbeeld een pseudoniem) kan hij optreden krachtens zijn persoonlijkheidsrecht (zie nr. 32). Het 'kwaad' is dan echter al geschied. Evenzo kan hij zich verzetten tegen openbaarmaking van het werk onder een *andere naam* dan de zijne, dus ook als het werk anoniem is verschenen. Bij filmwerken geeft artikel 45e, sub *c* de mogelijkheid van verzet tegen naamsvermelding, voorzover redelijk. Voor het overige blijft men, civielrechtelijk, aangewezen op artikel 6:162 BW, indien de omstandigheden van dien aard zijn dat het gewraakte handelen volgens de algemene zorgvuldigheidsnorm als onrechtmatige daad kan worden gekwalificeerd.

duur

De duur van het auteursrecht op anoniem of onder pseudoniem verschenen werken is geregeld in artikel 38 Aw. Zie nr. 35.

8. Een of meerdere makers; vormen van samenwerking

Jaren geleden verscheen een grammofoonplaatje op de markt met het lied 'Hallo Meneer de Uil, je onderbroek is vuil', op dezelfde muziek als de herkenningsmelodie van het populaire tv-kinderprogramma 'de Fabeltjeskrant'. Er volgde een proces wegens beweerde inbreuk op auteursrecht.[4] De eis werd echter afgewezen: de tekst van de plaat was, afgezien van de aanhef, een geheel andere dan die van het tv-lied, zodat daardoor geen auteursrecht werd geschonden. En het gebruik van de muziek geschiedde rechtmatig, krachtens betaling door de platenproducent aan Stemra (de organisatie die de rechten met betrekking tot vastlegging van muziek exploiteert - zie nr. 24).
We zien dus dat het ene werk van de eiser, het lied van de Fabeltjeskrant, uit twee onderdelen bestaat op elk waarvan afzonderlijk auteursrecht rust.

samengestelde werken

co-auteurs

Op veel manieren kan een werk, dat zich als eenheid presenteert, zijn samengesteld uit afzonderlijke werken. Die onderdelen kunnen van verschillende auteurs afkomstig zijn, dan wel van een en dezelfde maker. Maar ook in het geval dat een werk zich niet in zelfstandige onderdelen laat splitsen kan dit door meerdere makers, in diverse vormen van samenwerking, tot stand zijn gebracht.
Een en ander heeft consequenties voor de uitoefening en handhaving van auteursrecht. Hieronder volgt, aansluitend bij de in de

4 Pres. Rb. Amsterdam 4 maart 1969, *NJ* 1972, 319.

Auteurswet geregelde gevallen, een in vijf categorieën (a-e) ingedeelde opsomming van voorbeelden. Een oplossing voor elk concreet geval dat zich voor kan doen is hiermee echter onmogelijk te geven. Er zijn trouwens ook velerlei combinaties denkbaar. Verder valt steeds te bedenken dat bij creatieve arbeid in dienstbetrekking de werkgever door de wet als maker, en dus auteursrechthebbende wordt beschouwd: artikel 7, zie nr. 12. Ook het geval van artikel 8 (zie nr. 13) kan zich voordoen.

afzonderlijke werken (art. 1)

a. Het werk is te *splitsen* in bijdragen van verschillende individuele auteurs; ieder is dan rechthebbende op zijn eigen werk (art. 1 Aw), ook al kan het geheel als een eenheid beschouwd worden.

bijdrage als afzonderlijk werk

Zo is bijvoorbeeld een lied samengesteld uit twee werken: tekst en muziek. Tekstdichter en componist hebben ieder auteursrecht op het door hen gemaakte werk. Zijn beiden verenigd in één persoon, dan is deze de maker, en dus auteursrechthebbende van beide (afzonderlijke) werken. Steeds zal het criterium moeten zijn of de onderdelen waaruit het geheel is samengesteld, op zichzelf als afzonderlijke werken te beschouwen zijn (vergelijk hieronder sub b). Is dat het geval, dan moet men niet uitgaan van een auteursrecht op het geheel als zodanig (even ervan afgezien dat het geheel wel als zgn. verzamelwerk beschermd kan zijn; zie daarvoor hieronder, sub d), maar van rechten op elke afzonderlijke bijdrage. Tegen ongeautoriseerde overname van de tekst van het lied kan de tekstdichter optreden, niet de componist. Er is sprake van twee werken, met *elk* een maker. Vergelijk het bovenvermelde geval van de Fabeltjeskrant. Niettemin kan het zich voordoen dat reproductie van een werk met afwijkingen op een onderdeel daarvan de kunstzinnige eenheid van het geheel zozeer verminkt dat elk der makers kan optreden wegens schending van het persoonlijkheidsrecht.[5]

Het geheel kan door onderlinge samenwerking zijn totstandgekomen; noodzakelijk is dit echter niet.

Andere voorbeelden: boek met (als zodanig herkenbare) hoofdstukken van verschillende auteurs; libretto en muziek van een opera; boek met illustraties en/of foto's. (Nogmaals: er kán eventueel sprake zijn van een verzamelwerk, waarover straks.)

gemeenschappelijk auteursrecht (medeauteurschap) (art. 26)

b. Het werk heeft meerdere makers, wier bijdrage tot *een geheel* zijn samengesmolten en in het totale werk niet meer als zodanig herkenbaar zijn.

De wet noemt dit geval wel (in art. 26, in het hoofdstuk dat regels geeft betreffende de uitoefening en handhaving van auteursrecht), maar geeft niet aan wanneer het zich voordoet.

bijdrage geen afzonderlijk werk

Volgens de rechtspraak is niet doorslaggevend het enkele feit dat het totale werk als een (esthetische) eenheid te beschouwen is (vergelijk de onder a besproken voorbeelden). Beslissend voor een *gemeenschappelijk auteursrecht* van de makers tezamen is, of het werk is ontstaan door een zodanige samenwerking der auteurs, dat ieders afzonderlijke bijdrage daarvan niet meer te scheiden is en buiten het verband van

5 HR 29 mei 1987, *NJ* 1987, 1003, met noot LWH; *AMI* 1987/5, p. 105, met noot DWFV (*postzegel*).

het geheel dan ook geen afzonderlijk voorwerp van beoordeling kan zijn.[6] Bij filmmuziek bijvoorbeeld is dat wèl mogelijk.
Het auteursrecht op het werk in zijn geheel komt dan toe aan de medeauteurs gezamenlijk. *Uitoefening* (exploitatie) van dat gemeenschappelijke recht zal in beginsel door de medeauteurs tezamen dienen plaats te vinden, *handhaving* (optreden tegen inbreuk) kan op grond van artikel 26 door elk van hen individueel geschieden, ook tegen de medeauteurs.[7] Een en ander voorzover niet onderling anders overeengekomen is; het treffen van een regeling valt allicht aan te bevelen. Hierbij komen ook de artikelen 3:166 e.v. BW (gemeenschap) in zicht.[8]
Voorbeelden van een gemeenschappelijk auteursrecht zijn moeilijk in het algemeen te geven. Richtsnoer zal steeds het bovenvermelde criterium moeten zijn. Het is duidelijk dat medeauteurschap zich eerder voor zal doen indien de bijdragen naar hun aard niet verschillen (boek van meerdere schrijvers, bijvoorbeeld 'Heden ik, morgen gij' van Marsman en Vestdijk) dan wanneer dit wel het geval is (schrijver en illustrator van een boek, bijvoorbeeld de kinderboeken van Annie M.G. Schmidt met tekeningen van Wim Bijmoer of Fiep Westendorp).
Ten slotte: ook op geheel andere wijze kan een gemeenschappelijk auteursrecht zich voordoen, zoals ingeval het recht van de auteur overgaat op diens gezamenlijke erfgenamen. Wat hierboven werd opgemerkt over uitoefening en handhaving geldt dan evenzo voor hen.[9]

erfgenamen

ontwerp, leiding en toezicht (art. 6)

c. Het werk heeft onmiskenbaar *één* geestelijke vader; anderen, bijvoorbeeld leerlingen, hebben aan het totstandkomen van het werk ook creatief bijgedragen, echter werkend naar zijn ontwerp *en* onder zijn leiding en toezicht. Er is in zo'n geval maar *één* maker, namelijk de schepper van de grondgedachte (art. 6 Aw; zie nr. 11). Voorbeelden: tekenfilms van Walt Disney, wandschilderingen van Rubens.

verzamelwerk (art. 5)

d. Het werk bestaat uit een verzameling afzonderlijke werken, totstandgekomen onder leiding en toezicht van de 'verzamelaar' *of* (reeds tevoren bestaand en) door deze op een bepaalde wijze tot een geheel samengevoegd. Deze is dan rechthebbende op het gehele *verzamelwerk, onverminderd* echter de rechten der individuele auteurs op hun eigen bijdragen (art. 5 Aw; zie nr. 9).
Voorbeelden (alle te beoordelen naar de omstandigheden van het concrete geval): bloemlezing, encyclopedie, bundel opstellen of verhalen, krant, tijdschrift, op muziek gezet gedicht. Zie voor filmwerken nr. 10.

vertalingen, bewerkingen (art. 10, lid 2)

e. Vertalingen en bewerkingen van een reeds bestaand werk worden wel 'oeuvres de seconde main' genoemd. De auteursrechtelijke situatie is vergelijkbaar met het verzamelwerk. De vertaler/bewerker is rechthebbende op de door hem gemaakte vertaling/bewerking (zelfs in het geval dat deze onrechtmatig, dat wil zeggen zonder toestemming van de auteursrechthebbende op het oorspronkelijke werk, zou zijn vervaardigd; dat betekent dus, dat ook inbreuk op een inbreukmakende vertaling mogelijk is). Maar ook hier: *onverminderd* het recht van de auteur van het oor-

6 HR 25 maart 1949, *NJ* 1950, 643, met noot DJV (*La Belle et la Bête*). Rb. Haarlem 25 januari 1983, *NJ* 1984, 121; *AMR* 1985/1, p. 10 (*Dik Trom*).
7 Rb. Amsterdam 27 oktober 1993, *AMI* 1994/8, p. 157 (*Prins/Broekmans*, fotocollage).
8 Hof Den Bosch 27 december 1994, *NJ* 1995, 623, met noot DWFV; *IER* 1995/4, p. 146; *AMI* 1996/6, p. 116, met noot F.W. Grosheide (*Rooyakkers/Wouters*).
9 Vgl. Pres. Rb. Arnhem 8 mei 1979, *AMR* 1980/3, p. 56, met noot DWFV.

spronkelijke werk (art. 10, lid 2, waar ook het verzamelwerk nog eens genoemd wordt). Er is dus sprake van een dubbel auteursrecht; voor het opvoeren van de toneelbewerking van een roman is niet alleen toestemming vereist van de bewerker, maar tevens van de oorspronkelijke auteur. Beiden zijn auteursrechthebbende en kunnen zich verzetten tegen ongeautoriseerd gebruik van hun werk. Zie voor deze 'dubbele-bodemconstructie' verder nr. 20.
Voorbeelden van bewerkingen: toneel- of televisiebewerking van een roman, verfilming van een toneelstuk, muziekschikking (arrangement).

nieuw, oorspronkelijk werk

Intussen kan een 'bewerking' zóver van het oorspronkelijke werk afstaan, dat deze zelf als nieuw, oorspronkelijk werk is te beschouwen. Dit *kan* zich voordoen indien slechts een thema, een plot, een intrige uit een bestaand werk is gebruikt; er ontstaat dan een geheel zelfstandig auteursrecht op dit nieuwe werk, los van het andere. Met de aanduiding 'vrij naar' tovert men echter niet altijd een nieuw werk uit de hoed. Beslissend is de mate waarin de karakteristieke elementen van het bewerkte werk zijn overgenomen. Het nieuw bewerken van een origineel thema of een ingenieuze plot kan daarom zeer wel als verveelvoudiging gebonden blijven aan toestemming van de oorspronkelijke auteur. De grens is moeilijk in het algemeen aan te geven; een en ander wordt besproken in nr. 20.

thema, plot

9. De maker van het verzamelwerk

Indien een werk bestaat uit afzonderlijke werken van twee of meer personen, dan wordt (*onverminderd* het auteursrecht op deze afzonderlijke werken) krachtens artikel 5 als maker daarvan aangemerkt (a) degene onder wiens leiding en toezicht het gehele werk tot stand is gebracht, of (b) degene die de verschillende werken verzameld heeft.

verzamelwerk

Men spreekt in dit geval van een verzamelwerk. Het auteursrecht hierop komt toe aan degene die voor de samenvoeging tot een geheel heeft zorg gedragen. Noemt men hem verzamelaar, dan is wel in het oog te houden dat dit niet geheel aansluit bij wat het gewone spraakgebruik eronder zou verstaan. Deze verzamelaar kan zich op tweeërlei wijze manifesteren:

hoofdredacteur; filmproducent, filmregisseur

a. hij heeft de leiding en oefent toezicht uit bij het totstandkomen van het gehele werk, waarin de bijdragen der afzonderlijke auteurs zijn bijeengebracht (bijvoorbeeld een hoofdredacteur of, al naar gelang de omstandigheden, de producent dan wel de regisseur van een film; overigens is dit een puur theoretische vaststelling, – in de praktijk komen de rechten van een hoofdredacteur doorgaans toe aan diens werkgever, terwijl de diverse rechten met betrekking tot een film, voorzover niet rechtstreeks aan de producent toekomend, veelal aan deze zullen zijn overgedragen; de regeling in de artikelen 45a e.v. sluit hierbij aan, zie nr. 10);
ofwel

bloemlezing; bundel

b. hij heeft de verschillende werken verzameld, op een bepaalde wijze tot een geheel samengevoegd (bijvoorbeeld bloemlezing, bundel opstellen).
De bijeengevoegde werken kunnen speciaal voor het verzamelwerk vervaardigd zijn (bijdragen in een encyclopedie), het kan ook zijn dat zij reeds tevoren bestonden (bloemlezing).

architect

Een verzamelwerk doet zich in de praktijk het meest voor bij geschriften, doch is daartoe geenszins beperkt. Men kan bijvoorbeeld ook denken aan een gebouw waarin sculpturen, wandschilderingen en gebrandschilderde ramen onder supervisie van de architect zijn opgenomen, tezamen een harmonische eenheid vormend.

De verzamelaar heeft auteursrecht op het verzamelwerk als geheel, *onverminderd* de rechten der auteurs van de bijdragen.

eigen karakter

Zoals voor alle beschermde werken (behoudens de in nr. 17, onder 1 te bespreken uitzondering bij geschriften) geldt, moet het verzamelwerk iets eigens, iets oorspronkelijks hebben; het zal op enigerlei wijze, hoe gering ook maar, het stempel van de verzamelaar moeten dragen. Men denke aan het beleid van een redactie, aan de uit de selectie blijkende eigen visie van de bloemlezer.
Niet vereist is, dat de verzamelaar zelf ook een bijdrage heeft geleverd, al is dat natuurlijk wel mogelijk.

rechten der bijdragers

Uit het woord 'onverminderd' blijkt dat het niet zo is, dat de rechten (voorzover deze bestaan) van de bijdragers op de verzamelaar over zouden gaan; integendeel, deze zijn door de laatste onverkort te eerbiedigen. Hierbij valt ook te denken aan het persoonlijkheidsrecht van de bijdrager, in het bijzonder met betrekking tot naamsvermelding. Het geval heeft zich eens voorgedaan dat de uitgever van een tijdschrift (verzamelwerk) waarin een verhaal als feuilleton was verschenen, door hem van illustraties voorzien, dit verhaal vervolgens in boekvorm op de markt wilde brengen. Ondanks zijn verzamelaarsauteursrecht had hij hiervoor toch de toestemming nodig van de schrijfster.[10]
Indien de verzamelaar tevens werkgever is komen hem in beginsel alle rechten toe op grond van artikel 7 Aw (zie nr. 12).
Ten slotte: de wet spreekt van bijdragen van twee of meer personen. Toch mag men aannemen dat ook de bloemlezing uit het oeuvre van slechts één auteur als een verzamelwerk kan worden aangemerkt.

positie verzamelaar

De verzamelaar gebruikt werken van anderen als 'bouwstenen' voor het verzamelwerk. Hiertoe heeft hij, behoudens wettelijke uitzonderingen (bloemlezing bijvoorbeeld), toestemming nodig van de auteurs daarvan, uiteraard slechts voorzover op de werken auteursrecht bestaat.
Anderzijds echter kan ook hij rechten doen gelden met betrekking tot deze opgenomen afzonderlijke werken; inbreuk op het daarop bestaande auteursrecht levert namelijk *tevens* inbreuk op het verzamelaarsauteursrecht op. Beiden, zowel verzamelaar als bijdrager, kunnen onafhankelijk van elkaar daartegen optreden. Men zou van een 'dubbel' auteursrecht kunnen spreken.

'dubbel' auteursrecht

Dat op het in het verzamelwerk opgenomen afzonderlijke werk auteursrecht moet bestaan, wil de verzamelaar tegen ongeautoriseerde openbaarmaking/verveelvou-

10 HR 29 juni 1923, *NJ* 1923, p. 1169 (*De schat der O'Findy's*).

diging daarvan kunnen optreden, is een logische eis. Een werk dat 'vrij' is, bijvoorbeeld doordat het auteursrecht door tijdsverloop is vervallen, kan niet door degene die het in een verzamelwerk opnam 'geclaimd' worden (bijvoorbeeld een bundel oude volksliedjes). Wel bestaat er sinds 1995 een soort naburig recht (prestatiebescherming voor de vinder of uitgever) voor de *eerste* publicatie van niet eerder uitgegeven werk waarvan de beschermingstermijn reeds is verstreken, of als dat werk nooit auteursrechtelijk beschermd was en de maker meer dan 70 jaar dood is; de bescherming van die *editio princeps* duurt 25 jaar (art. 45o Aw).[11]

editio princeps

bloemlezing

Anderzijds is het wel merkwaardig dat de samensteller van een bloemlezing, die binnen de grenzen van artikel 16 Aw (zie nr. 36, sub C) geen toestemming van de opgenomen auteurs nodig heeft, zich op zijn beurt wel kan verzetten tegen ontlening aan het verzamelwerk; tenzij dit ontlenen eveneens weer bloemlezen is...

positie bijdrager

Het auteursrecht van de bijdrager c.q. diens rechtverkrijgenden blijft onverminderd van kracht. Dat betekent met name dat hij het vrij zal kunnen blijven uitoefenen (bijvoorbeeld afzonderlijke publicatie), voorzover tenminste tussen hem en de verzamelaar niet anders werd overeengekomen (bijvoorbeeld exclusieve publicatie in het verzamelwerk).

eerste publicatie

bron-vermelding

In één opzicht evenwel geldt hier een beperking. Indien het opgenomen werk voor de eerste maal is openbaar gemaakt in het verzamelwerk, dan moet, *tenzij* tussen partijen anders is overeengekomen, bij latere afzonderlijke openbaarmaking of verveelvoudiging door de maker van de bijdrage of diens rechtverkrijgenden het verzamelwerk als bron worden genoemd.

contractuele afwijkingen

In de tussen verzamelaar en bijdrager gesloten overeenkomst kan naar twee kanten worden afgeweken. Enerzijds kan men de verplichting tot bronvermelding laten vervallen, anderzijds kan men ook overeenkomen dat afzonderlijke publicatie in het geheel of voor een bepaald tijdsbestek is uitgesloten. Dit laatste hoeft intussen niet altijd uitdrukkelijk te zijn afgesproken; het kan onder omstandigheden ook uit de aard van de overeenkomst voortvloeien (men denke aan bijdragen met aperte exclusiviteitswaarde; bepaalde kranten- of tijdschriftartikelen, foto's).[12]

Schending van het overeengekomene levert wanprestatie op, geen inbreuk op auteursrecht. De verzamelaar zal uit dien hoofde tegen de bijdrager op kunnen treden, tegen derden eventueel wegens onrechtmatige daad (art. 6:162 BW).

exclusiviteit

Een verstandige verzamelaar zal, indien hij belang heeft bij exclusieve publicatie, duidelijke afspraken hieromtrent met de bijdrager maken. Zo zal een tijdschrift, dat

11 Art. 45o Aw is een gevolg van de EG-richtlijn ter harmonisatie van de beschermingsduur, naar het Duitse voorbeeld van Par. 71 Urheberrechtsgesetz. Het is met weinig enthousiasme ontvangen. Zie D.W.F. Verkade en D.J.G. Visser, 'Duurverlening en een nieuw naburig recht voor gevonden voorwerpen', *Mediaforum* 1995/1, p. 2, en A.A. Quaedvlieg, 'Artikel 45o. Een ongewerveld intellectueel eigendomsrecht', *AMI* 1996/5, p. 87.

12 Hierbij kunnen ook collectieve regelingen in het geding zijn. Voor freelance journalisten bijvoorbeeld de gedragscode van de beroepsvereniging NVJ, en in dienstverband de desbetreffende cao-bepalingen. Vgl. N. van Lingen en H.M. van Niftrik, 'Auteursrecht van journalisten', *AMR* 1983/3, p. 50 e.v.

aan een freelance fotograaf een reportageopdracht geeft en daarin belangrijk investeert, er wel om denken zich het auteursrecht op de foto's te laten overdragen of althans exclusieve publicatie te bedingen.

overname uit/door periodieken

Voor overname uit en door periodieken onderling gelden aparte regels. Zie artikel 15 Aw (nr. 36, sub A).

10. Rechten op filmwerken

Bij de wetswijziging van 1985 is een geheel nieuw hoofdstuk V in de Auteurswet opgenomen met bijzondere bepalingen betreffende filmwerken (artt. 45a-45g). Deze nieuwe regeling geldt voor films waarvan de productie na 1 augustus 1985 is aangevangen. Kern van de regeling is een door de wet veronderstelde overdracht van rechten aan de producent, zodat deze de exploitatie ter hand kan nemen. De meeste bepalingen zijn van regelend recht, waarvan bij schriftelijke overeenkomst kan worden afgeweken.

Voor 1985 kwam het begrip filmwerken in de wet niet voor. Films, toen aangeduid[13] als kinematografische werken en werken volgens gelijksoortige werkwijzen vervaardigd, waren beschermd als ieder ander werk in de zin van de Auteurswet zonder dat hiervoor nadere regels waren gegeven.

overgangsrecht

Omdat het auteursrecht op films lang kan voortduren (zie art. 40: tot 70 jaar na het overlijden van de – langstlevende – maker) blijft de vroegere auteursrechtelijke situatie voorlopig nog voor veel films van belang. Krachtens overgangsrecht is de nieuwe regeling niet van toepassing indien met het totstandbrengen van het filmwerk een aanvang is gemaakt voor het tijdstip van inwerkingtreding van de wijzigingswet (1 augustus 1985). Een scherp criterium is dit niet; bedoeld zal zijn dat er voor genoemde datum begonnen is met uitvoerende werkzaamheden.

Auteursrechtelijk bezien is de film een zeer complex geheel. Bij het totstandkomen ervan zijn allerlei auteurs betrokken, zoals schrijvers van scenario en dialogen, componist van de muziek, decorontwerpers, regisseur (mise-en-scène), terwijl in bepaalde gevallen ook de producent een creatieve inbreng levert en meer is dan alleen zakelijk productieleider. In een film zijn dus diverse werken geïncorporeerd, waarop afzonderlijk auteursrecht bestaat. Daar komt nog bij dat de film zelf, of eigenlijk het scenario, niet zelden een bewerking is van een ander beschermd werk: verfilming van een roman of van een toneelstuk (zie nr. 20).

verzamelwerk

Voor 1985 was de situatie, althans naar Nederlands recht, weinig overzichtelijk. De Auteurswet wijst niet een bepaald iemand aan als maker van de film. In de rechtspraak werd meestal de, niet boven kritiek verheven,[14] opvatting gehuldigd dat de film gezien moet worden als een *verzamelwerk* (art. 5 Aw), maar dan nog blijft de vraag open naar de rechthebbende op het geheel; afhankelijk van de omstandighe-

13 Art. 10, lid 1, sub 9°, thans sub 10°.
14 Vgl. J. Vermeijden, *Auteursrecht en het kinematographisch werk,* Zwolle, 1953, p. 57 e.v.

den kon de regisseur dan wel de producent als verzamelaar worden beschouwd (zie nr. 9).

Het is duidelijk dat de gesignaleerde lacune in de Nederlandse wet complicaties kon opleveren bij de exploitatie van de film. Aan de afnemers (opdrachtgever, bioscoopbedrijf, televisie, enzovoort) moet immers bij voorkeur een 'schoon product' worden afgeleverd, dat wil zeggen vrij van auteursrechtelijke aanspraken. In de praktijk wordt dit vaak bereikt door concentratie van rechten bij de producent; voorzover de creatieve medewerkers op basis van een arbeidsovereenkomst werkzaam zijn berust bij hem, als werkgever, het auteursrecht (art. 7, zie nr. 12), in het andere geval laat hij zich veelal de rechten overdragen. (In plaats van overdracht van auteursrecht kan ook de constructie van licentieverlening, contractuele toestemming door de auteurs, gehanteerd worden. Daarop wordt hier niet verder ingegaan; overdracht en licentie zullen meer in het algemeen besproken worden in hoofdstuk VII.)

'schoon product'

Kon de praktijk dus langs contractuele weg met de algemene regels van de bestaande auteurswetgeving doorgaans nog wel uit de voeten, toch bleek een duidelijke en specifieke regeling voor films gewenst, met name ook in verband met de ratificatie van de Akte van 1971 van de BC. Het daarin opgenomen filmartikel (art. 14*bis*) laat het aan de nationale wetgevers over om te bepalen, wie de rechthebbenden op een filmwerk zijn.

buitenland

In buitenlandse wetgevingen zijn – globaal – drie stelsels te onderscheiden:[15]

1. film copyright, dat wil zeggen: de producent wordt aangewezen als maker en dus rechthebbende (Engeland);

2. cessio legis (overdracht krachtens de wet), dat wil zeggen: de creatieve bijdragers worden erkend als co-auteurs, maar het exploitatierecht komt van rechtswege toe aan de producent (Italië, Oostenrijk);

3. présomption de cession (vermoeden van overdracht), dat wil zeggen: de creatieve bijdragers worden erkend als co-auteurs, maar behoudens contractuele afwijking wordt het exploitatierecht geacht aan de producent overgedragen te zijn (Frankrijk, Duitsland).

De Nederlandse wetgever heeft voor het laatstgenoemde stelsel gekozen.

Artikel 45a geeft definities en bepaalt wie makers van een filmwerk zijn. Onder filmwerk wordt verstaan een werk dat bestaat uit een reeks beelden[16] met of zonder geluid en, indien vastgelegd, ongeacht de wijze van vastlegging. De producent is de natuurlijke of rechtspersoon die verantwoordelijk is voor de totstandbrenging met het oog op de exploitatie.

filmwerk

Criterium is een reeks beelden, zoals duidelijk aanwezig bij speelfilms, tekenfilms en documentaires. Het werk moet 'daaruit bestaan', dus de beelden moeten tezamen een geheel vormen. Een volautomatische diaprojectie met overvloeiende beelden kan daar ook onder vallen.

15 Zie *Auteurswet en de Parijse Herziening van de Auteursrechtconventies*, Advies van de Adviescommissie voor het Auteursrecht van 30 juni 1975 aan de Minister van Justitie, 's-Gravenhage, 1975, p. 18. Zie ook de MvT bij dit wetsontwerp 16740, p. 9.

16 Oorspronkelijk stond er: *bewegende* beelden. Dat woord is in 1993 geschrapt.

techniek De toegepaste techniek is irrelevant. De regels gelden niet alleen voor de traditionele film, de rolprent met een optisch procédé, maar ook voor filmwerken die langs elektronische weg totstandkomen, het terrein van televisie en video. In de praktijk komt men vaak combinaties tegen, zowel bij de productie als bij de exploitatie ervan (videotheken). Vastlegging is niet vereist, zodat de regeling ook toepasselijk is op *live* tv-producties.

producent De producent is degene die het risico draagt van de exploitatie.[17] De definitie is van belang omdat bij hem de exploitatierechten worden geconcentreerd.

Artikel 45d bevat de kern van de filmregeling. Gehandhaafd is het ook onder het oude recht bestaande beginsel dat de creatieve medewerkers als makers worden beschouwd (art. 45a, lid 2), maar de rechten betreffende de exploitatie van de film worden in handen van de producent gelegd. *vermoeden van overdracht* Ingevolge artikel 45d worden de makers geacht hun desbetreffende rechten te hebben overgedragen aan de producent, tenzij met deze *schriftelijk* anders is overeengekomen. Alleen voor de componisten en tekstdichters van de filmmuziek geldt dit niet. Hun rechten worden in de praktijk beheerd door Buma en Stemra (zie nr. 52).

Het spreekt vanzelf dat de producent aan de makers een billijke *vergoeding* vergoeding is verschuldigd voor iedere exploitatie.[18] Voorts is bepaald dat voor nieuwe exploitatievormen, die bij het totstandkomen van de film redelijkerwijs niet voorzienbaar waren, de makers recht hebben op een billijke vergoeding.

makers Wie makers zijn wordt nader aangeduid in artikel 45a: de natuurlijke personen die tot het ontstaan van het filmwerk een *daartoe bestemde* bijdrage van *scheppend* karakter hebben geleverd.[19] Zulks onverminderd het bepaalde in artikel 7 (dienstverband, zie nr. 12) en artikel 8 (zie nr. 13). Het gaat hier dus niet om auteurs van al bestaande werken, zoals de romanschrijver wiens boek wordt verfilmd, en evenmin om louter technische medewerkers. De MvT geeft een paar voorbeelden van *acteurs* wie makers zijn: regisseur, scenarioschrijver, cameraman enzovoort. Acteurs zijn naar geldend recht geen makers. Zij zijn als uitvoerende kunstenaars niet auteursrechtelijk beschermd, al wordt dit met een beroep op buitenlandse situaties juist ten aanzien van filmacteurs – die de film 'maken' – wel verdedigd.[20] Hun vertolkingen worden beschermd door de WNR (zie nr. 14), waarin overigens de artikelen 45a e.v. Aw van overeenkomstige toepassing worden verklaard zodat ook de rechten der uitvoerende kunstenaars bij de producent zijn geconcentreerd. De WNR kent

17 Vgl. Hof Den Bosch 25 oktober 1989, *NJ* 1990, 99; *BIE* 1990/7-8, p. 223; *AMI* 1990/7, p. 161, met noot J.J.C. Kabel. Zie ook nog Pres. Rb. Den Haag 10 februari 1992, *BIE* 1993/3, p. 99; *AMI* 1993/6, p. 109, met noot J.J.C. Kabel (inz. de opdrachtfilm *Geen weg terug voor Jolanda*).
18 Aldus thans uitdrukkelijk art. 45d.
19 Vgl. Hof Amsterdam 13 april 1989, *AMI* 1990/1, p. 10, met noot M. Linneman (*synopsis*).
20 Zie bijvoorbeeld J.H. Spoor, 'De auteursrechtelijke positie van de uitvoerende kunstenaar', *R.M. Themis* 1973/4, p. 324 e.v. (p. 348). *Anders*: J. Vermeijden, *a.w.* (noot 14, p. 36), p. 32 e.v. Zie voorts Spoor/Verkade (1993) nr. 340 en de daar vermelde literatuur.

voorts aan de filmproducent het exclusieve reproductie- en distributierecht toe, waaronder uitlenen en verhuren. Voor de uitvoerende kunstenaars kan er in voorkomend geval aanleiding bestaan om zich op hun portretrecht (zie nr. 41) te beroepen. Daarmee zal bijvoorbeeld bij exploitatie van filmfoto's (boekuitgaven) rekening gehouden moeten worden.

producent; exploitatie

De producent ontleent aan de wettelijke regeling bepaalde bevoegdheden met betrekking tot de exploitatie van het filmwerk. 'De gedachte die hieraan ten grondslag ligt, is dat de productie van cinematografische werken gewoonlijk belangrijke investeringen vergt en dat het voor het bijeenbrengen van de benodigde gelden van belang is dat internationaal een redelijke mate van zekerheid bestaat omtrent het exploitatierecht van de producent, zulks om de onbelemmerde circulatie van deze werken mogelijk te maken', aldus de MvT. Aansluiting is gezocht bij uit het buitenland bekende stelsels, zoals hierboven reeds aangeduid. Gekozen is voor het minst vergaande stelsel, dat van het 'vermoeden van overdracht', zoals wordt gehanteerd in Frankrijk en Duitsland.[21] Dit geeft enerzijds de producent de nodige armslag en tast anderzijds de rechten van de auteurs niet te zeer aan.

wettelijk vermoeden van overdracht

Het gaat hier om de rechten betreffende de normale exploitatie: openbaarmaken (zie nrs. 25 e.v.), verveelvoudigen in de zin van artikel 14 (dat wil zeggen het vervaardigen van exemplaren, kopieën; zie nr. 24), ondertitels aanbrengen en nasynchroniseren van teksten. Ook redelijkerwijs onvoorzienbare exploitatiewijzen in de toekomst (zoals ooit het geval is geweest met betrekking tot het thans bekende overschrijven van celluloidfilms op videocassette of beeldplaat met het oog op verkoop en verhuur) vallen onder de overdracht, maar de producent moet de makers wel een billijke vergoeding daarvoor betalen.

andere exploitatie

contracten

Het voorgaande sluit niet uit dat nadere contractuele regelingen nuttig en nodig kunnen zijn.[22] In elk geval geldt dit voor de uitgezonderde filmmuziek, waarover met Buma/Stemra moet worden gecontracteerd, en natuurlijk ook voor medewerkers die geen maker zijn in de zin van de Auteurswet.

Het vermoeden van overdracht geldt behoudens *schriftelijke* contractuele afwijking.

voltooiing

De overdracht werkt vanaf het tijdstip dat de film klaar is. Ingevolge artikel 45c is dat: vertoningsgereed naar het inzicht van de producent.

Artikel 45b regelt het geval van tussentijds afhakende makers (en ingevolge de WNR tevens acteurs, die ook wel eens willen weglopen). Hun bijdragen, voorzover totstandgekomen, mag de producent blijven gebruiken om de film af te maken. Ook deze bepaling is van regelend recht.

morele rechten

De persoonlijkheidsrechten worden geregeld in de artikelen 45e en 45f. Als regel kunnen de makers zich niet verzetten tegen wijzigingen die hun bijdragen niet wezenlijk aantasten. Voor het overige behouden zij hun morele rechten als bedoeld in artikel 25 Aw (zie nrs. 30-33). Artikel 45e geeft daarbij een speciale regeling met betrekking tot naamsvermelding.

naamsvermelding

Elke maker heeft recht op de vermelding van zijn naam en hoedanigheid of bijdrage. Gebruikelijk is dat dit op de titelrol gebeurt, en die moet met de film worden

21 *Anders* de Adviescommissie (*a.w.*, noot 15, p. 37), die opteerde voor het stelsel van de 'cessio legis', waarvan niet contractueel kan worden afgeweken.

22 Zie de voorbeelden bij Spoor/Verkade (1993), nr. 330.

meevertoond. Er kunnen situaties zijn waarin men dat juist niet wil, bijvoorbeeld de in artikel 45b bedoelde makers die voortijdig stopten met hun werk. Mits niet onredelijk kunnen zij dan verlangen dat hun naam wordt weggelaten.

werkgever

De morele rechten komen toe aan de makers. Wie dat zijn staat in artikel 45a, en wel onverminderd het bepaalde in de artikelen 7 en 8 Aw. Betekent dat nu, dat als de maker in dienstverband werkt de morele rechten aan de werkgever (veelal een rechtspersoon) toekomen? Naar de letter van de wet zou ik menen van wel.[23] Extern kan de werkgever daar ook belang bij hebben.[24] In de interne relatie waakt de contractuele goede trouw tegen het ongerijmde gevolg dat de regisseur-werknemer geen naamsvermelding zou kunnen verlangen.

Ten slotte is er nog de regeling van artikel 45g betreffende afzonderlijke exploitatie van bijdragen die een van het filmwerk scheidbaar werk vormen. Dat recht blijft voorbehouden aan de maker, mits geen schade wordt toegebracht aan de filmexploitatie. Men kan hierbij denken aan een boekuitgave van het filmscript en allerlei vormen van *merchandising*.

duur

Voor de beschermingsduur geldt de regel van artikel 40 Aw: tot 70 jaar na het overlijden van de langstlevende onder de belangrijkste makers (de hoofdregisseur, de schrijvers van scenario en dialogen en de componist van de filmmuziek). Aanvankelijk was voorgesteld om de duur te beperken tot (toen nog) 50 jaar na de eerste openbaarmaking of de voltooiing, maar dit is geen wet geworden. Bejaarde filmers hoeven hun jeugdwerken niet in het publiek domein te zien vallen.

11. Makers en vervaardigers; ontwerp, leiding en toezicht

Maken en vervaardigen zijn auteursrechtelijk wèl te onderscheiden bezigheden. Maken is de geestelijke prestatie, vervaardigen het feitelijk vormgeven. Maker en vervaardiger kunnen een en dezelfde zijn (schilder, beeldhouwer), of verschillende personen (schrijver-drukker/uitgever; architect-aannemer). De *maker* is auteursrechthebbende op het werk.

Nu zijn er gevallen waarin creëren, maken enerzijds en feitelijk vervaardigen anderzijds niet zo duidelijk te scheiden zijn; daarop heeft artikel 6 Aw betrekking.

ontwerp, leiding en toezicht

Indien het werk tot stand is gebracht naar het ontwerp van iemand anders *en* onder diens leiding en toezicht, wordt *deze* als de maker van dat werk aangemerkt.

Deze bepaling slaat niet op het geval dat het 'totstandbrengen' van (de materiële belichaming van) het werk een min of meer mechanisch uitvoeren, vervaardigen is (het gieten in brons). De maker van het ontwerp, de schepper van het (immateriële) werk is de auteur, ook zonder dat hij bij het vervaardigen leiding en toezicht uitoefent.

De regel van artikel 6 geldt het geval dat in het ontwerp alleen de grondgedachte van het werk wordt aangeduid, terwijl voor de uitvoering gebruik wordt gemaakt

23 *Anders* Gerbrandy (1988), p. 401. Zie voorts infra nr. 31.
24 Zie de beschikking van het Commissariaat voor de Media 13 april 1989, *AMI* 1990/1, p. 12, met noot DWFV (*Telecable*).

van personen wier arbeid *van min of meer scheppende en dus niet in hoofdzaak mechanische* aard is. Het uitvoeren is dan een deel van het maken. Toch komt het auteursrecht uitsluitend toe aan de ontwerper, indien deze ook leiding en toezicht had bij het totstandkomen van het werk.
Op allerlei terreinen kan men deze situatie tegenkomen. Het klassieke voorbeeld zijn de grote wandschilderingen van Rubens, waaraan diens leerlingen volgens zijn aanwijzingen meewerkten. Een meer eigentijds voorbeeld laat zich denken bij tekenfilms en wellicht ook bij omvangrijke stripverhalen, waar tekenaars werken naar het ontwerp (niet: sjabloon) van de eigenlijke auteur en onder diens leiding en toezicht.
Andere gevallen, waarin artikel 6 toepasselijk kan zijn: teamwork op het gebied der industriële vormgeving; het ontwerpen van decors, etalages, stands op tentoonstellingen en beurzen, lay-out van advertenties; op aanwijzing van de regisseur handelende filmmedewerkers (assistenten), enzovoort. Ook de in opdracht werkende fotograaf kan met artikel 6 worden geconfronteerd.[25]

Gaat het dus om een ontwerp dat slechts de grondgedachte, niet reeds het afgeronde werk belichaamt (in dat laatste geval immers zou de ontwerper reeds maker zijn in de zin van artikel 1 Aw), dan wordt de ontwerper als maker van het werk aangemerkt indien hij *tevens* leiding en toezicht uitoefent over hen die het werk totstandbrengen, en daarbij niettemin meer of minder creatief bezig zijn.

Ontbreken leiding en toezicht, dan kán er eventueel sprake zijn van medeauteurschap (zie nr. 8, sub b).
Ook het ontwerp zelf is een 'werk' en als zodanig auteursrechtelijk beschermd; zie nrs. 16 en 17, onder 8.

schetsgeld, ontwerphonorarium

Het is gebruikelijk dat ontwerpers voor het maken van een ontwerp, het gestalte geven aan een idee, een afzonderlijke vergoeding (schetsgeld of ontwerphonorarium) bedingen, ook door hen te ontvangen in geval de opdrachtgever niet tot uitvoering van het ontwerp zou overgaan.

12. De werkgever als 'maker'

fictie van makerschap

In de artikelen 7 en 8 Aw wordt iemand 'als maker aangemerkt' die geheel buiten het eigenlijke scheppen van het werk staat. Artikel 7 betreft de auteur in dienstbetrekking.

Naar Nederlands recht komt het auteursrecht op in dienstverband gemaakte werken toe aan de werkgever. Partijen kunnen evenwel anders overeenkomen.

25 HR 1 juni 1990, *NJ* 1991, 377, met noot DWFV; *AMI* 1991/1, p. 7, met noot J.H. Spoor (*Kluwer/Lamoth*).

aanneming van werk; freelance medewerkers

Van dienstverband is geen sprake indien het gaat om een incidentele opdracht (aanneming van werk; freelance medewerkers). Ook een stageovereenkomst is geen dienstverband als hier bedoeld.[26] Vereist is, dat er een gezagsverhouding bestaat, en dat er loon wordt betaald. De aan de werknemer binnen deze gezagsverhouding gelaten vrijheid kan meer of minder groot zijn.

arbeidsovereenkomst; ambtenaar

Niet alleen op de dienstbetrekking krachtens arbeidsovereenkomst is artikel 7 van toepassing (bijvoorbeeld journalisten, reclameontwerpers, industrial designers in loondienst), ook op ambtenaren in dienst van de overheid (bijvoorbeeld hoogleraren en universitaire docenten; zie echter hieronder).

contractuele afwijking

De werkgever, veelal een onderneming-rechtspersoon, wordt als maker aangemerkt *tenzij tussen partijen anders is overeengekomen.* Zo'n andersluidend beding is dus geen overdracht van auteursrecht (zie nr. 53), en is dan ook niet aan een bepaalde vorm gebonden. Het kan zelfs stilzwijgend geschieden (af te leiden uit de bijzondere omstandigheden, maar dat zal zich niet vaak voordoen), alsook eerst na het aangaan van de arbeidsovereenkomst (eventueel met terugwerkende kracht).

journalisten

Individuele werknemers-auteurs verkeren doorgaans niet in een sterke onderhandelingspositie. Door de Nederlandse Vereniging van Journalisten is jarenlang geijverd voor zo'n 'anders overeenkomen' in de dagblad-cao. Dat is niet bereikt, maar wel is er sedert 1975 een auteursrechtbepaling opgenomen in de cao (art. 16), die de journalist enige zeggenschap en financiële aanspraken geeft inzake gebruik van zijn werk anders dan voor de eigen krant. Een *hot item* is de elektronische exploitatie op Internet en op cd-rom. In een door enkele freelance-journalisten aangespannen proefprocedure is onlangs beslist, dat dit zelfstandige vormen van verveelvoudiging en openbaarmaking zijn, waarvoor de krant toestemming van de auteurs moet vragen.[27] Al eerder was door de Belgische rechter uitgemaakt dat dit geen 'activité normale de l'entreprise' is, en dat de benodigde rechten niet (impliciet) aan de dagbladuitgevers waren verleend.[28]

elektronische rechten

Internationaal bezien bestaan er uiteenlopende regelingen met betrekking tot het auteursrecht op in dienstverband gemaakte werken. Vanuit het arbeidsrecht laat het Nederlandse stelsel zich zeer wel verdedigen, vanuit het auteursrecht is het veelvuldig bekritiseerd.[29] Diverse Europese wetgevingen, de Franse voorop, laten het auteursrecht in beginsel bij de werknemer, maar de feitelijke contractuele situatie maakt het verschil met ons stelsel toch weer minder groot dan het lijkt.

octrooirecht; modellenrecht

Ook in functie verworven industriële eigendomsrechten kent onze wetgeving toe aan de werkgever: vergelijk art. 12 ROW 1995 en art. 6 jo. 23 BTMW (zie nader nr. 19).

werk in dienstverband

Niet zonder meer van alle in dienstverband gemaakte werken komt het auteursrecht toe aan de werkgever. Artikel 7 spreekt van in dienst van een ander verrichte (niet: te verrichten) arbeid *die bestaat in* het vervaardigen (lees: maken) van *bepaalde* werken van letterkunde, wetenschap of kunst.

26 Aldus Rb. Middelburg 18 juli 1984, *NJ* 1985, 882; *IER* 1985/3, p. 47.

27 Rb. Amsterdam 24 september 1997, *AMI* 1997/9, p. 194, met noot HCJ; *Mediaforum* 1997/11-12, p. B159 (*Heg c.s./Volkskrant*).

28 Vermeld door P.B. Hugenholtz, *AMI* 1997/4, p. 82.

29 Vgl. Th. Limperg, 'Werknemer en auteursrecht', *R.M. Themis* 1980/6, p. 507 e.v. G.J.H.M. Mom en P.J. Keuchenius, *Het werkgeversauteursrecht. Kan de werkgever het maken?*, Kluwer 1992. Zie ook supra noot 12, p. 35.

Tussen het 'maken' en de dienstbetrekking moet een zeker verband bestaan. Dit hoeft intussen niet altijd per se uit de aanstelling zijn af te leiden. Het verstrekken en aanvaarden van een incidentele opdracht buiten de eigenlijke functie om kan dan ook evengoed een stilzwijgende (tijdelijke) wijziging van de dienstbetrekking betekenen.[30] Alles hangt af van de omstandigheden van het geval. De piloot die zich in zijn vrije uren als een verwoed tekenaar van vliegtuigen ontpopt, is in beginsel zelf auteursrechthebbende; krijgt de luchtvaartmaatschappij daar lucht van en vraagt zij hem bepaalde schetsen te maken voor een te voeren reclamecampagne, dan kan daardoor artikel 7 toepasselijk worden, zodat het auteursrecht dan aan de maatschappij toekomt.[31]

docenten

Een betwist punt is, aan wie het auteursrecht toekomt op werken van docenten aan (bijzondere of rijks-)onderwijsinstellingen (universiteiten, kunstacademies). Vrij algemeen wordt aangenomen dat daar waar de docent vrij is de vorm te kiezen waarin hij zijn doceerverplichtingen nakomt, hij zelf auteursrechthebbende is; de hoogleraar heeft dan zelf het auteursrecht op de door hem geschreven syllabus, ook al is deze op zijn collegedictaten gebaseerd. In de arbeidsvoorwaarden zou eventueel geregeld kunnen worden, aan wie de revenuen behoren toe te komen. Een ander voorbeeld in dit verband: de wetenschappelijke medewerker, in dienst van een universiteit, heeft zelf auteursrecht op de door hem in het kader van zijn promotieonderzoek geproduceerde teksten.[32] Maar wanneer het dienstverband de opdracht bevat een specifiek, geconcretiseerd wetenschappelijk rapport te schrijven, komt het auteursrecht toe aan de universiteit als werkgever.[33]

In het in 1987 ingevoerde Rechtspositiereglement Wetenschappelijk Onderwijs (*Stb.* 1987, 393) was aanvankelijk een regeling voorgesteld die in de academische wereld auteursrechten en octrooirechten liet toevallen aan de universiteiten als werkgever. Na felle kritiek zijn de desbetreffende ontwerpbepalingen ingetrokken.[34]

Als de werkgever het auteursrecht heeft, kan deze zelf beslissen of het werk zal worden openbaar gemaakt. Een onaangename consequentie voor bijvoorbeeld de journalist die zijn door de hoofdredacteur (of directie!) afgekeurde stuk graag, eventueel elders, gepubliceerd had gezien; zonder toestemming van de werkgever is dat nu niet mogelijk.

afgekeurde werken

droit moral

Of aan de als maker aangemerkte werkgever ook het persoonlijkheidsrecht toekomt, is een omstreden vraag. Doorgaans neemt men aan van wel. Zie hierover nr. 31.

30 HR 19 januari 1951, *NJ* 1952, 37, met noot DJV (*In de Amsterdamse Jordaan*).

31 Vgl. Pres. Rb. Breda 22 november 1977, *BIE* 1978/5, p. 84 (catalogus laboratoriumglaswerk); hier deed zich het omgekeerde geval voor. Zie voorts nog Hof Den Haag 12 juni 1985, *BIE* 1987/1, p. 15 (onderzoek binnenvaart), en Rb. Den Haag 27 mei 1992, *AMI* 1993/5, p. 94, met noot A.A. Quaedvlieg (computerprogramma PTT).

32 Pres. Rb. Zutphen 28 april 1981, *AMR* 1982/1, p. 16; *BIE* 1982/8, p. 182. Rb. Arnhem 8 april 1993, *BIE* 1994/8, p. 264.

33 Hof Den Haag 14 oktober 1987, *NJ* 1989, 220; *AMI* 1988/1, p. 16, met noot HCJ; *IER* 1988/4, p. 70; *BIE* 1990/7-8, p. 219.

34 Zie D.W.F. Verkade, *NJB* 1986/39, p. 1235, en *NJB* 1987/5, p. 145 e.v. Hierover ook H.D. Dokter, *BIE* 1989/3, p. 58. Zie voorts nog J. Seignette en A. van Hoek, 'De AIO en het Auteursrecht: art. 7 revisited', *NJB* 1991/37, p. 1503. Voor octrooirechten geldt thans art. 12, lid 2 en 3, *ROW* 1995.

13. De rechtspersoon (vennootschap, stichting, vereniging) als 'maker'

Van werken die worden openbaar gemaakt *als afkomstig van* een openbare instelling, een vereniging, stichting of vennootschap, worden deze als maker aangemerkt. Dit geldt niet indien een natuurlijk persoon als maker van het werk wordt vermeld, en evenmin als bewezen wordt dat de openbaarmaking onder de gegeven omstandigheden onrechtmatig was (art. 8).

Naast artikel 7 (werkgever als maker) is dit het tweede geval van fictief makerschap; niet de werkelijke maker maar een ander wordt als zodanig beschouwd, en is daarmee auteursrechthebbende.

overheid

Met 'openbare instellingen' worden bedoeld: publiekrechtelijke lichamen als de staat, gemeente, provincie. Niet op alle van de overheid afkomstige werken rust echter auteursrecht (art. 11; zie nr. 21). Voorts wordt het auteursrecht op overige door de openbare macht openbaar gemaakte werken door de wet in belangrijke mate beperkt (art. 15b, zie nr. 42).

jaarverslagen, brochures

Het werk moet als afkomstig van de rechtspersoon zijn openbaar gemaakt.[35] Het verband zal op enigerlei wijze moeten blijken.[36] Men kan hier met name denken aan gedrukte stukken zoals (jaar)verslagen, brochures met mededelingen en berichten, folders, enzovoort. De feitelijke samensteller daarvan is in het bedoelde geval te beschouwen als de *manus ministra*, de dienende hand van de rechtspersoon. Is hij bij deze in dienst, dan is de rechtspersoon reeds op grond van artikel 7 auteursrechthebbende.

publiciteitsbureau

Wordt de werkelijke maker – de wet spreekt van een natuurlijk persoon, maar het zou evengoed een (andere) rechtspersoon kunnen zijn, bijvoorbeeld een publiciteitsbureau – *wel* vermeld, dan is artikel 8 niet van toepassing. Hij is dan, behoudens tegenbewijs (art. 4 Aw), auteursrechthebbende. Daarbij kunnen zijn bevoegdheden natuurlijk wel beperkt zijn door contractueel verleende gebruiksrechten.[37]

geen tegenbewijs

onrechtmatige openbaarmaking

Anders dan in artikel 4 (weerlegbaar bewijsvermoeden van makerschap; zie nr. 6) is hier tegenbewijs niet mogelijk. Dat zou ook geen zin hebben, want dat de rechtspersoon niet zelf het werk gemaakt heeft zou niet moeilijk te bewijzen zijn. Wat wel mogelijk is: aantonen dat de rechtspersoon onder de gegeven omstandigheden niet gerechtigd was tot openbaarmaking, of dat zij daarbij de naam van de echte maker had dienen te vermelden. In dat geval komt het auteursrecht haar niet toe. Het is dus van belang de zaken duidelijk af te spreken. Dit geldt met name ook voor de verwijzing naar toepasselijke algemene voorwaarden zoals die door exploitanten (bijvoorbeeld de grafische industrie) en door organisaties (bijvoorbeeld de

35 Rechtspersoonlijkheid is niet per se vereist. Zie Rb. Arnhem 15 december 1977 en 20 september 1979, *NJ* 1980, 285; *BIE* 1980/4, p. 79 (BV in oprichting kan rechthebbende ex art. 8 Aw zijn).

36 Vgl. Hof Amsterdam 4 juni 1980, *BIE* 1981/9, p. 239 (vormgeving advertenties Katholieke Universiteit Nijmegen).

37 Vgl. Pres. Rb. Utrecht 12 oktober 1981, *RvdW/KG* 1981, 155; *BIE* 1983/3, p. 79 (reclamemateriaal). De uitleg van het overeengekomene kan overigens tot hetzelfde resultaat leiden als art.8; zie HR 20 maart 1992, *NJ* 1992, 563, met noot DWFV (*LaserVloerplan*).

beroepsvereniging Nederlandse Ontwerpers/bNO, voorheen GVN geheten) in de praktijk worden gehanteerd. Zie ook artikel 6:231 e.v. BW.

droit moral

Of de rechtspersoon als maker ook het persoonlijkheidsrecht heeft, is dubieus.[38] Zie hierover nr. 31.

duur

De duur van het auteursrecht op werken waarvan een rechtspersoon als maker wordt aangemerkt is afwijkend geregeld (art. 38; zie nr. 35).

14. Uitvoerende kunstenaars en naburige rechten

Volgens gangbare opvattingen zijn uitvoerende kunstenaars (musici, acteurs) niet scheppend, doch *her*scheppend bezig. Hun prestaties worden dan ook, in ons land evenals in de meeste andere landen, niet auteursrechtelijk beschermd. Een afzonderlijke wet, de Wet op de naburige rechten (WNR, 1993), regelt hun rechtspositie.

bewerking

regisseur

De uitvoering van een werk (toneelstuk, muzikale compositie, opera) is zelf, van hoe hoog artistiek gehalte ook, in de regel geen 'werk' in de zin van de Auteurswet; een uitvoerend kunstenaar heeft geen auteursrecht op zijn vertolking. Anders is dit pas, wanneer er sprake is van een bewerking (dramatisering, tv-bewerking of verfilming van een roman); de bewerker – dat zou onder omstandigheden, die zich echter niet gauw zullen voordoen, de regisseur kunnen zijn – heeft als auteur van de bewerking daarop auteursrecht (zie nrs. 8, onder e en 20). Een eigen auteursrecht van de uitvoerend kunstenaar is theoretisch wel verdedigbaar. De voorstanders wijzen daarbij op vertalers: ook dezen vertolken het werk van een ander, maar hun auteursrecht is onbetwist.[39]

onrechtmatige daad; portret; artiestennaam

Met het toenemen der technische mogelijkheden tot exploitatie van de prestaties van uitvoerende kunstenaars groeide de overtuigingskracht van hun roep om betere rechtsbescherming. Bij gebreke van een absoluut verbodsrecht, zoals de auteur dat heeft, was er voorheen slechts de algemene actie wegens onrechtmatige daad (art. 6:162, 1401-*oud* BW), waarvan de kans van slagen wisselt met de concrete omstandigheden. Soms biedt het portretrecht enig soelaas (zie nr. 41, sub B). Een enkele maal is de bescherming van de artiestennaam in het geding.[40]

piracy

De beschermingsbehoefte richt zich met name tot het gebruik van de creatieve prestatie zonder vergoeding aan, laat staan toestemming van degene die die prestatie leverde. Dat gebruik is veelvuldig en veelvormig, en er wordt grof geld mee verdiend. Bij geluidsopnamen bijvoorbeeld: *piracy* (illegale platen, cd's en casset-

38 Ontkennend: Hof Amsterdam 10 februari 1970, *NJ* 1971, 130 (*Rijkspostspaarbank*).

39 Vgl. J.H. Spoor, 'De auteursrechtelijke positie van de uitvoerende kunstenaar', *R.M. Themis* 1973/4, p. 324 e.v.

40 Pres. Rb. Utrecht 6 februari 1974, *NJ* 1974, 381; *BIE* 1976/1, p. 13, met noot SB (*Ekseption*: beschermd als handelsnaam). Pres. Rb. Utrecht 11 maart 1982, *NJ* 1982, 599 (*Cocktail Trio*: geen handelsnaam). Pres. Rb. Amsterdam 26 maart 1981, *RvdW/KG* 1981, 40; *BIE* 1983/3, p. 81 (*Max 'n Specs*).

counterfeit; bootlegging

thuiskopie

tes, als *counterfeit* zelfs in identieke verpakking), *bootlegging* (clandestiene live-opnamen), alsook het secundaire gebruik van legale opnamen voor omroepdoeleinden, allerhande achtergrondmuziek, enzovoort. En daarbij komt nog het populaire 'thuiskopiëren' (zie nader nrs. 24 en 40).

In de strijd tegen de piraterij gaat het behalve om uitvoerende kunstenaars natuurlijk ook om de belangen van de producenten van geluids- en video-opnamen. Hun schade loopt in de miljoenen. Waar het auteursrecht niet kon worden ingezet werd meerdere malen met succes een 1401-actie ingesteld,[41] en in een belangrijk arrest uit 1989 heeft ook de Hoge Raad deze lijn gevolgd.[42] Niettemin bleef er behoefte bestaan aan een speciale wettelijke regeling.

droits voisins

In vele landen kent de wetgeving al langer een bijzondere vorm van rechtsbescherming, die aansluit bij het auteursrecht. Men spreekt daarom van 'droits voisins' of naburige rechten, dat wil zeggen aan het auteursrecht grenzende rechten. Het gaat hierbij niet alleen om uitvoerende kunstenaars, maar ook om bescherming van de – creatief genoemde – prestaties van producenten van beeld- en geluidsopnamen en van radio- en tv-uitzendingen. Een en ander vraagt om een aanpak op internationaal niveau. De techniek, of misschien eerder nog de politiek, bracht reeds geruime tijd geleden de drie groepen bij elkaar in de Conventie van Rome 1961.

Rome 1961

Genève 1971

WNR

De *Conventie van Rome 1961* inzake de bescherming van uitvoerende kunstenaars, van producenten van fonogrammen en van omroeporganisaties is geratificeerd door thans 55 landen. Later is hierbij gekomen het *Fonogrammenverdrag* van Genève 1971 inzake de bescherming van producenten van fonogrammen tegen niet toegestane verveelvoudiging van hun fonogrammen.[43]

Nadat Nederland lang afzijdig was gebleven zijn in oktober 1993 beide verdragen geratificeerd, toen op 1 juli 1993 de Wet op de naburige rechten[44] in werking was getreden.

Het Fonogrammenverdrag betreft alleen de bescherming van de platenindustrie tegen piraterij. Toetreding tot de Conventie van Rome is lange tijd afgestuit op de gevreesde gevolgen voor het omroepbudget. De omroep had zich in deze hele materie aanvankelijk nogal afzijdig opgesteld. Daarin is verandering gekomen door de snelle technische ontwikkelingen op mediagebied (kabel- en satellietomroep).[45]

41 Hof Arnhem 18 januari 1972, *NJ* 1972, 297, met noot LWH; *BIE* 1972/6, p. 132 (*James Last*). Pres. Rb. Amsterdam 20 juni 1976, *AMR* 1977/2, p. 34. Zie voorts A.E. du Perron in *AMR* 1979/1, p. 3.

42 HR 24 februari 1989, *NJ* 1989, 701, met noot LWH; *IER* 1989/2, p. 41, met noot JHS; *AA* 1989/7-8, p. 675, met noot HCJ; *AMI* 1989/3, p. 70 (BMG/Boogaard, inz. *Elvis Presley*). Besproken door H. Cohen Jehoram in *AMI* 1989/3, p. 67. *Vervolg:* HR 5 april 1991, *NJ* 1991, 819, met noot DWFV; *AMI* 1992/7, p. 135, met noot HCJ; *IER* 1991/4, p. 82 (*Elvis Presley II*).

43 Van beide verdragen (*Trb.* 1986, 182-183) zijn de teksten onder meer opgenomen in de *Schuurman & Jordens*-editie van de WNR (nr. 75-II) en in de *Vermande*- en *Ars Aequi*-wettenbundels. Ook te vinden op de Internetwebsite van WIPO (http://www.wipo.org).

44 Wet van 18 maart 1993, *Stb.* 178. Zie voor de (moeizame) totstandkoming D.W.F. Verkade en D.J.G. Visser, *Parlementaire geschiedenis van de Wet op de naburige rechten*, Delft 1993, Delftse Academische Pers.

45 Zie H. Cohen Jehoram e.a., 'Omroep en naburige rechten', *AMR* 1981/2, p. 23 e.v.

In 1995 is de WNR op een aantal punten aangepast aan een EG-richtlijn.[46]
De WNR staat terminologisch en systematisch dicht bij de Auteurswet. Wijzigingen van beide wetten gaan veelal hand in hand. Op diverse plaatsen verklaart de WNR bepalingen uit de Auteurswet van overeenkomstige toepassing, zoals onder meer terzake van filmwerken (art. 4 WNR, art. 45a-45g Aw), thuiskopie (art. 10 WNR, art. 16c-16g Aw), citeren (art. 10 WNR, art. 15a Aw) en onderwijs (art. 11 WNR, art. 16 Aw).

exclusieve rechten

Kern van de WNR is de toekenning aan de drie betrokken groepen van nader omschreven uitsluitende rechten met betrekking tot hun prestaties.
Uitvoerende kunstenaars (art. 2 WNR) genieten onder meer het uitsluitend recht tot het opnemen van hun uitvoering, het reproduceren van een opname, en het in het verkeer brengen (ook verhuur en een vergoedingsrecht bij uitlening) en uitzenden van een opname of reproductie. Ook worden de persoonlijkheidsrechten erkend (art. 5 WNR). Onder uitvoerende kunstenaars worden niet alleen verstaan acteurs, zangers, musici en dansers en dergelijke, maar ook variété-artiesten en poppenspelers.[47]
Fonogrammenproducenten (art. 6 WNR) zijn vergelijkbaar gerechtigd met betrekking tot onder meer de reproductie, distributie en uitzending van door hen voor de eerste maal vervaardigde fonogrammen, dat zijn cd's en muziekcassettes en andere geluidsopnamen.
Aan *filmproducenten* (art. 7a WNR) komen eveneens dergelijke rechten toe met betrekking tot films en kopieën daarvan.
Omroeporganisaties (art. 8 WNR) genieten uitsluitende rechten met betrekking tot onder meer heruitzending, opname, reproductie en distributie van hun radio- of televisieprogramma's.

uitputting

Van belang bij de uit het voorgaande blijkende distributierechten is de regel, dat de rechten zijn uitgeput zodra exemplaren eenmaal rechtmatig in het verkeer zijn gebracht binnen de Europese Unie c.q. de Europese Economische Ruimte. De WNR sluit hiermee aan op de door eerdergenoemde EG-richtlijn voorgeschreven communautaire uitputting. Voordien gold een ruimer (mondiaal) uitputtingsbegrip, zodat parallelle import ook vanuit landen buiten de EG, en met name vanuit de USA, niet kon worden tegengegaan.[48]
Het verbodsrecht van uitvoerende kunstenaars en fonogrammenproducenten geldt niet voor het uitzenden of op andere wijze in het openbaar laten horen van commercieel uitgebrachte geluidsdragers (handelsfonogrammen). In die gevallen is aan hen wel een billijke vergoeding verschuldigd (art. 7 WNR). De hoogte daarvan wordt bij gebreke van overeenstemming in eerste aanleg vastgesteld door de rechtbank te Den Haag.[49] De vergoedingen worden geïnd en verdeeld door de stichting

46 Richtlijn 92/100/EEG van de Raad van 19 november 1992 betreffende het verhuurrecht, het uitleenrecht en bepaalde naburige rechten op het gebied van intellectuele eigendom (*Pb.* L 346/61). Wet van 21 december 1995, *Stb.* 653 (inwerkingtreding 29 december 1995). De WNR voldoet ook goeddeels aan het bepaalde in het WIPO-verdrag over de naburige rechten (WPPT) van 1996; zie D.J.G. Visser in *AMI* 1997/2, p. 27.

47 Zie over de begrippen uitvoerend kunstenaar en uitvoering: G.J. Heevel, *AMI* 1996/4, p. 63.

48 Mondiale uitputting is onder de oude tekst van de WNR ook aangenomen voor het tijdvak na 1 juli 1995, toen de richtlijn al geïmplementeerd had moeten zijn. HR 25 oktober 1996, *NJ* 1997, 649, met noot DWFV; *AMI* 1997/2, p. 29 (*Pink Floyd*). Hierover S. Prechal, 'Richtlijnconforme uitputting', *AMI* 1997/2, p. 23; M.R. Mok, *BIE* 1997/1, p. 39. Zie ook de noot van S. de Wit bij het arrest a quo van het Hof Den Haag, *IER* 1995/5 p. 169 en 174.

49 Vgl. Hof Den Haag 4 april 1996, *AMI* 1996/6, p. 120, met noot DWFV (*NOS/Sena*).

Sena Sena[50], die daartoe door de minister is aangewezen (art. 15 WNR). Sena heeft de status van eigenrechtorganisatie (zie nr. 51), en staat onder overheidstoezicht.

duur De duur van de naburige rechten is bepaald op 50 jaar (art. 12 WNR), te rekenen vanaf de 1e januari na het jaar van totstandkoming van het beschermde object.

voetballers Voetballers en andere sportlieden zijn geen uitvoerende kunstenaars in de zin van de WNR. Zij zijn op andere rechtsmiddelen aangewezen om een vergoeding te verkrijgen voor bijvoorbeeld radio en tv-reportages.[51] De laatste jaren is er in medialand harde strijd gevoerd over de voetbaluitzendrechten. Na het echec van het beoogde nieuwe pay-tv-kanaal *Sport 7* duren de onderhandelingen voort tussen de voetbalorganisaties en de omroepinstellingen.

cafévoetbal De omroep heeft geprobeerd om betaling te verkrijgen van caféhouders voor de tv-vertoning van belangrijke voetbalevenementen. Aan die mogelijkheid, wat huiselijk wel aangeduid als 'gezelligheidsbelasting', is in 1997 een einde gemaakt door wijziging van art. 8 (lid 1, sub *d*) WNR; het kan alleen nog als het cafépubliek entreegeld moet betalen.[52]

uitgevers Van uitgeverszijde wordt regelmatig gepleit voor toekenning van eigen 'naburige rechten' daar waar auteursrechtelijke bescherming ontbreekt, zoals bij het uitgeven van niet of niet meer beschermde teksten en bij overname van hun zetsel. De jurisprudentie is terughoudend om dergelijke prestaties via artikel 6:162 BW te beschermen.[53]

50 Adres: Vaartweg 51, 1211 JE Hilversum, tel. 035-6244653, fax 035-6280971.

51 Zie HR 23 oktober 1987, *NJ* 1988, 310, met noot LWH onder 311; *AA* 1988/7-8, p. 461, met noot HCJ; *AMI* 1988/2, p. 32, met noot G. Schuijt *(NOS/KNVB)*. ECRM 11 juli 1991, *AMI* 1992/2, p. 93, met noot A.W. Hins (*NOS/Staat*). Zie voorts S. Klos, 'Sport op het speelveld van de intellectuele eigendom', *IER* 1997/3, p. 81.

52 Wet van 21 februari 1997, *Stb.* 120.

53 Zie HR 20 november 1987, *NJ* 1988, 311, met noot LWH; *AA* 1988/12, p. 869, met noot HCJ; *AMI* 1988/2, p. 36, met noot HCJ (*Staat/Den Ouden*). Zie voorts Y.J. Alberdingk Thijm, *Uitgeversrecht opnieuw in wording*, Kluwer, 1988. W.J. Soetenhorst, diss. (1993). Grosheide en Frequin in *AMI* 1990/3, p. 43, en Grosheide en Obertop in *AMI* 1992/9, p. 163.

III Het werk

15. Werken van letterkunde, wetenschap of kunst

Auteursrecht bestaat met betrekking tot werken van letterkunde, wetenschap of kunst. Als zodanig wordt door de wet beschouwd ieder (oorspronkelijk) voortbrengsel op een van deze drie gebieden, op welke wijze of in welke vorm het ook tot uitdrukking is gebracht.

alle werken

Alle werken van letterkunde, wetenschap of kunst zijn auteursrechtelijk beschermd. (Alleen wetten, rechterlijke uitspraken en dergelijke zijn uitgezonderd; zie nr. 21.)

waarde irrelevant

De artistieke of wetenschappelijke waarde die eraan kan worden toegekend, is voor het auteursrecht zonder betekenis. In dit licht bevat de boeketreeks werken van letterkunde, en de hitparade werken van kunst. Ja, zelfs spoorboekjes en telefoongidsen zijn werken waarop auteursrecht bestaat.
De rechter is geen kunstcriticus, al zal hij er niet altijd aan kunnen ontkomen zich een waardeoordeel aan te meten. Dat ligt besloten in de eis dat het werk oorspronkelijk moet zijn, en kan voorts een rol spelen bij het beoordelen van inbreuksituaties. Met name bij werken van toegepaste kunst kunnen min of meer toevallige waardeoordelen nogal eens de doorslag geven (zie nr. 17, onder *11* en nr. 19).

verboden werken

Ook op door de strafwet verboden werken[1] bestaat auteursrecht. De maker van een discriminerende film of roman kan optreden tegen openbaarmaking of verveelvoudiging daarvan zonder zijn toestemming; dat neemt natuurlijk niet zijn eigen strafrechtelijke aansprakelijkheid weg indien hij het werk zelf publiceert.[2]

letterkunde, wetenschap of kunst

Nu de artistieke of wetenschappelijke waarde van het werk irrelevant is, lijkt afbakening van de gebieden letterkunde, wetenschap en kunst niet al te veel problemen op te hoeven leveren. Zodra er een 'werk' is – dat begrip zal ik hieronder nader bespreken – zal dit al gauw tot een of eventueel meerdere van deze categorieën

1 Vgl. art. 7 Gr.: 'behoudens ieders verantwoordelijkheid volgens de wet'. Een 'aardig' tijdsbeeld geeft: W. Hazeu, *Wat niet mocht*, een overzicht van censuur, ernstige en minder ernstige gevallen van vrijheidsbeknotting in Nederland (1962-1981), 2e druk, Amsterdam, 1982. Voorts: G.J.H.M. Mom, 'Goede zeden en openbare orde in het intellectuele eigendomsrecht', *IER* 1995/3, p. 93. Zie ook hierna nr. 22.

2 Hierover en over literaire belediging: G.A.I. Schuijt, 'Dichters liegen de waarheid ofwel: staan schrijvers boven de wet?', *AMI* 1992/2, p. 23. Zie ook HR 11 december 1990, *NJ* 1991, 313, met noot 'tH, en Hof Amsterdam 26 januari 1993, *AMI* 1993/3, p. 51, met noot Schuijt (*Theo van Gogh*).

horen. Dat betekent overigens niet dat het auteursrechtelijk werkbegrip eens en voor al eenduidig en onomstreden vaststaat.[3]

geen formaliteiten

Auteursrecht wordt niet verleend, maar ontstaat automatisch door het maken, het scheppen van een werk; de maker hoeft hiertoe dan ook geen enkele formaliteit te vervullen (vergelijk nr. 4).

oorspronkelijkheid

Niet zonder meer ieder voortbrengsel op het gebied der letterkunde, enzovoort, komt voor auteursrechtelijke bescherming in aanmerking. Het werk moet op enigerlei wijze een eigen karakter, een zekere mate van *oorspronkelijkheid* bezitten.

Het ligt in de aard van het auteursrecht, als monopolie van de maker ten aanzien van *zijn* concrete werk, besloten dat het werk zich op een of andere manier als zodanig zal moeten onderscheiden. Men spreekt in dit verband wel van het vereiste van een *eigen of persoonlijk karakter* van het werk, of dat dit het persoonlijk stempel van de maker moet dragen.[4] Hiermee wordt uitgedrukt dat het werk een zekere oorspronkelijkheid moet bezitten, niet dat men aan het werk zou moeten kunnen zien *wie* de maker ervan is; het moet het resultaat zijn van enige, hoe gering dan ook, scheppende activiteit van de maker. Dit kan in principe op elke wijze en in elke vorm geschieden; zie nr. 16. Men zou ook kunnen spreken van een 'onherhaalbaarheids'-criterium, in die zin dat het uitgesloten geacht moet worden dat twee auteurs onafhankelijk van elkaar volstrekt identieke werken zouden kunnen creëren, al zullen zich altijd wel randgevallen blijven voordoen.

Nu is het zo dat wel haast geen enkel werk *absoluut* oorspronkelijk zal zijn. De gehele menselijke cultuur bevat elementen van voortbouwen op en geïnspireerd zijn door wat reeds bestond. Stijlen (Jugendstil) en scholen (Haagse School) zijn hiervan de exponenten. Aan auteursrechtelijke bescherming staat zulks geenszins in de weg, zolang aan het werk iets eigens kan worden toegeschreven, er door de maker ingelegd. Anderzijds kunnen stijlen of methoden *als zodanig* geen object van auteursrecht zijn; zie nr. 18. Dat ligt eigenlijk ook wel voor de hand; de culturele ontwikkeling zou erdoor belemmerd worden.

stijl, methode

toegepaste kunst

Het vereiste van oorspronkelijkheid kan tot verwarring aanleiding geven bij werken van toegepaste kunst (vooral industriële vormgeving). Over wat tot het terrein der toegepaste *kunst* behoort is men het lang niet altijd eens. Het originaliteitsvereiste wordt hier door de rechtspraak nogal eens verpakt in een artistieke beoordeling. Zie nader de nrs. 17, sub *11* en 19.

nabootsing; bewerking

Nabootsingen missen als zodanig oorspronkelijkheid en zijn dan ook niet zelf auteursrechtelijk beschermd.[5] Anders is dit bij bewerkingen en vertalingen; daarop rust een 'tweedehands' auteursrecht. Zie nr. 20.

alle geschriften

Eén categorie is de oorspronkelijkheidsdans ontsprongen: op alle geschriften, ook

3 Uit de vele literatuur vermeld ik hier de belangwekkende proefschriften van F.W. Grosheide (*Auteursrecht op maat*, Deventer, 1986), A.A. Quaedvlieg (*Auteursrecht op techniek*, Zwolle, 1987) en P.B. Hugenholtz (*Auteursrecht op informatie*, Deventer, 1989), tegen het licht gehouden door Gerbrandy (1992), p. 38 e.v.

4 Bijvoorbeeld HR 4 januari 1991, *NJ* 1991, 608, met noot DWFV; *AMI* 1991/8, p. 177, met noot JHS; *IER* 1991/4, p. 96, met noot FWG; *AA* 1992/1, p. 31, met noot HCJ (*Romme/Van Dale*).

5 Vgl. nr. 57 over het bewijs van ontlening in inbreukprocedures.

die zonder eigen of persoonlijk karakter, rust auteursrecht. Daarover straks meer (nr. 17, sub 1).
Nog even samenvattend: een werk moet oorspronkelijk zijn om voor auteursrecht in aanmerking te komen. Enerzijds zijn er echter werken waarop geen auteursrecht bestaat hoewel ze wel oorspronkelijk zijn (wetten, vonnissen), anderzijds ook werken die wel auteursrechtelijk worden beschermd hoewel ze oorspronkelijkheid missen (de zojuist genoemde geschriften).

16. Het werk: idee en vorm

'werk'

Met 'werk' wordt in het auteursrecht bedoeld de immateriële schepping, de geestelijke creatie van de maker. Wat evenwel geen vorm heeft gekregen, laat zich moeilijk beschermen. Vereist is dan ook dat het beschermde werk op enigerlei wijze zintuiglijk waarneembaar is geworden.

werk en exemplaar

Verwarrend is, dat met 'werk' nogal eens de materiële vormgeving wordt aangeduid. Ook de wet is in dit opzicht niet consequent (bijvoorbeeld in art. 4: vermelding als maker 'op of in het werk'). Men houde echter in het oog dat het auteursrechtelijk beschermde werk in wezen een abstract iets is; uit de context kan dan blijken of het 'werk' dan wel de materiële belichaming daarvan is bedoeld.

vorm

Dit abstracte werk moet in een concrete vorm zijn gegoten. Deze hoeft niet noodzakelijk stoffelijk te zijn; wel, naar men algemeen aanneemt, met oog of oor (althans zintuiglijk[6]) waarneembaar. Aldus is bijvoorbeeld ook de mondelinge voordracht of de muzikale improvisatie een werk waarop auteursrecht bestaat; door herhaalde weergave via een bandopname bijvoorbeeld kan daarop inbreuk worden gemaakt. Aan de vormgeving (de uitwendige vorm) kent men het erachter liggende werk (de inwendige vorm); een exemplaar van het werk is niet het werk zelf. Ook bijvoorbeeld het uit het hoofd kopiëren van een door brand teniet gegane partituur levert inbreuk op auteursrecht op.

onvoltooide werken, voorstudies, schetsen

Het werk hoeft niet noodzakelijk in een definitief bedoelde vorm te zijn neergelegd. Ook ontwerpen, voorstudies, schetsen, onvoltooide manuscripten, enzovoort, kunnen, mits voldoende bepaald, als werk beschermd zijn.[7]

auteursrecht en eigendomsrecht

Het zal duidelijk zijn dat auteursrecht op het werk en eigendom van de stoffelijke drager (of dat nu *een* boek of *het* schilderij is) onderling onafhankelijke, en wél te onderscheiden rechten zijn. Wie een schilderij koopt mag daarvan geen reproducties op de markt brengen; dat recht blijft bij de schilder. Aan het slot van nr. 23 kom ik hier nog op terug. Een aangekocht kunstwerk mag voorts niet gewijzigd of anderszins aangetast worden, zie nr. 32.

De voorwaarde dat het werk op enigerlei wijze tot uiting moet zijn gebracht, een vorm hebben aangenomen, brengt met zich mee dat

6 Vgl. K. Limperg, 'Zit er een luchtje aan het auteursrecht?', *AMR* 1982/5, p. 129 e.v.
7 Vgl. Pres. Rb. Den Bosch 31 maart 1977, *NJ* 1977, 479 (ontwerp voor een zaalbeschildering).

ideeën of gedachten *als zodanig,* dus los van een bepaalde vormgeving, niet voor auteursrechtbescherming in aanmerking komen.

plan, idee

Het komt regelmatig voor dat iemand meent op een door hem bedacht plan of gelanceerd idee auteursrecht te kunnen claimen. Dat is niet juist.[8] 'Gedachten zijn tolvrij', luidt het gezegde. Dat neemt niet weg dat het 'pikken' van andermans ideeën onder bepaalde omstandigheden een onrechtmatige daad zou kunnen opleveren; dit dan met name in de sfeer van oneerlijke concurrentie.[9]

stijl, methode, theorie, vinding

Evenmin komen voor auteursrechtelijke bescherming in aanmerking bepaalde stijlen,[10] methoden, theorieën, wetenschappelijke vindingen, enzovoort. De belanghebbende zal, met name in het laatstgenoemde geval, zijn heil moeten zoeken op het gebied der industriële eigendom (octrooirecht) of in een actie wegens onrechtmatige daad (art. 6:162 BW).[11]

format

Aan de andere kant is het idee of de gedachte waaraan een bepaalde vorm gegeven is, *in deze vormgeving* wèl beschermd.[12] Wanneer iemand een plan om het milieu te redden op papier zet wordt zijn auteursrecht geschonden door de krant die het zonder toestemming in extenso afdrukt, niet door degene die het plan daadwerkelijk uitvoert. Uit de rechtspraktijk zijn met name voorbeelden bekend van beweerde overname van tv-spelconcepten (*formats*), waarbij het er onder meer om ging of die concepten wel voldoende waren uitgewerkt.[13]

stripfiguur

Een ander, wat ouder voorbeeld uit de praktijk: door het opvoeren van een toneelstuk met in de hoofdrol Sjors van de Rebellenclub (wiens afbeelding op de affiches onmiskenbaar associaties opwekte met de 'echte' Sjors) werd nog geen auteursrecht geschonden. Wel vond de rechter dat hier op onbetamelijke wijze werd geprofiteerd van de populariteit die het stripverhaal zich verworven had, en daarom werd het handelen onrechtmatig geoordeeld (art. 1401-*oud* BW).[14]

Men moet het als volgt zien. Op de avonturen van de jonge held bestaat auteursrecht; een getrouwe toneelbewerking daarvan zou, indien geen toestemming was gevraagd, inbreuk opleveren. Geen inbreuk echter in het geval dat enkel de *figuur* Sjors wordt gebruikt (maar eventueel tóch een onrechtmatige daad, zoals hier). Daarbij valt overigens wel te bedenken dat er niet alleen op het verhaal, maar ook op de tekeningen auteursrecht bestaat. Zou dus op de affiches een getekende Sjors

8 Zie over ideeënbescherming F.W. Grosheide in *AMI* 1994/9, p. 167.

9 Vgl. Rb. Arnhem 16 september 1976, *NJ* 1977, 346; *BIE* 1977/8, p. 220 (serviesinruilactie). Pres. Rb. Haarlem 17 december 1990, *AMI* 1993/2, p. 32, met noot J.F. Haeck; *BIE* 1992/5, p. 163 (Geldterugactie).

10 Vgl. HR 29 december 1995, *NJ* 1996, 546, met noot DWFV; *AMI* 1996/10, p. 199 (*Decaux/Mediamax*, reclamebordhouders). Hierover Quaedvlieg, 'Een stijlloze totaalindruk', *AMI* 1996/10, p. 195, en dez. in *AA-katern* 60 (1996), p. 2850.

11 Vgl. de noot van LWH onder Pres. Rb. Amsterdam 4 december 1986, *IER* 1987/1, p. 14 (*Chanel huisstijl*).

12 Vgl. Pres. Rb. Zutphen 3 juni 1977, *AMR* 1978/1, p. 14 (fysiotherapeutische methode). Pres. Rb. Amsterdam 14 mei 1981, *BIE* 1982/7, p. 163 (idee voor omslag boek Karl Marx).

13 Hof Amsterdam 25 juni 1987, *AMI* 1988/3, p. 60, met noot HCJ (*Adrenaline*). Rb. Amsterdam 11 oktober 1989, *AMI* 1990/5, p. 88, met noot HCJ (*Wie van de drie*). Pres. Rb. Amsterdam 23 januari 1992, *AMI* 1992/6, p. 112 (*Headhunter*). Hof Amsterdam 3 maart 1994, *AMI* 1995/3, p. 54, met noot J.F. Haeck (*La Chasse*). Pres. Rb. Amsterdam 26 januari 1995, *AMI* 1995/10, p. 193 (*06-11 Weekend*). Pres. Rb. Amsterdam 16 augustus 1996, *AMI* 1997/1, p. 13 (*Online*). Zie over formats ook F.W. Grosheide in *AMI* 1996/1, p. 3.

14 Rb. Den Haag 7 april 1959, *NJ* 1962, 149. Zie ook Pres. Rb. Den Haag 12 januari 1983, *KG* 1983, 50; *AMR* 1983/4, p. 91 (pornografische bewerking van *Astérix*-stripverhalen).

zijn overgenomen (in dit geval was dat klaarblijkelijk niet gebeurd), dan valt aan te nemen dat daardoor wél auteursrecht was geschonden.
We belanden hier bij de grensgevallen. Zie daarover nr. 18.

het beschermde werk

Samenvattend: het auteursrechtelijk beschermde werk is de in een zintuiglijk waarneembare vorm tot uiting gebrachte geestelijke creatie met een eigen of persoonlijk karakter, dat wil zeggen: welke oorspronkelijk is, het persoonlijk stempel van de maker draagt.

In een standaardarrest uit 1946 is dit door de Hoge Raad als volgt onder woorden gebracht: 'dat alleen de vormgeving, die uiting is van datgene, wat den maker tot zijn arbeid heeft bewogen, de bescherming van het auteursrecht geniet'.[15] Het ging in dit geval om houten beeldjes met een bepaald, door branden verkregen, artistiek effect. Het enkele bezigen van hetzelfde materiaal, bewerken volgens eenzelfde methode en volgen van stijl leverde geen inbreuk op auteursrecht op.
De criteria voor de afbakening van wat een 'werk' is, beslissend voor de vraag of er sprake is van auteursrechtelijke bescherming, zijn in meer dan een opzicht van belang. Wanneer iemand in een bepaald geval bescherming inroept voor een bepaald voortbrengsel, zijn er achtereenvolgens de vragen: gaat het om een werk? en zo ja: is er sprake van inbreuk, met andere woorden is dit werk openbaar gemaakt en/of verveelvoudigd? Ook bij de tweede vraag speelt de afbakening van het werkbegrip een belangrijke rol, met name voor de beoordeling inzake nabootsing, plagiaat (zie nader nrs. 23 en 57).

inbreuk

Tot slot nog enige aandacht voor de techniek. De vormgeving kan in mindere of meerdere mate met gebruik van technische hulpmiddelen geschieden. Fotograaf en cineast hanteren de camera bij hun creatieve arbeid. Voor het auteursrecht is dat geen probleem; hun werken zijn beschermd als ieder ander. Inmiddels leven we volop in een tijd van computers, die sinds de komst van de chip steeds maar krachtiger en goedkoper zijn geworden. Via het Internet heeft ieder wereldwijd toegang tot allerhande informatie, met inbegrip van auteursrechtelijk beschermde werken. Dit stelt het auteursrecht voor nieuwe problemen, en geeft bij voortduring aanleiding tot reflectie op en eventuele bijstelling van de betekenis van begrippen en regels. Hier en elders rijst wel de vraag, of het bestaande systeem van het auteursrecht niet te zeer gedacht is vanuit langzamerhand deels verouderde concepties.[16] Dat neemt niet weg dat de bestaande en regelmatig opgelapte Auteurswet de voortgaande ontwikkelingen redelijk in de hand heeft weten te houden.

camera

Een paar opmerkingen nog over computers bij de bepaling van het werkbegrip. Zoals gezegd, hulp van de techniek schakelt auteursrechtbescherming in beginsel zeker niet uit. Men kan denken aan computeranimatie bij tekenfilms, diverse toepassingen bij het totstandbrengen van grafische werken of muzikale composities, allerlei classificatie- en documentatiesystemen, enzovoort. Op het gebied van de

computer

15 HR 28 juni 1946, *NJ* 1946, 712 (*Van Gelder/Van Rijn*).
16 Quaedvlieg (1987) licht technische producten door op hun auteursrechtelijke beschermbaarheid; Hugenholtz (1989) bepleit verruiming van het werkbegrip tot allerhande informatie; Visser (1997) wil in de digitale wereld af van het problematische verveelvoudigingsrecht, omdat het aankomt op de openbaarmakingshandeling.

computerkunst hebben niet alleen kunsthistorici, maar ook juristen het moeilijk.[17] Of er een 'werk' is, is aan de hand van het eerder besprokene te beoordelen (waarneembare vorm, oorspronkelijkheid). Voor het bepalen van het makerschap gelden de regels die zijn uiteengezet in het vorige hoofdstuk. Daarbij is de mate van ieders creatieve inbreng bepalend, zodat naast degene die het programma toepast ook de programmeur soms (mede) maker van het werk kan zijn.

computerprogramma

Dat ook computerprogramma's zelf als werk worden beschermd, staat sinds 1994 in de wet (art. 10, lid 1, sub 12°; zie hierna nr. 17, sub 12). Het werd voordien ook al in rechtspraak en literatuur aangenomen.

computerspel

Ter illustratie voor de gerezen problemen rond het bepalen van 'het werk' kunnen de populaire audiovisuele computerspelletjes dienen. Bij ganzenborden en monopoly is het vormgegeven idee neergelegd in spelregels, bord en fiches en dergelijke, maar wat moeten we ons voorstellen bij zo'n computerspel? Kan de producent ervan een concurrent verbieden om met nagenoeg hetzelfde product op de markt te komen? In een hierover gevoerde procedure[18] werd in eerste aanleg auteursrechtelijke bescherming ontzegd; de rechter achtte het door de technische mogelijkheden bepaalde spelverloop zodanig abstract, dat het concept en het verloop van het spel als zodanig een eigen persoonlijk karakter zouden missen. In hoger beroep echter oordeelde het Hof hier wél een werk in de zin van de Auteurswet aanwezig; het spelconcept heeft met en door de programmering in de computer een voor waarneming vatbare vorm gekregen (namelijk het spel als samenstel van beelden en geluiden), en is voldoende oorspronkelijk om zich als geheel te onderscheiden van andere videospelen.

databank

Op de oorspronkelijkheid komt het aan. Dat geldt ook voor in databestanden[19] opgenomen verzamelingen van feitelijke gegevens. Zoiets levert een 'werk' op als in de selectie een persoonlijke visie van de maker tot uitdrukking komt.[20] Voor de bescherming van databanken zijn nieuwe regels in voorbereiding ingevolge de (hiervoor in nr. 2 al genoemde) EG-richtlijn uit 1996.
Opname van beschermde werken (bijvoorbeeld tijdschriftartikelen) in databanken is gebonden aan toestemming van de auteurs. Die toestemming kan al bij voorbaat, bij de eerdere publicatie in druk, verleend zijn.

17. De voorbeelden van artikel 10

De Auteurswet geeft in artikel 10 (lid 1) een in twaalf categorieën ingedeelde opsomming van beschermde werken, of juister: van vormen waarin werken zich voor kunnen doen. Dit zijn slechts

17 G. Rau, *Antikunst und Urheberrecht*, Berlijn, 1978, besproken door S. Boekman in *BIE* 1979/5, p. 119 e.v.
18 Pres. Rb. Amsterdam 2 december 1982, *KG* 1983, 2; *AMR* 1983/1, p. 17. Vernietigd in hoger beroep door Hof Amsterdam 31 maart 1983, *AMR* 1983/3, p. 56 (*Pac-Man/Happelaar*).
19 Zie P.B. Hugenholtz, *Auteursrecht en Information Retrieval*, Kluwer, 1982.
20 HR 4 januari 1991, *NJ* 1991, 608, met noot DWFV; *AMI* 1991/8, p. 177, met noot JHS; *IER* 1991/4, p. 96, met noot FWG; *AA* 1992/1, p. 31, met noot HCJ (*Romme/Van Dale*). Vervolg: Hof Den Haag 1 april 1993, *AMI* 1993/7, p. 134, met noot HCJ; *IER* 1993/3, p. 79, 82.

voorbeelden. De meeste werken zullen echter wel onder een van deze rubrieken gebracht kunnen worden, sommige zelfs onder meerdere tegelijk.

ieder voortbrengsel

Het gaat om voorbeelden, dus de opsomming is niet uitputtend. Het eerste lid van artikel 10 eindigt dan ook met de clausule: 'en in het algemeen ieder voortbrengsel op het gebied van letterkunde, wetenschap of kunst, op welke wijze of in welke vorm het ook tot uitdrukking zij gebracht'.

De rubrieken volgen hieronder, met enkele toelichtende opmerkingen.

1. Boeken, brochures, nieuwsbladen, tijdschriften en alle andere geschriften

nieuwsbladen, tijdschriften

Nieuwsbladen en tijdschriften zijn verzamelwerken; zie nr. 9. Overname van (of citeren uit) artikelen en dergelijke door periodieken onderling is onder zekere voorwaarden toegestaan (zie nr. 36, sub A en B).

Eerder werd er al op gewezen dat het er niet op aankomt of aan het werk letterkundige of wetenschappelijke waarde kan worden toegekend, maar of het een eigen of persoonlijk karakter heeft. Dat laatste nu kan meer (roman) of minder (catalogus) tot uiting komen, het kan ook geheel ontbreken (adreslijst). En wat dan?

alle geschriften

radioprogramma's

Dat ook *geschriften* die ten enenmale een eigen oorspronkelijk karakter missen (lijst van effectenkoersen, veilingcatalogus, prijscourant, kale advertenties, – ofschoon ook deze geschriften soms van een zekere oorspronkelijkheid kunnen getuigen) onder de werking van de Auteurswet vallen, is onomwonden uitgemaakt door de Hoge Raad in de zogenaamde radioprogramma's-arresten.[21] Inzet van deze gedingen was de auteursrechtelijke bescherming van radio- en tv-programma's, de opgaven van hetgeen uitgezonden zal worden. De omroeporganisaties hadden daar belang bij, want in ons specifieke omroepbestel is de toe te wijzen zendtijd nog steeds afhankelijk van het aantal leden; in de praktijk betekent dat: het aantal abonnees op de programmabladen. Via het auteursrecht wilde men verhinderen dat de programmaopgaven in allerlei andere tijdschriften (zoals Televizier, toen nog niet met de AVRO gelieerd) gepubliceerd zouden worden. En dat lukte.

Volgens de Hoge Raad vallen onder het 'en alle andere geschriften' van artikel 10 ook geschriften zonder eigen of persoonlijk karakter, zij het met enkele restricties. Slechts indien ze zijn (bestemd om) openbaar gemaakt (te worden) zijn deze geschriften beschermd, en wel alleen tegen het 'door *ontlening aan het geschrift zelf* "overnemen" van deszelfs inhoud'.

ontlening

In de regel zal het bewijs van zulk een ontlening moeilijk te leveren zijn; zie ook nr. 57. Voorzover het omroepprogramma's betreft geldt echter een omgekeerde bewijs-

21 HR 17 april 1953, *NJ* 1954, 211, met noot DJV; *AA* 1953-54, p. 128, met noot HB. HR 27 januari 1961, *NJ* 1962, 355, met noot HB; *AA* 1960-61, p. 179, met noot EDHB; (*Explicator*). HR 25 juni 1965, *NJ* 1966, 116, met noot HB; *AA* 1965-66, p. 345, met noot EDHB; (*Televizier*). Zie ook L. van Vollenhoven, *De zaak Televizier*, Deventer, 1970. Th.C.J.A. van Engelen, diss. (1994) alsmede 'De geschriftenbescherming in de Auteurswet en de bescherming van daarmee op één lijn te stellen prestaties', *BIE* 1987/10, p. 243.

Mediawet

last, neergelegd in de Mediawet (*Stb.* 1987, 249); krachtens artikel 59 van deze wet levert het zonder toestemming van de NOS publiceren of verveelvoudigen van omroepprogrammaopgaven inbreuk op auteursrecht op, tenzij men kan bewijzen dat van directe of indirecte ontlening geen sprake is (zgn. vrije nieuwsgaring). Een regeling van dezelfde strekking gaf voorheen artikel 22 van de Omroepwet.
Het omroepbladenmonopolie, dat met de naderende liberalisering van de media en onder de druk van het EG-recht[22] vermoedelijk wel zijn langste tijd heeft gehad, is sindsdien nog diverse malen onder vuur genomen, maar staat nog steeds overeind. In 1976 besliste de Europese Commissie te Straatsburg dat deze Nederlandse situatie niet in strijd is met het in artikel 10 EVRM gegarandeerde (en geclausuleerde) recht om inlichtingen te ontvangen en door te geven.[23] Vanaf de jaren tachtig is de kwestie weer actueel geworden, toen een aantal dagbladen zich niet meer wilde houden aan de met de NOS overeengekomen beperkte vorm van publicatie (de zgn. verkorte programma's). In afwachting van nieuwe afspraken trokken de kranten voorlopig aan het kortste eind.[24]
In de categorie 'geschriften' is dus tegelijk sprake van een uitbreiding en een beperking. De uitbreiding is gelegen in het als 'werk' erkennen van geschriften die ten enenmale een eigen of oorspronkelijk karakter ontberen. De beperking betreft de beschermingsomvang daarvan: uitsluitend de concrete opschriftstelling is beschermd, en dan nog alleen tegen ontlening aan dit geschrift, dat wil zeggen 'overschrijven'. (Dat wijkt dus af van wat overigens geldt: bescherming van de creatieachter-de-vorm, van het vormgegeven *immateriële* werk.) Al met al een wat gewrongen constructie; het valt moeilijk te ontkennen dat het in feite gaat om een bescherming van op schrift gestelde zakelijke gegevens (zie ook de bepaling in de Mediawet) en dat is eigenlijk niet het terrein van het auteursrecht, als bescherming van scheppende arbeid, maar van het mededingingsrecht.[25] Men spreekt hier dan ook wel van pseudo-auteursrecht.

pseudo-auteursrecht

prestatie-bescherming

Internationaal bezien kan men deze uitbreiding van de categorie geschriften uniek noemen. Bescherming van commerciële investeringen (*sweat of the brow*, prestatiebescherming[26]) wordt veeleer beoordeeld naar regels en beginselen van ongeoorloofde mededinging.[27] Wel is het zo dat ook in andere landen telefoongidsen, spoorboekjes en dergelijke auteursrechtelijk beschermd kunnen zijn, voorzover aan deze werken met een beetje goede wil nog wel enige oorspronkelijkheid valt

22 Hof EG 6 april 1995, *NJ* 1995, 492, met noot DWFV; *AMI* 1996/2, p. 35, met noot J.J. Feenstra op p. 31; *Mediaforum* 1995/5, p. B65; *AA* 1995/10, p. 811, met noot HCJ (*Magill*). Zie ook P.B. Hugenholtz, 'Het einde van het omroepbladenmonopolie nadert', *Mediaforum* 1995/7-8, p. 82.

23 Eur. Cie. v.d. Rechten v.d. Mens 6 juli 1976, *NJ* 1978, 237; *AA* 1979/3, p. 145, met noot HCJ; (*Geïllustreerde Pers*).

24 Hof Leeuwarden 19 januari 1983, *AMR* 1983/2, p. 33, met noot HCJ (*Nieuwsblad van het Noorden*); *anders* in dezelfde zaak: Pres. Rb. Groningen 22 januari 1982, *AMR* 1982/2, p. 33. In deze procedure deed de krant ook een (vergeefs) beroep op art. 30 en 36 EG-Verdrag en art. 10 EVRM. Zie voorts nog: Pres. Rb. Amsterdam 25 juni 1981, *AMR* 1981/4, p. 84 (programmapublicatie in blad van kabel-tv-piraten). Hof Den Bosch 29 maart 1983, *BIE* 1984/5, p. 148 (*Weekend*). Pres. Rb. Amsterdam 16 april 1992, *AMI* 1992/7, p. 137; *Mediaforum* 1992/5, p. B35 (*Krant op Zondag*). Pres. Rb. Den Bosch 5 november 1996, *AMI* 1997/4, p. 83 (*Troubadour*).

25 Volgens een krantenbericht uit juli 1997 wil de KNVB met een beroep op geschriftenbescherming de media verplichten om bij de publicatie van het wedstrijdschema ook de sponsornamen te vermelden.

26 Uitvoerig hierover: A.A. Quaedvlieg in *BIE* 1996/1, p. 4 en 1996/2, p. 51.

27 Zie in de USA bijvoorbeeld Supreme Court 27 maart 1991, *AMI* 1991/8, p. 179, met noot HCJ (*Feist*): geen auteursrecht op feiten en verzamelingen daarvan (telefoonboek).

toe te dichten. Dat kan zich, bijvoorbeeld bij woordenboeken, uiten in de persoonlijke visie van de maker bij de selectie.[28] De 'andere geschriften' echter, dat wil zeggen die zonder enig eigen of persoonlijk karakter, worden in het buitenland vermoedelijk nergens auteursrechtelijk beschermd; in Nederland wel, ook indien ze uitsluitend buiten ons land zijn openbaar gemaakt of daartoe bestemd zijn (zoals de programmaopgaven aan buitenlandse omroeporganisaties). De Nederlandse situatie kan men deels historisch verklaren; we zien hier een restant van het vroeger bestaande 'kopijrecht', een bescherming tegen het nadrukken van drukwerken.

'kopijrecht'

'Geschriften' hoeven niet noodzakelijk gedrukt te zijn, maar kunnen zich ook voordoen in getypte, gestencilde of met de hand geschreven vorm, als telex- of faxbericht, als viewdata, enzovoort. Het belang van deze vorm van bescherming komt tegenwoordig vooral tot uiting bij moderne elektronische gegevensdragers, op diskette of cd-rom.[29]

computer-programma

Destijds is er een levendige discussie gevoerd of ook computerprogramma's zouden moeten profiteren van deze bijzondere geschriftenbescherming, met name dus in geval de software onvoldoende oorspronkelijk is om aan het normale werkcriterium te voldoen. Tegenstanders wilden het pseudo-auteursrecht niet verder uitbreiden, voorstanders wezen op de hier problematische toepasbaarheid van het oorspronkelijkheidscriterium. De wetgever heeft uiteindelijk verkozen om computerprogramma's uitdrukkelijk niet als geschriften aan te merken (zie hierna sub 12).

Samenvattend: *alle* geschriften vallen onder de werking van de Auteurswet, ook indien zij oorspronkelijkheid missen en van een 'schepping' geen sprake is.[30] In dat geval is de bescherming beperkt tot ontlening aan het geschrift zelf, mits dit is (bestemd om) openbaar gemaakt (te worden).

Ten slotte nog enkele opmerkingen over twee afzonderlijke soorten geschriften.

nieuws-berichten

Nieuwsberichten zijn, voorzover puur feitelijk het nieuws weergevend, als geschriften zonder eigen of oorspronkelijk karakter beschermd in de beperkte mate als boven vermeld. Men lette op de overnamebevoegdheid van periodieken onderling, als

28 Aldus de HR in *Romme/Van Dale* (zie noot 20 op blz. 54). Zie ook Pres. Rb. Breda 23 december 1992, *AMI* 1993/5, p. 90, met noot E.J. Dommering; *BIE* 1994/11, p. 369 (*Scheen's Lexicon*).

29 Bijvoorbeeld de *CD-foongids* als databestand van PTT Telecom. Zie de onderling verschillende uitspraken van Pres. Rb. Breda 12 oktober 1994, *IER* 1995/1, p. 7 met commentaar D.J.G. Visser in *IER* 1995/3, p. 103, en Pres. Rb. Haarlem 18 juli 1996, *AMI* 1997/1, p. 15; *Computerrecht* 1996/5, p. 198, met noot P.B. Hugenholtz.

30 Er is wel een grens. Gedrukte formulieren zonder 'inhoud' zijn geen object van auteursrecht (Hof Amsterdam 21 februari 1974, *NJ* 1974, 485; *BIE* 1975/3, p. 71, inz. *Technicon/Meetpapier*). Ook werd geen geschriftenbescherming aangenomen voor bijsluiters van geneesmiddelen (Pres. Rb. Arnhem 12 juli 1996 en Pres. Rb. Breda 10 juli 1996, *AMI* 1997/2, p. 39, met noot FWG). Voorbeelden van *wel* beschermde geschriften: boekje met *CBR-proefexamens* voor rijbewijs (Pres. Rb. Den Bosch 25 juni 1976, *BIE* 1977/10, p. 261), *spelregels* (Pres. Rb. Assen 25 juli 1978, *BIE* 1979/7, p. 161), lijst met *Nederlandse Top-40* (Pres. Rb. Amsterdam 10 februari 1977, *AMR* 1977/4, p. 66; Hof Arnhem 17 september 1979, *BIE* 1980/3, p. 53), *puzzelwoordenboeken* (Hof Amsterdam 13 juli 1972, *NJ* 1974, 12; Rb. Amsterdam 15 juni 1976, *BIE* 1978/1, p. 9). Zie voorts nog enkele uitspraken over *databestanden*, vermeld in *AMI* 1990/3, p. 51-59, met noten HCJ, alsmede *IER* 1990/2, p. 33.

geregeld in artikel 15 (zie nr. 36, sub A). Nieuws kan ook zó gebracht worden, dat er van een 'werk' sprake is (reportage in 'persoonlijke' stijl), waarop dan volwaardig auteursrecht rust.[31] Dat neemt niet weg dat op het nieuws zelf, als feitelijk gegeven, nooit auteursrecht kan bestaan.

brieven

Brieven dragen wel haast altijd het persoonlijk stempel van de schrijver, en zijn daarmee werken in de zin van de Auteurswet.[32] Openbaarmaking en verveelvoudiging behoren dus tot de uitsluitende bevoegdheid van de auteur, de schrijver (en niet de geadresseerde; openbaarmaking kan overigens wel jegens deze onrechtmatig zijn, bijvoorbeeld wegens belediging of inbreuk op privacy). Onder omstandigheden kan de briefschrijver geacht worden impliciet toestemming tot publicatie te hebben gegeven (ingezonden brief aan krant bijvoorbeeld). Let wel: het gaat om openbaar maken of verveelvoudigen van de *brief*. Deze is object van het auteursrecht, niet de zakelijke inhoud los van de vorm. Op de zakelijke inhoud rust geen monopolie; het weergeven daarvan in een andere vorm levert geen inbreuk op auteursrecht op. Wat betreft het voor eigen gebruik kopiëren, zie nr. 39.

ingezonden brieven

Zijn brieven zonder eigen of persoonlijk karakter denkbaar? Misschien in het geval dat het gaat om louter feitelijke mededelingen, als het ware in sjablonevorm. Men kan dan nauwelijks nog van brieven spreken. Waar er dan geen sprake is van 'bestemd zijn om openbaar gemaakt te worden' (de formulering in de genoemde radioprogramma's-arresten), ontbreekt iedere *auteursrechtelijke* bescherming. Tegen ongewenste openbaarmaking (geheime vergaderingsagenda, het vertrouwelijke lijstje kandidaat-ministers van de kabinetsformateur[33]) kan dan eventueel opgekomen worden met een actie uit onrechtmatige daad (art. 6:162 BW).

Sommige der in de volgende categorieën van artikel 10 genoemde werken *kunnen* in geschriftvorm zijn neergelegd. Dat is niet altijd het geval en het heeft dan ook zin dat ze apart genoemd worden.

2. *Toneelwerken en dramatisch-muzikale werken*

opera, musical

Dramatisch-muzikale werken zijn bijvoorbeeld opera's, operettes en musicals. De onderlinge verhouding componist-tekstdichter werd besproken in nr. 8.

op- of uitvoering

Ook de toneelbewerking van een bestaand werk (dramatisering van een roman) is beschermd; zie hiervoor nr. 20.

Het werk mag niet verward worden met de op- of uitvoering daarvan. Een toneelvoorstelling is een openbaarmaking van het toneelwerk; het vastleggen daarvan op film of video is verveelvoudiging van het werk. Voor beide is dan ook toestemming van de auteur vereist. Daarbij valt ook rekening te houden met rechten van andere auteurs, bijvoorbeeld de decorontwerper (wiens werk, anders dan het toneelwerk zelf, reeds door een enkele foto van de opvoering verveelvoudigd kan worden) en eventueel de regisseur. De positie der uitvoerende kunstenaars werd reeds besproken in nr. 14.

decors

regisseur

31 Vgl. Pres. Rb. Utrecht 21 januari 1988, *AMI* 1988/4, p. 81, met noot HCJ (*Radionieuwsdienst ANP*). Zie verder Hugenholtz (1989), p. 80 e.v.

32 Vgl. Pres. Rb. Assen 17 februari 1964, *NJ* 1964, 300 (nagelaten brieven H.N. Werkman); Hof Amsterdam 20 november 1964, *NJ* 1965, 422 (zakenbrieven). Zie voorts B.F. Eblé, 'Brieven en auteursrecht', *IER* 1989/5, p. 81.

33 Overheidsdocumenten voor 'intern beraad' vallen niet onder de WOB.

3. *Mondelinge voordrachten*

Redevoeringen en toespraken, conférences, lezingen, colleges, preken, enzovoort. Het auteursrecht komt toe aan de maker, dat is niet noodzakelijk dezelfde als degene die de voordracht houdt. Zie ook artikel 4 (lid 2), besproken in nr. 6 aan het slot.
Niet àl het gesproken woord bezit voldoende oorspronkelijkheid om 'werk' in de zin van de Auteurswet te zijn; indien op schrift gesteld, is er dan niettemin plaats voor bescherming als 'alle andere geschriften' (zie boven, onder 1).

4. *Choreografische werken en pantomimes*

dansschrift

Voor de wetswijziging van 1985 waren deze werken alleen dan beschermd, indien de wijze van opvoering bij geschrift (dansschrift of nauwkeurige omschrijving) of anderszins (foto's, film, video, enzovoort) was vastgelegd. Deze in het auteursrecht uitzonderlijke voorwaarde van materiële fixatie van het (immateriële) werk, destijds overgenomen uit de Berner Conventie, werd om redenen van bewijsvoering gesteld; zonder vastlegging zou het werk te weinig bepaalbaar zijn.
Het vastleggingsvereiste kon een belemmering zijn, terwijl de behoefte aan bescherming juist is toegenomen (videokopieën van live tv-opvoeringen). De voorwaarde komt niet meer voor in de BC-Akte van 1971, en is nu dus ook uit de Nederlandse Auteurswet verdwenen.

5. *Muziekwerken met of zonder woorden*

Bij vocale werken (muziek en tekst) doet zich de vraag voor naar de verhouding componist-tekstdichter. In nr. 8 werd hierop reeds ingegaan. De onder 2 reeds genoemde dramatisch-muzikale werken vallen veelal tevens onder deze categorie.
Ook hier weer moet eraan herinnerd worden dat het niet aankomt op de artistieke waarde van het werk; op de populaire deun en popmuziek bestaat evenzeer auteursrecht als op het serieuze lied en de symfonie. Ook elektronische muziek kan een werk in auteursrechtelijke zin zijn.
Over muziekauteursrecht is, en wordt, vrij veel geprocedeerd. Dat is niet zo verwonderlijk, als men weet dat de rechten betreffende het – al dan niet mechanisch, bijvoorbeeld door middel van grammofoonplaten en cd's – in het openbaar uitvoeren van muziekwerken door vrijwel alle componisten in een hand zijn bijeengebracht (Buma). Ook voor de zogenaamde mechanische rechten – vastlegging van muziekwerken op geluidsdragers – bestaat zo'n organisatie (Stemra). Meer hierover in de nrs. 24 en 52.

Buma, Stemra

6. *Teken-, schilder-, bouw- en beeldhouwwerken, lithografieën, graveer- en andere plaatwerken*

Deze categorie omvat het terrein der beeldende kunst, in meest ruime zin.[34] 'Wat is kunst?' is een nimmer beantwoorde vraag, – ook hier niet. Mooi of lelijk is niet van

34 Th. Limperg, *Auteursrecht in de hortus der beeldende kunsten*, Culemborg 1992, Phaedon. J.J.C. Kabel, *Beeldende kunst en auteursrecht*, in: Kunst en Beleid in Nederland 5 (p. 67 e.v.), Amsterdam 1991, Boekmanstichting/Van Gennep.

belang, wel of het werk als een individuele uiting van de maker (kunstenaar) is te beschouwen; het werk moet een 'schepping' zijn.[35]

portretten

Bij portretten lette men op de rechten en bevoegdheden die de wet aan de afgebeelde personen verleent (art. 19-21, zie nr. 41).

bouwwerken, bouwtekeningen

Ook aan bouwwerken wordt het vereiste van oorspronkelijkheid gesteld; de architect moet er iets eigens hebben ingelegd.[36] Niettemin zal dit al gauw aanwezig zijn, ook al is men geen Berlage of Rietveld. Behalve het gebouw zelf is ook het bouwplan, de ontwerptekening (blauwdruk), zelfstandig beschermd (zie sub 8). Van belang voor de architect (maar ook voor de beeldhouwer) is de in artikel 18 Aw neergelegde beperking ten aanzien van werken aan de openbare weg; zie nr. 43.

etsen etc.

Onder deze categorie vallen ook etsen, houtsnijwerken, linoleumsneden, mozaïeken, boetseerwerken enzovoort, alsmede nieuwere vormen van kunstuitingen zoals op het gebied van de popart. We naderen dan wel auteursrechtelijke probleemvelden (conceptual art, anti-kunst, en dergelijke).
Met plaatwerken worden bedoeld alle mogelijke vormen van illustraties; ook bijvoorbeeld stripverhalen. Ook de visuele uitbeelding van de personages is als werk beschermd.[37] Boeken met reproducties of foto's, eveneens wel plaatwerken genoemd, zijn tevens als verzamelwerk beschermd (zie nr. 9). Foto's vallen onder 9.
Ook de aan ets, litho, zeefdruk en dergelijke ten grondslag liggende plaat, steen, screen of raster is te zien als object van auteursrecht, en is als zodanig afzonderlijk beschermd.
Zoals in de voorgaande paragrafen is uiteengezet is het object van het auteursrecht niet een bepaald gegeven, een thema (behoudens een hoogst enkele uitzondering – zie nr. 18), doch de individuele vorm waarin dat is neergelegd. Wie Picasso's 'Guernica' nogal getrouw natekent en het eigen werkstuk als poster verspreidt, maakt inbreuk op het auteursrecht van de (erfgenamen van de) schilder; is er echter alleen sprake van een onderwerpkeuze, een eigen uitbeelding van het dramatische gebeuren in dit Spaanse stadje, dan is dat uiteraard volledig geoorloofd, ook al zou men zich door Picasso hebben laten inspireren. Waar de grenzen van nabootsing of plagiaat overschreden worden is per geval te beoordelen en is sterk afhankelijk van de feitelijke omstandigheden.[38]
Bij de werken uit deze categorie rijzen nogal eens problemen inzake beweerde schending van het persoonlijkheidsrecht; zie aldaar (nrs. 30 e.v.).

7. *Aardrijkskundige kaarten*

Aardrijkskundige kaarten (waaronder ook vallen stadsplattegronden, globes, kaarten van het maanoppervlak, enzovoort) geven een feitelijk gegeven weer. De wijze

35 Vgl. ook Hof Amsterdam 16 juni 1977, *NJ* 1978, 218; *BIE* 1978/7, p. 124; *AMR* 1978/2, p. 30 (*Koetsier/Schiphol*; zie nader hierover nr. 32). Zie voorts Th. Limperg, 'Het zwarte vierkant van Kazimir Malevich en het auteursrecht', *AMI* 1990/2, p. 23.

36 Vgl. Quaedvlieg (1987), p. 48 e.v. L.A.M. Marijnissen, 'Auteursrecht en architectuur', *IER* 1992/2, p. 33.

37 HR 13 april 1984, *NJ* 1984, 524, met noot LWH; *AA* 1984/10, p. 565, met noot HCJ (*Suske en Wiske*).

38 Zie bijvoorbeeld Pres. Rb. Groningen 20 oktober 1993, *AMI* 1994/6, p. 114 (twee *Winkler Prins-monumenten* in Veendam).

waarop dit gebeurt is beschermd, niet het gegeven zelf.[39] Men kan nu eenmaal niet, zonder de werkelijkheid geweld aan te doen, Hoogezand en Sappemeer stuivertje laten wisselen.

8. Ontwerpen, schetsen en plastische werken, betrekkelijk tot de bouwkunde, de aardrijkskunde, de plaatsbeschrijving of andere wetenschappen

bouwtekeningen, maquettes, schema's, lay-out, lettertypen

In deze rubriek horen eigenlijk ook de onder 7 bedoelde werken thuis. Als voorbeelden kunnen genoemd worden: bouwtekeningen, maquettes, reliëfs, anatomische tekeningen[40] of modellen, grafieken, technische tekeningen en elektrotechnische schema's. Voorts valt hier te denken aan lay-outontwerpen[41] en bescherming van lettertypen.[42]

binnenhuis-architectuur

Onder 'wetenschappen' vallen met name ook de toegepaste wetenschappen (bijvoorbeeld op het gebied der binnenhuis- en tuinarchitectuur[43]). De in deze categorie bedoelde werken naderen soms het terrein der toegepaste kunst. Zie onder *11* en nr. 19.

De genoemde werken zijn zelfstandig beschermd. Het tijdschrift dat zonder toestemming van de architect een bouwtekening afdrukt maakt inbreuk op het daarop rustende auteursrecht; of het gebouw er in werkelijkheid al staat doet hierbij niet ter zake.

9. Fotografische werken

portretten

Vooral voor de in deze rubriek vallende werken kunnen de bepalingen inzake portretten van belang zijn. Zie daarvoor nr. 41.

foto's

Ook voor foto's geldt onverminderd de eis dat het werk een oorspronkelijk karakter moet hebben. Dat is doorgaans wel het geval; ook bij het gewone kiekje is vrijwel steeds een meer of minder bewust gekozen compositie aanwezig.[44] Zowel

negatief, cliché

positief als negatief of cliché zijn, als 'dragers' van het werk, beschermd.

Inbreuk op auteursrecht kan met name plaatsvinden door opnieuw afdrukken,[45] maar ook door bijvoorbeeld vertoning voor televisie of openbare tentoonstelling.

39 Pres. Rb. Den Bosch 16 februari 1976, *BIE* 1977/10, p. 259 (*Toeristiek/Sunair*). Ktg. Amsterdam 26 april 1985, *AMI* 1986/3, p. 83 (*Amsterdamse Grachtengids)*. Rb. Roermond 14 juli 1988, *IER* 1989/5, p. 68 (*Cito-Plan*). Rb. Amsterdam 8 juli 1992, *AMI* 1993/1, p. 11 (*Publex stadsmeubilair*). Rb. Den Haag 13 december 1995, *AMI* 1996/8, p. 164 (*stadsplattegrond Alphen aan den Rijn*). Zie voorts: Quaedvlieg (1987), p. 63 e.v.; P.B. Hugenholtz, 'Auteursrechtelijke bescherming van kartografische informatie', *Kartografisch Tijdschrift*, 1990/1, p. 15 e.v.

40 Pres. Rb. Utrecht 5 maart 1996, *AMI* 1997/7, p. 148 (*Chirurgische Orthodontie*).

41 Vgl. Pres. Rb. Den Haag 26 februari 1982, *BIE* 1982/9, p. 218 (*zondagsbladen*). Hier werd echter ex art. 1401-*oud* BW geageerd. Zie ook Pres. Rb. Amsterdam 29 april 1982, *AMR* 1982/3, p. 83 (omslag stripalbums *Suske en Wiske*).

42 Hierover: H. Cohen Jehoram in *AMR* 1977/2, p. 26; G. Unger in *AMR* 1977/2, p. 27 e.v.; Th. Limperg in *AMR* 1978/2, p. 29.

43 Pres. Rb. Den Bosch 20 april 1990, *IER* 1990/6, p. 130; *BIE* 1992/3, p. 95 (inbreuk door foto-opnamen).

44 Vgl. Spoor/Verkade (1993), nr. 69. Strenger is Gerbrandy (1988), p. 67.

45 Ook na wijziging door computermanipulatie. Zie Hof Amsterdam 6 maart 1997, *AMI* 1997/6, p. 124.

Het object van afbeelding kan de fotograaf echter niet monopoliseren (tenzij dit zelf van creativiteit getuigt, bijvoorbeeld bij stillevens of montages); wie onder een bepaalde hoek en belichting het Paleis op de Dam vastlegt kan anderen niet verbieden hetzelfde te doen. Het fotograferen, of zelfs het zeer getrouw natekenen *van de foto* levert echter wel inbreuk op.[46]

stylist

Ingeval de fotograaf slechts technisch handelt en de keuze en compositie van het afgebeelde object door een ander (*stylist*) wordt verzorgd, kan dit ertoe leiden dat deze laatste ingevolge artikel 6 Aw als maker is te beschouwen.[47]

10. Filmwerken

filmwerken

De film werd reeds uitvoerig besproken in nr. 10. Zie aldaar. Sinds 1985 staan deze werken hier in een aparte rubriek vermeld.

11. Werken van toegepaste kunst en tekeningen en modellen van nijverheid

De toevoeging 'en tekeningen en modellen van nijverheid' is van kracht geworden op 1 januari 1975, toen de Benelux Modellenwet (zie nr. 19) in werking trad.

industriële vormgeving

We zijn hier op het terrein van de industriële vormgeving (*industrial design*) en de ambachtelijke kunstnijverheid. In de industrie is de vormgeving van producten een steeds belangrijker rol gaan spelen, en in de onderlinge concurrentie een factor van betekenis geworden. Het gaat hier voornamelijk om gebruiksvoorwerpen; om maar een paar voorbeelden te noemen: meubels, glaswerk, serviesgoed, (elektrische) huishoudelijke apparaten, textieldessins, mode-ontwerpen, gezelschapsspelen.[48]

Als alle werken, moet het product de toets der oorspronkelijkheid kunnen doorstaan; het moet iets eigens hebben, er door de maker ingelegd. Dat de wet hier spreekt van toegepaste *kunst* heeft geen bijzondere betekenis, – het is een algemene aanduiding voor de soort werken die worden bedoeld. Hoewel het dus niet gaat

deskundigen-advies

om de kunst*waarde*, heeft in de rechtspraak nogal eens het esthetisch oordeel van de rechter de doorslag gegeven.[49] De aangewezen weg lijkt hier de hulp van deskundigen in te roepen, maar ook dat geeft niet altijd een bevredigend resultaat.[50]

ontwerpen, tekeningen

De aan het eindproduct ten grondslag liggende ontwerpen, (technische) tekeningen en (plastische) modellen kunnen, ook in niet-voltooide vorm, zelfstandig beschermde werken zijn als vallend in de hierboven onder 6 en 8 genoemde rubrie-

46 Ktg. Den Haag 1 oktober 1985, *NJ* 1986, 505; *IER* 1986/1, p. 9 (*portret Jan Hanlo*). Pres. Rb. Amsterdam 3 mei 1990, *BIE* 1993/9, p. 299 (dansende beertjes).

47 HR 1 juni 1990, *NJ* 1991, 377, met noot DWFV; *AMI* 1991/1, p. 7, met noot J.H. Spoor (*Kluwer/Lamoth*).

48 Zie bijvoorbeeld Hof Den Haag 11 september 1985, *NJ* 1987, 802 (*Rummykub-spel*: geen auteursrechtelijke bescherming).

49 Zie de uitspraken vermeld door Th. Limperg, *Bescherming van vormgeving tegen plagiaat*, Amsterdam/Brussel, 1971. Bijvoorbeeld: stoelen die het esthetisch gevoel strelen, of loperstof die een indruk van welbehagen wekt. Kritisch over deze 'sensuele' rechtspraak: H. Cohen Jehoram, 'Wat heet kunst in industriële vormgeving?', *AMR* 1982/5, p. 119 e.v. en dez., 'De rechter als kunstrecensent', *NJB* 1995/18, p. 660.

50 Vgl. Hof Amsterdam 16 juli 1981, *BIE* 1982/6, p. 145; *AMR* 1982/1, p. 13, met noot DWFV (*Rubik's kubus*).

ken. De driedimensionale vorm en de tweedimensionale ontwerptekening zijn afzonderlijk te beoordelen. Als de vorm niet voldoende oorspronkelijk is voor auteursrechtelijke bescherming, leidt dat niet noodzakelijk tot dezelfde conclusie voor de tekening. Maar als regel zal nabootsing van een niet auteursrechtelijk beschermd vormgevingsproduct niet bestreden kunnen worden met een actie wegens inbreuk op het auteursrecht op de ontwerptekening.[51]

teamwork

In vele gevallen zal het niet eenvoudig zijn uit te maken wie de ontwerper, de auteur is. Het eindproduct is vaak het resultaat van teamwork, met bijdragen van verschillende aard. Voor het auteursrecht komt het aan op de esthetische, niet de technisch-functionele vormgeving, maar dat is soms moeilijk te scheiden. Zie ook nr. 11. Is er sprake van een dienstbetrekking, dan komt in de regel het auteursrecht toe aan de werkgever (zie nr. 12).

Intussen is de industriële vormgeving voor bescherming niet louter op het auteursrecht aangewezen. Hierover meer in nr. 19.

12. *Computerprogramma's*

computer-programma's

Deze rubriek is in 1994 aan artikel 10 toegevoegd.[52] Daarmee is uitvoering gegeven aan de Europese softwarerichtlijn van 1991.[53] Als alle werken moeten ook computerprogramma's aan het oorspronkelijkheidscriterium voldoen om auteursrechtelijk beschermd te zijn. De zgn. geschriftenbescherming (zie hierboven, sub 1) is hier niet van toepassing.

Ook voorheen werd in literatuur en rechtspraak gaandeweg al aangenomen dat computerprogramma's object van auteursrecht kunnen zijn, naast de meer technisch georiënteerde bescherming via het octrooirecht.[54] Onder een computerprogramma wordt wel verstaan een verzameling instructies die bestemd is om een informatieverwerkende machine een bepaalde functie te laten uitvoeren. Daarbij wordt dan wel weer onderscheiden tussen het algoritme – de abstracte probleemoplossing – en de concrete uitwerking daarvan in het programma. De wet geeft geen definitie, omdat deze door de technische ontwikkelingen snel zou worden achterhaald. De bescherming geldt ongeacht het materiaal waarin het programma is belichaamd en ongeacht de vorm: de voor de mens begrijpelijke vorm (broncode) of de door de computer leesbare programmavorm (objectcode, nullen en enen). Ook het voorbereidend materiaal, dat tot de vervaardiging van het programma leidt of kan leiden, valt onder de verleende bescherming.

nadere regels

Het voor computerprogramma's geldende regime wordt nader geregeld in hoofdstuk VI van de wet (art. 45h - 45n). Verhuur, ook van legale kopieën, is gebonden aan toestemming van de rechthebbende (art. 45h), evenals uitlening (art. 15c). De achtergrond hiervan is met name het tegengaan van ongeautoriseerde verveelvoudiging. Dat is met de huidige techniek ook voor de gewone man immers een

51 Zie Gerbrandy (1988), p. 172, met kritiek op Pres. Rb. Den Bosch 24 mei 1983, *BIE* 1984/8, p. 218, met noot DWFV (*omgebouwde auto*). Zie voorts: Pres. Rb. Alkmaar 21 juni 1978, *BIE* 1979/12, p. 260, met noot vNH (*scheepsontwerp*). Hof Amsterdam 2 februari 1978, *BIE* 1979/11, p. 240 (*surfplank*). Hof Den Bosch 13 september 1988, *NJ* 1989, 251 (*drainagetegels*).

52 Wet van 7 juli 1994, *Stb.* 521 (inwerkingtreding 1 september 1994).

53 Richtlijn 91/250/EEG van de Raad van 14 mei 1991 betreffende rechtsbescherming van computerprogramma's (*Pb.* L 122/42). Zie E.J. Dommering, 'De software richtlijn uit Brussel en de Nederlandse Auteurswet', *AMI* 1992/5, p. 83.

54 Zie Spoor/Verkade (1993) nr. 72 en de daar vermelde vindplaatsen.

fluitje van een cent, terwijl de ontwikkeling van het programma hoge investeringen vergt. Ook de uitzondering voor het privékopiëren (art. 16b en 17) geldt hier niet (art. 45n). Wel geoorloofd is de noodzakelijke verveelvoudiging (laden, in beeld brengen, opslaan etc.) door de rechtmatige verkrijger van een exemplaar van het programma om dit op de computer te kunnen gebruiken (art. 45j), en het maken van een reservekopie (art. 45k).

dwingend recht Deze wetsbepalingen bevatten merendeels dwingend recht, zodat de noodzakelijke basishandelingen van de gebruiker, waaronder ook het verbeteren van geconstateerde fouten in het programma, niet bij licentieovereenkomst kunnen worden verboden of ingeperkt. Andere verveelvoudigingshandelingen zonder toestemming leveren inbreuk op, zoals het installeren op de harde schijf door de verkoper van de hardware[55] of het plaatsen op een bulletinboard, zodat het door aangeslotenen kan worden 'gedownload'.[56]

Artikel 45l bepaalt, in navolging van de EG-richtlijn maar overbodig omdat het hier niet om auteursrechtelijke relevante handelingen gaat, dat het programma mag worden bestudeerd en getest.

Bij beweerde inbreuk zal beoordeeld moeten worden in hoeverre kenmerkende bestanddelen van het programma zijn overgenomen. Daarbij valt te bedenken dat

idee het beschermde werk vorm-gebonden is; het idee, de essentiële gedachte 'achter' het programma, kan geen voorwerp van auteursrecht zijn, wel de oorspronkelijke wijze waarop de programmeur deze gedachte met 'zijn' logica heeft vormgegeven.

reverse engineering Hier ligt het probleem van de zgn. *reverse engineering*, dat is het analyseren en evalueren van bestaande technologie om de daaraan ten grondslag liggende technologische informatie te achterhalen.[57] Met name in de Europese politiek speelt hierbij de afweging, waar de grens behoort te liggen tussen effectieve bescherming enerzijds en bevordering van innovatie en vrije mededinging anderzijds. In dit verband bevat artikel 45m een, vrij strikt afgebakende, regeling voor het decompileren van programmatuur, nodig voor de interoperabiliteit met andere programma's om bijvoorbeeld een toepassingsprogramma met een besturingssyteem te laten communiceren, of om tot standaardisatie te komen.

kopieerbeveiliging Beter wellicht dan het recht kan de techniek zelf bescherming bieden tegen illegaal kopiëren. Maar er bestaan ook weer programma's die juist tot doel hebben door beveiligingscodes heen te breken. Het nog niet in werking getreden WIPO-verdrag van 1996 (WCT, al genoemd in nr. 2) verplicht de toetredende landen om in hun nationale wetgeving hiertegen doeltreffend op te treden. De EG-softwarerichtlijn deed dat ook al, en onze wet kent de strafbaarstelling van de handel in middelen die bestemd zijn om technische beveiligingen van computerprogramma's te kraken (art. 32a).

chips Ter bescherming van chips als zodanig is in 1987 een afzonderlijke wet totstandgekomen.[58] Aanleiding tot deze *sui generis*-wetgeving was de in 1984 in de USA ingevoerde *Semiconductor Chip Protection Act*, die vanuit onvervalst protectionisme buitenlanders slechts bescherming biedt op basis van reciprociteit.

55 Pres. Rb. Arnhem 24 januari 1995, *BIE* 1995/12, p. 420 (MS-Dos en Windows van *Microsoft*).
56 Rb. Rotterdam 24 augustus 1995, *AMI* 1996/5, p. 101 (*Bridgesoft*).
57 Hierover M. de Cock Buning in *IER* 1993/5, p. 129.
58 Regelen inzake de bescherming van oorspronkelijke topografieën van halfgeleiderproducten, wet van 28 oktober 1987, *Stb.* 1987, 484 (inwerkingtreding 7 november 1987). Hierover: H. Cohen Jehoram, *NJB* 1987/16, p. 502; A.P. Meijboom, *BIE* 1987/12, p. 318; G. Frensel, *Chipsbescherming*, Zwolle, 1988.

18. Werken in het algemeen; grensgevallen

Artikel 10 (lid 1) besluit met de clausule 'en in het algemeen ieder voortbrengsel op het gebied van letterkunde, wetenschap of kunst, op welke wijze of in welke vorm het ook tot uitdrukking zij gebracht'.

Deze algemene clausule bestrijkt alle werken, die niet reeds onder een van de twaalf genoemde rubrieken vallen. Duidelijk blijkt dat de opsomming niet limitatief is bedoeld, maar louter voorbeelden geeft.

grensgevallen

Of iets een 'werk' is en daarmee object van auteursrecht kan zijn zal steeds getoetst dienen te worden aan de in de nrs. 15 en 16 omschreven normen. In het grensgebied kunnen twijfels rijzen.

methode, stijl, wetenschappelijke vinding, techniek

Methoden, stijlen, technieken, wetenschappelijke vindingen en dergelijke kunnen als zodanig geen object van auteursrecht zijn; wel het kunstwerk in stijl *x*, het boek waarin wetenschappelijke theorie *y* wordt uiteengezet, het volgens techniek *z* vervaardigde werk van (toegepaste) kunst. In inbreukprocedures is dan ook veelal beslissend, of het werk zélf is nagebootst.[59]

personage, plot, intrige, motief, thema

Personages[60], een plot[61] of intrige, een verhaallijn[62] of een muzikaal motief kunnen auteursrechtelijk beschermd zijn, maar het moet niet te snel worden aangenomen. Formats (tv-spelconcepten) kwamen in nr. 16 al ter sprake. Object van auteursrecht is de op een bepaalde wijze tot uiting gebrachte en voldoende oorspronkelijke creatie van de maker. Een muzikaal thema (opeenvolging van verschillende motieven) komt daarbij al dichter in de buurt.[63] Een ander voorbeeld: op de omschrijving van de hoofdpersoon in een roman rust auteursrecht, niet op de persoon zelf. Wie van de romanfiguur Kniertje een tekening maakt schept een eigen oorspronkelijk werk, al heeft hij zich laten inspireren, en maakt geen inbreuk op auteursrecht van Heijermans. Anders komt dit te liggen wanneer iemand op zijn beurt ook een verhaal schrijft waarin hij deze vissersvrouw laat optreden. Criterium voor inbreuk is, of uit het eerdere werk karakteristieke elementen zijn overgenomen; in dat geval

59 Vgl. HR 5 januari 1979, *NJ* 1979, 339, met noot LWH (*Heertje/Hollebrand*, inz. economieleerboek). Pres. Rb. Zutphen 3 juni 1977, *AMR* 1978/1, p. 14 (*Lichte Lasten*, inz. boek over fysiotherapeutische methode). Pres. Rb. Amsterdam 1 november 1979, *AMR* 1980/1, p. 13; *BIE* 1980/5-6, p. 98, met noot DWFV (tekenstijl *Jeroen Henneman*). Hof Arnhem 6 maart 1979, *AMR* 1980/2, p. 32; *BIE* 1981/2, p. 42 (tekeningen *Dick Bruna*). Rb. Utrecht 4 december 1985, *NJ* 1987, 677; *IER* 1988/3, p. 45 (*Dick Bruna-II*). Zie ook: F.W. Grosheide, *IER* 1988/3, p. 43. D. Peeperkorn in *Beeldrechtwijzer*, 's-Gravenhage 1987, p. 87.

60 Rb. Haarlem 22 januari 1991, *AMI* 1992/10, p. 188 (*Sjef van Oeckel*). Zie verder J.C.S. Pinckaers, diss. 1996.

61 Zie Th. Limperg, 'In hoeverre is de "plot" van een verhaal, toneelwerk of film tegen inbreuk beschermd?', *AMR* 1980/2, p. 23 e.v.

62 Vgl. de verschillende uitkomsten van Pres. Rb. Den Haag 3 januari 1994 (*The Bold and the Beautiful*) en Pres. Rb. Amsterdam 24 november 1994 (*Sikulu Musicals*), *AMI* 1996/1, p. 8, met noot J.F. Haeck.

63 Hof Amsterdam 1 februari 1996, *AMI* 1996/6, p. 112; *IER* 1996/2, p. 81 (*I wanna be loved by you*). Zie voorts de uitspraken van de Vaste Commissie Plagiaat van Buma/Stemra, zoals vermeld door J.H. Spoor, *Plaatje van plagiaat*, Amstelveen, 1983. Zie ook *AMR* 1980/1, p. 15 e.v.

mist het latere werk oorspronkelijkheid, en is er inbreuk.[64] Men moet de werken in hun totaalbeeld met elkaar vergelijken. (Bewerkingen nemen een aparte plaats in; zie nr. 20.) Het zal duidelijk zijn dat getekende personages, zoals stripfiguren, wèl een werk vormen waarop auteursrecht bestaat.[65] Overigens zij in dit verband nog opgemerkt dat wat geen inbreuk op auteursrecht vormt, niettemin onder omstandigheden een onrechtmatige daad kan opleveren; zulks met name door op onbetamelijke wijze te profiteren van de populariteit van het bestaande werk.[66]

stripfiguren

Woorden zijn op zichzelf niet auteursrechtelijk beschermd; titels, slagzinnen, slogans kunnen dat wel zijn, al wordt het niet spoedig en dan nog vaak te snel aangenomen.[67] Soms zal een depot als *merk* de aangewezen weg zijn.[68] Titels van nieuwe boeken plegen door uitgevers te worden bekend gemaakt in het *Boekblad.* Men hanteert de 'spelregel' dat, indien binnen drie weken na deze bekendmaking daartegen geen bezwaar is gemaakt, de titel gebruikt mag worden. Zie voor titels ook nr. 32, sub b.

woorden, titels, slagzinnen, slogans

Op- en uitvoeringen van werken zijn als regel zelf geen werken. Volgens gangbare opvattingen zijn uitvoerende kunstenaars (musici, acteurs) geen auteurs, en zij hebben hun eigen beschermingsregime als besproken in nr. 14 (thans de WNR, voorheen art. 6:162 BW; in voorkomend geval ook de bescherming van hun portret, zie nr. 41).

uitvoerende kunstenaars

We zien dus dat voor auteursrecht niet altijd plaats is. Het auteursrecht is geen hoepelrok waar alles onder past.[69] Soms zal een actie uit onrechtmatige daad (oneerlijke mededediging[70]) uitkomst bieden, of moet bescherming gezocht worden in het merkenrecht (bijvoorbeeld als merk gedeponeerde afbeeldingen, titels van tijdschriften of van serieboeken, slogans zoals 'C & A is toch voordeliger'). Voor uitvindingen die toegepast kunnen worden op het gebied van de nijverheid is aanvrage van een octrooi (patent) de aangewezen weg om bescherming te realiseren.

art. 6:162 BW

merk

octrooi

64 Vgl. D.W.F. Verkade, 'Literatuur en plagiaat', *AA* 1984/12, p. 672 e.v. Verder veel voorbeelden bij Hans van Straten, *Opmars der plagiatoren*, De nieuwe Engelbewaarder 1993/3 met supplement 3½.

65 Vgl. Hof Amsterdam 9 september 1982, *AMR* 1983/4, p. 90; cassatieberoep verworpen: HR 13 april 1984, *NJ* 1984, 524, met noot LWH; *AA* 1984/10, p. 565, met noot HCJ (*Suske en Wiske*).

66 Zie de uitspraken inzake *Sjors van de Rebellenclub* en *Astérix* (noot 14, p. 52) en de tekenstijl van *Dick Bruna* (noot 59, p. 65).

67 *Geen* auteursrecht: Pres. Rb. Amsterdam 19 januari 1961, *NJ* 1961, 181 (*Twen*). Pres. Rb. Amsterdam 2 mei 1974, *NJ* 1974, 474 (*De Schuilplaats*). Pres. Rb. Breda 8 februari 1977, *BIE* 1978/1, p. 5 (*Seven Up Lest Best*). Hof Den Bosch 22 maart 1995, *AMI* 1995/8, p. 159; *IER* 1995/3, p. 103 (Osram-slagzin *In het licht van de toekomst*). *Wel* auteursrecht: Rb. Amsterdam 4 juli 1979, *NJ* 1980, 196, *AMR* 1980/1, p. 12; *BIE* 1982/2, p. 51 (*Hoe sterk is de eenzame fietser*). Hof Leeuwarden 14 januari 1981, *BIE* 1982/10, p. 243 (*Taartbakken in de koelkast*). Pres. Rb. Utrecht 16 april 1982, *RvdW/KG* 1982, 75; *AMR* 1982/3, p. 84 (*Verzamelen is ook een kunst*). Hof Amsterdam 29 oktober 1987, *BIE* 1990/1, p. 19 (*Meer dan schilders alleen*). Zie over bescherming van slogans voorts nog E.J. Louwers in *IER* 1990/6, p. 124.

68 Zie ook D.W.F. Verkade, 'Het werk als merk, en het merk als werk', *AMR* 1982/5, p. 141 e.v. L. Wichers Hoeth in *Naar Behoren*, bundel Juridisch Genootschap Amsterdam, Zwolle 1982, p. 137.

69 De fraaie beeldspraak is van Gerbrandy (1992), p. 47.

70 Vgl. Pres. Rb. Den Haag 26 februari 1982, *BIE* 1982/9, p. 218 (*Zondag/Den Haag op Zondag*, verwarringsgevaar door gehanteerde typografie). Zie verder D.W.F. Verkade, *Ongeoorloofde mededinging*, Zwolle, 1986, en de dissertaties van Soetenhorst (1993) en Van Engelen (1994).

19. Industriële vormgeving: auteursrecht en modellenrecht

De vormgeving van gebruiksvoorwerpen, waarop bij de ambachtelijke vervaardiging altijd al het accent heeft gelegen, is sinds de tweede wereldoorlog in de industriële productie een steeds grotere rol gaan spelen. Daarmee is ook de behoefte aan bescherming tegen nabootsing (plagiaat, piraterij) toegenomen. Het auteursrecht kan hier maar ten dele in voorzien (vergelijk nr. 17, onder 11). Over de verschillende vormen van bescherming nu enkele opmerkingen.

plagiaat, piraterij

Auteursrecht. De bescherming krachtens de Auteurswet is beperkt tot voortbrengselen met een eigen of oorspronkelijk karakter, die te beschouwen zijn als werken van toegepaste kunst.

Het gaat er niet om of er *kunst* is toegepast, maar of het product oorspronkelijk is, nog niet eerder in deze vorm vertoond. Dat zal de rechter, eventueel afgaande op het advies van deskundigen, per geval uitmaken.
Een en ander betekent dat het bestaan van auteursrechtelijke bescherming hier sterk afhankelijk is van casuïstische, soms nogal 'toevallig' aandoende beoordeling. Het was onder meer deze onzekerheid, van makers én van namakers, die de behoefte deed ontstaan aan een aparte modellenbescherming, los van enig 'kunst'-criterium.

Modellenrecht. Een specifieke modellenbescherming, losgekoppeld van het creatieve en artistieke element, wordt verleend door de *Benelux Modellenwet*, die op 1 januari 1975 in werking is getreden. De bescherming is hier afhankelijk gesteld van een depot van het model, en is van aanmerkelijk kortere duur dan het auteursrecht.

Benelux Modellenwet

Bij een in 1966 tussen Nederland, België en Luxemburg gesloten verdrag is de tekst vastgesteld van de zogenaamde Eenvormige Beneluxwet inzake Tekeningen of Modellen (BTMW; *Trb.* 1966 nr. 292), een voor elk der drie afzonderlijke landen gelijkluidende wet.
De Benelux Modellenwet maakt het mogelijk tekeningen of modellen bij de officiële instanties te deponeren, tegen betaling van de daarvoor verschuldigde taxen.[71] Onder tekeningen en modellen wordt verstaan het twee- respectievelijk driedimensionaal weergegeven *nieuwe* uiterlijk van een voorwerp dat een gebruiksfunctie heeft. Bij tekeningen denke men bijvoorbeeld aan het patroon van een weefsel, stof of behangselpapier. Ook combinaties zijn mogelijk, zoals van een ornament voorziene gebruiksvoorwerpen (bijvoorbeeld de met een schildering versierde lampekap), of doorzichtige verpakking met inhoud.

depot tekeningen of modellen

Gevolg van het depot, dat wordt ingeschreven in een openbaar register en gepubliceerd wordt, is een uitsluitend recht voor de duur van vijf jaar. Deze termijn kan nog tweemaal verlengd worden; de maximale periode van bescherming is dus 15

71 Benelux-bureau voor Tekeningen of Modellen, Bordewijklaan 15, 2591 XR 's-Gravenhage, tel. 070-3491111, fax 070-3475708.

nieuwheid

jaar. Vereist is dat de tekening of het model ten tijde van het depot nieuw is, dus niet reeds tevoren (de wet beperkt dit tot een periode van 50 jaar) bekendheid genoot of reeds door een ander werd gedeponeerd. Men moet dus tijdig deponeren, voordat men met het product naar buiten treedt.

internationaal depot

Krachtens de Overeenkomst van Den Haag van 1925 (*Trb.* 1963 nr. 188) kunnen onderdanen van de toegetreden landen overgaan tot een internationaal depot van tekeningen of modellen bij OMPI/WIPO te Genève. Met deze ene maatregel krijgt men dan in alle aangesloten landen dezelfde bescherming als deze aan hun eigen onderdanen bieden. Nederland is aangesloten bij de verdragstekst van 1960 die in 1984 in werking trad.

Auteurswet en Modellenwet. Een product van industriële vormgeving kàn tegelijkertijd zowel vallen onder de bescherming van de Auteurswet (art. 10, lid 1, onder 11°, dat zoals gezegd na invoering van de Modellenwet is komen te luiden: 'werken van toegepaste kunst en tekeningen en modellen van nijverheid') alsook van de Benelux Modellenwet (die deze cumulatieve bescherming beperkt tot tekeningen en modellen met een *duidelijk* kunstzinnig karakter, art. 21 BTMW).

De *Benelux Modellenwet* beschermt gedeponeerde tekeningen en modellen die nieuw zijn; bezitten zij, zo zegt althans deze wet, bovendien een 'duidelijk kunstzinnig karakter', dan zijn ze tevens auteursrechtelijk beschermd. De Modellenwet bevat voorts de bepaling dat het auteursrecht tegelijk met het modelrecht komt te vervallen, tenzij door de rechthebbende een zogenaamde bijzondere verklaring ter instandhouding van het auteursrecht wordt afgelegd.
De *Auteurswet* beschermt (oorspronkelijke) werken van toegepaste kunst, en tekeningen en modellen van nijverheid. Voor ontstaan van auteursrecht zijn geen formaliteiten vereist; de duur is het leven van de maker plus zeventig jaar daarna.
Op het raakvlak van beide wetten rezen aanvankelijk vraagpunten. De Modellenwet erkent weliswaar de mogelijkheid van dubbele, cumulatieve bescherming, maar stelt daaraan grenzen. In elk geval heeft men zoveel mogelijk willen verhinderen dat modelrecht en auteursrecht in verschillende handen zouden zijn. De indertijd wel geuite vrees dat de invoering van de BTMW het toepassingsgebied van de Auteurswet zou inperken is echter geheel weggenomen door een duidelijke uitspraak van het Benelux Gerechtshof.[72] Het criterium is, als vanouds, of er een voortbrengsel is met een eigen, oorspronkelijk karakter, dat het persoonlijk stempel van de maker draagt. De afwijkende terminologie van de Modellenwet heeft hierin geen verandering gebracht.

72 BenGH 22 mei 1987, *NJ* 1987, 881, met noot LWH; *BIE* 1987/8, p. 196, met noot Ste; *AMI* 1987/4, p. 78, met noot JHS; *IER* 1987/4, p. 70; *AA* 1987/11, p. 717, met noot HCJ (*Screenoprints/Citroën*). Eerder in dezelfde zin: Hof Den Bosch 6 februari 1980, *AMR* 1982/2, p. 34, met noot SW; *BIE* 1982/12, p. 313 (*Olly kinderkleding*). Zie voorts H. Cohen Jehoram, 'De verhouding tussen modellenrechtelijke en auteursrechtelijke bescherming van industriële vormgeving in Continentaal West-Europa', *NJB* 1981/27, p. 695 e.v., en dez., 'Screenoprints in Europa', *AMI* 1991/2, p. 23.

slaafse navolging

Onrechtmatige daad (art. 6:162 BW). Ook buiten een exclusief recht als het auteursrecht om, kan men tegen nabootsing opkomen door een actie in te stellen wegens onrechtmatige daad, en een verbod (op straffe van een dwangsom) en/of schadevergoeding vorderen; vergelijk nr. 57. Sinds de invoering van de Benelux Modellenwet kan echter tegen inbreuk op een *tekening of model* uitsluitend op grond van deze wet worden opgetreden, en niet meer op grond van artikel 6:162 BW.

Het effect van een onrechtmatige-daadactie mag overigens niet te hoog worden aangeslagen. Buiten het terrein der monopolies is nabootsing in beginsel toegelaten, en alleen dàn verboden indien men van onnodige piraterij kan spreken. Om het anders te zeggen: slaafse navolging is pas dan ongeoorloofd als het mogelijk was geweest om, zonder aan de deugdelijkheid en bruikbaarheid van het product afbreuk te doen, (kleine) verschillen aan te brengen waardoor voorkomen had kunnen worden dat het publiek beide producten mogelijk met elkaar verwart. Voor onrechtmatig profiteren van niet door een absoluut recht van intellectuele eigendom beschermde onstoffelijke prestaties van anderen is volgens de Hoge Raad tenminste vereist dat die prestaties op één lijn zijn te stellen met die welke toekenning van dergelijke rechten rechtvaardigen.[73] En dat wordt niet snel aangenomen. Sinds 1 januari 1975 is het de Benelux Modellenwet – en niet langer artikel 6:162 BW – op grond waarvan men kan optreden tegen nabootsing van een (nieuw) model, dat dan echter wel gedeponeerd dient te zijn.

Octrooirecht en merkenrecht. In enkele gevallen zal het zinvol zijn bescherming te verwerven middels een octrooi-aanvrage of een depot als merk. Het zou te ver voeren daarop hier nader in te gaan.
Het in 1986 ingediende wetsvoorstel 19 534 (*Gebruiksmodellenwet*) ter bescherming van technische vindingen met geringe uitvindingshoogte stuitte op grote weerstand bij de industrie, en is niet verder in behandeling genomen.

20. Vertalingen en bewerkingen

Ook op vertalingen en bewerkingen van bestaande werken rust auteursrecht (vergelijk nr. 8, sub e). Men spreekt hier wel van een 'tweedehands' auteursrecht; het recht op het oorspronkelijke werk blijft onverkort bestaan. Artikel 10 (lid 2), dat dit uitdrukkelijk bepaalt, spreekt van verveelvoudigingen in gewijzigde vorm en noemt enkele voorbeelden.

oorspronkelijkheid

Vooropstaat, dat ook voor deze *oeuvres de seconde main* het vereiste van oorspronkelijkheid geldt. Hoewel ze zijn terug te voeren op het werk van een ander, moeten ze

73 HR 27 juni 1986, *NJ* 1987, 191, met noot vNH; *AA* 1988/4, p. 257, met noot HCJ (*Holland Nautic/Decca*). Zie ook nr. 57.

een eigen of persoonlijk karakter bezitten, een eigen creatieve uiting zijn van de vertaler/bewerker. Bij vertalingen wordt dit impliciet verondersteld aanwezig te zijn.[74] Het begrip bewerking kan aanleiding geven tot misverstanden. Daartoe het volgende.

Bewerkingen (en voor vertalingen en verzamelwerken geldt m.m. hetzelfde) hebben auteursrechtelijk twee gezichten: ze worden beschermd als zelfstandige werken *onverminderd* het auteursrecht op het oorspronkelijke werk.
In voorkomend geval zijn er derhalve twee vragen, die in beginsel los van elkaar beantwoord kunnen worden:

a. *positie ten opzichte van de auteur van het bewerkte werk:* is er sprake van een verveelvoudiging (en dus van inbreuk, indien geen toestemming was verkregen)?

b. *positie ten opzichte van derden:* is er sprake van een zelfstandig beschermd werk?

Ad a. Bewerking als verveelvoudiging (zie ook nr. 23)

Verveelvoudigen, een van de uitsluitende bevoegdheden van de auteur, is meer dan het enkele vermenigvuldigen (art. 13 Aw); ook bewerken en vertalen valt eronder. Daarvoor is dan ook toestemming van de auteursrechthebbende vereist, behoudens de wettelijke uitzonderingen (zoals het verveelvoudigen voor eigen oefening, studie of gebruik; art. 16b, zie nr. 39). Wie voor eigen studiedoeleinden een werk vertaalt, schendt in beginsel geen auteursrecht; wel, als hij ermee naar buiten treedt, bijvoorbeeld door publicatie.

criterium

Artikel 13 noemt als criterium of het latere werk is aan te merken als *nieuw*, oorspronkelijk werk. Zo ja, dan is er geen sprake van verveelvoudiging. Mijns inziens duidt dit criterium enkel op de verhouding tot het eerdere werk. In dit opzicht sluiten de begrippen 'verveelvoudiging' en 'nieuw, oorspronkelijk werk' elkaar uit; het is hier of het een of het ander.

muzikale variaties, karikatuur, parodie, sampling

Geen inbreuk is er in het niet zelden voorkomende geval dat een werk slechts doet denken aan andere, reeds bestaande werken. Als de maker zich misschien wel heeft laten inspireren, maar verder op een geheel eigen wijze vorm heeft gegeven aan wellicht reeds door anderen geuite gedachten of ideeën, kan men zulks moeilijk een 'bewerking' noemen. Er ontstaat dan een onafhankelijk, oorspronkelijk werk, waarop zelfstandig auteursrecht rust (art. 10 *eerste* lid). Dat kan zich ook voordoen bij welbewust, maar duidelijk op geheel eigen wijze aanleunen tegen het werk van een ander, zoals mogelijk is bij variaties op een muzikaal thema, karikaturen, parodieën. Steeds hangt het er sterk van af, hoe de rechter de feiten van het geval waardeert.[75] Ook *sound sampling*, waarbij herkenbare ingrediënten worden overgenomen en verwerkt, is naar deze criteria te beoordelen.[76] Zie verder nr. 23.

74 Zie bijvoorbeeld Hof Amsterdam 9 januari 1986, *NJ* 1987, 164.

75 Zie bijvoorbeeld Hof Amsterdam 1 februari 1996, *AMI* 1996/6, p. 112 (*I wanna be loved by you*: overname akkoordenschema en verdere gelijkenissen) en 6 maart 1997, *AMI* 1997/6, p. 124 (met computer gemanipuleerde foto's). In beide zaken werd in eerste aanleg niet, maar in hoger beroep wèl inbreuk aanwezig geoordeeld.

76 Zie bijvoorbeeld Pres. Rb. Haarlem 13 oktober 1989, *BIE* 1991/1, p. 20 (*Ride on Time/Love Sensation*).

Ad b. Bewerking als zelfstandig beschermd werk

Als creatieve uiting van de bewerker (respectievelijk vertaler, verzamelaar) is de bewerking op haar beurt zelf weer object van auteursrecht. Dat vereist dus een eigen, in voldoende mate oorspronkelijk karakter van de bewerking, ook al is deze een verveelvoudiging en als zodanig *ten opzichte van het eerdere werk* niet als nieuw, oorspronkelijk werk te beschouwen.[77] Nogmaals, het gaat om gescheiden vragen, waarbij het antwoord op de ene vraag niet noodzakelijk tevens het antwoord geeft op de andere: (*1*) is het bewerkte werk object van auteursrecht? (*2*) is er een inbreukmakende nabootsing/bewerking? (*3*) is de bewerking zelf object van auteursrecht?[78]

Niet iedere verveelvoudiging als bedoeld in artikel 13 komt in aanmerking voor auteursrechtelijke bescherming ex artikel 10 *tweede* lid. Bijvoorbeeld: het enkele transponeren (overzetten in een andere toonaard) van een muziekstuk is een bewerking in gewijzigde vorm, maar doet geen zelfstandig beschermd werk ontstaan. Evenmin het moderniseren van een wat verouderd kinderboek.[79] Ook aan verzamelwerken (vergelijk nr. 9) kan men de eis stellen van een (althans minimaal) eigen karakter. Hetzelfde geldt voor *databases*, waarbij dat eigen karakter tot uiting kan komen in de selectie, bewerking en ordening van het opgenomen materiaal.[80] Voorbeelden van de in artikel 10 tweede lid genoemde bewerkingen: muzikaal arrangement of instrumentatie, verfilming of dramatisering van een roman, omwerking van een tekening tot borduurpatroon.[81]

transpositie

database

arrangement, verfilming, toneelbewerking

Het 'dubbele' auteursrecht van vertalingen/bewerkingen brengt *tegenover derden* nog de volgende mogelijkheden met zich mee.

Tegen openbaarmaken/verveelvoudigen (in de ruime zin die het auteursrecht daaraan geeft) *van de bewerking* kan niet alleen de bewerker, maar ook de oorspronkelijke auteur zich verzetten; de bewerking belichaamt immers het oorspronkelijke werk. Hetzelfde geldt voor vertalingen.

Dat betekent, om een voorbeeld te geven, dat indien van de tv-bewerking van een roman (waarvoor dus toestemming van c.q. betalen van een vergoeding aan de romanschrijver vereist is) later een film wordt uitgebracht, door beiden (bewerker *en* romanschrijver) toestemming moet worden verleend en door beiden aanspraak gemaakt kan worden op een financiële vergoeding.

Tegen een nieuwe, *andere* bewerking/vertaling van het oorspronkelijke werk, los van een reeds bestaande, kan de eerdere bewerker/vertaler zich *niet* verzetten. Immers, niet zijn werk wordt verveelvoudigd of openbaar gemaakt, maar (alleen) dat van de oorspronkelijke auteur; slechts diens toestemming is dus vereist.

77 Mijns inziens wordt dit onvoldoende onderkend door de Adv.-Gen. Franx in zijn conclusie (sub 5) voor HR 11 december 1981, *NJ* 1982, 286, met noot LWH (*Spaanse tegels* als patroon op vloerbedekking).

78 Het antwoord op de vragen (*2*) en (*3*) kan dus ook beide ja zijn, of beide neen. Het laatste deed zich voor in HR 28 oktober 1983, *NJ* 1984, 184, met noot LWH (*Hakbijl/Giele* inz. olielamp). Zie de analyse door J.H. Spoor, 'Verveelvoudiging in veelvoud', *AMR* 1985/6, p. 105 e.v. (109-110).

79 Rb. Haarlem 25 januari 1983, *NJ* 1984, 121; *AMR* 1985/1, p. 10 (*Dik Trom*).

80 Zie P.B. Hugenholtz, *Auteursrecht en Information Retrieval*, Kluwer, 1982, p. 24, en voorts de hierboven in nr. 2 genoemde EG-richtlijn uit 1996 en het in nr. 16 genoemde arrest HR 4 januari 1991, *NJ* 1991, 608 (*Romme/Van Dale*).

81 Pres. Rb. Assen 26 november 1975, *BIE* 1977/10, p. 263.

vertaling van een vertaling

Deze begrenzing van de omvang van het recht van de bewerker/vertaler kan met het volgende voorbeeld geïllustreerd worden. Wie een Russisch boek (in Nederland beschermd; zie nr. 61) in het Nederlands vertaalt met behulp van een eerder verschenen Engelse vertaling (eveneens hier te lande beschermd), schendt in beginsel niet het auteursrecht van de eerdere vertaler. Immers, niet diens werk is in de Nederlandse tekst terug te vinden, maar alleen het werk van de Russische auteur. De Engelse tekst wordt als hulpvertaling, als woordenboek gebruikt. Het mag echter geen 'overschrijven', rechtstreeks vertalen van de vertaling, worden; dat zou wel inbreuk op het auteursrecht van de Engelse vertaler opleveren. Het laatste zal overigens moeilijk zijn aan te tonen; men kan denken aan het geval dat in de Nederlandse tekst typische elementen van de Engelse vertaling (die dan wellicht eerder het karakter van een *bewerking* heeft) te herkennen zijn. In dat geval kan men spreken van een verveelvoudiging niet alleen van het werk van de Russische auteur, maar tevens van dat van de Engelse vertaler; beider toestemming is dan vereist.

vertaling-bewerking

Te bedenken valt ten slotte dat ook voor de bewerker/vertaler het auteursrecht ontstaat door het enkele maken van het werk. Dit betekent dat ook op de ongeautoriseerde bewerking/vertaling auteursrecht rust. De maker daarvan kan optreden tegen openbaarmaking en verveelvoudiging door derden, ook als de auteur van het oorspronkelijke werk het er bij zou laten zitten.

ongeautoriseerde bewerking/vertaling

21. Werken waarop geen auteursrecht bestaat

wetten, vonnissen

geen voorbehoud

Het algemeen belang vereist een onbelemmerde mogelijkheid tot kennisname van wetten, verordeningen, rechterlijke uitspraken, enzovoort. Men kan dit een beginsel van de rechtsstaat noemen. Er bestaat dan ook geen auteursrecht op hetgeen in deze categorie thuishoort (art. 11 Aw). Een voorbehoud is niet mogelijk.

verzamelwerk

De in artikel 11 genoemde, van auteursrecht uitgesloten werken worden wel door particulieren in verzamelingen, bijvoorbeeld jurisprudentiebundels, uitgegeven. Deze kunnen dan als verzamelwerk beschermd zijn (zie nr. 9). De eigen inbreng van de verzamelaar kan bijvoorbeeld gelegen zijn in de selectie en rubricering.
Op het verzamelaarsauteursrecht wordt (art. 5, lid 2) ook inbreuk gemaakt door het publiceren van *auteursrechtelijk beschermde* bijdragen. Rechterlijke uitspraken, al dan niet in ingekorte vorm, zijn dat niet, redactionele opmerkingen (bijvoorbeeld de 'kopjes': zeer beknopte samenvattingen) en toelichtende commentaren ('noten') wel. Een en ander uiteraard behoudens de wettelijke beperkingen (bijvoorbeeld art. 16b: reproductie voor eigen privégebruik; zie nr. 39).
Wanneer een uitgever profiteert van de inspanningen van een concurrent door het zetsel van diens, niet auteursrechtelijk beschermde, wetseditie fotografisch over te nemen in een eigen uitgave, is dat volgens de Hoge Raad op zichzelf niet onrechtmatig, ook al wordt er schade toegebracht.[82]

82 HR 20 november 1987, *NJ* 1988, 311, met noot LWH; *AA* 1988/12, p. 869, met noot HCJ; *AMI* 1988/2, p. 36, met noot HCJ (*Staat/Den Ouden*, inz. Binnenvaartpolitiereglement). De uitspraak ligt in de lijn van de in het *Decca-arrest* (*NJ* 1987, 191; zie ook nr. 57) benadrukte terughoudendheid bij toepassing van art. 6:162 BW buiten het terrein der intellectuele eigendomsrechten.

De genoemde werken, waarop geen auteursrecht bestaat, zijn afkomstig van of openbaar gemaakt door het overheidsgezag beklede (nationale of internationale) lichamen of instanties.

contracten, akten, arbitrage advocaten, pleitnota's

Op contracten, notariële akten, arbitrage-uitspraken en dergelijke bestaat dan ook wél auteursrecht. Hetzelfde geldt voor conclusies en pleitnota's van advocaten.[83] Gedeelten daaruit worden wel in rechterlijke uitspraken opgenomen; dat brengt geen verandering in het feit dat deze laatste, in hun geheel, vrij verveelvoudigd en openbaar gemaakt mogen worden.

voorbehoud

Op wat verder door of vanwege de openbare macht wordt openbaar gemaakt rust wel auteursrecht. Dit is echter, voorzover niet uitdrukkelijk voorbehouden, aanzienlijk beperkt.

Een en ander wordt bepaald door artikel 15b, dat in nr. 42 besproken zal worden.

83 Pres. Rb. Amsterdam 14 december 1965, *NJ* 1966, 86; *AA* 1968, p. 61 en 144, met noot EDHB.

IV Inhoud van het auteursrecht

22. De twee bevoegdheden: openbaar maken en verveelvoudigen

Artikel 1 van de Auteurswet kent de rechthebbende 'slechts' twee bevoegdheden toe: openbaar maken en verveelvoudigen van het werk. Daar was het oorspronkelijk in het auteursrecht ook om begonnen; bescherming immers tegen de nadruk van boeken (verveelvoudiging) en het uitgeven daarvan (openbaarmaking). Met een werk kan echter nog veel meer gebeuren, niet in de laatste plaats ten gevolge van de ontwikkeling der techniek (radio en televisie, film, grammofoonplaat, cd, geluidsband, videocassette, computer enzovoort). Al deze mogelijkheden tot exploitatie van het werk behoren tot de uitsluitende bevoegdheid van de auteur. De wet somt ze niet op, maar gebruikt de termen 'openbaar maken' en 'verveelvoudigen' als verzamelbegrippen, die meer omvatten dan volgens de betekenis die het woordenboek eraan geeft. Die ruime interpretatie is neergelegd in de artikelen 12-14, die omschrijven wat onder openbaar maken en verveelvoudigen *mede* moet worden verstaan, dus naast hetgeen er volgens de eigenlijke betekenis reeds onder valt.

geen opsomming

Het systeem van onze wet wijkt hier af van dat van de meeste buitenlandse auteurswetten en van de Berner Conventie, waar de afzonderlijke bevoegdheden van de auteursrechthebbende worden opgesomd. Ons systeem biedt voordelen; zodra zich nieuwe exploitatiemogelijkheden voordoen, met name ten gevolge van technische ontwikkelingen (zoals destijds de komst van de televisie), kunnen deze meestal wel onder de bevoegdheden van de auteur gebracht worden zonder dat een wetswijziging daartoe nodig is. Tenminste, zolang de rek dit toelaat. Soms vraagt men zich wel af in hoeverre eigentijdse maatschappelijke ontwikkelingen (zoals de reprografie en het hele computergebeuren) zich nog laten vatten in de bestaande auteursrechtelijke begrippenkaders. Een nadeel dat voorts met ons systeem samenhangt is de mogelijkheid van overdracht van 'het auteursrecht', zonder specificatie van de rechten die op de wederpartij overgaan; in dat geval geeft de auteur al zijn bevoegdheden uit handen, vaak zonder zich te (kunnen) realiseren wat dat omvat. Zie verder nr. 53.

normale betekenis

Wat volgens de normale betekenis tot openbaar maken en verveelvoudigen gerekend moet worden behoeft volgens de wetgever nauwelijks toelichting. De wet gaat hier niet nader op in. *Openbaar maken* is bijvoorbeeld: publieke verkrijgbaarstelling of verspreiding van exemplaren (bijvoorbeeld in druk) van het werk; openbare vertoning, op- of uitvoering (daaronder begrepen radio- en televisie-uitzending) of tentoonstelling. *Verveelvoudigen* is, in de oorspronkelijke betekenis, met name het maken van een of meerdere kopieën van het werk, onverschillig op welke wijze dit geschiedt, al dan niet met technische reproductiemiddelen zoals stencil, druk, reprografie, fotokopie, fotografie, fax, computer. Aldus bijvoorbeeld nadrukken, overschrijven, scannen, natekenen, naschilderen, nabouwen, enzovoort. Voorts ook reeds de eerste vastlegging van werken die zelf geen 'tastbare' vorm hebben (opname op band van mondelinge voordracht, muzikale improvisatie, pantomime).

afgeleide betekenis

Maar als gezegd: openbaar maken en verveelvoudigen is meer dan het genoemde. In een drietal artikelen wordt in de wet omschreven wat onder openbaar maken (art. 12) en verveelvoudigen (artt. 13-14), naast de bekend veronderstelde taalkundige betekenis, *mede* wordt verstaan; met deze afgeleide betekenis is de uitbreiding gegeven. Voor computerprogramma's wordt het begrip verveelvoudigen nader ingevuld in artikel 45i. Omdat bij de omschrijving van openbaarmaking ook het begrip verveelvoudiging ter sprake komt, zal hieronder eerst het verveelvoudigen besproken worden (nrs. 23-24) en daarna het openbaar maken (nrs. 25-29).

Openbaar maken en verveelvoudigen behoren tot de exclusieve bevoegdheid van de auteursrechthebbende. Anderen mogen dit niet dan met zijn voorafgaande toestemming, ongeacht welk doel hun voor ogen staat. De uitsluitende bevoegdheden van de auteur vinden evenwel hun grens in de bij de wet gestelde *beperkingen* van het auteursrecht.

toestemming, ook voor 'non-profit'-gebruik

Het auteursrecht is een verbodsrecht. Wie een werk wil openbaar maken of verveelvoudigen behoeft daartoe toestemming van de auteur of diens rechtverkrijgende; op deze toestemming komt het aan, niet op (de bereidheid tot) het betalen van een vergoeding. Irrelevant is daarbij het *doel* waartoe men het werk wil gebruiken, of dit nu winstbejag dan wel liefdadigheid is. Nooit kan door het enkele 'non profit'-gebruik van een werk het auteursrecht terzijde gesteld worden. Dat neemt niet weg dat bij de beslissing of er sprake is van openbaarmaking, het exploitatieaspect wel degelijk een rol kan spelen.[1]

gedeeltelijke overdracht

Het is goed hier alvast te benadrukken dat verveelvoudigen en openbaar maken twee *afzonderlijke* bevoegdheden zijn. Dit is van belang met het oog op de (in nr. 53 nog te behandelen) mogelijkheid van splitsing van auteursrecht en daarmee gepaard gaande gedeeltelijke overdracht. Voorts bedenke men dat zowel het een als het ander zonder toestemming van de rechthebbende niet geoorloofd is.[2] Dat houdt in dat reeds tegen het ongeautoriseerd drukken van een boek of persen van

1 Vgl. de hierna nog te bespreken jurisprudentie inzake muziekgebruik in besloten kring (nr. 27) en doorgifte via kabel-tv (nr. 29).

2 Vgl. Visser (1997) over het toepassen van beide begrippen bij de toegang tot beschermde werken via Internet.

een cd (dat is: verveelvoudiging) kan worden opgekomen, ook indien de explaren (nog) niet in de handel worden gebracht (dat is: openbaarmaking).

grenzen van auteursrecht

Het auteursrecht is niet onbeperkt. In de eerste plaats zijn daar de in de aard van het recht gelegen beperkingen, zoals de begrenzing in tijdsduur; in de regel eindigt het recht 70 jaar na het overlijden van de maker. Voorts zijn er ook beperkingen die buiten het terrein van het auteursrecht liggen. De opsteller van een discriminerend boek heeft weliswaar auteursrecht en kan dus anderen verbieden datgene ermee te doen waartoe alleen hij zelf bevoegd is, maar hij op zijn beurt kan deze bevoegdheid niet uitoefenen (bijvoorbeeld door publicatie) zonder het risico te lopen van een strafvervolging (art. 137c e.v. WvSr.).[3]

uitingsvrijheid (art. 7 Gr.)

Een en ander kan bezien worden in relatie tot het in artikel 7 Gr. en artikel 10 EVRM verankerde grondrecht van uitingsvrijheid. Het grondwetsartikel voegt daar aan toe 'behoudens ieders verantwoordelijkheid volgens de wet'. Dat kan de strafwet zijn, zoals in het gegeven voorbeeld van het discriminerende boek. Auteursrecht en grondrecht stuiten daar in zekere zin parallel op een begrenzing. Men kan de verhouding der beide rechten echter ook van een andere kant benaderen en ze dan tegenover elkaar gesteld zien: het auteursrecht van de een als begrenzing van de uitingsvrijheid van de ander. Het grondrecht van artikel 7 Gr. wil vooral een garantie geven tegen overheidscensuur, en is uiteraard geen vrijbrief tot inbreuk op auteursrecht van anderen. Beide rechten kunnen tegenover elkaar komen te staan en een conflict opleveren. Maar wanneer het auteursrecht beschouwd wordt als een repressieve factor tegenover de vrijheid van expressie en informatie, dan verliest men uit het oog dat het auteursrecht ook in belangrijke mate de informatiestroom in leven houdt. De zaak heeft, als altijd, twee kanten.[4]

beperkingen

Naast de genoemde begrenzing in tijdsduur zijn in de artikelen 15-25a Aw de eigenlijke beperkingen van het uitsluitende recht van de auteur neergelegd. Deze veroorloven derden diverse handelingen, die anders inbreuk zouden opleveren, bijvoorbeeld met betrekking tot bloemlezingen, citaten, kopieën voor eigen gebruik. Ook zijn er bepalingen die de auteur zelf beperkingen opleggen, zoals bij portretten in het belang van de geportretteerde.

Deze wettelijke beperkingen worden besproken in hoofdstuk VI.

23. Verveelvoudigen (nrs. 23-24)

Verveelvoudigen is, er werd reeds op gewezen, meer dan alleen het vervaardigen van een of meer gelijke of nagenoeg gelijke exemplaren. Krachtens artikel 13 Aw wordt onder verveelvoudigen *mede* verstaan 'iedere gehele of gedeeltelijke bewerking of nabootsing in gewijzigde vorm, welke niet als een nieuw, oorspronkelijk werk moet worden aangemerkt'.

3 Een bedenkelijk voorbeeld is de strafvervolging in 1975 tegen de heruitgever van Hitlers 'Mijn Kamp', die niet werd ingesteld wegens de inhoud van het boek maar wegens schending van het auteursrecht (Rb. Rotterdam 10 april 1975, *AMR* 1977/2, p. 33).

4 Zie Hugenholtz (1989), p. 150 e.v.; van Lingen (1986), p. 66 e.v.

vertaling, bewerking

Als voorbeelden van zodanige verveelvoudiging noemt de wet: vertaling, muziekschikking, verfilming, toneelbewerking. Wie dus een beschermd werk wil vertalen, verfilmen, enzovoort, heeft daartoe de toestemming van de rechthebbende nodig; daarzonder maakt hij inbreuk op auteursrecht. De hierbedoelde bewerking is in zoverre niet als nieuw, oorspronkelijk werk te beschouwen, dat het eerdere werk van een ander, het object van diens auteursrecht, geheel of voor een gedeelte in een andere vorm wordt gegoten maar ook daarin duidelijk herkenbaar blijft.[5]

nabootsing

Het is dus bepaald niet zo dat men vrijelijk een beschermd werk zou mogen nabootsen mits er hier en daar maar iets veranderd wordt. Er is pas dan geen inbreuk, als de verschillen ten opzichte van het 'nagebootste' werk van dien aard zijn dat er een nieuw, oorspronkelijk werk ontstaat.[6] Dat de maker daarvan zich wellicht door zijn voorganger heeft laten inspireren is daarbij niet van betekenis. Bijvoorbeeld: een film vrij naar het thema van een bestaand boek.[7]

Enerzijds kan een beschermd werk zeer wel nagebootst worden ondanks het bezigen van andere materialen of uitvoeringswijzen[8]; anderzijds is het enkele volgen van een idee, van stijl en methode of gebruik van hetzelfde materiaal op zichzelf nog niet voldoende om tot nabootsing, en daarmee inbreuk op auteursrecht, te concluderen. Gelijkenis tussen twee werken kan soms ook op toeval berusten, zonder dat van ontlening sprake is.[9]

Om de vraag te beantwoorden of een bepaalde handeling al dan niet 'verveelvoudigen' is, moet men zich er goed rekenschap van geven wat het object van auteursrecht uitmaakt.

gewijzigde vorm

Het beschermde werk is de vormgegeven immateriële schepping van de auteur (zie nr. 16); wie *dat*, geheel of ten dele, in een andere vorm giet, verveelvoudigt. Bijvoorbeeld: de ets of gravure naar, of de foto van een beeld of schilderstuk; het natekenen van een beschermde foto;[10] het miniatuurmodel (souvenir!) van een beschermd beeld of gebouw.[11]

'gedachten zijn tolvrij'

Het auteursrecht verschaft echter *geen* monopolie over een bepaald gegeven, een gedachte, idee of motief. De nieuwe, oorspronkelijke vormgeving van een 'oude' gedachte levert een zelfstandig werk op. Elke tijd kent zo zijn eigen voorbeelden. De MvT van 1912 noemde 'het aardappelen etend arbeidersgezin, de vissers-

5 Vgl. Pres. Rb. Amsterdam 17 december 1993, *AMI* 1994/3, p. 54 (musical-bewerking van boek *Kruimeltje*).

6 Vgl. HR 11 december 1981, *NJ* 1982, 286, met noot LWH (*Spaanse tegels* als patroon op vloerbedekking). Vgl. voorts nog HR 13 oktober 1989, *NJ* 1990, 237, met noot DWFV; *AMI* 1990/5, p. 93, met noot JHS; *BIE* 1990/10, p. 290, met noot Ste (*Cow Brand*): of er nabootsing is hangt niet af van de indruk die bij het publiek wordt gewekt (geen zgn. nawerking).

7 Vgl. Pres. Rb. Amsterdam 3 maart 1994, *AMI* 1994/6, p. 119 (*De Bokkenrijders*).

8 Vgl. Rb. Amsterdam 29 november 1989, *AMI* 1990/6, p. 141, met noot DWFV (bouwpakket cd-rekje).

9 Zie bijvoorbeeld Hof Arnhem 26 juni 1979, *NJ* 1980, 583; *BIE* 1980/5-6, p. 95 (bouwwerken naar ontwerp *Chalet Suisse*).

10 Ktg. Den Haag 1 oktober 1985, *NJ* 1986, 505; *IER* 1986/1, p. 9 (*portret Jan Hanlo*). Pres. Rb. Amsterdam 3 mei 1990, *BIE* 1993/9, p. 299 (dansende beertjes).

11 Vgl. Pres. Rb. Amsterdam 3 maart 1983, *KG* 1983, 114 (kabouterbeeldjes naar tekeningen van Rien Poortvliet; in casu geen inbreuk). Vern. door Hof Amsterdam 26 mei 1983, niet gepubl.

kinderen in zee plassend, breiende Scheveningstertjes op het strand, de koeien in de melkbocht, en andere zo geliefde onderwerpen onzer hedendaagse meesters'. Zo zijn bijvoorbeeld het schilderij en de tekening die een scène uit een letterkundig werk voorstellen, niet aan te merken als een verboden verveelvoudiging. Evenmin de originele variaties op een muzikaal thema; het arrangement (bewerking) van een muzikale compositie echter wel.

Bij de beoordeling of in geval van twee sterk op elkaar lijkende werken het latere een inbreuk is op het auteursrecht op het eerdere, spelen de concrete omstandigheden een belangrijke rol, met name ook de *aard* van het werk. Gaat het bijvoorbeeld om twee leerboeken, dan zijn de wijze van presentatie van de leerstof en de keuze en volgorde der te behandelen onderwerpen op zichzelf niet auteursrechtelijk beschermd. Voor het overige kan overeenstemming tussen bepaalde passages, formules, grafieken en dergelijke duiden op ontlening, maar dan nog is het mogelijk dat deze gevallen in het totale verband van te geringe betekenis zijn om tot inbreuk te concluderen.[12]

leerboek

tekstuitgave

Het verzorgen van een tekstuitgave van een beschermd werk is verveelvoudigen, ook al zou men hier wat weglaten (inkortingen) en daar wat toevoegen (kritische noten en commentaar). Wel kan het nieuw ontstane werk als verzamelwerk (art. 5) of als bewerking (art. 10, lid 2) beschermd zijn. Binnen de in artikel 16 aangegeven grenzen en onder de daar gestelde voorwaarden is voor het maken van een bloemlezing geen toestemming van de opgenomen auteurs vereist. Deze beperking van het auteursrecht wordt besproken in nr. 36, onder C.

bloemlezing

parodie, karikatuur

Parodieën en karikaturen zijn bewust geënt op bestaande werken, maar kenmerken zich, als het goed is, door hun oorspronkelijke, ironiserende vormgeving. In dat geval zal men deze uitingen dan ook niet als verveelvoudiging moeten beschouwen, doch integendeel als nieuw, oorspronkelijk werk.[13] Maar wanneer is het goed? Voor humor dient het recht ruimte te laten,[14] en ook het auteursrecht behoort die vrijheid te geven. Maar dan moet het wel herkenbaar gaan om een parodie, als zodanig oorspronkelijk in zijn ironische nabootsing, en niet om plagiaat in een als leuk gepresenteerde dekmantel.[15] Ook als de verschillen te groot zijn voor inbreuk, kan het handelen toch onrechtmatig zijn.[16] Bovendien heeft men ook bij

12 Hof Leeuwarden 22 juni 1977, cassatieberoep verworpen door HR 5 januari 1979, *NJ* 1979, 339, met noot LWH (*Heertje/Hollebrand*).

13 Rb. Amsterdam 4 juli 1979, *NJ* 1980, 196; *AMR* 1980/1, p. 12; *BIE* 1982/2, p. 51 (*Hoe sterk is de eenzame fietser/-ondernemer*). Rb. Amsterdam (strafkamer) 17 december 1980 (*Kuifje in Zwitserland*); zie F. Oppenoorth, *De zaak Kuifje*, Amsterdam 1981, p. 69 e.v. Voorts nog over de parodie op stripfiguren H. Ruijsenaars, 'Een onoverwinnelijke Galliër?', *AMI* 1993/8, p. 143.

14 Vgl. Gerbrandy (1988), p. 195.

15 Vgl. de uitspraken inzake *De glunderende gluurder* en *De keizerkraker*: parodieën op de bekende *Suske en Wiske* stripverhalen? Pres. Rb. Amsterdam 29 april 1982, *AMR* 1982/3, p. 83 (vrijwel exacte nabootsing is nodig voor herkenbaarheid als parodie, dus geoorloofd; alleen inbreuk ten aanzien van lay-out omslag); vernietigd door Hof Amsterdam 9 september 1982, *AMR* 1983/4, p. 90 (nabootsing gaat in casu verder dan nodig, dus inbreuk). Cassatieberoep verworpen: HR 13 april 1984, *NJ* 1984, 524, met noot LWH; *AA* 1984/10, p. 565, met noot HCJ. Zie ook de leerzame conclusie van de Adv.-Gen. bij het arrest. Zie voorts F. Oppenoorth in *AMR* 1985/1, p. 3 e.v.

16 Pres. Rb. Den Haag 12 januari 1983, *KG* 1983, 50; *AMR* 1983/4, p. 91 (pornografische nabootsing van *Astérix* strips: geen inbreuk op auteursrecht, maar wel onrechtmatig profiteren van ruime bekendheid).

droit moral

persiflerend gebruik het persoonlijkheidsrecht van de auteur (art. 25 Aw) te respecteren.[17]

Artikel 13 beziet de vertaling, muziekschikking, verfilming, toneelbewerking en dergelijke vanuit het oorspronkelijke, bewerkte werk; het stempelt de genoemde handelingen (waarvan het resultaat ten opzichte van het achterliggende werk niet als nieuw, oorspronkelijk werk is aan te merken) tot verveelvoudiging, waarvoor toestemming van de auteur of diens rechtverkrijgenden vereist is. In artikel 10 (lid 2) wordt uitgegaan van de vertaling, bewerking enzovoort zelf, als creatieve prestatie. Deze wordt, hoewel het een verveelvoudiging is, als zelfstandig werk beschermd.

De vertaling en bewerking als objecten van auteursrecht werden besproken in nr. 20. Zie de daar vermelde mogelijkheden die zich voor kunnen doen. Herhaald wordt, dat dit 'tweedehands' auteursrecht het recht op het oorspronkelijke, achterliggende werk onverminderd van kracht laat.

Ten slotte: de eigenaar van een exemplaar van het werk (bijvoorbeeld de koper) kan aan zijn eigendomsrecht geen auteursrechtelijke bevoegdheden ontlenen.

Met auteursrechtelijke bevoegdheden worden hier bedoeld de rechten van artikel 1 Aw: openbaar maken en verveelvoudigen van het *werk*. Over in het verkeer gebrachte exemplaren zelf heeft de maker als regel geen zeggenschap meer (zgn. 'uitputting' van het auteursrecht; zie nader nrs. 14, 26 en 66).

uitputting

eigenaar en auteur

Tegenover de auteursrechthebbende neemt de eigenaar dezelfde positie in als ieder ander. De eigenaar van een schilderij mag het in zijn huis ophangen, verkopen of wegschenken (ook vernietigen? – dat is nog maar de vraag; zie nr. 32, sub d), – hij mag er geen reproducties van maken; dat zou immers verveelvoudigen zijn, en daartoe is, de door artikel 16b (zie nr. 39) toegestane verveelvoudiging voor eigen gebruik even daargelaten, uitsluitend de auteursrechthebbende bevoegd. Hetzelfde kan gezegd worden met betrekking tot openbaar maken. Wel moet hierbij gewezen worden op de bepaling van artikel 23, waar ten behoeve van de eigenaars van onder andere werken van beeldende kunst het auteursrecht daarop enigszins wordt beperkt (zie nr. 47).
Andersom heeft op zijn beurt de auteur het recht van de eigenaar te eerbiedigen. De schilder die zijn schilderij verkoopt is, hoewel het auteursrecht bij hem blijft, de zeggenschap over het stoffelijk exemplaar kwijt (voorzover hij tenminste daaromtrent niets met de koper overeengekomen is; zo'n afspraak zal wel niet vaak voorkomen). Zou hij het in een expositie van zijn oeuvre willen opnemen, dan kan dit alleen met medewerking van de eigenaar.

17 Pres. Rb. Amsterdam 21 december 1978, *AMR* 1979/2, p. 32 (cabaretprogramma *Tekstpierement*). Pres. Rb. Haarlem 20 september 1994, *AMI* 1995/2, p. 39 (beledigend stemgebruik op house-cd).

24. Beeld- en geluidsdragers

Ingevolge artikel 14 moet onder verveelvoudigen ook verstaan worden het vastleggen van een werk van letterkunde, wetenschap of kunst of een gedeelte daarvan op enig voorwerp dat bestemd is om een werk ten gehore te brengen of te vertonen.

Evenals in artikel 13 wordt hier gezegd wat onder verveelvoudigen *mede* wordt verstaan, dus naast hetgeen reeds volgens de spraakgebruikelijke betekenis ertoe gerekend kan worden. Eigenlijk brengt artikel 14 niets nieuws; de hier bedoelde handelingen zouden ook al krachtens artikel 13 aan te merken zijn als verveelvoudigen. De gegeven verduidelijking snijdt misverstanden af die zich anders zouden kunnen voordoen.

Het is dus zo, dat het vastleggen van een werk op een beeld- of geluidsdrager niet plaats mag vinden zonder toestemming van de auteursrechthebbende. In de eerste en veruit belangrijkste plaats valt hier te denken aan grammofoonplaat, cd, muziekcassette, videocassette en film (beeld zowel als geluid). Andere, wat archaïsch aandoende voorbeelden: platen en rollen voor muziekdozen en pianola's ('volautomatische orkesten'), draaiorgelboeken; en, meer van deze tijd: digitale compactcassette (dcc), minidisc, cd-rom, recordable cd (cd-r), en opslag in een computergeheugen. Artikel 14 is niet beperkt tot mechanische technieken.

grammofoonplaat, cd, muziekcassette, videocassette, film, computer

Reeds het zonder toestemming van de auteursrechthebbende en niet voor strikt privé-gebruik bestemde *vastleggen* van het werk is, als daad van verveelvoudiging, verboden. Het is dus niet zo dat pas zou kunnen worden opgetreden wanneer cd's of banden in de winkel liggen of op andere wijze verkrijgbaar worden gesteld, dan wel wanneer het werk met behulp daarvan in het openbaar wordt verklankt of vertoond (openbaarmaking).

uitvoerende kunstenaars, producenten

Het gaat hier om een recht van de *auteur*. Uitvoerende kunstenaars, zoals musici en acteurs, kunnen aan de bepaling geen rechten of bevoegdheden ontlenen en hetzelfde geldt voor de fonografische industrie en andere producenten van beeld- en geluidsdragers (voorzover tenminste aan hen geen auteursrechten zijn overgedragen). Dat neemt niet weg dat, afhankelijk van de omstandigheden, het clandestien vastleggen van live-uitvoeringen ('bootlegs') of kopiëren van cd's en cassettes (piraterij) ook jegens hen onrechtmatig is. Zij waren voorheen daarbij aangewezen op het commune recht (art. 6:162 BW). Zoals in nr. 14 is besproken, wordt sinds 1993 door de Wet op de naburige rechten in specifieke rechtsbescherming voorzien.

piraterij

Inmiddels heeft het verschijnsel piraterij een grote omvang aangenomen, vaak in de vorm van beroepsmatige en georganiseerde handel. De economische schade die belanghebbenden ten gevolge van deze ongeoorloofde exploitatie ondervinden is evident, maar civielrechtelijk optreden stuitte vaak af op praktische bezwaren. Nadat in 1984 een interdepartementale werkgroep had gerapporteerd over de ook in maatschappelijk opzicht schadelijke gevolgen van piraterij zijn bij de wetswijziging van 1989 de mogelijkheden tot rechtshandhaving aanmerkelijk versterkt (zie de art. 27a, 28 en 30b). Ook de strafbepalingen zijn verruimd (zie de art. 31a-32 en 36a), zodat het OM thans beter in staat is om met name de meer stelselmatige en massale vormen van piraterij te vervolgen. Het begrip piraterij wordt overigens ook buiten het gebied van de beeld- en geluidsdragers gehanteerd (etherpiraten, roofdrukken, merkenpiraterij enzovoort). In wijder verband voorziet de Anti-

piraterij verordening van de EG in douanemaatregelen om dergelijke illegale producten aan de grens te weren.[18]
Cassette- en videorecorders zijn populaire apparaten; particuliere opnamen van cd's, tv-films en dergelijke worden veel gemaakt. Met nieuwe digitale technieken, zoals dcc (digitale compactcassette) en dvd (digitale videodisc) zal dit alleen nog maar toenemen, met een steeds perfecter resultaat. De wet staat dit uitdrukkelijk toe, mits de kopie uitsluitend bestemd is voor eigen gebruik. Deze en andere beperkingen van het auteursrecht zullen hieronder nog ter sprake komen. Inmiddels was

thuiskopie

de omvang van dit (legale) thuiskopiëren van beeld en geluid dusdanig toegenomen,[19] dat het niet langer rechtvaardig werd geacht dat de rechthebbenden hierdoor een belangrijk deel van de exploitatieopbrengst van hun werk mislopen. Daarom is bij wetswijziging van 1991 voorzien in een vergoeding aan de rechthebbenden, als tegemoetkoming in het ondervonden nadeel (art. 16c - 16g). Zie nr. 40.

Hoewel daartoe geenszins beperkt, is de bepaling van artikel 14 vooral van betekenis voor muziekwerken. In het muziekauteursrecht is de gebruikelijke, maar in technisch opzicht verouderde term in dit verband 'mechanisch reproductierecht', of kortweg *mechanische rechten*; deze worden voor de auteurs doorgaans uitgeoefend door de stichting Stemra.

vastlegging

Stemra

De meeste componisten en tekstdichters, respectievelijk hun muziekuitgevers als rechtverkrijgenden, hebben hun mechanische rechten (dat is dus: het exclusieve recht tot vastlegging op geluidsdragers, al dan niet in combinatie met beeld, bijvoorbeeld geluidsbanden van films) ter exploitatie overgedragen aan Stemra (afgeleid van: Stichting tot exploitatie van mechanische reproductierechten der auteurs).[20] Deze verleent tegen betaling toestemming tot 'mechanische reproductie' van werken der aangesloten auteursrechthebbenden.
Krachtens wederkerigheidscontracten met vergelijkbare organisaties in het buitenland kan die toestemming (licentie) ook voor aangesloten buitenlandse rechthebbenden gegeven worden en beschikt Stemra dus over een zeer groot deel van wat men het 'wereldrepertoire' noemt. Voor grote platenmaatschappijen, die in meerdere landen geluidsdragers uitbrengen, is het omslachtig om per land met de plaatselijke 'Stemra' te moeten afrekenen. Men hanteert dan wel het systeem van *central licensing*, waarbij één organisatie (bijvoorbeeld Stemra) optreedt voor alle desbetreffende landen en zorgt voor doorbetaling. Bij het verwerven van dergelijke grote contracten zijn de organisaties in een onderlinge concurrentieverhouding komen te staan.

central licensing

18 Verordening (EG) nr. 3295/94 van de Raad van 22 december 1994 (*Pb.* EG L 341/8; inwerkingtreding 1 juli 1995). In het mondiale verband van de WTO houdt het TRIPs-verdrag (*Trb.* 1995, 13; inwerkingtreding 1 januari 1996) de vinger aan de pols.

19 F. van Puffelen/SEO, *De Thuiskopie*, Amsterdam 1979. Zie ook: Tweede rapport van de studiecommissie *Geluidskopieën* van de Ver. voor Auteursrecht, *AMR* 1981/5, p. 120 e.v. Uit verder onderzoek is gebleken dat in 1986 56 miljoen uur geluid werd gekopieerd, een verdubbeling ten opzichte van 1976. Een soortgelijke ontwikkeling doet zich voor met betrekking tot videoapparatuur.

20 Met Buma onder een dak gevestigd: Prof. E.M. Meijerslaan 3, 1183 AV Amstelveen, tel. 020-3470911, fax 020-3470509.

Met het mechanisch reproductierecht hebben vooral te maken muziekgebruikers als platenfabrikanten, filmindustrie, omroep (vastlegging van programma's; zie nader hieronder). Daarnaast zijn er bijvoorbeeld de exploitanten van horecabedrijven die bandopnamen maken om deze in hun etablissement (dat is: in het openbaar; zie nr. 27) ten gehore te brengen.

weergave

De bevoegdheid tot vastleggen van een muziekwerk geeft *niet* tevens het recht dit in het openbaar weer te geven. Daarvoor is afzonderlijke toestemming vereist, hetgeen neerkomt op betaling van een vastgesteld tarief aan Buma (de organisatie die de rechten betreffende al dan niet mechanische *uitvoering* van muziek voor de auteurs behartigt; zie nr. 52).

Buma

beperkingen auteursrecht

Er werd reeds op gewezen dat bijvoorbeeld bandopnamen voor gebruik in huiselijke kring zijn toegestaan. Daarnaast is ook op enkele andere punten het verveelvoudigingsrecht van de auteur enigszins beperkt.

De beperkingen van het auteursrecht worden apart besproken in hoofdstuk VI. Het is nuttig, hier alvast het volgende aan te stippen.

Eigen gebruik. Verveelvoudiging als bedoeld in artikel 14, zoals opname met band- of videorecorder, is toegestaan, mits dit geschiedt uitsluitend voor eigen oefening, studie of gebruik van degene die opneemt (art. 16b; zie nr. 39).

Onderwijs. Volgens artikel 16, lid 1, sub a is sinds 1985 geoorloofd het overnemen van gedeelten uit werken in geluids- of beeldopnamen voor onderwijsdoeleinden. Daarvoor moet dan wel een vergoeding worden betaald (zie nr. 36, onder C).

Reportage. Een korte opname, weergave en mededeling van een werk in een foto-, film-, radio- of televisiereportage is toegestaan voorzover noodzakelijk uit oogpunt van actualiteit. Toegevoegde achtergrondmuziek valt daar bepaald niet onder (art. 16a; zie nr. 38).

Omroep. Onder bepaalde stringente voorwaarden zijn omroeporganisaties die bevoegd zijn tot uitzending, tevens gerechtigd tot vastlegging van het werk met het oogmerk van latere (her)uitzending. Men spreekt hier van *efemere opnamen* (art. 17b; zie nr. 45).

Volledigheidshalve moet ook genoemd worden de in artikel 17a (lid 2) ingebouwde mogelijkheid van *wettelijke licenties* (zie nr. 44).

Ten slotte was er nog de verouderde, in 1985 vervallen bepaling van artikel 50b. Ingevolge overgangsrecht mochten geluidsdragers van reeds voor 1912 vastgelegde muziekwerken nog tot eind 1986 vrij in het verkeer worden gebracht.

25. Openbaar maken (nrs. 25-29)

Evenals verveelvoudigen is ook openbaar maken een verzamelbegrip. Naast hetgeen er reeds volgens de taalkundige betekenis toe gerekend kan worden, bepaalt artikel 12 wat er *mede* onder moet worden verstaan.

Artikel 12 is in 1995 en in 1996 gewijzigd ter implementatie van EG-richtlijnen over verhuur- en leenrecht en over kabeldoorgifte en satellietomroep. Het eerste lid van artikel 12 geeft vijf rubrieken, die in nr. 26 besproken zullen worden. Daartoe behoort de voordracht, op- of uitvoering of voorstelling *in het openbaar*. Van deze laatste woorden geven het vierde en vijfde lid een nadere uitleg. Eerst een uitbreiding: ook een 'besloten kring' kan auteursrechtelijk openbaar zijn (zie nr. 27); dan een beperking (dus: *niet* openbaar) ten behoeve van het onderwijs (zie nr. 28).

besloten kring

onderwijs

Het zesde lid noemt een nogal specifieke uitzonderingssituatie met betrekking tot radio- of televisie-uitzendingen. Deze bepaling komt aan de orde in nr. 29, dat handelt over de kabelomroep.

kabelomroep

De leden 2, 3 en 7 ten slotte geven omschrijvingen van verhuren, uitlenen en satellietomroep.

Over het begrip openbaarmaking, een tamelijk moeilijk te doorzien onderdeel van het auteursrecht, nu eerst enkele *algemene opmerkingen*. De meeste punten daaruit zullen in het vervolg van het betoog nog nader aan de orde worden gesteld.

Het uitgangspunt is dat het aan de auteur is voorbehouden te beslissen *of* en zo ja *hoe* zijn werk aan het publiek wordt gepresenteerd. Dat kan op onnoemelijk veel manieren gebeuren, niet in de laatste plaats vanwege de technische mogelijkheden. Globaal kan men een onderscheid maken tussen openbaarmaking in de vorm van algemene verkrijgbaarstelling van exemplaren (boek, cd), en die via oog en oor: het in het openbaar ten gehore brengen of vertonen van het werk (concertzaal, schouwburg, museum, radio- en tv-uitzending).

De exclusieve bevoegdheid van de auteur heeft een vèrgaande strekking. De schrijver die zijn roman heeft uitgegeven (openbaarmaking) kan desondanks de koper van een boek verbieden dit in het openbaar voor te lezen; dat zou immers een afzonderlijke (nieuwe) openbaarmaking zijn. Hiermee te vergelijken, maar minder vanzelfsprekend, is het geval van de in het café spelende radio; *gelijktijdig* vinden hier twee openbaarmakingen plaats: door de omroeporganisatie (bestemd voor de huiskamer) *en* door de caféhouder (die, kan men zeggen, een tweedegraadsopenbaarmaking verricht).[21] Beiden hebben daartoe toestemming nodig, hetgeen bij muziek – en daar gaat het vooral om – neerkomt op betaling aan Buma.

caféradio
tweedegraads-openbaarmaking

Vergelijkbare problemen hebben zich voorgedaan bij de draadomroep (radio) en de kabel-tv; ook daar is de beslissing van de rechter in het voordeel van de auteurs uitgevallen (zie nr. 29).

draadomroep; kabel-tv

Ook al heeft het openbaarmakingsbegrip dus een zeer ruime strekking, er blijven uiteraard grenzen bestaan. Zomin als de schrijver van een boek zijn lezers kan weerhouden anderen ermee om de oren te slaan, zo kan ook niet de uitgever van een tijdschrift door middel van een opdruk aan verkrijgers verbieden dit in een leesportefeuille op te nemen. Over deze en vergelijkbare kwesties (leesbibliotheken) meer in nr. 26, sub 2 en 3.

leesportefeuille, leesbibliotheek

Soms is niet zonder meer duidelijk *wie* de openbaarmaking verricht. Zo bijvoorbeeld bij het recital: is dat de zangeres, de begeleidende pianist, of de impresario? Of bij het radioconcert: het orkest of de omroeporganisatie? Men moet ervan uit-

wie maakt openbaar?

21 HR 6 mei 1938, *NJ* 1938, 635, met noot EMM.

gaan dat openbaar maakt hij, die daadwerkelijk 'verklankt' (al dan niet met technische hulpmiddelen), niet de organisator van de uitvoering.[22] In het eerste voorbeeld zijn dat zangeres en begeleider tezamen,[23] in het tweede zowel het orkest als de omroep. Zie nader nr. 26, sub 4. Op het Internet verschaft de access-provider slechts gelegenheid tot openbaarmaking; hij bemoeit zich in de regel niet met de inhoud van de boodschap, en hij is in beginsel dus niet aansprakelijk te houden voor onrechtmatige openbaarmaking van beschermde werken door gebruikers van het netwerk.[24] De vraag is wel gesteld, of dit oordeel is te rijmen met de wèl aansprakelijk gehouden tv-kabelexploitanten voor inbreuken door etherpiraten (zie nr. 29 aan het slot).

Internet-provider

doel van de openbaarmaking irrelevant

Ook voor de niet 'commerciële' openbaarmaking is toestemming van de auteur vereist, bijvoorbeeld het liefdadigheidsconcert met de hoge entreeprijs of de openbare voorstelling van de amateurtoneelclub waarvoor geen toegangsgeld wordt gevraagd.

beperkingen

Ten slotte moet ook hier herinnerd worden aan de beperkingen die aan het auteursrecht zijn gesteld. In sommige gevallen en onder bepaalde voorwaarden levert openbaarmaking zonder voorafgaande toestemming *geen* inbreuk op. Zie hoofdstuk VI. Dat wil overigens niet zeggen dat de auteur in al die gevallen van een billijke vergoeding verstoken blijft.

26. Afgeleide betekenis van openbaarmaking: vijf rubrieken

Artikel 12 (lid 1) noemt vijf rubrieken van handelingen die openbaarmaking opleveren. Een definitie van het begrip geeft de wet niet. Slechts wordt omschreven wat naast de (bekend veronderstelde) gewone betekenis *mede* onder openbaarmaking moet worden verstaan.

Wat openbaar maken volgens het spraakgebruik betekent kan per genre werk verschillend zijn, maar zal doorgaans niet tot misverstanden aanleiding geven. Aldus bijvoorbeeld het uitgeven van een boek, het opvoeren van een toneelstuk, het uitvoeren van een muziekwerk, het in de handel brengen van cd's, het tentoonstellen van een werk van beeldende kunst, het publiceren van een foto. Minder vanzelfsprekend wordt het bij het opvoeren van de toneelbewerking van een roman, of het publiceren van de foto van een kunstwerk; wordt daardoor de roman respectievelijk het kunstwerk *zelf* openbaar gemaakt? Ja, artikel 12 geeft uitsluitsel. Voor een deel zou wat daar genoemd wordt al onder openbaarmaking in de normale betekenis vallen, voor het overige houdt de bepaling een uitbreiding in van de handelingen die tot de exclusieve bevoegdheid van de auteur horen.

22 HR 11 juni 1920, *NJ* 1920, p. 718 (*Buitensociëteit Zutphen*).
23 HR 4 juni 1920, *NJ* 1920, p. 720 (*Accompagnateur*).
24 Pres. Rb. Den Haag 12 maart 1996, *AMI* 1996/5, p. 96; *Computerrecht* 1996/2, p. 73, met noot DWFV; *Mediaforum* 1996/4, p. B59, met noot Visser op p. 61 (*Scientology-church/XS4ALL*). Zie hierover, en over de te onderscheiden soorten Internet-providers, ook Drion en Linnemann in *NJB* 1996/41, p. 1734.

De vijf rubrieken worden hieronder afzonderlijk toegelicht. Steeds gaat het om wat onder openbaarmaking *mede* wordt verstaan. De fundamentele betekenis van het woordje 'mede' zal inmiddels duidelijk zijn.

1. De openbaarmaking van een verveelvoudiging van het geheel of een gedeelte van het werk

De strekking van deze bepaling is pas duidelijk als men weet wat 'verveelvoudiging' inhoudt; dit werd besproken in de nrs. 23-24.

verveelvoudiging

Dat het in de handel brengen van cd's openbaarmaking van de erop vastgelegde muziek betekent, is niet zo bijzonder. Een verveelvoudiging kan echter ook het werk in *gewijzigde* vorm bevatten, zoals de vertaling en de bewerking. Het publiceren van de vertaling van een roman of het vertonen van de verfilming ervan zijn dus handelingen waardoor *die roman* wordt openbaar gemaakt en waarvoor dus de toestemming van de schrijver vereist is. (Daarnaast bovendien die van de vertaler respectievelijk bewerker, die immers auteursrecht hebben op *hun* werk, de vertaling/bewerking. Zie nr. 20).

Andere voorbeelden: het publiceren (bijvoorbeeld in een tijdschrift of op ansichtkaarten of affiches) van foto's van beelden of bouwwerken; het in de handel brengen van miniatuurmodellen (souvenirindustrie). Men lette evenwel op de beperkingen van het auteursrecht (nrs. 36 e.v.) die bepaalde vrijheden veroorloven.

Het uitsluitend recht tot openbaarmaking komt de auteursrechthebbende toe ten aanzien van *elke* verveelvoudiging van het werk. Het is dus niet zo dat het openbaarmakingsrecht als zodanig zou zijn 'uitgeput' zodra er maar van het werk een of meerdere exemplaren in het verkeer zijn gebracht; de auteursgerechtigde behoudt deze bevoegdheid ten aanzien van elke verveelvoudiging.[25] Over de rechtmatig in het verkeer gebrachte exemplaren heeft hij echter geen zeggenschap meer, tenzij deze worden aangewend voor een nieuwe wijze van openbaarmaking van het werk.[26] Zie nader sub 2.

publiek

Openbaarmaking door middel van exemplaren, waarin het werk is neergelegd, geschiedt door deze op een of andere manier ter beschikking van het publiek te stellen.[27] Doorvoer in gesloten containers valt daar niet onder.[28] Maar wie bijvoorbeeld in een advertentie reproducties van een kunstwerk publiekelijk te koop aanbiedt, maakt openbaar, ook in het geval dat geen enkele koper zich zou melden.

Internet

Hetzelfde kan gezegd worden voor het aanbieden op een website van Internet en andere elektronische *on-demand* diensten.[29] Buma/Stemra verlenen tegen vergoeding toestemming tot het vastleggen van muziek op een website en het via Internet gelegenheid geven om die muziek te downloaden en te beluisteren.[30]

25 HR 18 december 1953, *NJ* 1954, 258 *(Polak/De Muinck)*. Hierover: E.D. Hirsch Ballin, 'Het uitsluitend recht tot openbaarmaking van een werk', *NJB* 1955/32, p. 713 e.v. (bundel *Auteursrechtelijke opstellen*, Deventer 1970, p. 123 e.v.).

26 HR 19 januari 1979, *NJ* 1979, 412, met noot LWH; *AMR* 1979/3, p. 50, met noot JHS; *AA* 1980/5, p. 311, met noot HCJ (*Hovener/Poortvliet*).

27 Zie HR (strafkamer) 16 december 1986, *NJ* 1987, 613. Het betrof hier het te huur aanbieden van illegale videobanden met speelfilms. Zie over verhuur ook hierna sub 3.

28 HR 27 januari 1995, *NJ* 1995, 669, met noot JHS; *AMI* 1995/4, p. 67 (Arubaanse zaak).

29 Zie ook art. 6 WCT ('making available to the public') en daarover F.W. Grosheide in *AMI* 1997/4, p. 77.

30 Tijdelijke Regeling muziekgebruik op Internet (www.buma.nl). Zie J. Jonkers, *AMI* 1997/3, p. 54; H.W. Wefers Bettink, *Computerrecht* 1997/2, p. 55.

2. *De verbreiding van het geheel of een gedeelte van het werk of van een verveelvoudiging daarvan, zolang het niet in druk verschenen is*

Openbaar maken is, kan men zeggen, bewerkstelligen dat het werk voor een publiek van enige omvang 'toegankelijk' wordt. Dat kan op uiteenlopende manieren gebeuren, afhankelijk van het genre werk. Duidelijke voorbeelden: het in de concertzaal of voor de radio uitvoeren van een muziekwerk; het uitgeven van een boek, dat wil zeggen het algemeen verkrijgbaar stellen van exemplaren. Wie een boek aan een kennis uitleent, maakt niet openbaar. Ook uitlening op wat ruimere schaal, bijvoorbeeld rondsturen aan een groepje kennissen, kan men moeilijk verspreiden, openbaar maken noemen, – hoogstens verbreiden.

uitgeven

uitlenen

In één geval nu heeft de wetgever dit *verbreiden* willen voorbehouden aan de auteur, namelijk indien het werk nog niet in druk is verschenen. Met name is daarbij gedacht aan het rondzenden van een manuscript aan een kring belangstellenden. De wet stempelt dit tot openbaar maken, en het is dus de auteur die daarover beslist.

manuscript

In nr. 25 werd gewezen op de mogelijkheid van 'tweedegraadsopenbaarmaking', vormen van exploitatie die als afzonderlijke openbaarmaking zijn te beschouwen, bijvoorbeeld de radio in het café en, zoals we nog zullen zien (nr. 29), de kabeldoorgifte van etheruitzendingen. In verband met de bepaling van artikel 12, lid 1, sub 2 rijzen hier vergelijkbare vragen: kan de auteur nog rechten doen gelden als het werk wél in druk verschenen is; heeft hij nog zeggenschap over in het verkeer gebrachte exemplaren van het werk? Het antwoord is in het algemeen nee, *tenzij* er sprake zou zijn van een nieuwe, afzonderlijke openbaarmaking *van het werk*. Het auteursrecht met betrekking tot het exemplaar zelf is uitgeput.

uitputting

Bij muziek is dit duidelijk: wie een rechtmatig in het verkeer gebrachte cd koopt is auteursrechtelijk vrij om deze door te verkopen, maar niet om de muziek in het openbaar te laten horen. Minder vanzelfsprekend is de situatie van *verhuur* van rechtmatig in het verkeer gebrachte geluids- en beelddragers. Dat is door de wetgever onder het verbodsrecht van de auteur gebracht (zie sub 3). Tot beter begrip van de uitputtingsleer zullen we nu eerst ingaan op de problemen die zich bij in druk verschenen werken hebben voorgedaan.

In 1952 is door de Hoge Raad uitgemaakt dat de door de uitgeefster (auteursrechthebbende) op haar tijdschriften gedrukte verbodsclausule, gericht tegen het (doen) opnemen daarvan in leesportefeuilles, geen rechtskracht heeft.[31] De motivering was: het werk is in druk verschenen, dus (vergelijk de clausule van art. 12) tegen verbreiding kan niet meer worden opgekomen. De rechthebbende kan zich geen recht voorbehouden dat hem, na uitgave in druk, niet meer toekomt; over de in het verkeer gebrachte *exemplaren* van het werk heeft hij geen zeggenschap meer. De 'leesportefeuille-leer' maakt deel uit van het geldend recht. Wel moest zij iets worden bijgesteld, toen zich het volgende geval had voorgedaan.[32] Een uitgever bracht kalenders op de markt, met daarop reproducties van schilderijen. Toen een koper deze prenten vervolgens losknipte en, op spaanplaat geplakt, afzonderlijk doorverkocht, kon dit als inbreuk op auteursrecht worden verboden. De uitgever

leesportefeuilles

reproducties

31 HR 25 januari 1952, *NJ* 1952, 95 (*Spaarnestad/Favoriet*, inz. leesportefeuilles); zie ook E.D. Hirsch Ballin, t.a.p. (noot 25, p. 85).

32 HR 19 januari 1979, *NJ* 1979, 412, met noot LWH; *AMR* 1979/3, p. 50, met noot JHS; *AA* 1980/5, p. 311, met noot HCJ (*Hovener/Poortvliet*). Zie voorts nog Pres. Rb. Amsterdam 19 december 1989, *IER* 1990/2, p. 32, met noot ChG (*Magic Card*).

had van de maker slechts rechten verkregen met betrekking tot openbaarmaking als kalender. De platen waren weliswaar in druk verschenen, maar kalenders hebben naar hun aard een korte levensduur en wat de koper hier deed is dan ook te zien als afzonderlijke verspreiding van het werk in een andere vorm. Daarmee handelde hij in strijd met bij de maker gebleven rechten.

Bij de vraag wat als afzonderlijke exploitatie van exemplaren is te beschouwen, is mede in aanmerking te nemen wat maatschappelijk als geoorloofd geldt en gebruikelijk is, zoals de tweedehands verkoop door het antiquariaat. Hetzelfde werd voorheen wel gezegd van uitlenen van werken door leesbibliotheken (artotheken, videotheken, enzovoort). Boeken worden meegegeven om thuis gelezen te worden, en het ligt niet zo voor de hand aan om dan van (afzonderlijke) openbaarmaking te spreken. Het resultaat van deze redenering bevredigt echter niet. Of leners zonder bibliotheken kopers zouden zijn geweest staat niet vast, maar ook zonder veronderstelde schade voor de auteurs is het zo, dat het leenverkeer dusdanig is toegenomen dat men hier wel kan spreken van een exploitatie van werken, waarin de auteursrechthebbenden willen meedelen.

bibliotheken

Dit heeft geleid tot opname van de volgende rubriek.

3. *Het verhuren of uitlenen van het geheel of een gedeelte van het werk met uitzondering van bouwwerken en werken van toegepaste kunst, of van een verveelvoudiging daarvan die door de rechthebbende of met zijn toestemming in het verkeer is gebracht*

Deze rubriek is in december 1995 in de wet opgenomen,[33] ter uitvoering van een EG-richtlijn uit 1992.[34] Voordien vielen deze handelingen buiten het bereik van het auteursrecht. De richtlijn, die strekt tot harmonisatie van de onderhavige wetgevingen in de lidstaten, gaat ervan uit dat verhuur en uitlening een steeds belangrijker rol spelen bij de exploitatie van met name fonogrammen en films, zodat het auteursrecht aan die economische ontwikkelingen moet worden aangepast. Dat is nu dus gebeurd.

a. Verhuur

verhuur

verbodsrecht

Verhuren wordt in artikel 12, lid 2, Aw gedefinieerd als 'het voor een beperkte tijd en tegen een direct of indirect economisch of commercieel voordeel voor gebruik ter beschikking stellen'. Dit valt onder het verbodsrecht van de auteursrechthebbende en diens toestemming is dus vereist, behalve als het gaat om bouwwerken of werken van toegepaste kunst. Onder het begrip verhuren valt niet het beschikbaarstellen voor raadpleging ter plaatse. Ook kabelactiviteiten als *video-on-demand* en *pay-per-view* (Filmnet, pluspakketten en dergelijke) passen niet in de definitie van verhuren, maar het is aannemelijk dat dergelijke diensten reeds gedekt worden door het algemene openbaarmakingsrecht van de auteur ingevolge artikel 1 Aw.

33 Wet van 21 december 1995, *Stb.* 651 en 653 (in werking treding 29 december 1995). Zie ook de overgangsbepalingen (opgenomen in Bijlage II).

34 Richtlijn 92/100/EEG van de Raad van 19 november 1992 betreffende het verhuurrecht, het uitleenrecht en bepaalde naburige rechten op het gebied van intellectuele eigendom (*Pb.* L 346/61).

De regeling is met name van belang voor de groeiende markt van bedrijfsmatige verhuur van cd's, muziek- en videocassettes en computersoftware. De rechthebbenden ondervinden hiervan aantoonbaar grote schade, en het was onbevredigend dat zij voorheen ingevolge de uitputtingsleer met lege handen bleven staan.[35] Producenten van computersoftware waren al gewend om hun afnemers aan stringente contractuele voorwaarden te binden. Zie thans ook artikel 45h.
Het verhuurrecht is, als bestanddeel van het auteursrecht, overdraagbaar. Dat is van belang voor de exploitatie van bijvoorbeeld cd's en video's. Anders zou de verhuur steeds door een verbod van de auteur kunnen worden getroffen. Wel heeft *fonogram* de maker van een op een fonogram vastgelegd werk, indien hij het verhuurrecht aan de producent heeft overgedragen, recht op een billijke vergoeding bij verhuur (art. 12a Aw). Ter bescherming van de contractuele positie van de maker is hierbij bepaald, dat van dit vergoedingsrecht geen afstand kan worden gedaan. Hetzelfde *film* geldt bij films (art. 45d Aw).

b. Uitleen

leenrecht Het leenrecht kent een lange voorgeschiedenis.
Van schrijverszijde werd al sinds jaar en dag geijverd voor een auteursrechtelijke vergoedingsregeling ter zake van het uitlenen van boeken. Politiek ligt dat onderwerp tamelijk gevoelig, maar de schrijvers stonden niet geheel in de kou. De *leengeld* toenmalige CRM-begroting kende sinds 1971 jaarlijks een vast 'leengeld'[36] toe aan het Fonds voor de Letteren. Norm bij de verdeling was de boekenaanschaf door Nederlandse bibliotheken. Als bezwaar gold onder andere dat de regeling beperkt was tot Nederlandse auteurs van 'literaire' werken (belletrie, kinderboeken, poëzie). Deze leengeldbudgettering is later als tussenstap vervangen door een wettelijke regeling, eerst bij amvb (Tijdelijk besluit leenvergoedingen, *Stcrt.* 1985, 246) *Welzijnswet* en vervolgens opgenomen in de art. 21-28 van de Welzijnswet (wet van 14 februari 1987, *Stb.* 73). Jaarlijks was een bedrag van 5 (en met een gefaseerd oplopende bibliotheekbijdrage uiteindelijk 15) miljoen gulden beschikbaar voor verdeling onder Nederlandse auteurs (70%) en uitgevers (30%) wier werken door openbare bibliotheken waren uitgeleend. De leenvergoeding bedroeg maximaal 10.000 gulden per auteur. Die aftopping diende om te voorkomen dat alle beschikbare middelen alleen bij de veel uitgeleende succesauteurs terecht zouden komen. De regeling had een cultuurpolitieke grondslag en stond los van het auteursrecht.[37] Aldus werd afdracht aan buitenlandse auteurs omzeild, hetgeen budgettair wel begrijpelijk is maar in het licht van de auteursrechtverdragen minder goed verdedigbaar.
Die regeling is nu dus vervangen door de nieuwe bepalingen in de Auteurswet. Uitlenen wordt in artikel 12, lid 3 gedefinieerd als 'het voor een beperkte tijd en zonder direct of indirect economisch of commercieel voordeel voor gebruik ter

35 Uitdrukkelijk bevestigd door HR 20 november 1987, *NJ* 1988, 280, met noot LWH; *AMI* 1988/1, p. 15, met noot HCJ; *AA* 1989/11, p. 941, met noot HCJ (*Stemra/Free Record Shop*). De Adv.-Gen. concludeerde dat in deze actuele materie thans de wetgever aan zet is. Datzelfde oordeelde de Pres. Rb. Haarlem 10 juli 1987, *IER* 1987/5, p. 99 (*NVPI/Music Rent*) bij het afwijzen van een actie ex art. 1401-*oud* BW wegens verhuur van niet auteursrechtelijk beschermde cd's.

36 Een forfaitaire vergoeding aan schrijvers. Niet te verwarren met de evt. retributie die de lener per uitlening aan de bibliotheek verschuldigd is, wat dan ook wel 'leengeld' wordt genoemd.

37 Zie H. Cohen Jehoram, 'De Nederlandse leenvergoedingsregeling tussen recht en cultuurbeleid', *NJB* 1987/39, p. 1245. M.W.B. Asscher, 'Wegens kritiek geprolongeerd', *AMI* 1989/5, p. 117.

beschikking stellen door voor het publiek toegankelijke instellingen'. Inzien op de leeszaal valt daar niet onder, uitlening tussen particulieren evenmin. De plaats die de niet-openbare bedrijfsbibliotheken hier innemen is nog onzeker.

Het leenrecht is in beginsel toepasselijk op alle soorten werken, dus niet alleen boeken. Bouwwerken en werken van toegepaste kunst zijn om begrijpelijke redenen uitgezonderd. Anders dan het verhuurrecht is het leenrecht echter (behalve als het gaat om het uitlenen van computerprogramma's als zodanig) geen aan toestemming gebonden absoluut recht, maar omvat het enkel de aanspraak op een billijke vergoeding. Dit wordt verder geregeld in de artikelen 15c-15g Aw, die wij hierna in hoofdstuk VI nog zullen bespreken bij de beperkingen van het auteursrecht (nr.37). Enkele nader genoemde bibliotheken zijn van die vergoedingsplicht vrijgesteld.

geen verbodsrecht

vergoeding

Het leenrecht geldt ook voor werken van beeldende kunst, die door artotheken en vergelijkbare instellingen (SBK's) worden uitgeleend. Daarbij gaat het onder meer om werken die door de overheid verworven zijn onder de in 1987 beëindigde Beeldende Kunstenaarsregeling, de BKR-collectie. Om het werk van deze kunstuitleencentra niet te zwaar te belasten was aanvankelijk in het wetsvoorstel (art. 12b) de fictiebepaling opgenomen, dat bij verkoop door de kunstenaar het leenrecht werd geacht te zijn overgedragen aan de koper. Na bezwaren vanuit de Tweede Kamer is die bepaling geschrapt. Voor beeldende kunst geldt het leenrecht als voor ieder ander werk. Maar omdat het in de kunst overwegend om unica gaat, is het economisch belang van het leenrecht hier wel geringer dan bij boeken en cd's.

artotheek, SBK

4. *De voordracht, op- of uitvoering of voorstelling in het openbaar van het geheel of een gedeelte van het werk of van een verveelvoudiging daarvan*

Op welke wijze of met welke middelen ook een werk aan het publiek wordt vertoond of ten gehore gebracht, als openbaarmakingshandeling is dit gebonden aan voorafgaande toestemming door de auteursrechthebbende. Dat is dus niet alleen zo wanneer dit het werk *zelf* betreft (toneel, opera, concert, ballet, poëzievoordracht, filmvoorstelling, enzovoort), maar ook als het gaat om een *verveelvoudiging* daarvan (mechanische muziek, zoals de jukebox en discomuziek, voorlezing van de vertaling van een roman, vertoning van het verfilmde toneelstuk, vertoning van dia's van kunstwerken enzovoort). Radio- en televisie-uitzending worden niet apart genoemd, maar er heeft nooit twijfel over bestaan dat zulks openbaarmaking oplevert. Zie voor kabel en satelliet hierna sub 5.

radio en tv

Vrijwel alle componisten (en tekstdichters) hebben de *uitvoerings*rechten betreffende hun composities ter exploitatie overgedragen aan het Bureau voor Muziekauteursrecht Buma, dat tegen betaling van vastgestelde tarieven toestemming tot uitvoeren verleent. Door met buitenlandse zusterorganisaties gesloten wederkerigheidscontracten heeft Buma de beschikking over nagenoeg het gehele 'wereldrepertoire' (zie verder nr. 52).

Buma

Wie moet nu aan Buma betalen? Strikt genomen is het zo dat degenen die de muziek feitelijk ten gehore brengen de openbaarmaking verrichten, en in beginsel is de organisator van de uitvoering niet auteursrechtelijk aansprakelijk. Uit praktische overwegingen geschiedt de inning niettemin veelal bij de zaalhouder, die de musici in zijn lokaliteit laat optreden.

uitvoerder en organisator

caféradio

In het bovenstaande kwam al de 'tweedegraadsopenbaarmaking' ter sprake (of, om het cryptisch te zeggen: het openbaar maken van een openbaarmaking). Dat doet zich voor wanneer een caféhouder in zijn etablissement een radio- of tv-toestel aanzet. Toen in de jaren dertig dit de inzet was van een aangespannen procedure, luidde het verweer: de muziek *is* al openbaar gemaakt, openbaarder dan een radio-uitzending kan het toch niet. De Hoge Raad besliste anders; de toestemming tot radio-uitzending omvat niet automatisch de 'bewilliging voor derden om door middel van het ontvangtoestel het werk ten gehore van het publiek te brengen'.[38] Voor de radiomuziek in het café moet dus apart aan Buma betaald worden, ook al is reeds tevens door de omroeporganisatie betaald om het werk te mogen uitzenden. Hetzelfde geldt voor (radio)muziek in warenhuizen, supermarkten, fabriekskantines, wachtkamers, hotellounges (ook al worden daar slechts logeergasten toegelaten), enzovoort. Ook het doorgeven van programma's naar ziekenhuisbedden en hotelkamers kan als openbaarmaking worden beschouwd, voorzover althans de 'bewoners' als publiek zijn aan te merken. We naderen hier het vraagpunt: wat is 'in het openbaar'? Zie nr. 27. De kabeldoorgifte komt hierna in nr. 29 nog afzonderlijk ter sprake.

kabel

5. *Het uitzenden van een in een radio- of televisieprogramma opgenomen werk door middel van een satelliet of een andere zender of een draadomroepinrichting als bedoeld in artikel 1, onder g, van de Wet op de telecommunicatievoorzieningen*

satelliet

Ook deze rubriek, in 1996 in de wet ingevoegd,[39] is uitvloeisel van een EG-richtlijn.[40] Het belang van deze richtlijn ligt vooral hierin, dat thans duidelijk is vastgelegd waar bij satellietomroep in Europa de auteursrechtelijk relevante openbaarmakingshandeling plaatsvindt. Dat is in het land van opstraling, daar waar de programmadragende signalen voor ontvangst door het publiek onder controle en verantwoordelijkheid van de omroeporganisatie worden ingevoerd in een ononderbroken mededelingenketen die naar de satelliet en terug naar de aarde voert. Deze omschrijving is overgenomen in het zevende lid van artikel 12 Aw.

Het gaat bij satellietuitzending auteursrechtelijk dus niet om het eind van de keten, de *footprint* van de satelliet, zoals vroeger wel werd verkondigd. Het eind van de ononderbroken keten is de ontvangst (met schotelantennes of via een grondstation) door het publiek. In een geding van Buma tegen Nethold, een verzorger van digitale programma-distributie via de satelliet, is beslist dat Nethold een afzonderlijke openbaarmaking verricht wanneer zij, aan het eind van de (eerste) keten, ontvangen satellietprogramma's (onder andere Discovery Channel) direct weer opnieuw opstraalt voor distributie onder haar aangeslotenen. Voorzover echter Nethold de (eerste) satellietuitzending verzorgt voor de omroepen Veronica, SBS6, RTL4 en RTL5, werd dat gedekt geoordeeld door de overeenkomst van die organisaties met

38 HR 6 mei 1938, *NJ* 1938, 635, met noot EMM.

39 Wet van 20 juni 1996, *Stb.* 364 (inwerkingtreding 1 september 1996). Zie ook de overgangsbepalingen (opgenomen in Bijlage II).

40 Richtlijn 93/83/EEG van de Raad van 27 september 1993 tot coördinatie van bepaalde voorschriften betreffende het auteursrecht en naburige rechten op het gebied van de satellietomroep en de doorgifte via de kabel (*Pb.* L 248/15).

Buma, en hoefde Nethold niet ook nog eens daarvoor te betalen.[41]
Het toepassingsbereik van de Auteurswet met betrekking tot satellietuitzendingen is afgebakend in artikel 47b. De wet geldt, kort gezegd, voor satellietuitzendingen vanuit Nederland of een land buiten Europa. Ingevolge de richtlijn kunnen verzorgers van satellietomroep binnen de Europese Unie volstaan met een auteursrechtelijke licentie in het land van opstraling; opsplitsing van satellietrechten per lidstaat is niet mogelijk.

Europese Unie

Kabeldoorgifte van omroepprogramma's wordt als een afzonderlijke, onder het auteursrecht vallende openbaarmakingshandeling beschouwd. Dit was al eerder in de jurisprudentie beslist; zie daarover nr. 29 hierna. De wijze van uitoefening van deze rechten wordt, ter uitvoering van de EG-richtlijn, nader geregeld in de artikelen 26a-26c Aw. Die regeling sluit aan bij de bestaande contractuele praktijk.

kabel

27. Openbaarmaking en besloten kring

Ook een voordracht, op- of uitvoering of voorstelling in wat men noemt 'besloten kring' wordt auteursrechtelijk beschouwd als plaatsvindend *in het openbaar* (art. 12, lid 4). Toestemming van de auteursrechthebbende is dus vereist. Een uitzondering wordt slechts gemaakt wanneer de groep toehoorders of toeschouwers beperkt blijft tot de *familie-, vrienden- of daaraan gelijk te stellen kring;* in dat geval is er geen openbaarmaking, *mits* voor de toegang tot het gebeuren geen enkele vorm van betaling gevraagd wordt. Een en ander is gelijkelijk van toepassing op tentoonstellingen.

privésfeer

De uitzondering is zeer strikt. Alleen in de eigenlijke privésfeer (familie, vrienden, of daaraan gelijk te stellen, dat wil zeggen nauwelijks minder hecht verbonden groep) vindt geen openbaarmaking plaats, en dan nog op voorwaarde dat er geen betaling geschiedt.
Het criterium is niet zozeer de plaats van handeling als wel de band die de aanwezigen bindt. De gemeenschapsruimten van een bejaardentehuis zijn dus als openbaar aan te merken,[42] evenals bijvoorbeeld uitvaartplechtigheden die in de regel een openbaar karakter hebben, zodat voor de daar uitgevoerde muziek moet worden betaald.[43] Het familiefeest waarvoor een heel hotel wordt afgehuurd is net zo 'besloten' als het verjaardagspartijtje thuis. Ook een verenigingsavond kan 'besloten' zijn, als de onderlinge band tussen de leden zo is dat men elkaar als vrienden beschouwt. Dat zal bijvoorbeeld bij een kleine klaverjasclub eerder het geval zijn dan bij een grote roeivereniging. Een paradoxaal voorbeeld: de voorstelling of uitvoering in een gevangenis of huis van bewaring voor de daar aanwezigen moet beschouwd worden als 'in het openbaar', hoe besloten de omgeving overigens ook is.

41 Pres. Rb. Utrecht 21 februari 1997, *AMI* 1997/4, p. 84. Het door Nethold ingestelde hoger beroep is later weer ingetrokken.
42 HR 9 maart 1979, *NJ* 1979, 341, met noot LWH; *AMR* 1979/4, p. 73, met commentaar R. du Bois, p. 76 e.v.; *AA* 1980/1, p. 30, met noot HCJ (*Willem Dreeshuis/Buma*). Zie voor de uitspraken van Rb. en Hof in deze zaak: *AMR* 1978/4, p. 66.
43 Hof Amsterdam 17 oktober 1996, *AMI* 1997/2, p. 38 (*Hille/Buma*).

betaling; entreegeld, contributie

Wordt er voor de toegang tot de voordracht (enzovoort) betaald, dan geldt de uitzondering niet. Niet alleen entreegeld, maar ook verenigingscontributie kan als 'betaling' worden aangemerkt, indien deze verband houdt met het recht om de voordracht bij te wonen (bijvoorbeeld de declamatieavond voor het culturele genootschap). Dat is niet het geval als de verenigingsactiviteiten zo gericht zijn, dat deze een incidenteel karakter heeft (zoals de feestavond van de eerder genoemde kaartclub, waarvoor geen toegangsbewijzen verkocht worden; als gezegd, voor grotere verenigingen gaat dat niet op).

Buiten de genoemde uitzonderingsgevallen geschiedt elke voordracht, op- of uitvoering of voorstelling van een werk 'in het openbaar'. In de meeste gevallen zal het gaan om muziekuitvoering, 'live' (orkestje, popgroep) maar vooral ook 'mechanisch' (grammofoonplaten, cd's, geluidsbanden, ook radio of tv en filmmuziek).

Buma

Aan Buma moet dan het tarief worden betaald. Dat geldt niet alleen voor openbare gelegenheden als bijvoorbeeld een dancing of discotheek, maar evenzo voor een 'besloten' sociëteit waar de lidmaatschapskaarten aan de ingang worden verkocht.

functionele muziek

Openbaarmaking is er ook in de volgende gevallen, om maar wat voorbeelden te noemen: achtergrondmuziek ('arbeidsvitaminen', men spreekt ook wel van functionele muziek of muzikaal behang) in fabriekshallen, kantines, warenhuizen en supermarkten,[44] toneel- of filmvoorstelling en dansmuziek op een personeelsavond; een concert voor genodigden, bijvoorbeeld congresgangers; schoolavonden; openbare lessen van een muziek- of toneelschool (vergelijk nr. 28); muziek in een touringcar[45] of film in een jumbojet; vertoning van (seks)films in privécabines van een voor iedereen toegankelijke videotheek.[46]

Als een grensgeval is er nog de muziek uit een door werknemers zelf meegebrachte transistorradio. Dit gebeurt dan voor eigen genoegen; het feit dat collega's kunnen meegenieten maakt het nog niet tot een 'uitvoering' in het openbaar, net zo min als thuis pianospelen met de ramen open. Volgens de Hoge Raad moet hier gelet worden op de intentie van de muziekgebruiker; alleen wanneer deze er een beroeps- of bedrijfs- of soortgelijk belang bij heeft dat anderen kunnen meeluisteren, kan er van een openbaarmaking worden gesproken.[47] Dat is opmerkelijk, want doorgaans wordt in het auteursrecht de intentie van de gebruiker buiten beschouwing gelaten, ook door de HR.

commercieel belang

Ook al zal het meestal om muziekuitvoeringen gaan, de strekking van de bepaling is algemeen. Alle wijzen van ten gehore brengen of vertonen van werken vallen eronder. Ook de 'tweedegraadsopenbaarmaking', zoals door middel van radio of tv (café's, restaurants, hotellounges, wachtkamers, enzovoort). Repetities zijn geen op- of uitvoeringen. De voor een ogenblik uitblazende acteurs of de musici wier partij is uitgeblazen kunnen bezwaarlijk als publiek worden aangemerkt.

repetities

samenzang

Wel als een uitvoering te beschouwen is de openbare samenzang, waar de aanwezigen kunnen 'kiezen' tussen de rol van de deelnemer dan wel toehoorder. In principe moet daarvoor dus aan Buma betaald worden. Voor de gemeentezang in kerken maakt artikel 17c een uitzondering (zie nr. 46).

kerken

Het bovenstaande geldt niet alleen voor voordrachten, op- of uitvoeringen of voorstellingen van werken (of van verveelvoudigingen daarvan), maar ook voor ten-

44 Hof Arnhem 1 februari 1972, *NJ* 1973, 424; *BIE* 1973/4, p. 85 (*Buma/Brons*).
45 Pres. Rb. Breda 19 juli 1982, Jur. Databank nr. 1034.
46 Hof Den Haag 1 december 1994, *AMI* 1995/3, p. 51, met noot Mom (*Havermans/Güfa*).
47 HR 1 juni 1979, *NJ* 1979, 470, met noot LWH; *AMR* 1979/4, p. 74, met commentaar R. du Bois, p. 76 e.v.; *AA* 1980/1, p. 32, met noot HCJ (*Buma/De Zon*). Zie voor de uitspraken van Rb. en Hof in deze zaak: *AMR* 1977/1, p. 10, en 1978/3, p. 48.

tentoonstelling

toonstellingen. De *eigenaar* van een werk van beeldende kunst is echter bevoegd dit zonder voorafgaande toestemming van de auteursrechthebbende in het openbaar tentoon te stellen; van deze regel kan bij overeenkomst worden afgeweken (art. 23; zie nr. 47).

28. Openbaarmaking en onderwijs

Niet als openbaarmaking geldt de voordracht, op- of uitvoering of voorstelling die, als onderdeel van het schoolwerkplan of leerplan, uitsluitend dient tot het onderwijs of tot een wetenschappelijk doel (art. 12, lid 5).

De ratio van deze bepaling moet gezocht worden in het algemeen belang. Dat zou te zeer belemmerd worden indien steeds tevoren toestemming van de auteursrechthebbende verkregen moest worden (die deze dan ook zou kunnen weigeren!). Het voorlezen van een gedicht of prozatekst (waarop nog auteursrecht rust, dus van moderne auteurs) in de schoolklas is geen openbaarmaking en vormt dus geen inbreuk op auteursrecht. Andere voorbeelden: binnen het leerplan vallende muziekuitvoeringen (bijvoorbeeld het draaien van cd's tijdens de muziekles; een schoolconcert in het concertgebouw echter zal meestal buiten het lesrooster vallen), schoolradio en -televisie, lessen met behulp van audiovisueel materiaal.

schoolradio en -televisie

Vastleggen van een werk, zoals het opnemen op band- of videorecorder, is verveelvoudiging; dát blijft voorbehouden aan de rechthebbende, behoudens de gevallen waarin de wet zijn recht beperkt. Dit laatste is met name het geval bij bloemlezingen en readers, zoals voorzien in artikel 16. Onder zekere voorwaarden (onder andere het betalen van een billijke vergoeding) staat het vrij om publicaties of opnamen te maken voor illustratief gebruik in het onderwijs en daarin delen van beschermde werken over te nemen, alsmede de uitzending of kabeldoorgifte daarvan (art. 16, zie nader nr. 36, sub C). Het fotokopiëren is geregeld in artikel 16b en het daarop gebaseerde Reprobesluit (zie nader nr. 39, sub B, onder a en b).
Over de billijkheid van de onderwijsvrijstelling, in haar geheel genomen, kan men twisten. Waar het gaat om een zaak van algemeen belang, zou dit eerder ten laste van de overheid dienen te komen dan van de individuele auteurs. Een recht op een billijke vergoeding zou hier echter op praktische bezwaren stuiten; in het geval van de artikelen 16 en 16b ligt dat anders.
De bepaling geldt alleen voor 'het onderwijs dat vanwege de overheid of vanwege een rechtspersoon zonder winstoogmerk wordt gegeven'. Een sporadische uitzondering daargelaten gaat het dus om onderwijsinstellingen die door de overheid worden gesubsidieerd. Voor onderwijsvormen als dansscholen en commerciële cursussen geldt de vrijstelling dus niet.

schoolwerkplan

Voorts is vereist dat de voordracht (enzovoort) *uitsluitend* voor onderwijsdoeleinden dient en plaatsvindt binnen het kader van het officiële rooster. De openbare les van een toneel- of muziekschool valt daar in de regel niet onder.[48]

48 Pres Rb. Maastricht 4 november 1982, *RvdW/KG* 1982, 206 (*Toneelacademie Maastricht*); van de als eindexamenproject geplande voorstellingen waren sommige gericht op de beoordeling van de leerlingen (geen openbaarmaking), terwijl andere mede een commercieel doel dienden (wel openbaarmaking).

Anders dan in het vierde lid van artikel 12 (besloten kring) is betaling (school- of collegegeld) hier irrelevant.
Ook 'vrij' is de voordracht (enzovoort) die uitsluitend een wetenschappelijk doel dient. Per geval zal beoordeeld moeten worden of dat zich voordoet. Men kan hier bijvoorbeeld denken aan een kritische analyse door deskundigen.

29. Kabeltelevisie

Radio- en televisieuitzending is een vorm van openbaarmaking; daarvoor is dus toestemming van de rechthebbende vereist. Toestemming tot uitzending fiatteert evenwel niet tevens een gebruik van de uitzending dat te beschouwen is als afzonderlijke wijze van exploitatie, ook niet als deze niet op winst gericht zou zijn. De rechthebbende kan daarom ook in deze gevallen zijn auteursrecht doen gelden. Dat betekent bijvoorbeeld voor de muziek: afzonderlijke betaling van het Buma-tarief.
De vraag of een bepaalde vorm van gebruik van omroepuitzendingen beschouwd moet worden als afzonderlijke openbaarmaking van de daarin vervatte werken, is in de jurisprudentie meerdere malen principieel aan de orde gesteld. Dat staat in direct verband met de feitelijke ontwikkeling van technische mogelijkheden en de wijze waarop deze binnen het strak gereguleerde kader van de omroepwetgeving worden gerealiseerd. Het verschijnsel kabeltelevisie is hiervan een voorbeeld.

De *caféradio* als voorbeeld van afzonderlijke, secundaire openbaarmaking werd hiervoor (nr. 25) reeds ter sprake gebracht. Draadomroep is een analoog geval.

draadomroep

In 1958 heeft de Hoge Raad uitgemaakt dat de toentertijd door de PTT verzorgde draadomroep (*radio-distributie*) een eigen vorm van openbaarmaking oplevert, naast de – inhoudelijk identieke – uitzending door de ether.[49] Hiervoor moest dus apart toestemming verkregen worden van de rechthebbenden op de desbetreffende werken.
Het lijkt vreemd; waarom zoveel belang hechten aan het feit dat het geluid niet door de lucht maar via een draad de huiskamers binnenkomt? De feitelijke situatie was aldus, dat de radioprogramma's, althans de binnenlandse, door de PTT niet uit de lucht werden opgevangen maar rechtstreeks vanuit de studio via kabels gedistribueerd op een dusdanige wijze, dat de aangesloten abonnees geen ontvangtoestel nodig hadden, maar alleen een luidsprekerkastje met een keuzeknop. Volgens de Hoge Raad was deze groep luisteraars te beschouwen als *'een andere kring van het publiek'*, waarvoor een afzonderlijke gelegenheid geschapen werd om de uitgevoerde werken te beluisteren. Wat de PTT deed viel onder 'openbaar maken' in de zin van artikel 1 Aw, en dat is bij uitsluiting voorbehouden aan de auteursrecht-

49 HR 27 juni 1958, *NJ* 1958, 405; *AA* 1959, p. 217, met noot EDHB.

hebbende. Dat de PTT met deze activiteit geen winst beoogde deed hier niet aan af. Inmiddels is deze vorm van draadomroep door geleidelijke liquidatie sedert 1965 thans geheel verdwenen. De kwestie bleef echter actueel door de komst van de *kabeltelevisie*. Men kan deze term zien als verzamelbegrip voor diverse centrale antennesystemen, waarbij het (televisie- en/of radio)programma niet met een eigen, individuele antenne uit de ether wordt opgevangen, maar in huis komt via een kabel vanaf een centraal punt. Dat centrale punt kan zijn een plaats waar de programma's uit de lucht worden opgevangen of door middel van straal- en/of kabelverbindingen worden aangevoerd, het kan ook een regionale of lokale studio zijn waar eigen programma's worden samengesteld. Vandaag de dag ontvangt in Nederland vrijwel iedereen zijn tv-programma's via de kabel.

kabeltelevisie

Het begrip kabeltelevisie omvat verschillende vormen van distributie van programma's. Men onderscheidt traditioneel wel tussen de – complementaire – begrippen doorgeven en overbrengen. Met *doorgeven* (ook wel: passieve distributie) wordt bedoeld het door middel van draadomroepinrichtingen distribueren van te zelfder tijd uit de ether opgevangen omroepprogramma's, dat wil zeggen radio- en tv-programma's die door een omroepzender (grondstation of directe omroepsatelliet) worden openbaar gemaakt voor het publiek. Het doorgegeven omroepprogramma hoeft niet ter plaatse rechtstreeks ontvangbaar te zijn, maar kan ook via een straalverbinding worden aangevoerd.

doorgeven

Alle overige omroep-distributieactiviteiten vallen onder het begrip *overbrengen* (ook wel: actieve distributie). Dit betreft bijvoorbeeld eigen programma's van de draadomroepinrichting (het kabelequivalent van etheruitzendingen), of via straalverbindingen, eventueel per communicatiesatelliet speciaal aangevoerde programma's die niet tegelijkertijd door een omroepzender voor het publiek worden openbaar gemaakt.

overbrengen

Auteursrechtelijk behoeft er geen misverstand over te bestaan, dat kabeldistributie in de vorm van overbrenging een zelfstandige openbaarmaking oplevert. Zie thans uitdrukkelijk artikel 12, lid 1, sub 5. Ten aanzien van het doorgeven was dit lange tijd minder duidelijk, totdat de Hoge Raad in 1981 hierover in gelijke zin besliste.

Voor een goed begrip is het zinvol, eerst even stil te staan – voorzover de snelle ontwikkelingen dat tenminste toelaten – bij de feitelijke situatie.[50]
In de jaren zeventig is Nederland in vlot tempo bekabeld. Het merendeel der wo-

50 Zie G.J.H.M. Mom, diss. (1990).

ningen is thans op een plaatselijk kabelnet aangesloten. Om lelijke antennewouden op te ruimen, maar zeker ook om aansluiting op de kabel te stimuleren, zijn gemeenten er wel toe overgegaan om particuliere antennes ter plaatse te verbieden. Zo een verbod is echter in verschillende bestuursrechtelijke procedures wegens strijd met artikel 10 EVRM onverbindend verklaard, althans voorzover met de eigen individuele antennes meer tv- en/of radioprogramma's zouden kunnen worden ontvangen dan via de kabel.[51] En dat is vrijwel altijd mogelijk, tegenwoordig ook met particuliere schotelantennes voor satellietontvangst. Ook is met succes geageerd tegen door sommige gemeenten gehanteerde privaatrechtelijke middelen, zoals algemene voorwaarden bij de verkoop van woningen of uitgifte van bouwgrond.[52] Het verbod mag, afgezet tegen de informatievrijheid, niet onredelijk bezwarend zijn. Een verbod van particuliere (schotel)antennes, zoals dat geregeld voorkomt in huurcontracten van bijvoorbeeld woningbouwverenigingen, is geoorloofd als de kabelaansluiting een redelijk alternatief biedt.[53]

antenne-verbod

gai

Er doen zich twee soorten systemen voor: gai-en en cai-en. Met gai (*gemeenschappelijke antenne-inrichting*) worden de, thans nagenoeg verdwenen, systemen van geringe omvang aangeduid, waarbij als regel niet meer dan 100 woningen (bijvoorbeeld een flatgebouw) op de centrale antenne zijn aangesloten.

cai

De grotere systemen worden aangeduid met cai (*centrale antenne-inrichting*). Hier bedient de centrale antenne een aanmerkelijk ruimer gebied dan bij de gai, meestal een gehele gemeente. Veel gai-en zijn intussen in cai-en opgegaan.

cas

De aanvankelijke plannen om te komen tot een landelijk centraal antennesysteem (cas) zijn niet doorgezet. Momenteel worden alle bestaande cai-en op lokaal of regionaal niveau geëxploiteerd.

exploitatie (WTV)

Het functioneren van dergelijke draadomroepinrichtingen is gebonden aan vergunningen. Wat betreft het beheer van het technische transportmiddel (de 'hardware') wordt dit geregeld door de *Wet op de Telecommunicatievoorzieningen* (art. 21-22),[54] voorheen de *Telegraaf- en Telefoonwet* (art. 3 sexies).[55] De bestaande draadomroepinrichtingen ontlenen hun bevoegdheden aan een door de PTT afgegeven machtiging, waarbij technische voorwaarden worden gesteld. De cai-machtigingen berusten meestal bij gemeenten of door dezen ingestelde rechtspersonen dan wel bij private ondernemingen.

programmering (Mediawet)

Daarnaast is er overheidstoezicht op de wijze van programmering (de 'software'). Dat is het terrein van de *Mediawet*,[56] voorheen de *Omroepwet*.[57] Vooralsnog heeft dit tot gevolg, dat de bestaande draadomroepinrichtingen hun rol in hoofdzaak beperkt moeten zien tot het doorgeven van etherprogramma's van binnen- en buitenlandse omroepzenders. Het overbrengen van andere, bijvoorbeeld zelf samenge-

51 Vz. ARRvS 31 mei 1978, *AMR* 1979/1, p. 13, met noot DWFV (*Ridderkerk*); ARRvS 10 oktober 1978, *AA* 1979/8, p. 477, met noot FCLMC (*Leerdam*). Voorts, met enige nuances: Vz. ARRvS 29 november 1979, *AB* 1980; 310; Vz. ARRvS 7 mei 1981, *AB* 1981, 573; Vz. ARRvS 30 juli 1981, *AB* 1981, 550; ARRvS 7 mei 1982, *AB* 1982, 582.

52 Hof Leeuwarden 23 maart 1983, *NJ* 1984, 380; *AB* 1983, 336; *AMR* 1983/5, p. 111 (*Harlingen*). HR 25 april 1986, *NJ* 1986, 714, met noot G; *AA* 1986/10, p. 618, met noot PvS; *AMI* 1986/4, p. 99, met noot DWFV (*Smilde*).

53 HR 3 november 1989, *NJ* 1991, 168, met noot EAA (*Prins/St. Joseph*). Zie ook Rb. Arnhem 11 september 1997, *NJ-kort* 1997, 80.

54 Wet van 26 oktober 1988, *Stb.* 520.

55 Wet van 11 januari 1904, *Stb.* 7.

56 Wet van 21 april 1987, *Stb.* 249.

57 Wet van 1 maart 1967, *Stb.* 176.

mediabeleid

stelde programma's werd aanvankelijk belemmerd door het terughoudende overheidsbeleid met betrekking tot commerciële omroep. De oorzaak daarvan was niet zozeer van technische (er zijn voldoende onbenutte kanalen beschikbaar), als wel van politieke aard. Het door het ministerie van WVC/OCW bepaalde mediabeleid is vanouds erop gericht geweest het traditionele omroepbestel niet te zeer te confronteren met nieuwlichterij.[58] Langzaam maar zeker echter is daarin verandering gekomen en heeft de kabel meer ruimte gekregen om zich als zelfstandig medium te ontwikkelen. Sinds 1974 is eerst aan Melick-Herkenbosch en een handvol andere gemeenten een lokale kabelomroep op bescheiden schaal toegestaan, en allengs is aan meerdere cai-en vergunning verleend om met eigen programma's voor de draad te komen. Experimenten met andere toepassingen, zoals de zogenaamde tweewegkabel (telecommunicatie), zijn in voorbereiding. Het mediabeleid wordt allengs verder geliberaliseerd. Een belangrijke factor is daarbij de interpretatie van artikel 10 EVRM met betrekking tot het grondrecht van vrijheid van informatie en expressie,[59] alsmede de toetsing aan de bepalingen van het EG-Verdrag (art. 59, vrij verkeer van diensten).[60]

art. 10 EVRM, art. 59 EG-Verdrag

Na de herziening van de Auteurswet in 1972 bleef onduidelijkheid bestaan over de auteursrechtelijke status van cai-doorgifte van radio- en tv-programma's. Er was met name een controverse of ook de gelijktijdige doorgifte van programma's die ter plaatse in principe ook met individuele antennes te ontvangen zijn, als afzonderlijke openbaarmaking is te beschouwen. Zo ja, dan zou de cai steeds gebonden zijn aan toestemming van c.q. betaling aan de auteursrechthebbenden. Het oordeel van de rechter moest uitsluitsel geven.

Was de vraag niet reeds beslist in het draadomroeparrest uit 1958? Daarover werd verschillend gedacht. Bij de wetsherziening in 1972 achtte de regering hier beslissend of met de kabel een 'nieuw publiek' wordt bereikt. In de zogenaamde directe ontvangstzone van de (binnen- en buitenlandse) etheruitzendingen zou daarom de kabeldoorgifte geen afzonderlijke openbaarmaking zijn. Anderen wezen daarentegen op de praktische onbruikbaarheid van dit technische criterium, dat bovendien ook in het arrest van 1958 niet centraal zou hebben gestaan, en zij baseerden zich op economische argumenten. De cai is dan een eigen, zelfstandige exploitatiewijze, waardoor werken worden openbaar gemaakt, naast de gelijktijdige openbaarmaking via de ether.

58 Vgl. E.J. Dommering, 'Het verplichte vrije omroepbestel van Nederland', *NJB* 1982/6, p. 149 e.v.

59 Vgl. H.M. Linthorst, 'Doorgifteverbod voor tv-programma's strookt niet met Europese verdragen', *AMR* 1983/2, p. 23 e.v. Zie voorts de uitspraken van de Europese Commissie voor de rechten van de mens 13 oktober 1988, *AMI* 1989/2, p. 42, en van het Europese Hof voor de rechten van de mens 28 maart 1990, *NJ* 1991, 739, met noot EAA (*Groppera*), besproken door N.A.N.M. van Eijk in *Mediaforum* 1990/5, p. 52 en in *NJB* 1990/17, p. 635.

60 Zie indertijd het negatieve oordeel over het beruchte reclame- en ondertitelingsverbod in de voormalige Kabelregeling: Hof EG 26 april 1988, *AMI* 1988/4, p. 78, met noot M. Linnemann. Zie ook HR 11 december 1987, *NJ* 1990, 73 met noten WHH en MS.

proefproces

De vraag naar het juiste criterium werd de inzet van een proefprocedure, in twee parallelle zaken aangespannen door auteursrechthebbenden (enkele buitenlandse filmproductiemaatschappijen en de Nederlandse Bioscoopbond) tegen de exploitante van de cai te Amstelveen. De Rechtbank[61] achtte 'op maatschappelijke gronden' geen afzonderlijke openbaarmaking aanwezig; de cai werd beschouwd als enkel middel tot ontvangstverbetering, het 'spiegelbeeld' van wat een steunzender is aan de uitzendkant van radio- en tv-communicatie. In hoger beroep stelde ook het Hof[62] de auteurs in het ongelijk, maar op andere gronden. Het Hof hanteerde het criterium van de directe ontvangstzone; de cai schept geen afzonderlijke gelegenheid tot waarnemen van het aangeboden programma en de aangesloten abonnees zijn geen 'ander publiek' dan de tv-kijkers met een eigen individuele antenne. Kortom: het bekende regeringsstandpunt. De Hoge Raad bleek hier anders over te denken.

directe ontvangstzone

De HR redeneert als volgt.[63] Artikel 12, lid 4 (thans lid 6) Aw, dat slechts aangeeft wanneer gelijktijdige doorgifte *geen* openbaarmaking is, ziet op een geval dat zich in casu niet voordoet. Bij de wetswijziging in 1972 is de Aw aangepast aan de in 1948 herziene Berner Conventie. De vraag of de onderhavige doorgifte een (afzonderlijke) openbaarmaking is in de zin van artikel 1 Aw, moet daarom zo worden beantwoord dat dit strookt met de BC. Volgens artikel 11bis, lid 1, sub 2°, BC omvat het auteursrecht iedere 'communication publique', al dan niet per kabel, van een door radio (of tv) uitgezonden werk, indien dit geschiedt door een ander organisme dan het oorspronkelijke. Uit de ontstaansgeschiedenis van dit verdragsartikel blijkt dat welbewust is afgezien van te vage criteria als 'nieuw publiek' of 'directe ontvangstzone'. Waar het op aankomt is, of de doorgifte door een *ander organisme* wordt verzorgd. En dat is bij een cai als in Amstelveen het geval.

Berner Conventie

ander organisme

Na verwijzing kwam het Hof[64] dan ook tot de beslissing dat een kabeldoorgifte als hier bedoeld inbreuk op auteursrecht is, wanneer dit geschiedt zonder toestemming van de rechthebbenden op de betrokken werken, in casu films. Het wederom ingestelde cassatieberoep werd door de HR verworpen.[65]

Met deze uitspraak staat vast dat geen technische criteria moeten worden gehanteerd. Het doet er dus niet toe in hoeverre de uitzendingen ook met een eigen

61 Rb. Amsterdam 19 juli 1978, *AMR* 1979/1, p. 10.

62 Hof Amsterdam 12 juni 1980, *AMR* 1980/4, p. 77.

63 HR 30 oktober 1981, *NJ* 1982, 435, met noot vNH; *AMR* 1981/5, p. 111; *AA* 1982/2, p. 79, met noot HCJ (*Kabel I*). Zie ook J.H. Spoor en G.J.H.M. Mom, 'Van Léhar tot Haanstra, kabel-tv en auteursrecht', *AMR* 1982/1, p. 3 e.v.

64 Hof Amsterdam 27 januari 1983, *AMR* 1983/2, p. 31.

65 HR 25 mei 1984, *NJ* 1984, 697, met noot vNH; *AMR* 1984/3, p. 62; *AA* 1986/10, p. 628, met noot HCJ (*Kabel II*).

particuliere antenne ter plaatse rechtstreeks ontvangbaar zijn. Dat zou ook niet praktisch zijn, want wat is dan doorslaggevend: de concrete capaciteit van de individuele antenne, de aan- of afwezigheid van signaalschaduw van naburige hoogbouw, de voortschrijdende stand der techniek? De HR laat merken, zich ook te willen richten naar de heersende tendens in binnen- en buitenlandse literatuur en rechtspraak; hieraan was in de conclusies van de Adv.-Gen. veel aandacht besteed.[66]

De duidelijk bevonden bewoordingen van de BC bleken beslissend voor de interpretatie van de minder duidelijke Nederlandse Aw. Daarmee ging ook een streep door de in het vonnis van de Rb. toegepaste 'spiegelbeeldanalogie' met betrekking tot artikel 12, lid 4-*oud* Aw. Deze bepaling (thans lid 6) heeft maar een zeer beperkte strekking. Alleen als een en hetzelfde organisme een door haar verzorgde etheruitzending gelijktijdig ook op andere wijze verspreidt, al dan niet per draad, is dat auteursrechtelijk geen afzonderlijke openbaarmaking. Gedacht is bijvoorbeeld aan het gebruik van steunzenders, of gelijktijdige uitzendingen op verschillende golflengten (AM) en/of frequenties (FM). Voor heruitzending op een later tijdstip moet steeds afzonderlijke toestemming zijn verleend.

gelijktijdige heruitzending (art. 12, lid 6, Aw)

In Nederland worden de etheruitzendingen verricht door een complex van lichamen: omroeporganisatie (bijvoorbeeld VARA) + NOS (tv-studio's en apparatuur) + NOZEMA (Nederlandse Omroep Zender Maatschappij) + PTT (zendapparatuur). Het is dit complex in zijn totaliteit dat bedoeld wordt, wanneer voor de toepasselijkheid van de uitzonderingsbepaling van artikel 12, lid 6 naast gelijktijdigheid ook de voorwaarde geldt van 'hetzelfde organisme'.

In de Amstelveense proefprocedure ging het om een cai. De HR deed uitdrukkelijk geen uitspraak over de doorgifte via kleinere systemen, beperkt tot een gebouw of gebouwencomplex (gai-en). Dat hier het auteursrecht zijn grenzen vindt is zeer wel te verdedigen, maar een duidelijke grensafbakening ontbreekt.[67] In een later hierover gevoerd geding overwoog de Hoge Raad dat het niet op de weg van de rechter ligt om een, naar zijn aard willekeurig, kwantitatief criterium vast te stellen. Ook de doorgifte via kleinere kabelnetten (gai) is daarom aangemerkt als een afzonderlijke openbaarmaking ('communication publique') waarvoor het toestemmingsvereiste geldt.[68]

gai

De praktische consequentie van de kabelarresten is, dat aan auteursrechthebbenden een vergoeding moet worden betaald voor de doorgifte van hun werk. In beginsel zouden zij deze doorgifte zelfs kunnen verbieden. Hun toestemming kon evenwel

66 In extenso gepubliceerd in *AMR* 1981/5, p. 100 e.v. en 1984/3, p. 59 e.v. Zie ook H. Cohen Jehoram, 'Kabeltelevisie rechtsvergelijkend bekeken', *NJB* 1982/19, p. 561 e.v.

67 Spoor en Mom (*t.a.p.*, noot 63, p. 98) achten de gai-aangeslotenen een besloten kring, terwijl art. 12, lid 4, Aw hier niet op van toepassing zou zijn. Dit wordt mijns inziens terecht bekritiseerd door Van Nieuwenhoven Helbach (noot in *NJ* 1982, 435), die de oplossing aandraagt dat een gai-beheerder niet als 'ander organisme' is te beschouwen. In Oostenrijk heeft de wetgever zelf de grens bepaald op 500 aansluitingen (zie *AMR* 1980/4, p. 83); misschien niet zo principieel, maar wel duidelijk!

68 HR 24 december 1993, *NJ* 1994, 641, met noot Spoor; *AMI* 1994/4, p. 66, met noot Mom. In eerste aanleg had de rechtbank gedifferentieerd: geen afzonderlijke openbaarmaking bij gai voor flatgebouw en voor huizenblok, wel bij gai van woningbouwvereniging voor verspreid gelegen woningen. Zie voorts nog (in een zaak betreffende een huurgeschil) Ktg. Harderwijk 13 januari 1988, *AMI* 1988/5, p. 106, met noot M. Linnemann.

zo nodig vervangen worden door een wettelijke licentie bij algemene maatregel van bestuur (art. 17a Aw; zie nr. 44).

tarief

Een veelgehoord bezwaar is, dat de kabelkijker dubbel zou moeten betalen aan de auteurs: via de algemene omroepbijdrage (het kijkgeld) én via het kabelabonnement. Anderen, en zo ook de HR, wijzen erop dat men ook meer waar voor zijn geld krijgt: beter gewaarborgde ontvangstmogelijkheden en een betere beeldkwaliteit. Hoe dan ook, het blijft een kwestie van tariefstelling: 'twee maal' hoeft nog niet 'dubbel' te zijn, en de hoogte van de auteursvergoedingen is een kwestie van onderhandeling tussen organisaties van belanghebbenden. Een punt van overleg is met name ook, in hoeverre aan de rechthebbenden een aparte kabelvergoeding toekomt voor de cai-doorgifte van binnenlandse omroepprogramma's. Er zijn landen die hiervoor vrijstellingen kennen, zoals aangehaald door de Adv.-Gen. Franx in zijn conclusie voor Kabel I.[69] De wijze van incasso zag men overigens nog als een apart probleem. In het CIBRA-rapport uit 1982 (zie nr. 51) werd voorgesteld, om bij invoering van een wettelijke licentie ex artikel 17a Aw de incasso te doen verrichten door verplicht gestelde tussenkomst van een bemiddelingsbureau. Inmiddels zijn we weer enige jaren verder en de tussen betrokkenen gesloten contracten[70] blijken goed te functioneren. Een wettelijke licentie is niet nodig gebleken, en is sinds 1996 ook niet meer mogelijk (art. 17a, lid 3, Aw).

collectieve uitoefening

Bij de wetswijziging van 1996 ter implementatie van de EG-richtlijn inzake kabeldoorgifte en satellietomroep heeft de wetgever ervoor gekozen om aan te sluiten bij de bestaande contractpraktijk. Instelling van een voor alle rechthebbenden optredende zgn. eigen-rechtorganisatie is hier niet nodig. De artikelen 26a - 26c Aw geven regels inzake de (verplicht collectieve) uitoefening van de kabelrechten. De auteursrechthebbenden, optredend via hun diverse organisaties, zijn gehouden de onderhandelingen te goeder trouw te voeren. Indien geen overeenstemming kan worden bereikt, voorziet de wet in het inschakelen van bemiddelaars.

Sinds mei 1985 bestaan er modelcontracten met betrekking tot de kabeldoorgifte van radio- en tv-programma's, gesloten tussen organisaties van kabelexploitanten (VECAI en VNG) en van auteursrechthebbenden. Op basis van deze modelcontracten worden overeenkomsten gesloten met de individuele kabelexploitanten waarbij de toestemming voor de doorgifte wordt verleend en tarieven worden afgesproken. De hierop aansluitende regeling van artikel 26a heeft ook betrekking op outsiders (lid 2), om te voorkomen dat derden die geen contractpartij zijn bij een collectieve kabelovereenkomst hun verbodsrecht eventueel zouden willen laten gelden.

69 *AMR* 1981/5, p. 106.
70 Zie *AMR* 1985/5, p. 78 en 1985/6, p. 104 en 114.

piraten

Dat zogenoemde piraten die zonder toestemming van de rechthebbenden beschermde werken (films, muziek) uitzenden, inbreuk maken op auteursrecht, is evident. Met eenvoudige appatuur kunnen zij door instraling op de centrale antenne van het plaatselijke kabelnet gemakkelijk een groot publiek bereiken. Wanneer de cai-exploitant dan geen maatregelen neemt, maar het kabelnet laat openstaan en aldus het piratensignaal hierop doorgeeft, maakt ook hij zich schuldig aan inbreuk op auteursrecht.[71] Dat is ook het geval indien de piraat tijdens de normale uitzendingen het programma met zijn signaal wegdrukt.[72]

Vele malen is in kort geding aan cai-exploitanten een dergelijk verbod opgelegd, zodat zij maatregelen moesten treffen om piratenbezoek onmogelijk te maken. De vraag kan rijzen of het middel niet erger is dan de kwaal; piratenprogramma's bestaan immers niet louter uit inbreukmakende onderdelen. Op die grond, en met een beroep op artikel 10 EVRM, werd ooit door een kabelabonnee in kort geding de vrije doorgifte van piratenuitzendingen gevorderd. De rechter ging daar niet in mee. Het optreden van piraten blijft onder alle omstandigheden in strijd met de wet wegens het ontbreken van een zendvergunning, en kabelnetexploitanten moeten niet gedwongen kunnen worden daaraan hun medewerking te verlenen.[73]

71 HR 14 januari 1983, *NJ* 1984, 696, met noot vNH onder 697; *AMR* 1983/3, p. 59; *AA* 1983/9, p. 604, met noot HCJ, en 1983/12, p. 774 (*Kabelpiraat I*). Zie ook nog Pres. Rb. Amsterdam 3 maart 1983, *KG* 1983, 107-108.

72 HR 22 november 1985, *NJ* 1986, 158; *AMI* 1986/2, p. 55, met noot DWFV (*Kabelpiraat II*).

73 Pres. Rb. Rotterdam 30 december 1981, *NJ* 1982, 181.

V Het persoonlijkheidsrecht (droit moral)

30. Persoonlijkheidsrecht en exploitatierecht

De auteur heeft niet alleen een materieel belang bij de exploitatie van zijn werk; ook ideële, met zijn makerschap verbonden belangen spelen in het auteursrecht een rol. Men spreekt hier van *droit moral* of persoonlijkheidsrecht van de auteur, ook wel van zedelijke of morele rechten.

auteursrecht als exploitatierecht

Het woord auteursrecht wordt doorgaans, ook in de wet, gebruikt in de zin van exploitatierecht (of, in juridische termen, absoluut vermogensrecht). De auteur heeft de exclusieve bevoegheid zijn werk te (laten) exploiteren. Ook kan hij dit recht, geheel of gedeeltelijk, aan iemand anders overdragen. Het recht is een deel van het vermogen en gaat bij overlijden over op de erfgenamen. In zoverre is het auteursrecht dus niet vast verbonden aan de persoon van de maker. (Zie verder nr. 50.)

persoonlijkheidsrecht of droit moral

Geheel anders is dat wanneer de integriteit van maker en werk in het geding zijn. Tussen de auteur en zijn creatie bestaat een persoonlijke relatie, waar buitenstaanders zich niet in dienen te mengen. Het is de auteur die bepaalt of zijn werk rijp is om in de openbaarheid te treden, en in welke vorm. Hij verdient bescherming tegen knoeierijen met het werk door anderen, tegen het weglaten van zijn naam als maker, laat staan vermelding van een ander als zodanig, titelwijziging, en dergelijke. De in dit opzicht aan de maker toegekende bevoegdheden vat men samen in de term persoonlijkheidsrecht of droit moral.

Het droit moral is niet los te denken van de persoon van de maker. Dit recht is dan ook naar zijn aard niet overdraagbaar, en blijft bij de auteur, ook als deze zijn exploitatierecht (auteursrecht) heeft overgedragen.

maker en rechtverkrijgende

Het droit moral kan, waar nodig, tegen ieder worden ingeroepen, ook tegen rechtverkrijgenden. Degene aan wie het exploitatierecht is overgedragen (bijvoorbeeld een uitgever) is in beginsel onbeperkt gevoegd tot elke in de overdracht begrepen exploitatie van het werk (verveelvoudigen en openbaar maken); toch is er een punt waar zijn bevoegdheden halt moeten houden voor de ideële belangen van de auteur. De genoemde uitgever (auteursrechthebbende) zal weliswaar niet gauw geneigd zijn in het boek te gaan 'knoeien', maar anderzijds moet hij onder omstandigheden bijvoorbeeld ook, zoals we nog zullen zien, de schrijver bij een herdruk in de

gelegenheid stellen in het werk desgewenst wijzigingen aan te brengen.
In wiens handen het exploitatierecht zich ook bevindt, het persoonlijkheidsrecht blijft bij de maker. Afstand ervan is maar tot op zekere hoogte mogelijk. Na zijn overlijden kunnen de morele rechten worden uitgeoefend door iemand die door hem daartoe speciaal is aangewezen.

Het persoonlijkheidsrecht van de auteur is geen geïsoleerd begrip in het rechtssysteem. Ook buiten het auteursrecht komt vergelijkbare bescherming van de persoon voor.

algemeen persoonlijkheidsrecht

art. 6:162 BW

Men kan het persoonlijkheidsrecht van de auteur beschouwen als een bijzondere uitwerking van, meer in het algemeen, de rechtsbescherming van de persoon. Deze wordt civielrechtelijk meestal geëffectueerd via artikel 6:162 e.v. BW: schadevergoeding wegens onrechtmatige daad en/of verbod (veelal in kort geding reeds bij voorbaat, in geval van dreigende schade) van het onrechtmatige handelen, op straffe van een dwangsom. Men denke aan gevallen van belediging of grove inbreuk op privacy,[1] waartegen trouwens ook strafrechtelijk kan worden opgetreden. Ook indien van een werk in auteursrechtelijke zin geen sprake is kan artikel 6:162 BW van belang zijn; zie bijvoorbeeld de opmerkingen aan het slot van nr. 17, onder 1 over brieven.[2] Een uitwerking van dit algemene persoonlijkheidsrecht komen we ook in de Auteurswet zelf tegen: zie de artikelen 20 en 21 die de belangen van geportretteerde personen in bescherming nemen.

De Auteurswet noemt het persoonlijkheidsrecht niet met zoveel woorden. Dat het droit moral van de maker wel erkend is blijkt vooral uit de in artikel 25 omschreven bevoegdheden.

morele rechten

Door de *theorie* zijn als de vier kernen van het droit moral van de auteur ontwikkeld: *a. droit de publication* of *divulgation* (beslissen of het werk al dan niet in de openbaarheid wordt gebracht); *b. droit à la paternité* (recht om het 'vaderschap' van het werk op te eisen); *c. droit au respect* (bescherming tegen aantasting in welke vorm dan ook van het werk); *d. droit de repentir* ('recht tot inkeer', dat wil zeggen het aanbrengen van wijzigingen door de auteur of zelfs het werk 'terughalen' uit de openbaarheid).
In de Auteurswet zijn deze beginselen voor een deel erkend, voornamelijk in de uitdrukkelijke bepalingen van artikel 25 en voorts impliciet in enkele andere artikelen (bijvoorbeeld art. 2, lid 3: beperking van beslagmogelijkheid; art. 27: recht van de auteur op schadevergoeding wegens inbreuk door derden op het exploitatierecht ondanks overdracht daarvan). Bij de wettelijke beperkingen van het auteursrecht wordt eerbiediging van de morele rechten soms als uitdrukkelijke voorwaarde genoemd (bijvoorbeeld artikelen 15, 15a en 16: ontlenen en citeren;

1 Sinds 1983 ook als grondrecht erkend in art 10 Gr. Zie voorts S. Gerbrandy, 'De persoon en het recht', in *Plus est en vous* (Pitlo-bundel), Haarlem 1970, p. 209 e.v.

2 Een ander voorbeeld: Pres. Rb. Den Bosch 6 april 1982, *BIE* 1982/12, p. 310 (*voetcarillon:* als muziekinstrument geen werk in de zin van de Aw; derhalve geen rechtstreeks beroep op art. 25, maar wel naar analogie). In vergelijkbare zin: Pres. Rb. Rotterdam 30 november 1961, *NJ* 1962, 169 (*The enemy general*).

zie nr. 36). Overigens moet een beroep op artikel 6:162 BW als aanvulling op de in artikel 25 Aw neergelegde bevoegdheden, voor de auteur zeker niet uitgesloten worden geacht.[3]

goede trouw

In contractuele relaties is het persoonlijkheidsrecht van betekenis voor de uitleg van de overeenkomst, met name via het beginsel van de contractuele goede trouw, de redelijkheid en billijkheid.[4] Aan een rechtstreekse toepassing van artikel 25 AW komt men dan soms niet eens toe. Zo werd ooit met een verwijzing naar de 'eigen aard' van de gesloten overeenkomst beslist, dat het een opdrachtgever niet vrijstond om een afgeleverde en aanvaarde gevelsculptuur op een andere plaats aan te brengen dan die waarop de opdracht gericht was geweest.[5] Beelden in de openbare ruimte kunnen echter in de loop der tijd, als de omgeving is veranderd, in de weg gaan staan. Daarom willen gemeenten bij het verlenen van opdrachten wel bedingen dat verplaatsing na bijvoorbeeld tien jaar mogelijk zal zijn. Bij de uitleg van het overeengekomene kunnen ook belangen van derden worden meegewogen, zoals bleek in een geschil over de plaatsing op een bejaardenflat van een in opdracht van de gemeente vervaardigd neonletterobject, waartegen de bewoners ernstige bezwaren hadden.[6] De aard van de overeenkomst was ook doorslaggevend voor de beslissing dat een omroeporganisatie gehouden was om een door een freelancer in haar opdracht vervaardigde film ook daadwerkelijk uit te zenden.[7]

belangenafweging

droit moral als beperking van het auteursrecht

Ten slotte nog een opmerking over de systematische plaats van artikel 25 in de wet. Het valt onder de beperkingen van het auteursrecht, terwijl er toch eerder sprake lijkt te zijn van een uitbreiding, een 'extra' naast het exploitatierecht. We zagen echter reeds dat het droit moral bij de maker blijft, ook als het gehele auteursrecht (exploitatirecht) zou zijn overgedragen. Voor de rechtverkrijgende is het door hem te eerbiedigen persoonlijkheidsrecht van de auteur dan te beschouwen als een beperking van zijn verkregen bevoegdheden (zie nr. 33 over afstand van morele rechten door de maker).

31. De maker en zijn persoonlijkheidsrecht

De door artikel 25 gewaarborgde morele rechten komen toe aan de maker van een werk, zelfs nadat deze zijn auteursrecht (exploitatierecht) heeft overgedragen.

3 Pres. Rb. Amsterdam 28 februari 1985, *KG* 1985, 81; *AMR* 1985/5, p. 90 (verfilming *Het bittere kruid* van Marga Minco).

4 Bijvoorbeeld in kwesties betreffende wel of geen naamsvermelding. Vgl. Hof Amsterdam 14 mei 1964, *NJ* 1964, 453 *(Geesink/Terra Nostra).*

5 Hof Amsterdam 5 mei 1972; cass. ber. verworpen door HR 22 juni 1973 *NJ* 1974, 61, met noot BW *(Patrimonium/Erven Willem Reijers).*Verplaatsing werd ook verboden door Hof Den Bosch 17 december 1990, *NJ* 1991, 444; *AMI* 1992/2, p. 35 (*Haarlem/Spronken* inz. beeld 'De Zonnevechter'). Verbod geweigerd door Rb. Arnhem 13 juli 1989, *AMI* 1990/2, p. 33, met noot DWFV (*wandtapijt crematorium*) en Pres. Rb. Breda 29 april 1993, *AMI* 1994/3, p. 55 (*Voogt/Breda*).

6 HR 20 mei 1994, *NJ* 1995, 691, met noot CJHB; *AMI* 1995/1, p. 12, met noot Quaedvlieg; *AA* 1998/1, p. 46, met noot HCJ (*Körmeling/Vlaardingen* inz. 'De negende van OMA').

7 HR 1 juli 1985, *NJ* 1986, 692, met noot CJHB; *AMR* 1985/6, p. 111, met noot DWFV; *AA* 1986/2, p. 125, met noot HCJ en 1986/5, p. 386 (*Frenkel/KRO* inz. 'Dromen leven'). Vervolg: Hof Den Haag 4 juni 1986, *NJ* 1987, 472.

maker en auteursrecht-hebbende

overdracht

licentie

Men dient goed te onderscheiden tussen maker en auteursrechthebbende. In beginsel is dat weliswaar een en dezelfde, maar dat behoeft niet zo te blijven. De maker kan zijn auteursrecht (exploitatierecht) aan een ander overdragen (zie nr. 53). Deze laatste is dan auteursrechthebbende geworden, maar het persoonlijkheidsrecht *blijft* berusten bij de maker. Zeker in dat geval heeft hij er belang bij, zijn morele rechten in te kunnen roepen tegen de ander, die overigens volledig bevoegd is tot uitoefening van het auteursrecht en handhaving daarvan tegenover derden-inbreukmakers. Vanzelfsprekend geldt hetzelfde bij gedeeltelijke overdracht van auteursrecht, of indien 'slechts' toestemming (licentie; zie nr. 54) tot openbaarmaking en/of verveelvoudiging werd gegeven.

Na het overlijden van de maker komen, zolang het auteursrecht voortduurt, de morele rechten toe aan de door hem bij uiterste wilsbeschikking of bij codicil aangewezene.

'droit moral post mortem'

testament, codicil

strafbaar feit

Ook hier uit zich weer het verschil met het exploitatierecht dat, als vermogensbestanddeel, bij overlijden van de auteursrechthebbende zonder meer overgaat op diens erfgenamen. De zozeer aan de persoon van de maker verknochte morele rechten vervallen echter bij diens overlijden, tenzij hij in dit opzicht uitdrukkelijk iemand heeft aangewezen bij testament (daarvoor moet men naar de notaris) of bij codicil (dat is een eigenhandig geschreven verklaring, gedateerd en ondertekend, waarvoor geen nadere vormvereisten gelden: art. 4:982 BW).[8]

Voor een voortduren van de bescherming der ideële belangen van de maker ook na diens overlijden is veel te zeggen. De wettelijke regeling kan echter naar twee kanten onbevredigende resultaten geven, zowel in het geval van de wat àl te nonchalante auteur als dat van de wat al te piëteitsvolle 'aangewezene'. De bezwaren van het laatste laten zich vooral denken ten aanzien van bouwwerken. We moeten niet in een groot museum komen te leven.

Overigens is het nuttig hier alvast te wijzen op artikel 34, dat strafbaar stelt de daar omschreven inbreuk op persoonlijkheidsrecht. Ook in het geval dat de auteur niemand heeft 'aangewezen' kan tegen inbreukmakers een strafvervolging worden ingesteld. Zie verder nr. 59.

In elk geval duren de morele rechten nooit langer dan het auteursrecht. Dat is in de regel: tot 70 jaar na het overlijden van de maker.

Onder de morele rechten van artikel 25 valt ook de bevoegdheid om onder bepaalde voorwaarden later wijzigingen in het werk aan te brengen. De bovenbedoelde 'aangewezene' is hiertoe ook bevoegd, mits redelijkerwijs aangenomen kan worden dat zulks in overeenstemming is met de wil van de overleden maker.

'fictieve maker'

De wet kent de morele rechten toe aan de maker. Is dat ook de fictieve maker van artikel 7 (werkgever; zie nr. 12) en artikel 8 (rechtspersoon; zie nr. 13)?

De vraag is niet gemakkelijk te beantwoorden. Naar de letter van de wet zou men moeten aannemen van wel, nu de werkgever respectievelijk rechtspersoon met

8 Rechtsgeldige overdracht of vererving in het buitenland moet h.t.l. worden erkend volgens Pres. Rb. Amsterdam 24 februari 1992, *AMI* 1992/6, p. 112; *IER* 1992/5, p. 146; *BIE* 1994/9, p. 307 (*O Fortuna*). Kritisch D.J.G. Visser, 'Mortal rights', *AMI* 1993/9, p. 169.

zoveel woorden als *maker* wordt aangemerkt.[9] De meeste schrijvers trekken deze consequentie.[10] Anderzijds verzet de aard van het persoonlijkheidsrecht zich toch wel tegen een toekennen ervan aan iemand die met het eigenlijke scheppen geen bemoeienis heeft.[11] Om dezelfde reden kunnen ook rechtverkrijgenden niet het persoonlijkheidsrecht tegenover derden inroepen, hetgeen voor de wetsherziening van 1972 wel mogelijk was.

Uit de rechtspraak is bekend geworden het geval van een 'maker' in de zin van artikel 8 (de Rijkspostspaarbank ten aanzien van het omslag van haar spaarbankboekje) waarbij uitgemaakt werd dat aan deze *geen* auteursrechtelijk droit moral toekomt.[12] Dat sluit niet uit dat de rechtspersoon in geval van inbreuk op auteursrecht ook vergoeding van ideële schade kan vorderen, indien zijn goede naam wordt gekrenkt. Het gaat dan echter duidelijk om een andere reputatie dan die als 'maker'. De hier gegeven beslissing, zorgvuldig gemotiveerd vanuit de aard van het persoonlijkheidsrecht en het systeem van de wet, biedt steun aan de opvatting dat evenzo in geval van artikel 7 Aw het droit moral niet aan de werkgever, maar aan de werknemer als werkelijke maker toekomt. In hoeverre hij dan dit recht ook in de onderlinge relatie kan inroepen tegen de werkgever, is te bezien in het licht van de aard van het dienstverband; tot op zekere hoogte kan van morele rechten afstand worden gedaan.

alle werken

De morele rechten van artikel 25 gelden voor alle werken waarop auteursrecht bestaat.

Voor 1972 was dit anders, en werden werken van toegepaste kunst (art. 10, lid 1, sub 10°, thans sub 11°) uitgezonderd. Een moeilijk te rechtvaardigen uitsluiting, die in het verleden soms tot onbevredigende resultaten heeft geleid.

ook vertalingen en bewerkingen

Ook vertalers en bewerkers hebben persoonlijkheidsrecht. Vertalingen en bewerkingen zijn immers werken in de zin van de Auteurswet (art. 10, lid 2; zie nr. 20).

32. Inhoud van het persoonlijkheidsrecht

De eigenlijke morele rechten van de auteur zijn neergelegd in artikel 25. Met het persoonlijkheidsrecht kunnen voorts in verband gebracht worden twee andere bepalingen in de Auteurswet.

beslag op auteursrecht

Het auteursrecht/exploitatierecht is een vermogensbestanddeel van de rechthebbende. Niettemin is het ingevolge artikel 2 (lid 3) in twee gevallen niet vatbaar voor beslag, namelijk zolang het berust hetzij bij de maker zelf[13] hetzij bij degene die het

9 Aldus bijvoorbeeld Hof Den Bosch 24 mei 1978, *BIE* 1985/4, p. 102 *(Van Gunsteren/Lips*; de motivering in rov. 62-63 is uiterst kortaf) en Pres. Rb. Amsterdam 20 augustus 1987, *AMI* 1988/1, p. 18, met noot HCJ. In beide zaken trad een werknemer als eiser op.

10 Zie bijvoorbeeld Spoor/Verkade (1993), p. 306; Wichers Hoeth (1993), p. 269.

11 Aldus uitdrukkelijk: Gerbrandy (1988) p. 290 en 401; dez. (1992), p. 61. Evenzo Van Lingen in *Qui bene distinguit bene docet* (Gerbrandy-bundel), Arnhem 1991, p. 191. Zie voorts hierover Maeijer, *BIE* 1990/12, p. 352 en Quaedvlieg, *AMI* 1993/5, p. 83.

12 Hof Amsterdam 10 februari 1970, *NJ* 1971, 130 *(De Vervalsers).*

13 Maeijer (t.a.p.) acht hieronder niet begrepen de fictieve maker ex art. 7 en 8 Aw.

na zijn overlijden als erfgenaam of legataris heeft verkregen (maar dan alleen voorzover het (nog) niet openbaar gemaakte werken betreft). In deze gevallen blijft het auteursrecht ook buiten een eventueel faillissement van de rechthebbende (zie ook nr. 50). We zien hier een erkenning van het *droit de divulgation:* het is aan de maker voorbehouden te beslissen òf en, zo ja, hóe zijn werk openbaar gemaakt zal worden, en deze beslissingsbevoegdheid moet hem niet door middel van beslaglegging ontnomen kunnen worden. (De beslissing kan wel op een andere wijze bij een ander dan de maker komen te berusten, zoals in geval van overdracht van auteursrecht op een niet-uitgegeven werk zonder nadere afspraken met betrekking tot publicatie.) Let wel: het gaat hier om het *recht* als zodanig; beslag op de opbrengsten (royalty's) blijft altijd mogelijk.

faillissement

beslag op royalty's

Ook in de bepaling van artikel 27 (zie ook nr. 57) kan men, zij het minder uitgesproken, een persoonlijkheidsrechtelijke inslag bespeuren: zelfs na overdracht van het auteursrecht kan de maker schadevergoeding eisen van degene die inbreuk maakt op het (inmiddels dus aan een ander toekomende!) auteursrecht. Het artikel is vooral gericht op inbreuken waardoor de auteur materiële schade lijdt, bijvoorbeeld derving van royalty's. Voor een verbodsactie en/of vergoeding van ideële schade bij aantasting van persoonlijkheidsrechten is een beroep op artikel 25 Aw jo. artikel 6:162 BW toereikend.

schadevergoeding

art. 25 Aw

Het persoonlijkheidsrecht van de auteur, zoals dat – zonder met zoveel woorden genoemd te worden – is neergelegd in artikel 25 omvat (kort samengevat; vergelijk de tekst van het wetsartikel):

(1) het recht om zich, zelfs na overdracht van het auteursrecht, te verzetten tegen:
   a. openbaarmaking van het werk zonder vermelding van zijn naam, tenzij het verzet onredelijk is;
   b. openbaarmaking van het werk onder een andere naam en wijzigingen in de benaming van het werk (titel) of in de auteursaanduiding;
   c. wijzigingen in het werk zelf;
   d. misvorming, verminking of andere nadelige aantasting van het werk.

(2) de bevoegdheid om na overdracht van het auteursrecht alsnog in het werk bepaalde wijzigingen aan te brengen.

(1) Zich verzetten tegen

Door (gehele of gedeeltelijke) overdracht van het auteursrecht/exploitatierecht gaat dit droit moral van de maker dus niet verloren; integendeel zal hij er behoefte aan kunnen hebben het juist tegen de rechtverkrijgende, de nieuwe auteursrechthebbende, in te roepen.

schadevergoeding; verbod

De 'morele rechten' zijn rechtens afdwingbaar. In voorkomende gevallen zal de auteur schadevergoeding kunnen vorderen en/of, voorzover mogelijk, een onge-

daan maken van de onduldbare wijziging of aantasting. Reeds kan hij bij dreigende inbreuk de rechter in kort geding vragen een verbod uit te spreken op straffe van een dwangsom. (Zie verder nr. 57, sub b.)
Datgene waartegen de auteur zich kan verzetten wordt in artikel 25 omschreven in de vier hierboven summier aangeduide rubrieken. Deze verdienen nadere toelichting.

'droit à la paternité'

Ad a. We zien hier een erkenning van het 'vaderschap' van de maker van het werk. Dit onderdeel van artikel 25 is ingevoegd bij de wetswijziging van 1989; de overige rubrieken zijn toen een lettertje opgeschoven. Ook voorheen al werd wel verdedigd dat de geest van de Auteurswet impliceerde dat weglating van de naam onrechtmatig kon zijn, maar een algemene verplichting ontbrak. Wel was vermelding van de auteursnaam reeds dwingend voorgeschreven bij wettelijk geoorloofde citaten en ontleningen, zoals in de artikelen 15, 15a en 16, en ook in artikel 19 (zie hoofdstuk VI).

foto's

Met name organisaties van fotografen, zoals Burafo, hebben sterk gepleit voor invoering van een recht op naamsvermelding. Dit vergemakkelijkt de civiel- en strafrechtelijke handhaving van hun auteursrecht, en werkt preventief tegen inbreuken. Nieuwe afnemers weten tot wie zij zich moeten wenden. Ook voor grafisch ontwerpers is de bepaling in de praktijk van belang. Voor filmwerken bevat artikel 45e een expliciete regeling.
Natuurlijk is het niet de bedoeling geweest om bestaande en bevredigend werkende branchegebruiken te doorbreken. Zo wordt bijvoorbeeld in advertenties doorgaans niet de naam van de ontwerper (reclamebureau) vermeld. De aan het slot van onderdeel *a* voorziene redelijkheidstoetsing sluit hierop aan, waarbij de belangen van gebruikers en rechthebbenden kunnen worden afgewogen.

redelijkheid

Van het recht op naamsvermelding kan afstand worden gedaan; zie nr. 33. In geval van samenwerking tussen verschillende makers is het verstandig tevoren duidelijke onderlinge afspraken te maken.

Ad b. De maker kan zich ook verzetten tegen onjuiste naamsaanduidingen. Openbaarmaking onder een andere naam dan 'de zijne' (dat wil zeggen de door hem verkozen naam; dat kan ook een pseudoniem zijn!) is nimmer toegestaan, uiteraard behoudens het geval dat zulks juist door de maker gewild is. Zo is met name uit de sportjournalistiek het verschijnsel der 'ghostwriters' bekend: stukken onder de naam van een bekende sportfiguur, in werkelijkheid op schrift gesteld door een redacteur. In dit verband is het merkwaardig dat de wet niet voorziet in de mogelijkheid van afstand van het hier bedoelde recht.

'ghostwriters'

Valse naamsaanduidingen, ook bij werken die niet meer auteursrechtelijk beschermd zijn, kunnen het strafbare feit van artikel 326b Wetboek van Strafrecht opleveren.
Aan de andere kant zijn er ook gevallen, waarin de maker zich kan verzetten tegen vermelding van zijn eigen (ware) naam. Genoemd werd reeds de auteur die niet achter zijn *schuilnaam* vandaan wil komen. De Auteurswet voorziet evenwel niet in afdoende maatregelen tegen ongewenste doorbreking door anderen van zelfverkozen *anonimiteit* (vergelijk nr. 7). Zie voor filmwerken artikel 45e, sub c.

pseudoniem

anoniem

Het geval heeft zich voorgedaan dat een uitgever-rechtverkrijgende 19 jaar wachtte met publicatie, waarop de auteur, die inmiddels niet meer 'achter' het desbetreffende tekenwerk stond, bezwaar maakte tegen vermelding van zijn naam zonder althans daarbij het jaartal van ontstaan van het werk te noemen. De rechter stelde de maker in het gelijk.[14]

wijziging titel of auteursaanduiding

Ten slotte valt onder deze rubriek het recht van de maker zich te verzetten tegen het aanbrengen van enige *wijziging* in de benaming van het werk (zoals: titel, op- of onderschrift) of in de aanduiding van de maker, voorzover deze op of in het werk voorkomen dan wel in verband daarmee zijn openbaar gemaakt. Bij dat laatste denke men bijvoorbeeld aan vermelding in programma's en catalogi of op aanplakbiljetten.

afstand

Ten aanzien van de benaming van het werk kan de auteur van zijn morele rechten afstand doen. Zie nr. 33.

andere wijzigingen

Ad c. De auteur kan zich voorts verzetten tegen elke andere wijziging in het werk, tenzij deze van zodanige aard is dat het verzet onredelijk zou zijn; dit om chicanes tegen te gaan. Zo is bijvoorbeeld geen verzet mogelijk tegen het corrigeren van taalfouten in het manuscript door de uitgever. Niettemin zal het vaak moeilijk zijn de grens der redelijkheid te trekken; de wederzijdse belangen zullen tegen elkaar moeten worden afgewogen,[15] waarbij ook vaak een rol zal spelen de contractuele relatie waarin men tot elkaar staat.[16] Wanneer bijvoorbeeld een schrijver toestemming geeft zijn verhaal tot tv-stuk te bewerken, impliceert dat een zekere vrijheid voor de bewerker (vergelijk nr. 33). Een ander voorbeeld: het uitbrengen van een nieuwe, bijgewerkte druk van een verouderd leerboek waarvan de schrijver inmiddels overleden is; verzet van de kant van de nabestaanden tegen het bijwerken kan onredelijk zijn, hoewel men wel mag verlangen dat oud en nieuw zoveel mogelijk gescheiden blijven, alsook dat het niveau van het werk niet wordt aangetast (vergelijk sub d).

wijziging

op- of uitvoering; coupures

Onder wijzigingen vallen niet alleen veranderingen, maar ook aanvullingen en andere toevoegingen,[17] alsmede coupures, bekortingen, enzovoort. Wanneer zoiets gebeurt in een op- of uitvoering, kan men dan zeggen dat het *werk* gewijzigd wordt? Een bevestigend antwoord lijkt op zijn plaats, zeker indien het werk in zijn essentie wordt geraakt. Maar in dat geval is al gauw tevens sprake van een aantasting als bedoeld onder d, hetgeen de opgeworpen vraag wat academisch maakt.[18] Een

14 Hof Amsterdam 14 mei 1964, *NJ* 1964, 453 *(Geesink/Terra Nostra).*

15 Vgl. Pres. Rb. Utrecht 18 oktober 1977, *AMR* 1979/1, p. 16, met noot LWH (onredelijk verzet van architect tegen het aanbrengen van een dakkapel). Pres. Rb. Zwolle 2 maart 1988, *BIE* 1988/9, p. 200; *AMI* 1988/6, p. 128, met noot HCJ (verbouwing *De Meerpaal* te Dronten geoorloofd).

16 Vgl. Arbitraal vonnis 3 maart 1977, *AMR* 1978/3, p. 49 (tekeningen voor reclamecampagne).

17 Vgl. Rb. Middelburg 14 januari 1970, *NJ* 1970, 297 (tevergeefs verzet van architect tegen zonder overleg uitgevoerde uitbreiding van door hem gebouwde school met twee leslokalen, nu hierdoor het karakter van het totale werk niet werd aangetast, zij het dat voorafgaand overleg 'eleganter' zou zijn geweest). Pres. Rb. Leeuwarden 12 juli 1988, *AMI* 1989/1, p. 17, met noot HCJ; *IER* 1988/5, p. 88; *BIE* 1990/2, p. 54, met noot SB (verbod tot aanbrengen zonwering gemeentehuis Tietjerksteradeel). Pres. Rb. Amsterdam 24 februari 1992, *AMI* 1992/6, p. 112; *IER* 1992/5, p. 146; *BIE* 1994/9, p. 307 (verbod van ongeautoriseerde house- en discoversie van *O Fortuna* uit de Carmina Burana van Carl Orff). Hof Den Bosch 24 februari 1993, *NJ* 1993, 440; *AMI* 1994/6, p. 116 (verbod tot plaatsing van fontein bij ruimtelijk kunstwerk voor gemeentehuis Eijsden).

18 Vgl. Pres. Rb. Amsterdam 21 december 1978, *AMR* 1979/2, p. 32 (*Tekstpierement:* cabaretprogramma 'rondom' bestaande liedjes, met afwijkingen van de oorspronkelijke teksten; niet aangemerkt als wijziging van het werk als zodanig, voor een deel wel als misvorming of andere aantasting).

voorbeeld van een redelijke oplossing geeft het volgende geval. In 1973 had het Residentieorkest de eerste symfonie van Anthon van der Horst op het programma staan, met de mededeling 'dat we het zeer zwakke laatste deel de componist vergeven en bij wijze van grote uitzondering dan ook niet uitvoeren'. Hiertegen werd geprotesteerd door de zoon van de in 1965 overleden componist. De tijd was te kort om het slotdeel nog in te studeren, waarop men – blijkens een krantenbericht – besloten heeft om een bestaande bandopname daarvan na afloop van het concert in de foyer af te laten spelen.

wijziging in exemplaren

Wijzigingen in exemplaren aangebracht zijn niet altijd als wijzigingen in het werk te beschouwen. Het is duidelijk dat een uitgever niet passages uit het manuscript bij het drukken mag weglaten. Maar wie een hem niet zinnende bladzijde uit een gekocht boek zou scheuren kan men toch moeilijk in ernst verwijten dat hij daardoor het *werk* wijzigt. Het criterium zou hier gezocht kunnen worden in het al dan niet naar buiten treden van de wijziging. In deze richting gaat ook de uitleg die de Hoge Raad in een bepaald geval gaf aan artikel 34 Aw (door de Adv.-Gen. aangeduid als het strafrechtelijk knaapje waarvan art. 25 het civielrechtelijke veel beroemdere zusje is): er is pas sprake van een wijziging in het werk, indien men de geestelijke schepping in gewijzigde vorm weergeeft.[19] In casu deed zich dat niet voor. De verdachte, die voor iemand zeefdrukken zou maken en daartoe beschikte over positieffilms, kopieerde[20] deze en monteerde vervolgens in de kopieën een andere foto met de bedoeling om hiervan nieuwe zeefdrukken te maken. Zo ver was het echter niet gekomen, en daarom was hier volgens de HR geen sprake van het aanbrengen van een wijziging in een werk van kunst. Het vereiste van 'weergeven' lijkt te zijn toegesneden op gevallen als het onderhavige, waarbij het gaat om wijzigingen in verveelvoudigingen van werken. Knoeien in het origineel is steeds ontoelaatbaar. Aldus bijvoorbeeld de preutse eigenaar van een 'liggend naakt' (zo jong, dat het auteursrecht nog niet vervallen is), die dit met de penseel van enige kleding meent te moeten voorzien.[21] Enigszins vergelijkbaar is de discussie over het inkleuren van klassieke zwart-wit speelfilms.[22]

opzet

Ook het al dan niet opzettelijke van de wijziging kan civielrechtelijk een rol spelen. Het zou irreëel zijn om de valszingende tenor, of de acteur die een claus vergeet, ervan te betichten dat zij een wijziging in het werk aanbrengen. De nonchalante vertaler echter, die een bladzijde heeft overgeslagen, kan wel door de auteur op de vingers getikt worden.

afstand

Afstand van het hier bedoelde recht is mogelijk (zie nr. 33). Zo kan een architect bij voorbaat aan de aannemer toestemming geven tot het aanbrengen van kleine, bijvoorbeeld technisch noodzakelijke wijzigingen in het bouwplan. Tegen misvorming, verminking of andere nadelige aantasting van het werk kan de auteur zich evenwel altijd blijven verzetten. Overigens houde men in het oog dat het recht van de maker begrensd is door de eerder genoemde redelijkheid. Uit de rechtspraak zijn nogal wat voorbeelden bekend van architecten die, met wisselend succes, opkwamen tegen voorgenomen renovatie of sloop van hun bouwwerken welke vol-

19 HR 11 januari 1983, *NJ* 1983, 323, met noot LWH.

20 De vraag of door dit kopiëren inbreuk op auteursrecht werd gemaakt was in dit geding niet aan de orde (zie art. 31 jo art. 13 en 16b Aw).

21 Het klassiek geworden voorbeeld komt uit Duitsland: Reichsgericht 8 juni 1912, *RGZ* 79, 397 *(Felseneiland mit Sirenen)*. Reeds toen mocht dit niet, ook al betrof het een fresco in een particuliere woning.

22 Zie J.M.B. Seignette, *NJB* 1990/42, p. 1623, en de uitspraak van het Franse CdC 28 mei 1991, *AMI* 1991/10, p. 221 (*Huston/Turner* inz. 'Asphalt Jungle').

gens de eigenaar/gebruiker niet meer aan hun bestemming beantwoordden.[23] De grens tussen wijziging en misvorming/verminking (zie hieronder) is niet altijd scherp te trekken.

Ad d. Te allen tijde kan opgekomen worden tegen misvorming, verminking of andere aantasting van het werk, welke nadeel zou kunnen toebrengen aan de eer of de naam van de maker of aan zijn waarde in deze hoedanigheid.[24] Van dit recht kan geen afstand worden gedaan.

misvorming, verminking

Hier ligt het meest wezenlijke facet van het persoonlijkheidsrecht: het *droit au respect*.[25] Misvorming en verminking kunnen zich bijvoorbeeld voordoen bij vertalingen en bewerkingen die, hoewel geoorloofd krachtens tevoren verleende toestemming dan wel overdracht door de auteur, zo strijden met wat de maker in zijn werk heeft willen leggen dat de grens der toelaatbare interpretatie overschreden is.[26]

aantasting

Het is niet nodig dat in het werk iets veranderd wordt. Van aantasting kan ook sprake zijn bij publicatie 'in een vorm of in een omgeving van min allooi', zoals de MvT het noemt. Een paar voorbeelden: het afbeelden van de tekening van een opechte dierenvriend in een folder voor jachtgeweren; de martiale filmbewerking van een pacifistische roman; het door een uitgever aanprijzen van een boek dat seksuele voorlichting geeft in een folder die prikkelende lectuur suggereert; overname in een bloemlezing met bewust vertekenend commentaar.[27] Aangenomen dat de exploitatie overigens geheel rechtmatig geschiedt (hetzij krachtens overdracht van auteursrecht of licentie, verleend door de maker zelf of – op zijn beurt – door diens rechtverkrijgende, hetzij door te blijven binnen de grenzen van de wettelijke beperkingen van het auteursrecht), toch kan de maker zich verzetten tegen zulk een aantasting van het werk.[28] Wel stelt de wet de nadere eis van (mogelijk) nadeel voor

nadeel

23 Hof Amsterdam 11 juni 1992, *IER* 1992/5, p. 159; *AMI* 1993/10, p. 186, met noot HCJ (*Gebouw Van IJzer*). Rechtbank Assen 17 november 1992, *AMI* 1993/10, p. 191, met noot HCJ (*Gemeentehuis Ruinen*). Pres. Rb. Middelburg 28 augustus 1992, *AMI* 1993/10, p. 193 (*Gezondheidscentrum Goes*). Pres. Rb. Breda 1 maart 1994, *AMI* 1995/2, p. 34, met noot Quaedvlieg (facelift kantoorgebouw Tilburg). Pres. Rb. Leeuwarden 29 november 1994, *AMI* 1996/1, p. 15, met noot HCJ (facelift bankgebouw Leeuwarden).

24 Zie bijvoorbeeld Hof Amsterdam 23 maart 1995, *AMI* 1995/6, p. 111 (*W.F.Hermans/Bob Polak*: zonder diens toestemming op naam van Hermans verschenen publicaties met (bewerkte) fragmenten uit zijn werken en toevoegingen).

25 Zie Quaedvlieg, rede 1992. Voorts nog E.A. Mout-Bouwman, 'Droit au respect: Kind van de redelijkheid', *BIE* 1997/1, p. 43.

26 Zie de eerder (noot 18, p. 109) aangehaalde uitspraak inzake cabaretprogramma *Tekstpierement.*

27 Wat de (eigenzinnige) bloemlezer uitkiest, is een kwestie van (zijn) smaak. Vgl. Pres. Rb. Amsterdam 31 januari 1980, *AMR* 1980/2, p. 32 (poëzie-bloemlezing *Gerrit Komrij;* van beweerde aantasting van droit moral was onvoldoende gebleken).

28 Vgl. voorts nog: Pres. Rb. Utrecht 27 november 1975, *NJ* 1976, 481 (*Sinterklaas en de hulpzwartepieten:* aantasting van kinderboek door uitgave met illustraties die niet op de tekst waren afgestemd). Pres. Rb. Amsterdam 16 december 1976, *NJ* 1977, 394, bekrachtigd door Hof Amsterdam 19 januari 1979, *BIE* 1981/1, p. 14, met noot vNH (geen aantasting van fotowerk door gebruik daarvan in een boek dat in het kader van een reclameactie voor koffie werd verspreid. Pres.: Dit is te minder het geval in een land waar het meesterwerk van letterkunde voor eeuwig is verbonden met de "Koffij-veilingen der Nederlandsche Handelmaatschappij"). Hof Arnhem 2 maart 1993, *AMI* 1995/5, p. 90, met noot FWG (*OHRA/Oxenaar*, geen inbreuk op rechten ontwerpers bankbiljetten door afbeelding in reclame).

de auteur in eer of naam, of in zijn waarde als maker. Zijn tenen mogen niet al te lang zijn.[29]

auteur en eigenaar

Behalve een opvolgende auteursrechthebbende kan de maker ten aanzien van zijn droit moral ook een eigenaar van het (stoffelijk exemplaar van het) werk tegenover zich vinden. Genoemd werd reeds de blozende schilderijenbezitter. Wanneer deze nu ertoe over zou gaan het werk te vernietigen, kan de schilder daar dan tegen opkomen? Men zal dit aan de hand van het nadeelcriterium per geval moeten bekijken. Dat nadeel is ver te zoeken wanneer iemand een ooit gekochte ets in de kachel stopt omdat hij erop uitgekeken is. Anders ligt dat echter wanneer het originele en enige exemplaar van een werk wordt vernietigd, bijvoorbeeld het witkalken van een wandschildering. Zoiets kan wel degelijk de reputatie van de kunstenaar schaden, en voorafgaand overleg over de te volgen handelwijze is dan wel het minste dat verlangd mag worden.[30] Men kan hier verder denken aan de problematisch geworden grote voorraden van oud BKR-werk. Als de overheid zich daarvan wil ontdoen, zal zij zorgvuldig moeten handelen.

vernietiging

Om te kunnen optreden is het niet nodig dat de misvorming, verminking of andere aantasting opzettelijk gebeurde. Wel buiten het bereik van de bepaling vallen handelingen die een niet beoogd en niet voorzien gevolg in het materiaal teweegbrengen, zoals het 'vanzelf' scheluw trekken van beschilderde wandpanelen na verwijdering. En ten aanzien van dat verwijderen zal 'als regel de maker van een werk dat uitsluitend bestemd is voor een bepaald voorwerp of een bepaalde omgeving en daaraan stoffelijk en esthetisch is aangepast, hebben te aanvaarden dat indien dat voorwerp of die omgeving ophoudt te bestaan, het werk dat lot deelt'.[31]

verwijdering

droit moral na overlijden

De onder a-d omschreven rechten komen toe aan de maker. Als gezegd kunnen ze na zijn overlijden, en tot aan het vervallen van het auteursrecht, worden uitgeoefend door de daartoe speciaal bij testament of codicil aangewezene. Dat kunnen ook meerdere personen zijn (bijvoorbeeld de kinderen) of een rechtspersoon (bijvoorbeeld een stichting).

(2) Wijzigingen door de maker

'recht tot inkeer.'

Een auteur die zijn recht heeft overgedragen kan er later behoefte aan voelen in het werk veranderingen aan te brengen. De wet geeft hem deze bevoegdheid ten aan-

29 Vgl. Pres. Rb. Haarlem 29 april 1988, *NJ* 1989, 644 (opvoering door vrouwen van het voor mannenrollen geschreven toneelstuk *Wachten op Godot* van Samuel Beckett: geen inbreuk op persoonlijkheidsrecht, evenmin wanprestatie of onrechtmatige daad). In Frankrijk is hierover anders geoordeeld: Trib. de Grande Instance de Paris 15 oktober 1992, *AMI* 1994/1, p. 14, met noot Quaedvlieg. Beckett was inmiddels in 1989 overleden.

30 Rb. Amsterdam 15 november 1978, *AMR* 1979/2, p. 32 *(De Haas/Ulbrich BV)*. Eenzelfde geval had zich in 1973 al eens voorgedaan in een PTT-gebouw te Amsterdam met werk van onder andere Peter Alma; die zaak werd toen geschikt.

31 Hof Amsterdam 16 juni 1977, *NJ* 1978, 218; *AMR* 1978/2, p. 30; *BIE* 1978/7, p. 124 *(Koetsier/Schiphol)*. Zie ook nog Rb. Groningen 7 april 1989, *NJ* 1990, 342 en Hof Leeuwarden 13 april 1992, *AMI* 1993/1, p. 12 (*Verkeersborden*). Of sloop en vernietiging onder art. 25, lid 1, sub d vallen wordt verschillend beoordeeld; zie Hof Den Bosch 17 december 1990, *NJ* 1991, 443; *IER* 1991/3, p. 63, met noot SdW (*Lenartz/Sittard*: toelaatbare sloop van in verval geraakte fontein) en Hof Leeuwarden 29 november 1993, *AMI* 1996/1, p. 13 (*v.d.Berg/RUG*: onrechtmatige vernietiging van wandschildering bij herinrichting universiteitsgebouw).

zien van wijzigingen die 'hem naar de regels van het maatschapplijk verkeer te goeder trouw vrijstaan'. Redelijkheid en billijkheid zullen het richtsnoer moeten zijn bij het uitoefenen van dit 'recht tot inkeer'. Men kan denken aan de schrijver

herdruk

van een wetenschappelijk boek die bij gelegenheid van een herdruk het werk 'up to date' wil brengen, nieuwe ontwikkelingen of gewijzigde eigen opvattingen vermelden, enzovoort. De uitgever zal hem de gelegenheid hiertoe moeten bieden, op straffe van een mogelijk verbod tot (ongewijzigde) herdruk. Vanzelfsprekend heeft de auteur deze bevoegdheid ook indien geen auteursrecht is overgedragen, en er

databank

sprake is van een uitgeeflicentie. Bij opname van teksten in computer-databanken doen zich weer nieuwe vragen voor, bijvoorbeeld of een auteur kan verlangen dat werk waar hij niet meer achter staat daaruit verwijderd wordt.
De redelijkheid en billijkheid brengen met zich mee dat bijvoorbeeld een schrijver niet van de uitgever zal kunnen verlangen dat er nog wat veranderd wordt als de boeken reeds bij de binder zijn. Eens toch moet hij zijn werk uit handen geven. Zo kan ook een schilder niet met het penseel het museum in en uit lopen om zijn tentoongestelde oeuvre bij te werken.

wijzigingen na overlijden

Na het overlijden van de maker kan, tot aan het vervallen van het auteursrecht, dit morele recht worden uitgeoefend door de bij testament of codicil aangewezene. Wel zal dan redelijkerwijs aannemelijk moeten zijn, dat ook de maker deze wijzigingen zou hebben gewild.
Van het 'recht tot inkeer' kan geen afstand worden gedaan.

33. Afstand van morele rechten

Tot op zekere hoogte kan de auteur afstand doen van zijn droit moral, dat wil zeggen zich verbinden er tegenover de wederpartij geen beroep op te zullen doen. De wet beperkt deze mogelijkheid tot het recht op naamsvermelding en het recht van de maker zich te verzetten tegen wijzigingen in het werk of in de benaming daarvan (zie hierboven sub a, b en c).

Het persoonlijkheidsrecht is aan de persoon van de maker verbonden en kan niet worden overgedragen. Niettemin zal de exploitant van het werk, daartoe gerechtigd krachtens licentie of overdracht van auteursrecht, behoefte kunnen hebben aan zekere vrijheden zonder het risico te lopen dat de auteur zich daartegen zal gaan verzetten. Dat is niet onredelijk. Er zijn soms grote investeringen gedaan en een rechterlijk verbod kan dan desastreuze gevolgen hebben. Te denken valt aan bewerkingen als verfilming[32] en dramatisering, het in productie nemen van werken van toegepaste kunst, het uitvoeren van ontwerpen voor bouwwerken, enzovoort. De auteur kan met de wederpartij tot overeenstemming komen betreffende een bepaalde wijziging, hij kan ook reeds bij voorbaat afspreken zich niet tegen wijzigingen te zullen verzetten. Wel zal duidelijk moeten zijn om welk(e) werk(en) het gaat. Voorts is de afstand in zoverre beperkt, dat de auteur altijd kan blijven opko-

32 Zie bijvoorbeeld Pres. Rb. Amsterdam 28 februari 1985, *KG* 1985, 81; *AMR* 1985/5, p. 90 *(Het bittere kruid).*

men tegen misvorming, verminking of andere nadelige aantasting van het werk. Ook zijn 'droit à la paternité' als bedoeld onder b blijft onverkort bestaan.

verdere overdracht

Afstand van morele rechten geschiedt bij overeenkomst, meestal die waarbij de licentie wordt verleend dan wel het auteursrecht wordt overgedragen. Wanneer in dat laatste geval de rechtverkrijgende het auteursrecht op zijn beurt weer aan een derde overdraagt, zal in beginsel (als aan de voorwaarden van art. 6:251 BW is voldaan) ook deze zich tegenover de maker op de afstand kunnen beroepen. Men kan echter anders afspreken.

werknemer

Een denkbare toepassingmogelijkheid van afstand van morele rechen werd reeds genoemd in nr. 31 in verband met de 'fictieve maker'. Indien men aanneemt dat aan de werknemer-auteur het droit moral toekomt, hoewel de wet de werkgever tot maker (en dus auteursrechthebbende) stempelt, dan nog kan de uitoefening daarvan zeer wel beperkt zijn door de arbeidsovereenkomst en andere regelingen die het dienstverband beheersen.

film

In artikel 45f wordt uitgegaan van afstand van de onder c bedoelde rechten tegenover de filmproducent, tenzij schriftelijk anders is overeengekomen.[33]

33 Vgl. Pres. Rb. Amsterdam 15 december 1989, *AMI* 1990/5, p. 95, met noot G.A.I. Schuijt *(Lieshout/VPRO)*.

VI De beperkingen van het auteursrecht

34. Beperkingen in het algemeen

Een uitgever die een boek in druk laat verschijnen, doet auteursrechtelijk twee dingen: verveelvoudigen en openbaar maken. Hij mag dat niet zonder toestemming van de auteur. Geldt dit ook als de auteur overleden is? En hoe staat het met het opnemen van gedeelten in een bloemlezing, het citeren in een boekbespreking in een krant of tijdschrift, het overnemen daarvan door een ander blad, het fotokopiëren van enkele bladzijden voor eigen gebruik? We stuiten hier op vormen van openbaar maken en verveelvoudigen die buiten het verbodsrecht van de auteur vallen.

Wanneer het auteursrecht wordt omschreven als het uitsluitend recht om een werk openbaar te maken en te verveelvoudigen, voegt artikel 1 Aw daar direct aan toe: behoudens de beperkingen, bij de wet gesteld. Dat zijn dan in het bijzonder de als zodanig in de wet opgenomen bepalingen (art. 15-25a), en meer in het algemeen de grenzen die, kan men zeggen, in de aard van het auteursrecht besloten liggen.

De hoofdregel luidt, dat uitsluitend de auteur (of diens rechtverkrijgende) bevoegd is iets met het werk te ondernemen, terwijl anderen niets mogen zonder zijn toestemming.
Daarop bestaan echter uitzonderingen. De wet staat derden toe bepaalde handelingen te verrichten, die anders inbreuk op auteursrecht zouden opleveren; voorts wordt op een enkel punt de auteur in de uitoefening van zijn eigen bevoegdheden beperkt.
De in de wet opgenomen beperkingen zijn niet als een gesloten stelsel te zien. De HR sluit niet uit dat ook in andere, niet voorziene, gevallen door een belangenafweging de grenzen van het auteursrecht nader moeten worden bepaald wanneer dat past in het stelsel van de wet, 'zulks in het licht van de ontwikkeling van het auteursrecht als middel tot bescherming van commerciële belangen'.[1] Men spreekt

fair use

hier wel van de ongeschreven *fair use*-exceptie. Verder wordt de uitoefening van het

1 HR 20 oktober 1995, *NJ* 1996, 682, met noot J.H. Spoor; *IER* 1995/6, p. 223; *AMI* 1996/3, p. 51 (*Dior/Evora*). Zie hierover F.W. Grosheide in *AMI* 1996/3, p. 43. Zie voorts in deze zaak Hof EG 4 november 1997, *IER* 1997/6, p. 224 (rov. 55-59).

misbruik van recht

auteursrecht ook begrensd door algemene regels inzake misbruik van recht (art. 3:13 BW).[2]
Het auteursrecht is een tijdelijk monopolie met betrekking tot een werk. Ook in die tijdelijkheid kan men een beperking zien, of eigenlijk: een *begrenzing;* de duur van het auteursrecht wordt daarom in dit hoofdstuk ondergebracht.

overzicht

De beperkingen zijn in de Auteurswet niet volgens een bepaald systeem gerangschikt. We kunnen ze echter wel in verschillende rubrieken aangeven.

a. Begin en einde van auteursrecht
Auteursrecht ontstaat zodra er een *werk* gemaakt is, niet eerder (een enkel idee is nog niet beschermd; zie nr. 16). Er hoeft geen enkele formaliteit (zoals depot of registratie van het werk) te worden vervuld. Het recht is tijdelijk. Na verloop van een bepaalde termijn is het werk auteursrechtelijk vrij, en valt het in het publiek domein. De duur van het auteursrecht wordt besproken in nr. 35.
b. Werken waarop geen auteursrecht bestaat
Om voor de hand liggende redenen zijn wetten, rechterlijke uitspraken enzovoort uitgesloten van auteursrechtelijke bescherming (art. 11). Zie nr. 21.
c. Afbakening van de inhoud van het auteursrecht
Terwijl enerzijds de bevoegdheden openbaar maken en verveelvoudigen ruim moeten worden opgevat (zie nr. 22), zijn daaraan anderzijds ook op sommige punten grenzen gesteld, bijvoorbeeld in artikel 12, lid 5 ten behoeve van het onderwijs. Zie hiervoor hoofdstuk IV.
d. Bevoegdheden van derden
Om uiteenlopende redenen, onder andere met het oog op de belangen van onderwijs en wetenschap en van een onbelemmerde informatieoverdracht, zijn door de wet aan derden (dat wil zeggen anderen dan de auteur of zijn rechtverkrijgenden) handelingen toegestaan die anders inbreuk op auteursrecht zouden opleveren. Toestemming van de auteur is in die gevallen niet vereist; wel worden soms voorwaarden gesteld, zoals bron- en naamsvermelding of het betalen van een billijke vergoeding. De beperkingen van deze rubriek, neergelegd in de artikelen 15-19 en 22-24, worden in dit hoofdstuk besproken.
e. Beperking eigen bevoegdheden van de auteur
In verband met de belangen van de afgebeelde persoon is de maker van een *portret* niet geheel vrij in de uitoefening van zijn auteursrecht (art. 20-21). Zie nr. 41.
f. Droit moral
Ook na overdracht van het auteursrecht (exploitatierecht) blijft het zgn. droit moral (persoonlijkheidsrecht) bij de maker berusten. Voor de rechtverkrijgende betekent dat een beperking van zijn bevoegdheden. De wet regelt dit in artikel 25, besproken in hoofdstuk V.
g. Overgangsbepalingen
Ten slotte kunnen ook wel als beperkingen gezien worden de overgangsbepalingen (art. 46 e.v.) ter gelegenheid van de invoering van de Auteurswet in 1912; deze blijven hier verder onbesproken. Ook bij latere wetsherzieningen waren

2 Zie P.A. Stein, 'Misbruik van auteursrecht', *AMI* 1993/7, p. 123. J.I. Krikke, 'Auteursrecht in de maat', *AMI* 1995/6, p. 103. Ch. Gielen, *Volghende het rechte oordeel van redene* (oratie RUG), Zwolle 1994.

overgansgepalingen nodig, bijvoorbeeld in 1972 met betrekking tot reeds onder het oude regime totstandgekomen bloemlezingen en in 1995 bij de verlenging van de beschermingsduur (art. 51). Deze bepalingen zullen hieronder nog ter sprake komen. De overgangsbepalingen bij de wetswijzigingen van 1995 (verhuur- en uitleenrecht) en 1996 (satelliet en kabel) zijn opgenomen in Bijlage II.

h. Buitenlandse werken: doorgaans hier beschermd

Slechts bij hoge uitzondering zal het zich voordoen dat werken van buitenlandse auteurs hier te lande niet beschermd zijn; deze categorie hoort hier dan ook eigenlijk niet thuis. De internationale situaties zullen worden besproken in hoofdstuk IX.

35. De duur van het auteursrecht

In de boekenweek 1974 stond de schrijver Louis Couperus centraal. Stapels herdrukken lagen in de winkels, en de televisie zond in afleveringen een bewerking van een van zijn romans uit. Wellicht is aan dit alles niet vreemd geweest het feit dat de schrijver in 1923, 51 jaar tevoren dus, overleed, zodat zijn auteursrecht volgens de toen geldende termijn inmiddels was vervallen.

Het auteursrecht is tijdelijk, en vervalt na verloop van een bepaalde termijn (art. 37-42 Aw). Als hoofdregel geldt voor de duur: het leven van de maker *plus* 70 jaar daarna.

De termijn van 70 jaar loopt vanaf de 1e januari, volgend op het sterfjaar van de maker. Ook indien het auteursrecht zou zijn overgedragen blijft het leven van de auteur aanknopingspunt voor het bepalen van de duur. Tegelijk met het exploitatierecht vervallen de aan het persoonlijkheidsrecht verbonden bevoegdheden, voorzover deze na het overlijden van de maker zijn blijven voortbestaan (zie nr. 31).

Tot eind 1995 gold een termijn van 50 jaar na overlijden. Die termijn was ook internationaal – in elk geval binnen de Berner Conventie – zeer gebruikelijk,[3] en werd over het algemeen als redelijk ervaren.[4] Omdat het onwenselijk is geacht dat binnen de EG uiteenlopende termijnen voorkwamen (in Duitsland bijvoorbeeld was de termijn langer en sommige lidstaten, waaronder Frankrijk, hanteerden oorlogsduurverlengingen), is door een Europese richtlijn de beschermingsduur 'naar boven' geharmoniseerd en op 70 jaar gesteld.[5] Ook de hogere gemiddelde levensduur gold als een argument voor deze verlenging, opdat twee generaties nakomelingen van de auteursrechtelijke bescherming kunnen profiteren.

EG-richtlijn

Door de implementatie van deze richtlijn in de Nederlandse wet is de termijn met

3 Art. 7 BC. De verdragslanden mogen een langere beschermingstermijn toekennen en hoeven die dan niet toe te passen op werken uit landen waar de termijn korter is. Deze reciprociteitsregel botst echter met het binnen de EG geldende verbod van discriminatie op grond van nationaliteit.

4 Voor verlenging tot 70 jaar pleitte o.m. Th. Limperg, 'Duur van het auteursrecht', *AMR* 1979/2, p. 23 e.v. Daartegen: N. van Lingen, *AMR* 1979/4, p. 90, en dez., 'Auteursrecht als tijdsverschijnsel', *AMR* 1982/5, p. 131 e.v.

5 Richtlijn 93/98/EEG van 29 oktober 1993 (*Pb.* L 290/0), geïmplementeerd bij wet van 21 december 1995, *Stb.* 651-652 (inwerkingtreding 29 december 1995).

twintig jaar verlengd. Het daarbij geldende overgangsrecht wordt hierna behandeld.

domaine public payant

Weinig weerklank vonden de incidentele voorstellen tot invoering van een *domaine public payant,* dat wil zeggen een periode na het vervallen van auteursrecht gedurende welke gebruikers van voorheen beschermde werken een bepaalde vergoeding moeten betalen aan een fonds ten behoeve van levende kunstenaars.[6]

publiek domein

Wanneer het auteursrecht is vervallen staat het in beginsel een ieder vrij het werk openbaar te maken of te verveelvoudigen. Evenwel kunnen hierbij andere, nog wèl beschermde werken in het geding zijn. Zo kan er met betrekking tot een niet meer beschermde tekst nog wel auteursrecht rusten op annotaties, illustraties, de vertaling, lay-out, enzovoort. Ook zou misschien, onder bijzondere omstandigheden, het door een concurrerende uitgever op de markt brengen van fotomechanische overdrukken *(reprints)* van een niet meer auteursrechtelijk beschermd boek, dat nog normaal in circulatie is, een onrechtmatige daad kunnen opleveren. Zulks zal echter niet gauw zijn aan te nemen.[7] In het bestaande wettelijke systeem kan een beroep op artikel 6:162 BW niet het effect hebben dat de duur van het auteursrecht via de achterdeur wordt verlengd.[8] Hetzelfde zal hebben te gelden voor een beoogde voortgaande bescherming langs de weg van een merkdepot van de titel.[9]

reprints

art. 6:162 BW

merkdepot

afstand

Afstand van auteursrecht is, althans formeel, niet mogelijk. Nu de wet hierover niets bepaalt, zou het vreemd zijn indien afstand kon plaatsvinden zonder dat daaraan enig vormvereiste wordt gesteld; veel rechtsonzekerheid zou het gevolg zijn. In de praktijk staat het natuurlijk de auteursrechthebbende wel vrij ieder – zo hij wil: gratis – toestemming tot openbaar maken of verveelvoudigen te geven,[10] dan wel af te zien van optreden tegen inbreukmakers.[11] En berusten in gebleken inbreuk zou tot rechtsverwerking kunnen leiden. Er zijn intussen situaties waarin de auteur die vrijheid niet meer heeft, met name indien hij zich reeds contractueel jegens een derde gebonden zou hebben. Daarbij kan, en zal vaak, door de wederpartij exclusiviteit zijn bedongen. Ook is de auteur niet meer (geheel) vrij indien hij zijn werk heeft ingebracht in een bemiddelingsorganisatie, zoals Buma.

overgangsrecht

Krachtens overgangsrecht (art. 51 Aw) geldt de duurverlenging, die op 29 december 1995 is ingegaan, ook voor werken waarop het auteursrecht reeds door tijdsverloop was vervallen maar die op 1 juli 1995 nog in een of meer andere lidstaten van de Europese Unie[12] auteursrechtelijk waren beschermd. Die rechten zijn in

6 Vgl. A. Dietz, *Copyright Law in the European Communities*, Alphen aan den Rijn 1978, nrs. 434 e.v. en 455 e.v.

7 Zie ook HR 20 november 1987, *NJ* 1988, 311 (*Staat/Den Ouden*), vermeld in nr. 21.

8 Zie bijvoorbeeld Pres. Rb. Maastricht 13 mei 1981, *BIE* 1982/8, p. 186 (*Boerenbont*).

9 Zie H. Cohen Jehoram, 'Dik Trom geannoteerd', *NJB* 1982/2, p. 50, en D.W.F. Verkade, 'Het werk als merk, en het merk als werk', *AMR* 1982/5, p. 142.

10 Afstand werd wel aangenomen in een geval, waarin de ontwerper van een beeldmerk dit aan de opdrachtgever had verkocht om het naar believen te gebruiken. HR 20 maart 1992, *NJ* 1992, 563, met noot DWFV; *AMI* 1992/10, p. 194, met noot JHS; *BIE* 1993/5, p. 137, met noot SB (*Laser Vloerplan*).

11 Zie bijvoorbeeld de 'Voorwaarden voor het afbeelden van Nederlandse bankbiljetten' d.d. 25 augustus 1995 van de Nederlandsche Bank NV inzake het beperkt toegelaten afbeelden van (auteursrechtelijk beschermde! – zie nr. 42) bankbiljetten, onder andere in reclame.

12 Met inbegrip van de landen van de Europese Economische Ruimte, dus naast de 15 lidstaten van de EU ook de EVA-landen Noorwegen, IJsland en Liechtenstein.

Nederland opnieuw tot leven gekomen en duren voort volgens de thans 70-jarige termijn. Het verlengde of herleefde auteursrecht komt toe aan degene die de laatste rechthebbende was, tenzij tussen partijen anders is overeengekomen.
Vóór 29 december 1995 rechtmatig verrichte exploitatiehandelingen en verworven rechten worden door de wetswijziging ongemoeid gelaten. Met betrekking tot herleefde auteursrechten geldt, dat vóór 24 november 1993 (de publicatiedatum van de richtlijn) aangevangen exploitatiehandelingen mogen worden voortgezet.

Duitsland kende reeds een 70-jarige termijn. Sinds een belangwekkende uitspraak van het Hof van Justitie van de EG uit 1993 konden ook Nederlandse rechthebbenden zich in Duitsland op die langere termijn beroepen.[13] Het verbod van discriminatie op grond van nationaliteit binnen de EG doorbreekt de reciprociteitsregel van artikel 7 BC. Dit brengt mee, dat herleving van auteursrecht ingevolge artikel 51 Aw zich voordoet bij alle werken waarvan de rechten op 1 juli 1995 (de datum waarop de richtlijn moest zijn geïmplementeerd) in Nederland reeds waren verstreken maar in Duitsland nog niet. Wanneer de maker dus tussen 1925 en 1944 is overleden, herleefde het intussen vervallen Nederlandse recht op 29 december 1995 en duurt het voort tot 70 jaar na (de 1e januari volgend op) het overlijden. Bij bijvoorbeeld een overlijdensdatum in 1937 (de componist Ravel) was het Nederlandse auteursrecht vervallen op 31 december 1987, maar duurt het herleefde recht nu voort tot 31 december 2007.

herleving

Auteursrechten op werken van makers die na 1944 zijn overleden, waren ten tijde van de wetswijziging nog niet vervallen. Die rechten zijn met 20 jaar verlengd.
De per 1 juli 1995 herleefde of verlengde rechten komen toe aan degene die laatste rechthebbende zou zijn geweest als de herleving of verlenging niet had plaatsgevonden (art. 51, lid 5). Dat is dus de maker respectievelijk diens erfgenamen, dan wel degene aan wie het recht was overgedragen, tenzij anders werd overeengekomen (bijvoorbeeld een in tijd beperkte overdracht). Een (exclusieve) licentienemer wordt niet als laatste rechthebbende beschouwd.

rechthebbende

exploitatie

De herleving heeft geen terugwerkende kracht. Voor exploitatiehandelingen die, bijvoorbeeld met betrekking tot toen vrijgevallen werken, vóór 29 december 1995 rechtmatig zijn verricht heeft de duurverlenging geen gevolg. Hetzelfde geldt voor eerder verworven rechten. In 1995 uitgebrachte cd's met werk van Ravel kunnen dus rechtmatig op de markt blijven.
Voor de toekomst echter zullen exploitanten van voorheen vrij werk het herleefde auteursrecht in beginsel moeten respecteren. Niettemin zijn zij bevoegd tot voortzetting van exploitatiehandelingen die vóór 24 november 1993 (de datum van publicatie van de richtlijn) rechtmatig zijn verricht (art. 51, lid 4). Dit geldt dus voor een indertijd, vanuit legitieme verwachtingen, voorbereide en begonnen exploitatie van toen vrij werk. Daarmee mag vrij worden voortgegaan. Maar voor nieuwe exploitatiehandelingen geldt de overgangsbepaling niet.
Het kan zich voordoen dat in het verleden exploitatiecontracten zijn gesloten over werken waarbij niet was te voorzien, dat het auteursrecht daarop zou worden ver-

13 Hof EG 20 oktober 1993, *AMI* 1994/5, p. 91 (*Phil Collins*).

lengd. Of dan de licentienemer op dezelfde voorwaarden met de exploitatie mag voortgaan is een kwestie van uitlegging van de bestaande overeenkomst, te beoordelen naar algemene regels en beginselen van contractenrecht.

gemeenschappelijk auteursrecht

Indien op een werk een gemeenschappelijk auteursrecht rust van twee of meer gezamenlijke makers, begint de termijn van 70 jaar te lopen op de 1e januari van het jaar dat volgt op het sterfjaar van de langstlevende auteur.

Bijvoorbeeld: het boek met de twee schrijvers, waarvan niemand weet wie wat geschreven heeft. Zie nr. 8, sub b. Indien een boek wordt uitgegeven met illustraties van een ander dan de schrijver, brengt dit op zichzelf nog geen gemeenschappelijk auteursrecht met zich mee. De duur van het recht wordt dan voor tekst en plaatjes elk afzonderlijk berekend volgens de hoofdregel (vergelijk nr. 8, sub a).
Een gemeenschappelijk auteursrecht kan zich ook voordoen indien het recht na overlijden van een auteur overgaat op verschillende erfgenamen gezamenlijk. Het zal duidelijk zijn dat dit voor het bepalen van de duur van geen betekenis is.

verzamelwerk

Bij verzamelwerken (art. 5; vergelijk nr. 9) is het zo, dat het recht van de verzamelaar ten aanzien van de afzonderlijke bijdragen afhangt van het feit of daarop nog auteursrecht bestaat.

anoniem; pseudoniem

De duur van het auteursrecht op anoniem of onder pseudoniem verschenen werken wordt berekend vanaf de eerste, rechtmatig verrichte, openbaarmaking en bedraagt 70 jaar vanaf de 1e januari van het daarop volgende jaar (art. 38, lid 1).
Indien de maker voor het verstrijken van deze termijn zijn ware identiteit bekendmaakt, is alsnog de hoofdregel toepasselijk: zijn leven plus 70 jaar (art. 38, lid 3).

Het gaat hier om werken waarvan men niet weet of kan weten wie de maker is. Het voor het bepalen van de duur noodzakelijke vaststellen van de datum van eerste openbaarmaking zal niet altijd eenvoudig zijn.[14]
Anoniem wil zeggen, dat de naam van de maker onbekend is. Een niet gesigneerd schilderstuk van Karel Appel is geen anoniem verschenen werk. Evenmin bestaat er aanleiding voor afwijken van de hoofdregel indien er sprake is van een schuilnaam waarvan iedereen weet wie zich daarachter verbergt (bijvoorbeeld Kronkel/Simon Carmiggelt).
Een onrechtmatige openbaarmaking van het werk, onder valse of geheel zonder naamsaanduiding, kan nooit de kortere 70 jaar-termijn doen ingaan. De wet sprak voorheen van openbaarmaking ‘door of vanwege de rechthebbende’. Het in 1985 hiervoor in de plaats gekomen woord ‘rechtmatig’ geeft duidelijk aan dat ook bijvoorbeeld een openbaarmaking krachtens wettelijke licentie (zie nr. 44) eronder begrepen kan zijn.

14 Vgl. Pres. Rb. Maastricht 13 mei 1982, *BIE* 1982/8, p. 186 (*Boerenbont:* aannemelijk dat de eerste openbaarmaking van het werk reeds meer dan 50 jaar geleden – de toen geldende termijn – heeft plaatsgehad). Zie ook art. 7, lid 3, slotzin, BC.

rechtspersoon-maker

Een termijn van 70 jaar na eerste openbaarmaking geldt ook voor werken waarvan een rechtspersoon als maker wordt aangemerkt, tenzij de echte maker (natuurlijke persoon) als zodanig is aangeduid op of in openbaar gemaakte exemplaren van het werk (art. 38, lid 2).

Een rechtspersoon kan maker zijn krachtens artikel 8 of, als werkgever, op grond van artikel 7; zie de nrs. 13 respectievelijk 12. De duur van het auteursrecht zou, indien gekoppeld aan het 'leven' van de maker-rechtspersoon, onbepaald zijn; vandaar de termijn van 70 jaar na eerste openbaarmaking. Bij de wetswijziging van 1995 is hierop een uitzondering gemaakt voor het geval dat de echte maker op (openbaar gemaakte exemplaren van) het werk is vermeld, bijvoorbeeld bij 'gesigneerde' producten van industriële vormgeving. In dat geval geldt de hoofdregel, en is de duur dus 70 jaar na diens overlijden.

delen, afleveringen

Indien, in de gevallen dat de duur berekend wordt vanaf de eerste openbaarmaking, het werk in verschillende banden, delen, nummers of afleveringen is verschenen, worden deze telkens als afzonderlijk werk aangemerkt. De termijn loopt dan per deel, bijvoorbeeld de na elkaar verschijnende delen van een encyclopedie.

Artikel 41 is in 1995 aangepast aan de EG-richtlijn. Voordien gold voor afleveringen die, bijvoorbeeld blijkens een doorlopende paginanummering, geen afgerond geheel vormen, dat het werk pas geacht werd te zijn openbaar gemaakt zodra de laatste aflevering verschenen is. Hetzelfde gold voor vervolgen van hoorspelen en dergelijke.

film

Films zijn auteursrechtelijk beschermd tot 70 jaar na het overlijden van de langstlevende onder de volgende makers: de hoofdregisseur, de scenarioschrijver, de schrijver van de dialogen of de componist van de filmmuziek (art. 40).

Het leven van de voornaamste filmauteurs is dus aanknopingspunt voor de beschermingsduur. Voorheen, voor de wetswijziging van 1995, werd de termijn (toen 50 jaar) berekend vanaf het overlijden van de langstlevende onder alle makers. De nieuwe regel zou dus theoretisch tot een verkorting van de beschermingsduur kunnen leiden indien de thans genoemde makers betrekkelijk vroeg overlijden. Daartegen waakt echter de overgangsbepaling van artikel 51, lid 2: lopende beschermingstermijnen kunnen door de wetswijziging niet worden verkort.

verval

In de gevallen dat de duur berekend wordt vanaf de eerste openbaarmaking, dient deze te zijn geschied binnen 70 jaar na de totstandkoming van het werk. Anders is het auteursrecht komen te vervallen (art. 39).

postuum werk

Ook onder het oude recht werd dit al aangenomen.[15] De wet was toen minder duidelijk, door slechts te bepalen dat voor postuum verschenen werken de termijn werd berekend vanaf de eerste, rechtmatige openbaarmaking. Thans is het dus zeker, dat die openbaarmaking geen auteursrecht meer in het leven roept als dit recht intussen door tijdsverloop ten einde was gekomen. Dat is, indien de hoofdregel van artikel 37 toepasselijk is, 70 jaar na het overlijden van de maker en in andere gevallen 70 jaar na de totstandkoming van het werk. Daarna is het sluimerende auteursrecht stilletjes voorgoed ingeslapen, en behoort het werk tot het publiek domein. Voor een nadien rechtmatig verrichte eerste openbaarmaking voorziet de wet in een aparte bescherming.

publiek domein

oude werken

Wie een niet eerder uitgegeven werk voor de eerste maal rechtmatig openbaar maakt na het verstrijken van de duur van het auteursrecht, geniet gedurende 25 jaar de exclusieve auteursrechtelijke bevoegdheden. Hetzelfde geldt voor de eerste publicatie van werken die nooit auteursrechtelijk beschermd zijn geweest en waarvan de maker meer dan 70 jaar geleden is overleden (art. 45o).

Het gaat hier om een soort nabuurrechtelijke prestatiebescherming, prikkel tot en beloning van inspanning en investering. Men spreekt wel van een recht op gevonden voorwerpen (oude manuscripten, onvoltooide symfonieën), voer voor archeologen en historici. De ontdekking van de Dode Zee-rollen zou hier als extreem voorbeeld kunnen gelden. De bedoelde eerste publicatie moet wel, in algemeen vermogensrechtelijke zin, rechtmatig zijn; alleen de eerlijke vinder verdient bescherming, niet de dief. De nieuwe regel is nogal bekritiseerd;[16] zij is geïnspireerd op de Duitse auteurswet, die al langer bescherming bood aan de *editio princeps.*

buitenlandse werken

In het buitenland verschenen werken zijn ook in Nederland auteursrechtelijk beschermd. Voor werken van buiten de EU (EER) duurt die bescherming echter nooit langer dan in het betrokken andere land. Ook indien de hierboven genoemde termijnen nog niet verstreken zouden zijn, worden werken, waarvan het land van oorsprong buiten de EU (EER) ligt, hier te lande niet meer beschermd zodra de duur in dat land van oorsprong verstreken is (art. 42).

Uiteraard gaat het hierbij alleen om werken die krachtens de BC of de UAC in Nederland bescherming genieten (zie nr. 61). De reciprociteitsregel geldt niet binnen de Europese Unie, waar discriminatie op grond van nationaliteit verboden is. Als 'land van oorsprong' zal in de regel worden aangemerkt het land waar het werk

15 Zie N. van Lingen, 'Nagelaten werk en de duur van het auteursrecht', *WPNR* 5437 (1978), p. 333 e.v., en *WPNR* 5438 (1978), p. 357 e.v.

16 Zie D.W.F. Verkade en D.J.G. Visser, 'Duurverlenging en een nieuw naburig recht voor gevonden voorwerpen', *Mediaforum* 1995/1, p. 2, en A.A. Quaedvlieg, 'Artikel 45*o*. Een ongewerveld intellectueel eigendomsrecht', *AMI* 1996/5, p. 87. D.W.F. Verkade, *Intellectuele eigendom: wetenschaps-stimulator?*, Mededelingen KNAW, deel 60 (1997) nr. 6.

voor het eerst is openbaar gemaakt. Is de duur daar korter, dan houdt ook de bescherming in Nederland voortijdig op. Duurt het auteursrecht daar langer dan gelden in Nederland gewoon de termijnen van de Auteurswet, dus de hoofdregel: tot 70 jaar na overlijden.
Wanneer een buitenlander zijn werk voor het eerst in Nederland openbaar maakt, is dit het land van oorsprong en is de Auteurswet direct toepasselijk (art. 47; zie nr. 62).

36. Overnemen en citeren; onderwijs

Het overnemen van en citeren uit reeds eerder gepubliceerde werken is een veel voorkomend en algemeen aanvaard verschijnsel. Daarbij kunnen verschillende overwegingen een rol spelen, zoals een snelle en volledige informatievoorziening (pers en omroep), het belang van onderwijs en wetenschap (bloemlezingen en readers), het leveren van kritiek en commentaar, het citeren binnen een eigen betoog, enzovoort. Zonder nadere wettelijke regeling zou men voor dergelijk doen en laten afhankelijk zijn van vooraf verkregen toestemming van de auteursrechthebbende, hetgeen veelal een moeilijk te aanvaarden belemmering van informatieoverdracht en cultuurspreiding zou opleveren. Vandaar dat de wet in een aantal artikelen het auteursrecht in die zin heeft beperkt, dat binnen zekere grenzen en onder bepaalde voorwaarden (zoals bronvermelding of soms het betalen van een vergoeding) citeren of overnemen geoorloofd is zonder dat daarvoor toestemming behoeft te worden gevraagd en verkregen. Dat neemt intussen niet weg dat het in sommige van die gevallen in bepaalde branches gebruikelijk is, toch tevoren toestemming te vragen.

drie rubrieken

De gevallen waarom het gaat zijn hieronder, de wet volgend, in drie rubrieken gerangschikt:
A. Overname door en uit de pers, met inbegrip van de omroep;
B. Citeren in een eigen betoog;
C. Overname en uitzending voor onderwijsdoeleinden; bloemlezingen en readers.
De desbetreffende wetsartikelen zijn in 1985 herzien en aangepast aan de Akte van 1971 van de BC.

A. Overname door/uit pers en omroep (art. 15)

Aan periodieken (dag-, nieuws- en weekbladen en tijdschriften) en aan de omroep is een zekere vrijheid toegekend om over en weer stukken van elkaar over te nemen. Het moet dan gaan om verschenen respectievelijk uitgezonden nieuwsberichten, gemengde berichten, of artikelen respectievelijk programmaonderdelen over actuele economische, politieke, godsdienstige of levensbeschouwelijke onderwerpen.

bladen

Bedoeld zijn bladen die met een zekere regelmaat verschijnen; jaarboeken en dergelijke vallen daar niet onder. In 1985 is de regeling verruimd tot radio en televisie.

omroep

Voordien was ook daar reeds overname niet ongebruikelijk, hoewel een uitdrukkelijke wettelijke regeling ontbrak.

overnemen in vertaling

De bevoegdheid bestaat uit het zonder voorafgaande toestemming *overnemen*. Dat mag ook in vertaling gebeuren. Niet meer als overnemen te beschouwen is het omwerken tot een andere vorm; dat zou – tenzij een geheel nieuw, oorspronkelijk werk ontstaat – verveelvoudigen zijn in de zin van artikel 13 (zie nr. 23), en blijft gebonden aan toestemming. Afgezien van het bovenstaande is het uiteraard steeds geoorloofd enkel de *zakelijke inhoud* over te nemen, en deze te verwerken in een eigen artikel. Zulks is immers geen verveelvoudigen; op de feitelijke gegevens, los van de tekst, rust geen auteursrecht.

knipselkrant

Een wel erg vèrgaand gebruik van deze overnamebevoegdheid maken zgn. knipselkranten, onder meer bekend op het terrein der overheidsvoorlichting. De inhoud van deze bladen bestaat doorgaans uit niets anders dan stukken die uit andere bladen zijn overgenomen, meestal gefotokopieerd. Het is hier dus, anders dan bij gewone periodieken, steeds eenrichtingsverkeer. In de rechtspraak is bevestigd dat ook overname door knipselkranten onder het regime van artikel 15 is toegelaten, tegen de achtergrond van de *free flow of information.*[17] Wel is altijd bronvermelding vereist en mogen er geen foto's en tekeningen (bijvoorbeeld politieke spotprenten) worden overgenomen, waarover straks meer. De MvT bij de wetsherziening van 1985 vermeldt uitdrukkelijk dat de daar voorgestelde regeling ook voor knipselkranten is bedoeld. Men kan daar vrede mee hebben, nu immers in de bron het auteursrecht kan worden voorbehouden.[18]

Op digitaal terrein is het oordeel terughoudender. Artikel 15 is niet toepasselijk geacht op een door het bibliotheekwezen uitgebrachte cd-rom, waarop zonder toestemming van de auteurs een grote hoeveelheid van in kranten en tijdschriften verschenen literaire recensies en dergelijke was overgenomen. Dit product had meer weg van een electronische databank dan van een (digitale) knipselkrant. Ook artikel 16b Aw en artikel 10 EVRM konden de bibliotheken niet baten.[19]

persoverzichten

Persoverzichten vallen onder de citeerregeling van artikel 15a, zie hierna, sub B.

omroep

De aan de omroep verleende bevoegdheid omvat niet het recht om een geheel programma over te nemen. Het moet gaan om programmaonderdelen van de hierboven genoemde aard en inhoud, zoals fragmenten uit binnen- of buitenlandse nieuwsuitzendingen en actualiteitenrubrieken.[20]

bron- en naamsvermelding

Aan de overnamebevoegdheid is steeds de voorwaarde van bronvermelding verbonden alsmede – zo mogelijk – vermelding van de naam van de auteur. Ook moeten de persoonlijkheidsrechten (art. 25 Aw) worden geëerbiedigd.

17 HR 10 november 1995, *NJ* 1996, 177, met noot DWFV; *IER* 1996/1, p. 20, met noot Hugenholtz; *AMI* 1996/3, p. 55, met noot Quaedvlieg (*Reprorecht/NBLC*). Hierover W.C. van Manen, 'Knipselkunst- en vliegwerk', *BIE* 1997/1, p. 36.

18 Vgl. H. Cohen Jehoram, 'Knipselkrant en auteursrecht', *BIE* 1985/6-7, p. 173 e.v.

19 Rb. Den Haag 3 mei 1995, *AMI* 1995/6, p. 116; *Mediaforum* 1995/6, p. B76 (*LiteROM*).

20 Volgens Verkade en Visser, *Parl. Gesch. WNR*, Delft 1993, p. 8 is art. 15 Aw voor wat betreft de overname van actuele omroepprogramma's een dode letter geworden, nu deze beperking niet is overgenomen in art. 10 WNR.

Het blad of omroepprogramma waaruit is overgenomen moet op duidelijke wijze worden aangegeven. Vermelding van de auteur (naam, pseudoniem) is vereist, indien deze ook in de bron genoemd wordt.

overnemen: wat? drie gevallen

Wat mag, steeds dus met bronvermelding, worden overgenomen? Men kan ten aanzien van de inhoud van een blad of programma drie gevallen onderscheiden:

a. wat *altijd* vrij mag worden overgenomen (ook al zou een voorbehoud zijn gemaakt);
b. wat alleen dan mag worden overgenomen indien en voorzover er *geen voorbehoud* is gemaakt; in het andere geval is toestemming vereist;
c. wat *nooit* zonder toestemming mag worden overgenomen (ook al is er geen voorbehoud gemaakt).

voorbehoud

Bij tijdschriften is het voldoende als zo'n voorbehoud in algemene bewoordingen in het colofon van ieder nummer voorkomt (bijvoorbeeld 'auteursrecht voorbehouden', dat is duidelijker dan enkel het bekende copyrightnotice © plus naam auteursrechthebbende en jaartal). Het lijkt ongerijmd dat dit niet ook voor weekbladen zou gelden.[21] Voor andere bladen, zoals kranten, geldt, dat het voorbehoud bij en in verband met het betrokken artikel moet worden afgedrukt.

inbreuk

Overname zonder toestemming in de gevallen dat deze wel vereist is levert inbreuk op auteursrecht op. Hierbij valt te bedenken dat een blad is te beschouwen als verzamelwerk in de zin van artikel 5; zie nr. 9. Aan de (hoofd)redactie komt het verzamelaars-auteursrecht toe. Wanneer er sprake is van een vast dienstverband is de werkgever op grond van artikel 7 auteursrechthebbende.

De overnamevrijheid is voor binnen- en buitenlandse bronnen gelijk.

Voorheen werd hier een onderscheid gemaakt, en was de bevoegdheid tot overname uit binnenlandse bladen ruimer. Bij de wetsherziening van 1985 is deze discrepantie verdwenen. De regeling sluit aan bij artikel 10*bis* BC.

De indeling is als volgt:

a. *(vrij):* nieuwsberichten en gemengde berichten;
b. *(vrij tenzij voorbehoud):* artikelen over actuele economische, politieke, godsdienstige of levensbeschouwelijke onderwerpen, alsmede gelijksoortige onderdelen van radio- of tv-programma's;
c. *(met toestemming):* alles wat niet onder *a* of *b* valt.

21 Zo ook Gerbrandy (1988), p. 218 en 221. Vgl. de voorbeelden bij Spoor/Verkade (1993), nr. 145.

nieuws-berichten

Ook op geschriften die niet oorspronkelijk zijn, zoals de meeste korte krantenberichten, rust auteursrecht; zie nr. 17, onder 1. Zij vallen in groep *a,* zodat een eventueel gemaakt voorbehoud geen effect sorteert. Overigens is de zakelijke inhoud altijd vrij; weergave daarvan in een andere, nieuwe vorm kan nimmer inbreuk op auteursrecht opleveren.[22]

actualiteit

Rubriek *b* voorziet in de informatievoorziening als taak van pers en omroep, het belichten van achtergronden van het nieuws. De actualiteit van het onderwerp is voorwaarde, maar wat actueel is wordt in hoge mate door de pers zelf bepaald (*the medium is the message*). De genoemde terreinen van het maatschappelijk leven bestrijken een breed gebied, waar maar weinig niet onder lijkt te kunnen vallen. Door een auteursrechtvoorbehoud kan voorkomen worden dat de concurrent voor een dubbeltje op de eerste rang gaat zitten.

Uit de overige inhoud van bladen en omroepuitzendingen mag alleen worden overgenomen na verkregen toestemming. De regeling van artikel 15 is duidelijk slechts bedoeld voor wat tot het eigenlijke journalistieke werkterrein behoort.

gedichten
foto's
portretten
tekeningen
advertenties

Gedichten en andere bellettristische bijdragen bijvoorbeeld vallen hier buiten, zodat voor overname steeds toestemming is vereist. Hetzelfde geldt voor foto's (zie voor portretten bovendien nr. 41), tekeningen (cartoons, strips, kaarten, grafieken etc.) en advertenties, zij het dat er niet in alle gevallen bezwaren tegen overname hoeven te bestaan.

interview

Men mag aannemen dat ook een interview in rubriek *c* thuishoort, al kan hier de gegeven actualiteit rubriek *b* in zicht doen komen. Een voorbehoud is dan wel zo verstandig, als men tenminste exclusief wil blijven. Auteursrechthebbende is de interviewer[23] c.q. diens werkgever. Indien de gesprekspartner uitvoerig zelf aan het woord wordt gelaten kan er eventueel aanleiding zijn om van een verzamelwerk (art. 5 Aw) te spreken, dat wil zeggen met erkenning van auteursrecht van de geïnterviewde op zijn eigen bijdrage. In uitzonderingsgevallen kan die bijdrage zo wezenlijk zijn voor bijvoorbeeld opbouw en vorm van het interview, dat op het geheel een gemeenschappelijk auteursrecht (art. 26 Aw) bestaat. Iets anders is, dat een niet integere weergave van het vraaggesprek een onrechtmatige daad (art. 6:162 BW) jegens de geïnterviewde kan opleveren, dan wel (indien hij mede 'auteur' is) een schending van zijn persoonlijkheidsrecht (art. 25 Aw).

B. Citeren in een eigen betoog (art. 15a)

Van *aanhalen* of *citeren* is sprake wanneer stukken uit werken van andere auteurs in het verband van een eigen tekst worden ingelast. Dat verschilt dus wezenlijk van het hierna nog te bespreken *overnemen* in bloemlezingen en dergelijke, waar het overgenomene het belangrijkste deel van de inhoud uitmaakt, ook al zouden noten en een inleiding zijn toegevoegd. Artikel 15a, dat aansluit bij artikel 10, lid 1, BC, geeft aan onder welke voorwaarden dit citeren is toegestaan ('*droit de citation*').

citeren: waaruit en waarin?

Onder bepaalde, nader omschreven voorwaarden is zonder toestemming geoorloofd het aanhalen van stukken uit reeds eerder

22 Zie over de bescherming van feitelijke informatie uitvoerig Hugenholtz (1989), p. 69 e.v.
23 Vgl. Rb. Amsterdam 13 december 1978, *AMR* 1981/1, p. 12, met noot DWFV (*De Groot/NOS*): een interview waarbij de interviewer de geïnterviewde begeleidt en vorm geeft aan het gesprek, moet in zijn geheel worden aangemerkt als een werk waarvan de interviewer de maker is.

rechtmatig openbaar gemaakte werken, doch alleen indien dit geschiedt in een aankondiging, beoordeling, polemiek of wetenschappelijke verhandeling.
Korte werken mogen in hun geheel geciteerd worden. Hetzelfde geldt voor werken van beeldende en toegepaste kunst en foto's, mits het formaat of het reproductieprocédé duidelijk verschilt van het origineel.

Artikel 15a is nieuw geredigeerd in 1985.[24] De voordien geldende regeling van artikel 16-*oud,* lid 1, sub *b* beperkte het citeren tot geschriften, muziekwerken en beeldende kunst. Thans mag uit alle werken worden geciteerd, en daarmee heeft het begrip 'citeren' ook in de wet de brede betekenis gekregen die het in de praktijk reeds had.

alle werken

context

Vereist is de context van een aankondiging, beoordeling, polemiek of wetenschappelijke verhandeling. Anders zouden bijvoorbeeld ook beeldende kunstenaars, architecten en componisten in hun werk uit werken van vakgenoten kunnen 'citeren', en dat is duidelijk niet de bedoeling van dit artikel. Dat neemt overigens niet weg dat zulk een citeren, binnen zekere grenzen, wel aanvaarde praktijk is.[25]
Niet alleen in een geschrift (boek, tijdschriftartikel) maar ook in een mondeling betoog (bijvoorbeeld een boekbespreking voor radio of tv) kan het citeren plaatsvinden, mits maar in de genoemde context. Afzonderlijk genoemd is in het derde lid, in navolging van de BC, het citeren uit in een dag-, nieuws-, of weekblad of tijdschrift verschenen artikelen. Dit mag geschieden in de vorm van persoverzichten.

persoverzichten

Behoudens de in artikel 15 bedoelde gevallen (zie onder A) is het overnemen van een geheel artikel of een omvangrijk deel daaruit niet toegestaan. Wel mag men de zakelijke, feitelijke inhoud in eigen woorden navertellen, waar nodig gelardeerd met enkele citaten.

korte werken

Korte werken kunnen wel in hun geheel worden geciteerd. Wat 'kort' is wordt niet nader aangeduid, zodat het maatschappelijk aanvaardbare gebruik hier de doorslag zal moeten geven. Wie in een kort werk knipt zou trouwens snel in conflict kunnen komen met de persoonlijkheidsrechten van artikel 25 Aw.

muziekcitaat

sound sampling

Uit muziekwerken kan geciteerd worden door het laten horen van enkele fragmenten, of door het in geschrift aanhalen van stukken bladmuziek. Componisten citeren elkaar van oudsher, met mate. Een moderne, met name in de popmuziek bekende, variant is *sound sampling* (ook wel 'klankjatten' genoemd), dat is het digitaal overnemen en verwerken van korte fragmenten uit ander werk. Dat komt soms in de buurt van inbreuk op auteursrecht.[26]

kunstcitaat, foto's

Werken als bedoeld in artikel 10, eerste lid, onder 6°, 9° en 11° (beeldende kunst, foto's, toegepaste kunst) mogen bij wege van citaat in hun geheel worden overgenomen, mits 'in zodanige verveelvoudiging dat deze door haar grootte of door de werkwijze volgens welke zij is vervaardigd een duidelijk verschil vertoont met het oorspronkelijke werk'. Voor het overnemen van een foto van een sculptuur in een

24 Zie M.R. de Zwaan, 'Zeer apart: een beoordeling van 10 jaar citaatrecht', *AMI* 1995/10, p. 183.
25 Zie R.L. du Bois, 'Muziek over muziek', *AMI* 1996/6, p. 107.
26 Zie M.T.M. Koedooder, 'Recycling in de populaire muziek', *AMI* 1994/7, p. 131.

kunsthistorisch boek is dus geen toestemming van de beeldhouwer vereist, wel echter van de fotograaf tenzij het formaat van de overgenomen foto sterk afwijkt.

krant

Ook het bij een recensie in de krant afbeelden van een illustratie uit het besproken boek gaat de grenzen van het citeerrecht niet te buiten.[27] Wel is als inbreuk aangemerkt de krantenfoto, waarop naast een geïnterviewde persoon ook een ter plekke aanwezig kunstwerk nogal geprononceerd stond afgebeeld.[28]

vier voorwaarden

Aan het citeren zijn een viertal nadere *voorwaarden* gesteld. Wordt aan een van deze niet voldaan, dan is er inbreuk op auteursrecht. Deze voorwaarden zijn:
1. Er mag alleen worden geciteerd uit een werk dat reeds rechtmatig was openbaar gemaakt.

Bijvoorbeeld: in druk verschenen boek, voor radio uitgezonden muziekwerk, geëxposeerd schilderij. Men mag dus niet citeren uit een ongepubliceerd manuscript.

2. Het citeren moet in overeenstemming zijn met wat naar de regels van het maatschappelijk verkeer redelijkerwijs geoorloofd is, en aantal en omvang der geciteerde gedeelten moeten door het te bereiken doel gerechtvaardigd zijn.

amvb

De verwijzing naar de regels van het maatschappelijk verkeer biedt de nodige armslag, maar kan in de praktijk tot conflicten leiden. Daarom is voorzien in de, nog nooit benutte, mogelijkheid van een nadere concretisering bij amvb. Aantal en omvang der citaten moeten gerelateerd zijn aan het doel, bijvoorbeeld het ondersteunen en verduidelijken van hetgeen wordt betoogd.[29]

context

Men lette hierbij ook op het vereiste kader van een aankondiging of beoordeling en dergelijke. Enig verband moet er wel zijn.[30] Zo werd eens door de rechter uitgemaakt dat een boekenclub in haar catalogus wel kleine afbeeldingen mag opnemen van schilderijen waarvan zij, krachtens verkregen recht, (grote) reproducties te koop aanbiedt, doch niet gerechtigd is om zo'n afbeelding tevens als voorplaat van die catalogus te gebruiken. Dat was geen aankondiging meer, en dus: inbreuk op

27 HR 26 juni 1992, *NJ* 1993, 205, met noot DWFV; *IER* 1992/5, p. 154, met noot Quaedvlieg; *BIE* 1993/1, p. 20, met noot Steinhauser; *AMI* 1993/3, p. 49, met noot Oppenoorth op p. 43 (*Damave/Trouw*). Anders: Ktg. Rotterdam 15 februari 1990, *NJ* 1990, 744 (*Greiner/NDU*).

28 Rb. Amsterdam 19 januari 1994, *AMI* 1994/3, p. 51; *IER* 1994/2, p. 50; *Mediaforum* 1994/3, p. B34 (*Volkskrant/Beeldrecht*, inz. 'de Boogschutter'). In juni 1997 hebben de gezamenlijke kranten een tarievenovereenkomst gesloten met de Stichting Beeldrecht.

29 Vgl. Pres. Rb. Zutphen 28 april 1981, *AMR* 1982/1, p. 16; *BIE* 1982/8, p. 182. Inbreuk, want mate van citeren als in casu nog wel geoorloofd in een stageverslag, maar niet in handelsuitgave van een kennelijk gepopulariseerde bewerking daarvan. Bovendien geen bronvermelding.

30 Ktg. Utrecht 23 februari 1989, *AMI* 1989/4, p. 102, met noot JHS (*Beeldrecht/Utrechts Nieuwsblad*). Ktg. Alphen aan den Rijn 16 april 1985, bekrachtigd door Rb. Den Haag 24 december 1986, *AMR* 1987/2, p. 35 (*Kunstbeeld*).

exploitatie

auteursrecht.[31] Bij twijfel moet naar mijn mening in dergelijke gevallen doorslaggevend zijn, of het opnemen van illustraties een zelfstandige exploitatiefunctie heeft. Wanneer het bijvoorbeeld zo is dat een kunsttijdschrift zijn commercieel succes kennelijk mede dankt aan fraaie reproducties die naast de tekst een zelfstandige plaats innemen, dan valt niet goed te billijken waarom de kunstenaar zich dit als kunstcitaat zou moeten laten welgevallen zonder daarvoor een cent te ontvangen.[32]

3. De bepalingen van artikel 25 (persoonlijkheidsrechten) moeten worden in acht genomen.

Dit spreekt vanzelf. Uit hun verband gerukte citaten kunnen een volstrekt vertekend beeld geven.

4. De bron moet op duidelijke wijze worden vermeld, alsmede de aanduiding van de maker, indien deze in de bron voorkomt.

Een eventueel in de bron gemaakt voorbehoud als bedoeld in artikel 15 (zie A) heeft op de citeervrijheid geen effect.

vertaling

Ten slotte is nog bepaald dat ook in vertaling mag worden geciteerd.
Voor het citeren ingevolge artikel 15a is, in tegenstelling tot het hierna te bespreken overnemen in bloemlezingen en dergelijke, geen financiële vergoeding verschuldigd.

C. Overname en uitzending voor onderwijsdoeleinden; bloemlezingen en readers (art. 16)

publicaties en opnamen

schoolradio en -tv

Onder bepaalde, nader omschreven voorwaarden is het toegestaan om gedeelten van reeds eerder rechtmatig openbaar gemaakte werken over te nemen in publicaties of in geluids- of beeldopnamen, gemaakt om te worden gebruikt als toelichting bij het onderwijs (lid 1, sub *a*). Evenzo mogen gedeelten van werken worden openbaar gemaakt door uitzending van een radio- of televisieprogramma in een programma dat gemaakt is om te dienen als toelichting bij het onderwijs (lid 1, sub *b*).

31 Rb. Den Haag 29 december 1971, *NJ* 1972, 212 (*Portugese Vissers*). Een enigszins vergelijkbare casus werd berecht door Rb. Amsterdam 11 maart 1981, *AMR* 1981/4, p. 86 (*Jan Cremer/Coca Cola*). Hier was echter het in advertenties afbeelden van als relatiegeschenken aangekochte zeefdrukken te beschouwen als wanprestatie (contractbreuk), zodat de vraag naar de eventuele toepasselijkheid van art. 16-*oud* Aw niet meer aan de orde kwam.

32 In gelijke zin beslist door HR 22 juni 1990, *NJ* 1991, 268, met noot Spoor; *AMI* 1990/9, p. 202, met noot Dommering; *AA* 1991/9, p. 672, met noot HCJ (*Malmberg/Beeldrecht*, inz. 'Zienderogen Kunst'; reproducties in een kunstboek voor het onderwijs).

Artikel 16 bestrijkt twee vormen van overname uit werken voor onderwijsdoeleinden: in publicaties of opnamen en in omroepprogramma's. Overnemen – men spreekt ook wel van *droit d'emprunt* – gaat verder dan de citeerbevoegdheid ingevolge artikel 15a (waar ook het onderwijs gewoon gebruik van kan maken), en een van de voorwaarden is dan ook dat hiervoor aan de rechthebbende moet worden betaald. Dat is ook billijk: de gegeven wettelijke licentie dient een algemeen belang, maar dat hoeft niet over de rug van de auteur te gaan.

Artikel 16 is in 1985 grondig herzien, en werd aangepast aan artikel 10, lid 2, BC. De huidige regeling is deels ruimer, deels enger dan de desbetreffende bepalingen in artikel 16-*oud* (lid 1, sub *a*). De verruiming bestaat hierin, dat thans ook rekening wordt gehouden met gebruik voor schoolradio en -televisie. Het moet dan gaan om programma's die speciaal voor toelichting in het onderwijs zijn gemaakt. De weergave in de klas is vrij ingevolge artikel 12, lid 3 (zie nr. 28).

Anderzijds zijn de voorwaarden wat aangescherpt. Artikel 16-*oud* sprak van overname in bloemlezingen en andere werken 'kennelijk bestemd voor het onderwijs of een ander wetenschappelijk doel'. Door die laatste woorden kon soms discussie ontstaan of een bepaalde bloemlezing niet primair op een algemeen publiek gericht was en dus niet voldeed aan de norm. Thans geldt het strikte vereiste dat

alleen voor onderwijs

wordt overgenomen in publicaties (uitgaven van geschreven werk, zoals boeken en tijdschriften) of geluids- of beeldopnamen (muziekcassettes, video, film) die gemaakt zijn ter toelichting bij het onderwijs. Dit laatste zal dan uit de opzet en inhoud moeten blijken.[33]

vertaling

Voorzover overname is toegestaan mag dat ook in vertaling gebeuren.

kunstwerken, foto's

De beperking tot een gedeelte uit het overgenomen werk geldt niet als het om korte werken gaat of om werken van beeldende kunst, foto's en toegepaste kunst. De corresponderende bepaling in artikel 15a (citaatrecht) werd hiervoor onder *B* besproken.

Het huidige regime geldt sinds 1 augustus 1985. Een overgangsbepaling ontbreekt. Ook de oude regeling stelde een betalingsverplichting. Vóór de wetsherziening van 1972 was dat niet het geval, en oudere bloemlezingen konden toen krachtens overgangsrecht daarvan blijven profiteren.[34]

vijf voorwaarden

De bevoegdheid tot overname respectievelijk uitzending is gebonden aan een vijftal *voorwaarden*. Wordt aan een van deze niet voldaan, dan is er inbreuk op auteursrecht. Bovendien zijn in het derde lid nog nadere regels gesteld voor het overnemen in *compilatiewerken*, zoals bloemlezingen.

De voorwaarden, die deels corresponderen met die van artikel 15a inzake citeren (zie boven, sub *B*), zijn:

1. Er mag alleen worden overgenomen uit een werk dat reeds rechtmatig openbaar gemaakt was.

33 Vgl. Pres. Rb. Amsterdam 31 januari 1980, *AMR* 1980/2, p. 32 (*Komrij-bloemlezing*: aangemerkt als conform art. 16-*oud*). In de MvA van 1985 wordt verondersteld dat een dergelijke bloemlezing nu niet meer aan de gestelde voorwaarden zou voldoen. Dat betekent: toestemming vragen van de op te nemen auteurs, die dit dus ook kunnen weigeren. Ik beschouw dat, in het gegeven geval althans, niet als winst.

34 Overgangsbepaling in art. II van de wet van 27 oktober 1972, *Stb.* 579.

Hetzelfde geldt bij citeren. Artikel 16-*oud* sprak van uitgegeven zijn, dat is beperkter dan openbaar gemaakt.

2. Het overnemen respectievelijk openbaar maken moet in overeenstemming zijn met hetgeen naar de regels van het maatschappelijk verkeer redelijkerwijs geoorloofd is.

Vergelijk artikel 15a. De voorwaarde, die aanvankelijk in het wijzigingsontwerp ontbrak omdat zij hier geen zelfstandige betekenis zou hebben, sluit aan bij artikel 10, lid 2, BC dat spreekt van ontlening 'voorzover door het doel gerechtvaardigd' en 'mits verenigbaar met de goede gebruiken'. Veel houvast biedt dat niet. Blijkens de MvA is gedacht aan het geval dat zeer lange gedeelten overgenomen zouden zijn, of dat een vertekend beeld van het oeuvre van een auteur zou worden gegeven.
Zie voor bloemlezingen en readers nader hieronder.

3. De bepalingen van artikel 25 (persoonlijkheidsrechten) moeten in acht worden genomen.
4. De bron moet op duidelijke wijze worden vermeld, alsmede de aanduiding van de maker, indien deze in de bron voorkomt.

Ook deze beide voorwaarden kwamen wij al tegen bij artikel 15a, zie hiervoor onder *B*.

5. Aan de maker of zijn rechtverkrijgenden moet een billijke vergoeding worden betaald.

billijke vergoeding

amvb

De vergoeding moet tijdig geregeld zijn, anders is er inbreuk op auteursrecht. De overnemer mag niet stilletjes afwachten of de rechthebbende om betaling komt. Het bepalen van de hoogte van deze vergoeding is aan het vrije overleg tussen betrokkenen overgelaten. Aansluiten bij branchegebruiken ligt voor de hand, met een redelijke verdeling van beschikbare auteurshonoraria tussen overnemers en overgenomenen.[35] Het vijfde lid voorziet in de mogelijkheid van regeling bij amvb, wat echter pas in overweging komt zodra mocht blijken dat men in de praktijk de zaken niet in onderling overleg zou weten te regelen. Dat lukt inmiddels vrij behoorlijk; zie met name de getroffen regelingen voor bloemlezingen en readers, hieronder.

Compilatiewerken; bloemlezingen en readers

Het derde lid van artikel 16 geeft nadere, strakkere regels voor compilatiewerken (bloemlezingen, readers, compilatiefilms, en dergelijke). Daarin mogen van dezelfde maker slechts enkele

35 Zie Spoor/Verkade (1993), nr. 159.

korte werken of *korte* gedeelten van zijn werken worden overgenomen.
Ook enkele afbeeldingen van werken van beeldende en toegepaste kunst en foto's zijn toegestaan, waarbij dan bovendien de eis geldt dat formaat en reproductieprocédé afwijken (vergelijk art. 15a, boven, sub *B*); voorts mag van eenzelfde maker slechts één werk worden opgenomen indien twee of meer van deze werken verenigd zijn openbaar gemaakt. Overigens blijven de bovengenoemde voorwaarden onverlet, met name ook de vergoedingsplicht.

compilatiewerk

Het begrip compilatiewerk is ruimer dan bloemlezing, waarbij meestal slechts aan literair werk wordt gedacht. Compilatiewerken bestaan geheel of nagenoeg geheel uit overgenomen werken of gedeelten daaruit. Dat kunnen literaire of wetenschappelijke teksten zijn, maar ook bijvoorbeeld kunstreproducties.[36]

verzamelwerk

Het samenstellen vereist creativiteit, en het compilatiewerk zelf is daarom auteursrechtelijk aan te merken als een verzamelwerk, waarop de samensteller rechten kan doen gelden (art. 5, zie nr. 9).

kunstwerken

De beperkingen ten aanzien van werken van beeldende kunst en dergelijke spreken voor zichzelf. Van verenigde openbaarmaking is bijvoorbeeld sprake bij een eerder verschenen album met gravures. Naar de letter valt ook een eerdere overzichtstentoonstelling eronder.

readers

In de praktijk is de regeling vooral ook van belang voor het samenstellen van zogenaamde readers (klappers, werkboeken) voor het onderwijs. Niet door het nietje of de kaft, maar door de *inhoudelijke* samenhang van de opgenomen fotokopieën kan de reader beschouwd worden als compilatiewerk in de zin van artikel 16, zodat in de regel de reprorechtbepalingen (art. 16b, zie nr. 39) buiten toepassing zullen blijven.[37]

amvb

De omvang van 'enkele korte werken of korte gedeelten' kan nader worden geregeld bij amvb, evenals de hoogte van de vergoeding. Zo'n amvb is niet te verwachten zolang rechthebbenden[38] en gebruikers elkaar in de praktijk weten te vinden.

regeling KNUB/universiteiten

Door de KNUB (thans genaamd Nederlands Uitgevers Verbond) zijn normen ontwikkeld voor de toepassing van artikel 16, opgesteld na overleg met universiteiten en hbo-instellingen.[39] Wat de omvang van de overname betreft gaat men hierbij

36 De MvA verklaart het toepassingsgebied van de regeling beperkt tot 'het gebied waarop het compilatiewerk betrekking heeft'. Als voorbeeld wordt genoemd het tevens opnemen van foto's of van kunstwerken in een compilatie van letterkundig werk, of van poëzie in een compilatie van werken van beeldende kunst. Daarvoor zou dan toestemming nodig zijn van de auteursrechthebbenden op die toegevoegde werken.

37 Zie (nog over art. 16-*oud*) M. Asscher, 'De reader als auteursrechtelijk probleem', *AA* 1980/4, p. 224 e.v. Evenzo: Gerbrandy (1988), p. 214/5 en 236. *Anders*: Spoor/Verkade (1993), p. 217.

38 De boekuitgevers zijn hiertoe verenigd in de *Stichting Pro* (Publishers Rights Organization), gevestigd bij Cedar te Amstelveen.

39 Zie de brochure *Auteursrechtelijke normen voor readers, bloemlezingen en andere compilatiewerken*, Amsterdam 1987. De normen zijn door de KNUB in 1986/87 overeengekomen met de hbo-instellingen en de universiteiten (VSNU), en in 1985 met de Open Universiteit. Eind 1994 zijn de contracten vernieuwd, waarbij de vergoeding is verhoogd. Zie voorts nog Pres. Rb. Rotterdam 15 augustus 1986, *NJ* 1987, 310; *AMI* 1986/5, p. 119, met noot HCJ.

omvang

voor *niet-literair* werk uit van maximaal 10.000 woorden uit boeken (gemiddeld ca. 25 pagina's) mits niet meer dan 25% van het gehele boek, en uit tijdschriften maximaal 8.000 woorden mits niet meer dan één artikel per editie. Voor literaire geschriften ligt de grens bij 100 regels poëzie of 2.500 woorden proza, mits niet meer dan 10% van het gehele oorspronkelijke werk. Wil men in de reader meer opnemen, dan zal tevoren toestemming moeten worden verkregen.[40]

vergoeding

Ter vaststelling van de billijke vergoeding wordt bij readers uitgegaan van een gemiddeld auteurshonorarium over een gemiddelde publieksprijs per pagina. Eind 1994 zijn nieuwe contracten gesloten, waarbij de vergoeding is verhoogd van 3 naar (uiteindelijk) 5 cent per readerpagina, te vermenigvuldigen met de totale vervaardigde oplage van de reader.

regeling KNUB/VvL

Voor *literaire* bloemlezingen (proza en/of poëzie) voor het basis- en voortgezet onderwijs werd al in 1974 een norm opgesteld door de KNUB en de VvL, die vrij algemeen is aanvaard. Deze regeling gaat uit van een tussen bloemlezer(s) en opgenomen auteurs gelijkelijk te verdelen honorarium, in totaal gesteld op 7,5 à 15% van de particuliere verkoopprijs. De billijke vergoeding van artikel 16 is dan per pagina te berekenen volgens een eenvoudige formule, waarbij de helft van het totaal beschikbare honorarium vermenigvuldigd wordt met het oplagecijfer en gedeeld wordt door het totaal aantal bedrukte bladzijden van de bloemlezing. Voor zeer korte fragmenten wordt een afwijkende regeling gehanteerd.

37. Leenrecht

Uitlenen van (in het verkeer gebrachte exemplaren van) werken wordt door de wet beschouwd als openbaarmaking, en valt dus onder het auteursrecht (art. 12, lid 1, sub 3; zie nr. 26). Voor uitlenen is echter geen toestemming van de rechthebbende vereist. Het is geoorloofd krachtens de wet, *mits* aan de auteursrechthebbende een billijke vergoeding wordt betaald. Deze wettelijke licentie is geregeld in de artikelen 15c-15g, waar ook is bepaald hoe de leenvergoeding wordt vastgesteld, geïncasseerd en verdeeld.[41]

wettelijke licentie

Het gaat hier om een beperking van het recht van de auteur, omdat het verbodsrecht is vervangen door een vergoedingsaanspraak. Men spreekt dan van een wettelijke licentie, zoals die ook bij het reprorecht geldt (zie nr. 39).

Betaling is voorwaarde om te mogen uitlenen, anders is er inbreuk. In de praktijk gaat het vooral om boeken en cd's. Het uitlenen van computerprogramma's is uitgezonderd; daarvoor is wel steeds toestemming vereist, behalve als het niet om een programma als zodanig gaat maar om software die, noodzakelijkerwijs, deel uitmaakt van een informatiedrager (bijvoorbeeld een databestand op cd-rom) teneinde de daarop vastgelegde gegevens toegankelijk te maken.

40 Zie Pres. Rb. Amsterdam 21 juli 1988, *AMI* 1988/6, p. 127, met noot HCJ. De annotator spreekt treffend van een 'Robin Hood-complex' bij hardnekkig piraterende universiteiten.

41 Een zelfde regeling is ten behoeve van de naburige rechthebbenden opgenomen in art. 15a-15d WNR, hier verder onbesproken gelaten.

vrijstelling

De wetgever heeft het uitlenen door instellingen van onderwijs en onderzoek, zoals universiteitsbibliotheken, en door de Koninklijke Bibliotheek niet willen bezwaren. Dezen zijn vrijgesteld van betaling, evenals blindenbibliotheken.

De verdere uitwerking van dit, eind 1995 in de Auteurswet opgenomen, leenrecht is in opzet dezelfde als als bij de in 1991 ingevoerde cassetteheffing voor het thuiskopiëren van beeld en geluid (zie nr. 40). De incasso en repartitie geschiedt door een representatieve organisatie van rechthebbenden, de Stichting Leenrecht,[42] die daartoe op exclusieve basis is aangewezen door de ministers van Justitie en OCW. In deze stichting participeren de rechthebbenden via hun beroepsorganisaties. De uitvoerende taken zijn ondergebracht bij Cedar B.V., een uit Buma/Stemra voortgekomen facilitair bedrijf. Omdat de Stichting Leenrecht een monopoliepositie heeft, wordt zij gecontroleerd door een College van Toezicht waarvan de leden door de ministers worden benoemd.[43] De stichting verdeelt de geïnde vergoedingen onder de rechthebbenden (schrijvers, vertalers, uitgevers etc.) volgens een ministerieel goedgekeurd repartitiereglement. Van de opbrengst gaat 70% naar de auteurs en 30% naar de uitgevers.

Stichting Leenrecht

vergoeding

De hoogte van de vergoeding wordt in onderhandeling vastgesteld door een andere, eveneens door de ministers aangewezen stichting,[44] waarin rechthebbenden en betalingsplichtigen op evenwichtige wijze zijn vertegenwoordigd. Bij geschillen over het tarief is de arrondissementsrechtbank te Den Haag bevoegd.

De betalingsplichtigen, waaronder de openbare bibliotheken, zijn verplicht om jaarlijks aan de Stichting Leenrecht opgave te doen van het aantal uitleningen en verdere relevante informatie te verstrekken. Wie opzettelijk niet hieraan voldoet, is strafbaar (art. 35d).

afstand

De leenvergoeding is niet verschuldigd indien de rechthebbende daarvan afstand heeft gedaan door mededeling aan de genoemde stichtingen (art. 15c, lid 4).

38. Actuele reportages

Nieuwsmedia als de pers, filmjournaal, radio en televisie zouden niet slagvaardig kunnen functioneren indien zij zich bij hun verslaggeving steeds tevoren moesten verzekeren van toestemming van alle auteursrechthebbenden op de in de reportage opgenomen werken. Een voorbeeld: het tv-journaal verslaat de opening van een nieuw museumgebouw. We zien respectievelijk horen flitsen van het werk van de architect, geëxposeerde kunstwerken, ter plekke uitgesproken redevoeringen en uitgevoerde feestmuziek, enzovoort. De in nr. 36 besproken vrijheid tot overnemen en citeren biedt hier geen of onvoldoende soelaas. Overnemen of citeren is ook niet het primaire doel van een reportage, maar veeleer te zien als een bijkomstigheid; waar het in feite om gaat, is het verslaan van een actueel gebeuren. Daartoe nu geeft de in artikel 16a neergelegde beperking van auteursrecht een zekere vrijheid van handelen.

42 Postbus 725, 1180 AS Amstelveen, tel. 020-3470297, fax 020-3470453 (www.cedar.nl).
43 Art. 15f Aw en KB van 11 september 1997, *Stb.* 407.
44 Stichting STOL (Stichting Onderhandelingen Leenvergoedingen). Voor de jaren 1997 tot 1999 is met de bibliotheken overeenstemming bereikt over een vergoeding van 20 tot 23 miljoen gulden per jaar.

Toegestaan is een *korte* opname, weergave en mededeling in het openbaar van een beschermd werk in een foto-, film-, radio- of televisiereportage, voorzover zulks voor het behoorlijk weergeven van de actuele gebeurtenis, die het onderwerp der reportage uitmaakt, noodzakelijk is.

De vrijheid bestaat slechts ten aanzien van werken die een onderdeel of achtergrond vormen van de actualiteit, en die voor een behoorlijke weergave noodzakelijkerwijs mede opgenomen moeten worden. Dat kunnen bijvoorbeeld zijn: redevoeringen of lezingen, ter plaatse uitgevoerde of mechanisch weergegeven muziek, schilderijen of beeldhouwwerken op een tentoonstelling, wandschilderingen, binnenhuisarchitectuur, enzovoort. Ook voor het weergeven van beschermde bouwwerken is de bepaling van belang, nu zij verder gaat dan wat krachtens artikel 18 is toegestaan met betrekking tot werken aan de openbare weg (zie nr. 43).

bouwwerken

achtergrond-muziek

Aan een reportagefilm *toegevoegde* achtergrondmuziek valt er zeer beslist niet onder; daarvoor is dus wel toestemming vereist (c.q. betaling aan Stemra/Buma; zie nrs. 24 en 52). Onder bijzondere omstandigheden kunnen personen zich verzetten tegen afbeelding van hun gelaat; zie nr. 41.

portret

Toegestaan is zowel de opname (foto, film, beeld- of geluidsband; kortom: verveelvoudiging als bedoeld in art. 14) als de openbare weergave en mededeling (openbaarmaking). Deze moet *kort* zijn, dat wil zeggen niet langer dan redelijkerwijs nodig om een behoorlijke impressie te geven van het onderwerp.

Te bedenken valt, dat de gegeven vrijheid bestaat ten aanzien van werken die zelf, direct of indirect, in de actualiteit staan. Het tijdschrift dat een fotoreportage afdrukt van een beeldententoonstelling komt aldus niet in strijd met het auteursrecht van de beeldhouwer, – maar mogelijk wel met dat van de (niet bij haar in dienstverband werkende) fotograaf. Diens toestemming blijft dus wel vereist. Op zichzelf geeft de actuele publiciteitswaarde van een foto geen grond tot vrij gebruik.[45] Dat zou pas anders kunnen zijn indien de foto zelf in de actualiteit zou staan, bijvoorbeeld wegens een recente bekroning, en *daarvan* verslag werd uitgebracht. Voorts zij eraan herinnerd dat de overnamebevoegheid van kranten en tijdschriften onderling zich niet uitstrekt tot foto's (zie nr. 36, sub A).

actualiteit

Ten slotte nog dit. De vrijstelling is verleend voor reportage-doeleinden. In dat licht zal beoordeeld moeten worden of het geoorloofd is om, in het gegeven voorbeeld, een foto als 'trekpleister' op het omslag van het tijdschrift te plaatsen.

voorpagina

39. Reprorecht; verveelvoudiging voor eigen gebruik

Wie een tekst nodig heeft en zich geen gedrukt exemplaar daarvan wil ('te duur', 'te lastig') of kan ('uitverkocht') aanschaffen, neemt zijn toevlucht tot de verworvenheden van de techniek: hij maakt een (foto)kopie. Dat is dus: verveelvoudigen. Mag dat nu zomaar?

De huidige wettelijke regeling, die hierna onder B wordt besproken, staat op het punt te worden herzien. De gebleken haken en ogen zullen dan naar verwachting worden weggenomen. Daarover nader sub D.

45 Pres. Rb. Breda 22 oktober 1985, *KG* 1985, 348; *AMI* 1986/3, p. 85 (*Madonna*).

A. Voorgeschiedenis

Toen de Auteurswet in 1912 totstandkwam, lagen hier geen of weinig problemen. Wanneer iemand voor eigen gebruik een (stuk uit een) boek wilde overschrijven of een schilderij natekenen, dan moest hem dat vrijstaan. Dit werd geregeld in artikel 17-*oud*, dat de bevoegdheid gaf om, zonder daardoor inbreuk op auteursrecht te maken, een werk te verveelvoudigen *mits* uitsluitend voor eigen oefening, studie of gebruik, en in niet meer dan enkele exemplaren.

Meer en meer bleek deze regeling ongeschikt voor de moderne tijd, vooral wegens de – vaak 'stormachtig' genoemde – ontwikkeling der kopieertechniek van de laatste decennia, waar vervolgens nog bijkwam het elektronisch kopiëren met de computer. Op grote schaal overtrad men de wet, al dan niet in het bewustzijn onrechtmatig te handelen. Er bestond bijvoorbeeld twijfel of er nog wel sprake is van *eigen* gebruik indien een ander (kopieerbureau, bibliotheek) de kopie in opdracht vervaardigt. En wat te denken van de bibliotheek die, wegens ruimtegebrek, boeken op microfilm vastlegt? Voorts de vraag, of men kan spreken van 'eigen gebruik' van een onderneming. Vaak ook werden kopieën, bijvoorbeeld van tijdschriftartikelen, in grotere aantallen gemaakt, en onder een kring belanghebbenden (staf, commissie, werkgroep, klas) verspreid.

Maar ook het kopiëren dat binnen de grenzen van artikel 17-*oud* bleef, bleek een reële bedreiging te gaan vormen voor uitgevers, vooral die van de duurdere technisch-wetenschappelijke tijdschriften, zich manifesterend in een verlies van (potentiële) abonnees. Zo groeide de noodzaak tot herziening van een wettelijke regeling die enerzijds de normale exploitatie via de drukpers in het gedrang liet komen, maar anderzijds ook volstrekt niet was afgestemd op de vandaag de dag levende communicatie- en informatiebehoeften. In het strijdperk troffen de auteurs en vooral uitgevers enerzijds, en de voorstanders van de *free flow of information* anderzijds elkaar.

Die strijd heeft lang geduurd, en is eigenlijk nauwelijks uitgestreden. Bij de herziening van de Auteurswet in 1972 werd het oude artikel 17 vervangen door twee nieuwe: artikel 16b (een nieuwe regeling voor verveelvoudiging voor eigen oefening, studie of gebruik) en artikel 17 (een aanvullende bepaling betreffende kopiëren binnen een onderneming, organisatie of instelling).

nieuwe wetgeving

Deze twee artikelen zijn in 1974 in werking getreden, met nadere regels bij amvb ingevolge artikel 16b, lid 6 (het nog te bespreken Reprobesluit 1974). Artikel 17 is in de praktijk een dode letter gebleven. Een wetsvoorstel tot herziening is in voorbereiding en kan in 1998 worden verwacht.

reprorecht

Het is gebruikelijk geworden, het door deze bepalingen bestreken terrein van het kopiëren van auteursrechtelijk beschermde teksten aan te duiden met het begrip reprorecht. Met name bedoelt men dan de gevallen, waarin kopiëren vrij is, maar daarvoor wel een vergoeding moet worden betaald.

B. Wettelijke regeling vanaf 1974

drie regimes

De regeling is lastig te overzien en de lezer moet de wettekst er maar even bij nemen. Er zijn drie verschillende regimes, waaronder kopiëren in beperkte mate vrij is toegestaan. Daarvoor moet wel aan de rechthebbenden worden betaald, behalve als het om zuiver privégebruik gaat. Waar het verbodsrecht van de auteur is opgeheven ('als inbreuk op het auteursrecht wordt niet beschouwd...') en vervangen door een vergoedingsaanspraak, spreekt men van een wettelijke licentie. De drie regimes zijn:

privé

a. de hoofdregel van artikel 16b: verveelvoudiging voor eigen oefening, studie of gebruik, met daarbij een differentiatie naar gelang het soort werk dat verveelvoudigd wordt;.

overheid, instellingen

b. de amvb als bedoeld in artikel 16b, lid 6 (het Reprobesluit): speciale faciliteiten ten behoeve van het kopiëren van geschriften door de overheid en door in het algemeen belang werkzame instellingen, tegen een vastgestelde vergoeding per pagina;

bedrijfsleven

c. artikel 17: verruimde mogelijkheid tot kopiëren van geschriften door het – in ruime zin op te vatten – bedrijfsleven, tegen een 'billijke' vergoeding.

Niet alleen is deze regeling tamelijk ingewikkeld, zij bleek ook weinig effectief te zijn. Omdat de wet niet voorzag in de noodzakelijke voorwaarden voor een doeltreffende incasso, stonden de rechthebbenden aanvankelijk met lege handen langs de kant. Daarin is een duidelijke verbetering gekomen door een aanpassing van de amvb in 1985. Een verdere herziening van de reproregeling is zoals gezegd in voorbereiding.[46] Deze zal bestaan uit aanpassing en verbetering van de huidige regeling.
Wij zullen nu eerst ingaan op de drie regimes afzonderlijk.

a. De hoofdregel (art. 16b): kopiëren voor privégebruik

Toegestaan is het verveelvoudigen in één of hoogstens enkele exemplaren van een beschermd werk, mits dienende tot *eigen* oefening, studie of gebruik. Ook mag men, uitsluitend ten behoeve van zichzelf, een ander opdracht daartoe geven, behalve indien het gaat om vastlegging op beeld- of geluidsdragers.

verveelvoudigen

Verveelvoudigen is niet alleen kopiëren, reproduceren (overschrijven; reprograferen – het verzamelbegrip voor fotokopie, microfilm, xerografie en dergelijke, alsmede stencil of offset; vastleggen op beeld- of geluidsband, opslaan in een elektronisch geheugen etc.) maar ook vertalen of bewerken (art. 13, zie nr. 23). Dat alles mag, mits er maar sprake is van *eigen* oefening, studie of gebruik; de verveelvoudiging mag niet naar buiten treden. Onder eigen gebruik kan niet anders worden verstaan dan een gebruik in eigen, besloten kring.[47] Met andere woorden: het thuis opnemen van radiomuziek is niet geoorloofd als het doel (mede) is afdraaien van de bandjes op een schoolfeest of personeelsavond. En wie, om zich te oefenen, een toneelstuk vertaalt mag dit niet laten opvoeren. In die gevallen geschiedt het verveelvoudigen niet, of niet uitsluitend, voor eigen oefening, studie of gebruik en is dus toestemming van de auteursrechthebbende vereist.

onderwijs

Een destijds niet helemaal opgelost punt is de voor gebruik in schoolklas of collegezaal bestemde opname op band- of videorecorder. Het voor onderwijsdoeleinden *weergeven* van in de handel verkrijgbare banden of platen is toegestaan (zie nr. 28). Het *opnemen* echter (auteursrechtelijk is dat: verveelvoudigen) geschiedt in deze gevallen niet voor *eigen* gebruik, en is derhalve zonder toestemming niet geoor-

46 Ter vervanging van het eerder ingediende wetsvoorstel 22 600, dat in februari 1995 na grote weerstand vanuit de Eerste Kamer door de minister werd teruggenomen (zie *AMI* 1995/4, p. 78). Zie (toen nog optimistisch) over dat wetsvoorstel N. van Lingen, 'Reprorecht in revisie', *AMI* 1993/7, p. 129.

47 HR 23 mei 1952, *NJ* 1952, 438 (*Stemra/Radio-Unie*).

loofd. Misschien moet men hierbij een uitzondering maken voor het op de band vastleggen van uitgezonden schoolradio- en schooltelevisieprogramma's, indien dit vastleggen geschiedt om de opname op een later, beter in het lesrooster passend tijdstip weer te geven.[48] Overigens kan bij het samenstellen en de uitzending of kabeldoorgifte van dergelijke eductieve programma's sinds 1985 gebruik worden gemaakt van de overnamebevoegdheden krachtens artikel 16 (zie nr. 36, onder C).

schoolradio en -televisie

Het voor onderwijsdoeleinden (foto)kopiëren van teksten is aan een aparte regeling onderworpen; zie nader hieronder sub b.

kopie in opdracht

Heeft men voor eigen gebruik een kopie nodig, dan mag men deze door een ander (bijvoorbeeld een copyshop of bibliotheek) laten maken. Daartoe is een opdracht vereist, die meer of minder concreet kan luiden. Bijvoorbeeld: de pagina's 1-10 van een bepaald boek, maar ook: alle passages daaruit over een bepaald onderwerp. Zo kan een knipseldienst in plaats van knipsels ook kopieën daarvan aan zijn abonnees verstrekken. (In dit verband is wel de 'foef' aan de hand gedaan[49] om de – hierna onder b te bespreken – vergoedingsplicht voor kopiëren in het onderwijs te omzeilen, nl. via door de docent geformuleerde, aan zichzelf gerichte nepopdrachten van studenten, door dezen blind getekend. Mij dunkt dat dit geen burgerlijke ongehoorzaamheid, maar veeleer regelrechte wetsontduiking genoemd moet worden.[50])

knipseldienst

Er bestaat een uitzondering: niet toegestaan is het in opdracht van een ander, al zou dit voor diens eigen gebruik bestemd zijn, vastleggen van een werk (geheel of gedeeltelijk) op voorwerpen die bestemd zijn het werk ten gehore te brengen of te vertonen (dezelfde terminologie als in art. 14, zie nr. 24). Men moet hierbij vooral denken aan opname op cassettes en andere beeld- en geluidsdragers.

beeld en geluid, thuiskopie

Dat mag dus niet in opdracht gebeuren. Het wel toegestane 'thuiskopiëren' voor privé gebruik heeft echter zo'n omvang gekregen, dat ook dit door de fonografische en filmindustrie als commercieel bedreigend werd ervaren. Daaraan is tegemoet gekomen door de in 1991 ingevoerde cassetteheffing (zie nr. 40).

De verveelvoudiging kan elk soort werk betreffen. Zonder twijfel komt het kopiëren uit boeken en tijdschriften in de praktijk het meeste voor; daarbij is men aan nadere voorwaarden gebonden. Ook voor werken van beeldende kunst gelden aparte bepalingen, terwijl het nabouwen van bouwwerken geheel is uitgezonderd. Voorts gelden de artikelen 16b en 17 niet voor computerprogramma's (art. 45n).

nadere voorwaarden

Geschriften: klein gedeelte

Van geschriften (verwezen wordt naar art. 10, eerste lid, onder 1°) mag in het algemeen slechts een klein gedeelte worden verveelvoudigd. Dat geldt ook voor de partituur of de partijen van een muziekwerk. Hiervan zijn slechts uitgezonderd (1) geschriften

48 Bij de wetsherziening van 1972 is dit punt in de Tweede Kamer ter sprake gekomen, en met een beetje goede wil kan men daaruit opmaken dat deze vorm van verveelvoudigen – hoewel niet strikt voor eigen gebruik – geoorloofd is. Zie J.J.C. Kabel, 'Schoolradio en schooltelevisie; een opmerking van de minister', *NJB* 1974/7, p. 246 e.v. De veronderstelling dat het ook geoorloofd zou zijn om een gekochte of gehuurde film over te schrijven op video om 'educatieve' vertoning mogelijk te maken, lijkt mij evenwel aanvechtbaar.

49 H.U. Jessurun d'Oliveira, 'Reprorecht, wetenschap en onderwijs', *NJB* 1977/13, p. 309 e.v.

50 A.R. Bloembergen, 'Onwetenschappelijk onderwijs over reprorecht', *NJB* 1977/22, p. 560.

waarvan geen nieuwe exemplaren (meer) tegen betaling verkrijgbaar zijn, en (2) in een krant of tijdschrift verschenen *korte* artikelen, berichten of andere stukken. Deze mogen dus wel in hun geheel gekopieerd worden. Bij dit alles blijft uiteraard steeds de algemene voorwaarde gelden: alleen voor eigen oefening, studie of gebruik.

Zou men nog kunnen twijfelen of de pianist die een sonate van het blad kopieert, instudeert, en vervolgens uit het hoofd in het openbaar uitvoert, nog wel voor eigen gebruik heeft verveelvoudigd, – toch zit hij fout omdat hij zich tot een klein gedeelte had moeten beperken. De bedoeling van deze strakkere begrenzing voor geschriften is duidelijk: de normale exploitatie van het werk zou anders te veel geschaad kunnen worden.

klein gedeelte

Wat een 'klein gedeelte' is hangt af van de gegeven omstandigheden. In elk geval niet meer dan redelijkerwijs nodig voor het doel: eigen oefening, studie of gebruik. Tien pagina's uit een niet al te dun boek lijkt nog wel een klein gedeelte. Wie meer nodig heeft, zal zich het boek dienen aan te schaffen. Dat geldt ook indien het gewenste gedeelte zèlf als 'werk' te beschouwen is, zoals bij bundels en andere verzamelwerken (vergelijk nr. 9). Zie voor tijdschriften hieronder sub 2.

Twee uitzonderingen: geschriften in hun geheel

Slechts in twee gevallen mogen geschriften wèl *in hun geheel* voor eigen gebruik verveelvoudigd worden.

uitverkochte boeken, brochures

1. De eerste uitzondering betreft geschriften (met inbegrip van de partituur of de partijen van een muziekwerk) waarvan, naar redelijkerwijs mag worden aangenomen, geen nieuwe exemplaren tegen betaling, in welke vorm ook, aan derden ter beschikking worden gesteld. Het gaat hierbij om werken die niet of niet meer als object van exploitatie fungeren. In het algemeen zullen dat kleine en weinig kostbare geschriften zijn, zoals brochures, circulaires en soms rapporten. Brieven die niet worden uitgegeven (vergelijk nr. 16, sub 1) vallen eveneens onder de uitzondering; ook uitverkochte boeken die niet meer herdrukt worden, al zou er hier en daar nog wel een exemplaar in de tweedehands handel te koop zijn.

De uitzondering geldt niet als er sprake is van enigerlei bestaande of te verwachten exploitatie (bijvoorbeeld jaarboeken die een vereniging aan contributiebetalende leden ter hand stelt, of een nog niet uitgegeven manuscript). In die gevallen geldt weer de gewone regel voor geschriften, en mag dus slechts een klein gedeelte voor eigen gebruik verveelvoudigd worden.

artikelen in periodieken

2. In de tweede plaats zijn uitgezonderd: in een dag-, nieuws-, of weekblad of tijdschrift verschenen *korte* artikelen, berichten of andere stukken. Ook deze mogen in hun geheel[51] gekopieerd worden. Dat is ook wenselijk, want oudere afleveringen zijn vaak niet meer bij de uitgever verkrijgbaar. Het woord 'korte' zal men niet al te strikt moeten opvatten; niet zozeer het aantal bladzijden telt, als wel de (van lettertype, opmaak etc. afhankelijke) reële omvang.

51 Maar – strikt genomen – niet de bijbehorende illustraties en foto's. Zie nader onder c (noot 59, p. 145).

Andere werken

beeldende kunst; bouwwerken

Ook werken van beeldende kunst en bouwwerken (zie nr. 16, sub 6) mogen voor de gemelde doeleinden verveelvoudigd worden (reproduceren, natekenen, enzovoort). De verveelvoudiging moet een duidelijk verschil vertonen met het origineel, hetzij in afmetingen hetzij in toegepaste werkwijze. Het nabouwen van beschermde bouwwerken is uitdrukkelijk uitgezonderd en blijft dus nimmer geoorloofd zonder toestemming van de architect of diens rechtverkrijgende. Computerprogramma's vallen uitdrukkelijk niet onder de kopieervrijheid (art. 45n). In artikel 10 is trouwens al bepaald dat computerprogramma's niet tot de rubriek geschriften behoren.

computerprogramma's

Voor kopiëren van (eigen) portretten is zo'n verschil niet vereist; zie nr. 41, sub A. Zie voor werken aan de openbare weg (gebouwen, beeldhouwwerken, muurschilderingen, enzovoort) ook nr. 43.

Afgifteverbod

afgifte aan derden

Het is niet toegestaan de gemaakte fotokopieën of andere verveelvoudigingen aan derden af te geven, behalve indien dit geschiedt ten behoeve van een rechterlijke of administratieve procedure.

Uiteraard geldt dit verbod niet voor afgifte aan degene die tot kopiëren opdracht gaf; dit werd hierboven reeds besproken. In alle andere gevallen is echter toestemming van de auteursrechthebbende vereist, zelfs als het gaat om uitlenen. (Zie voor bibliotheken echter hieronder sub b.) De verveelvoudiging dient dan kennelijk niet (meer) voor eigen gebruik, en de auteur wiens toestemming niet werd gevraagd kan optreden wegens inbreuk op zijn recht.
In rechterlijke of administratieve procedures (bijvoorbeeld octrooi-aanvragen) is men veelal aan dwingende termijnen gebonden; het overleggen van kopieën kan in deze zaken gewenst zijn, en om moeilijkheden te vermijden is hiervoor een uitzondering gemaakt. De algemene voorwaarden blijven gelden: niet meer dan enkele exemplaren en (primair) voor eigen gebruik.
Het afgifteverbod, alsook de beperking tot een of enkele exemplaren, is een redelijke voorwaarde voorzover het kopiëren door particulieren betreft. Voor overheid en bedrijfsleven echter (beide in ruime zin genomen) liggen de kopieerbehoeften anders, en het is ondenkbaar dat hier per geval toestemming tot kopiëren zou moeten worden gevraagd. Vandaar dat voor hen de kopieermogelijkheid – althans van geschriften, maar daar gaat het ook voornamelijk om – is verruimd. Zij mogen meer dan particulieren, maar dan moet daar wel voor worden betaald. Voor de overheid en instellingen is dat geregeld bij afzonderlijke amvb (zie sub b), voor het bedrijfsleven in artikel 17 (zie sub c).

inbreuk

Anders dan in de beide hierna te bespreken situaties, geldt voor het vrijgelaten kopiëren voor privégebruik geen betalingsplicht. Kopiëren buiten de door de wet gestelde grenzen is inbreuk op auteursrecht en dat is, als het willens en wetens gebeurt, zelfs als misdrijf strafbaar (art. 31 jo. 33 Aw; zie nr. 59). Zo'n vaart zal het wel niet lopen, maar toch stimuleert het de – anders eventueel medeplichtige – houders van apparatuur, zoals copyshops, hun kopiërende klanten te attenderen op de bepalingen van de Auteurswet.

b. Reprorecht voor overheid, bibliotheken, onderwijsinstellingen, en dergelijke: kopiëren tegen betaling (Reprobesluit 1974)

geschriften

Artikel 16b, lid 6 laat de mogelijkheid open van een nadere regeling bij amvb met betrekking tot het kopiëren van *geschriften,*[52] voorzover dat geschiedt 'ten behoeve van de uitoefening van de openbare dienst, alsmede ten behoeve van de vervulling van taken waarmee in het algemeen belang werkzame instellingen zijn belast'.

Reprobesluit

Die regeling is neergelegd in het KB van 20 juni 1974, het Reprobesluit.[53] Het trad op 25 augustus 1974 in werking, maar het effect bleef aanvankelijk vrijwel nihil bij gebrek aan noodzakelijke basisvoorwaarden voor een doeltreffende incasso. In 1985 werd hierin voorzien door enige aanpassingen van het besluit.

amvb

Een amvb is een wettelijke regeling die zonder medewerking van het parlement totstandkomt. Krachtens artikel 17d treedt een maatregel als hier bedoeld niet eerder in werking dan twee maanden na publicatie in het Staatsblad (dat was op 25 juni 1974, *Stb.* 351); dit om een zekere parlementaire controle mogelijk te maken. Het belang van artikel 17d is overigens gering.[54]

vier categorieën

Er zijn vier categorieën voor wie de regeling geldt: overheid, bibliotheken, onderwijsinstellingen en, als restgroep, andere in het algemeen belang werkzame instellingen. Waaruit bestaat nu voor hen de verruiming? Dat is *niet* de omvang van de kopie; daarvoor blijft hetzelfde gelden als volgens de hoofdregel (art. 16b, vergelijk hierboven, sub a), behalve dat hier niet meer gesproken wordt van *korte* artikelen.

Dat wil dus zeggen, dat *in hun geheel* gekopieerd mogen worden: (1) niet of niet meer tegen betaling verkrijgbare geschriften, en (2) artikelen, berichten of andere stukken in kranten en tijdschriften (de amvb zegt niet, zoals art. 16b, dat deze 'kort' moeten zijn). In alle andere gevallen mag slechts een *klein gedeelte* gekopieerd worden. Dat geldt dus voor normaal verkrijgbare boeken, maar ook voor werken van

52 Zie over de uitleg van het begrip 'geschriften' nader onder c (noot 59, p. 145).
53 De tekst is achter in dit boek opgenomen, Bijlage III.
54 Volgens art. 7 Bekendmakingswet (wet van 4 februari 1988, *Stb.* 18) geldt in het algemeen: vanaf de tweede maand na publicatie, tenzij anders aangegeven.

geringe omvang, zoals afzonderlijk in de handel gebrachte formulieren, voorzover tenminste auteursrechtelijk beschermd.[55]

aantal; afgifte

Wat de vier genoemde categorieën wel is toegestaan: kopieën maken *in grotere aantallen*, en deze *afgeven* aan anderen. Steeds dus zonder dat toestemming nodig is, maar wel met de verplichting daarvoor een vergoeding te betalen, waarover straks meer. Dit is voor elke groep afzonderlijk nader geregeld.

technieken

Eerst nog een opmerking over de gebezigde terminologie. In het onderstaande wordt steeds gesproken over 'kopiëren'. Fotokopiëren zal wel het meeste voorkomen, maar de regeling geldt voor alle wijzen van verveelvoudigen (kopiëren), dus ook door middel van stencil, offset, fax, en dergelijke. Naar algemeen wordt aangenomen valt elektronisch kopiëren echter erbuiten.

reprografie

elektronisch kopiëren

De regeling is kennelijk alleen bedoeld voor verveelvoudigingstechnieken waarmee rechtstreeks kopieën van geschriften in leesbare vorm, in uiterlijk gelijk aan het oorspronkelijke werk, op papier of microfiche worden gemaakt. Daarom zou de term 'reprografisch verveelvoudigen' de voorkeur verdienen, want onder het thans gehanteerde ruime begrip verveelvoudigen valt naar de letter ook bijvoorbeeld het digitaal kopiëren op cd-rom en de opslag in een elektronisch geheugen (computer, Internet).[56] Vooralsnog gaan de rechthebbenden er van uit dat zij het elektronisch kopiëren zelf contractueel kunnen regelen, zodat dit buiten het reprorecht kan blijven.
Voor de vier groepen kopieerders geldt het volgende:

1. Overheid: alle lichamen of organen met een taak ten behoeve van de openbare dienst (zoals een departement, een college van b & w, maar ook bijvoorbeeld adviescommissies en intergemeentelijke stichtingen met overheidstaken).
Begrenzing kopieerbevoegdheid: alleen ten behoeve van tot haar dienst behorende personen of ten behoeve van bij de uitoefening van haar taak betrokken derden; het aantal kopieën mag niet groter zijn dan nodig voor een juiste taakvervulling.

2. Bibliotheken: alleen die zonder winstoogmerk, welke in belangrijke mate de publieke dienstverlening tot taak hebben; andere, zoals interne bibliotheken van bedrijven of organisaties (zie hieronder, sub c), vallen buiten de regeling, behalve indien en voorzover ze deelnemen aan het zogenaamde interbibliothecaire leenverkeer met de bovengenoemde bibliotheken.
Begrenzing kopieerbevoegdheid: alleen ter vervanging van een – door een particulier of een bedrijf of door een andere bibliotheek – te leen gevraagd werk (bijvoorbeeld een tijdschriftartikel uit een ingebonden jaargang). Voor dit doel mag de bibliotheek ook het werk tevoren op microfiches en dergelijke vastleggen om met behulp daarvan in voorkomende gevallen kopieën te maken. Voorts is toegestaan werken bij voorbaat te kopiëren, om te zijner tijd in plaats van het werk zelf deze

55 Zie noot 30, p. 57.
56 Zie Thomas K. Dreier, 'Copyright in the age of electrocopying', *AMI* 1994/1, p. 3.

kopieën uit te lenen (zulks om beschadiging of verlies van het origineel tegen te gaan). De hier omschreven bevoegdheden gelden alleen voor die geschriften, waarvan hierboven werd gezegd dat ze in hun geheel gekopieerd mogen worden (dus: werken die niet meer in de handel zijn en tijdschriftartikelen).
Met betrekking tot kopiëren in het kader van de eigen interne organisatie, dus los van de uitleenfunctie, is hetgeen voor de overheid geldt op bibliotheken van overeenkomstige toepassing.
Let wel: het gaat hier niet om gevallen dat bibliotheekbezoekers zelf een kopie maken op het apparaat in de hal, of de bibliotheek om een bepaalde kopie verzoeken. Daarvoor blijft 'gewoon' artikel 16b gelden (of, voor het bedrijfsleven, art. 17; zie hieronder, sub c).

3. Onderwijsinstellingen: instellingen waar onderwijs wordt gegeven vanwege de overheid of vanwege een rechtspersoon zonder winstoogmerk. Niet dus commercieel opgezet schriftelijk onderwijs en dergelijke.
Begrenzing kopieerbevoegdheid: alleen ten behoeve van hen die het onderwijs volgen (leerlingen, studenten) of die voornemens zijn een examen af te leggen (zgn. 'extranei' of examenstudenten), en mits het kopiëren geschiedt ter noodzakelijke aanvulling van de in de leerplannen en studieprogramma's per vak voorgeschreven of aanbevolen leerboeken. Het aantal kopieën mag niet groter zijn dan nodig voor de betrokken leerlingen of studenten.
Het is dus mogelijk om eigen selecties uit de leerstof (met aanvullingen of correcties) samen te stellen, maar deze mogen de bestaande boeken niet verdringen. Afgezien nog van deze voorwaarde is er de betalingsverplichting, een factor om terdege rekening mee te houden bij het vervaardigen van les- en studiemateriaal.

readers

Naar valt aan te nemen is de reproregeling niet van toepassing op readers, waarin kopieën van verschillende, bij elkaar gezochte teksten zijn gebundeld. Daar gaat het om een compilatiewerk, waarvoor artikel 16 de regels geeft (zie nr. 36, sub C).[57]
Met betrekking tot het kopiëren door onderwijsinstellingen, dat niet direct met de doceertaak in verband staat, zijn de bepalingen die voor de overheid gelden van overeenkomstige toepassing. Dit betreft bijvoorbeeld kopieën die alleen voor de docenten gemaakt worden.

4. Andere in het algemeen belang werkzame instellingen: instellingen wier uitgaven geheel of hoofdzakelijk (dat wil zeggen voor ten minste 70%) uit door de overheid ter beschikking gestelde gelden worden bekostigd.
Begrenzing kopieerbevoegdheid: de voor de overheid geldende bepalingen zijn hier van overeenkomstige toepassing.

vergoeding

De vier genoemde groepen genieten dus een grotere kopieervrijheid, maar zij moeten daar wel voor betalen. De aan de auteursrechthebbende verschuldigde vergoeding is, per kopie van een gehele pagina tekst, in 1974 vastgesteld op:

- 2,5 cent voor onderwijsinstellingen, met uitzondering van het wetenschappelijk onderwijs;
- 10 cent voor de overigen (dus inclusief de universiteiten).

57 *Anders* Spoor/Verkade (1993) nr. 157, die alternatieve toepasbaarheid voorstaan.

Het tarief is vastgelegd in het Reprobesluit. Blijkens de officiële toelichting is bij de vaststelling van het reprodubbeltje onder meer gelet op de doorsnee paginaprijs van boeken en tijdschriften. Ook de natte vinger zal wel hebben meegedaan. Door het bedrag voor scholen lager te fixeren heeft men rekening willen houden met de veronderstelling, dat de aldaar gekopieerde werken 'doorgaans aanzienlijk minder kostbaar zullen zijn dan hetgeen elders veelal gekopieerd wordt.'
Nogmaals zij hier gewezen op de stringente voorwaarde die voor het onderwijs geldt: alleen ter noodzakelijke aanvulling van de voorgeschreven of aanbevolen literatuur. Voor kopieën die niet voor de leerlingen bestemd zijn geldt steeds het hoge tarief.

De in het Reprobesluit neergelegde betalingsverplichting is ingegaan op 1 januari 1975, dat wil zeggen per vanaf die datum gemaakte kopie.

vervaltermijn

Ten slotte is nog bepaald, dat de betalingsverplichting vervalt door verloop van drie jaren na het tijdstip, waarop de kopie werd gemaakt.

Men was toen nog optimistisch genoeg om te verwachten dat er op korte termijn een gecentraliseerd incassomechanisme tot stand zou kunnen komen voor een soepel verlopend betalingsverkeer tussen kopieerders en rechthebbenden. Het bleek echter niet mogelijk om zonder nadere wettelijke voorzieningen de aanspraken op vergoeding doeltreffend te bundelen en de kopieerders bleken, met uitzondering van de Rijksoverheid, dubieuze debiteuren te zijn. Zo bleef de reproregeling lange tijd een nagenoeg dode letter.
De oorzaken en gevolgen komen onder C nog aan de orde.

De amvb-regeling laat artikel 16b onverminderd van kracht. Voor kopiëren onder de daar gestelde voorwaarden hoeft niet te worden betaald, ook niet door de overheid en de verder genoemde instellingen.

Deze weinig gelukkige bepaling zou beter kunnen verdwijnen. Het geeft slechts aanleiding tot scherpslijperij in de marge, terwijl op goede gronden verdedigd kan worden dat het 'in functie' kopiëren binnen een organisatie of instelling nimmer is aan te merken als voor eigen (dat wil zeggen privé) gebruik.

c. Kopiëren door het bedrijfsleven (art. 17)

De kopieervrijheid die artikel 16b – de hoofdregel – geeft, kan maar beperkt voorzien in de bij het bedrijfsleven bestaande behoeften aan snelle informatie en communicatie door middel van de reprografie (hoofdzakelijk fotomechanische reproductie). In alle gevallen dat in grotere aantallen kopieën gemaakt worden van auteursrechtelijk beschermd materiaal, bijvoorbeeld om onder stafleden of binnen een bepaalde afdeling verspreid te worden, zou tevoren toestemming moeten worden gevraagd. Dat is niet praktisch. Als de rechthebbende al te achterhalen is, dan nog gaat daar vaak veel tijd mee heen, vooral als het buitenlandse lectuur betreft. Er is weinig realiteitszin voor nodig om in te zien wat er dan gebeurt: men gaat

gewoon zijn gang, inbreuk of geen inbreuk, en de rechthebbende die zijn verbodsrecht wil handhaven moet zich maar melden. Ook hier is daarom het recht de praktijk gevolgd, en niet andersom.
Aldus is artikel 17 totstandgekomen, als uitzondering op de hoofdregel. Deze laatste blijft onverminderd van kracht, en ook het bedrijfsleven kan er binnen de gestelde grenzen gebruik van maken. Wil men meer, dan gelden de voorwaarden van artikel 17. Overigens zou ook hier, evenals hierboven opgemerkt met betrekking tot het Reprobesluit, de vrijstelling voor 'eigen' gebruik beter kunnen verdwijnen.[58]

billijke vergoeding

Mits aan de auteursrechthebbenden een billijke vergoeding wordt betaald, mag een onderneming, organisatie of instelling (voorzover deze niet reeds in de termen van het sub b besproken Reprobesluit valt) in zoveel exemplaren als redelijkerwijs benodigd kopieën maken van (1) afzonderlijke in een periodiek (dag-, nieuws-, of weekblad of tijdschrift) verschenen artikelen, berichten of andere stukken, of (2) van *kleine* gedeelten van boeken, brochures of andere geschriften. Vereist is, dat het gaat om 'wetenschappelijke' werken. De kopieën mogen slechts worden afgegeven aan degenen die in de onderneming, organisatie of instelling werkzaam zijn.

Voor werk in teamverband (de leden van een ondernemingsraad, van de staf of een commissie in een bedrijf, maatschap, stichting, enzovoort) mogen dus zonder voorafgaande toestemming meer kopieën gemaakt worden dan ingevolge artikel 16b zou zijn toegestaan; daarvoor moet echter wel worden betaald. Ook de vrije beroepen vallen onder de regeling, mits maar optredend in enigerlei organisatieverband (bijvoorbeeld advocatenkantoor, artsenassociatie); in andere gevallen zal trouwens doorgaans wel met een enkele kopie volstaan kunnen worden. Rondzenden van kopieën aan leden van een vereniging valt buiten de termen van artikel 17.

vrije beroepen

wetenschap

Het moet gaan om werken van wetenschap. Men mag dit ruim interpreteren, zodat bijvoorbeeld allerhande vaklectuur ertoe gerekend kan worden.

geschriften

De wet spreekt hierbij van geschriften, onder verwijzing naar de in artikel 10, eerste lid, onder 1° bedoelde werken. De bij een te kopiëren artikel behorende foto's en tekeningen vallen daar niet onder, zo werd in een proefproces hierover beslist.[59] In principe betekent dit dat fotografen en illustratoren hun verbodsrecht behouden, in de praktijk echter dat zij voor het meegekopieerde beeldmateriaal geen vergoeding zullen ontvangen. Er is dus aanleiding om de wet op dit punt te herzien.

foto's, tekeningen

De vergoeding moet aan de auteursrechthebbende betaald worden door het bedrijf etc. dat de kopieën maakt, of elders (bijvoorbeeld in een bibliotheek) laat vervaardigen. In zo'n geval valt de bibliotheek uiteraard niet onder de sub b besproken regeling, daar ging het immers om kopiëren waartoe geen opdracht gegeven was.

De betalingsverplichting is ingegaan op 1 juli 1974, tegelijk met het in werking treden van artikel 17. Uitstel tot 1 januari 1975, zoals in

58 In gelijke zin de Amerikaanse *Texaco-decision* uit 1992/1994, waarbij in twee instanties het beroep op vrijstelling krachtens *fair use* werd verworpen. Zie R.L. du Bois, *AMI* 1994/1, p. 12, 1995/4, p. 66 en 1995/7, p. 139.

59 Hof Amsterdam 20 november 1980, *AMR* 1981/3, p. 69, met noot HMvN.

de sub b omschreven gevallen, was hier niet mogelijk omdat het wetsartikel daartoe geen ruimte openlaat.

amvb

Wel biedt het derde lid van artikel 17 de mogelijkheid van nadere regeling bij amvb, waarbij onder meer het bedrag van de te betalen 'billijke' vergoeding kan worden vastgesteld. Vooralsnog is er van afgezien ook hier nadere voorzieningen te treffen. Eerst diende te worden afgewacht of de betrokkenen onderling tot een bevredigende regeling zouden weten te komen. Dat is op niets uitgelopen. Aan overleg over wat een 'billijke' vergoeding is, kwam men niet eens toe. Belangrijkste struikelblok was het niet dusdanig kunnen bundelen van de vergoedingsaanspraken, dat een centrale instantie zou kunnen optreden voor alle rechthebbenden.
Het ziet er inmiddels naar uit dat de hele reproregeling binnenkort (1998?) op een aantal punten zal worden herzien. Dan zullen ook voor het bedrijfsleven nadere regels worden gesteld als bedoeld in artikel 17, lid 3.
Volgens de geldende regeling kan de rechthebbende niet terugvallen op een verbodsrecht. Het betalen van een billijke vergoeding is geen voorwaarde om te mogen kopiëren, maar een verplichting zodra er gekopieerd is.

C. Incasso en repartitie

wettelijke licentie

De hierboven beschreven reproregeling is in 1974 als compromis uit de bus gekomen met, zo leek het, oog voor de realiteit. Naast de gehandhaafde vrijheid tot kopiëren voor privégebruik (vanuit principiële, maar zeker ook praktische overwegingen) werd een beperkte wettelijke licentie ingevoerd: de auteursrechthebbenden raakten hun verbodsrecht kwijt, en kregen er een vergoedingsaanspraak voor terug. Het is aanvankelijk echter niet zonder meer mogelijk gebleken om op deze basis een centraal incassomechanisme naar behoren te laten functioneren. Daarvoor waren een aantal oorzaken aan te wijzen, waaronder vooral het legitimatieprobleem.[60]

Stichting Reprorecht

Door de omvang van het reproduceren is het uitgesloten dat kopieerders per keer met individuele rechthebbenden zouden afrekenen. Om inning en herverdeling van de reprovergoedingen te centraliseren werd eind 1974 de Stichting Reprorecht[61] opgericht, waarin uitgevers en auteurs via hun organisaties zijn vertegenwoordigd.

inningsvolmacht

Om te kunnen optreden was tot 1986 de Stichting afhankelijk van door de rechthebbenden verleende inningsvolmachten. Voorzover mogelijk gebeurde dat via exploitatiecontracten met uitgevers, die zich de desbetreffende bevoegdheden door de auteurs laten overdragen of zelf reeds auteursrechthebbende zijn door

60 Uit de vele literatuur hierover valt moeilijk een selectie te maken. Ik volsta met verwijzing naar de diverse bijdragen in *AMR* 1981/3, p. 59 e.v.
61 Postbus 882, 1180 AW Amstelveen, tel. 020-3470310, fax 020-3470453 (www.cedar.nl).

overdracht of als werkgever (art. 7 Aw). Bij tijdschriften werd getracht het gat te dichten middels een algemene volmachtclausule in het colofon. Maar met name in kringen van wetenschappelijke auteurs bleek men daar niet erg van gediend, hetgeen hier en daar (zie de bijdragen in het NJB) leidde tot parmantige eigen clausules als 'het reprorecht wordt niet uitgeoefend'. Hier trad de door de wetgever onvoldoende voorziene belangentegenstelling naar voren: de gesalarieerde auteur publiceert om gelezen te worden en heeft geen direct financieel-economisch belang bij de exploitatie in druk; het reprorecht wordt dan afgedaan als een uitgeversbedenksel. Natuurlijk is dat een kortzichtige visie, want een geheel vrije reprografie zou op den duur het publicatiekanaal zelf in zijn bestaan kunnen gaan bedreigen. Maar wel kwam hier de tweeslachtigheid van de hele regeling naar voren, namelijk het verre verband tussel doel (bescherming van het uitgeven in druk tegen de bedreiging van de fotokopie) en middel (een *als zodanig* niet te realiseren vergoedingsaanspraak van individuele rechthebbenden). Ook bij de repartitie levert dat problemen op, waarover straks.

belangen-tegenstelling

Intussen had dit tot gevolg dat kopiërende instellingen en bedrijven vooralsnog niet bereid waren om aan de Stichting ook maar een cent te betalen. Alleen met de Rijksoverheid, wetsgetrouw als van haar verwacht mag worden, werd overeenstemming bereikt over een forfaitair vastgestelde betaling per jaar.[62] Men moest hierbij uitgaan van globale schattingen van aantallen kopieën van beschermd materiaal. Cijfers ontbreken, en kopieerders zijn niet gehouden om aan de rechthebbenden opgave te doen. Volgens een indertijd gehouden SEO-onderzoek[63] werden in 1972 in ons land in totaal ruim 1 miljard fotokopieën gemaakt, waarvan gemiddeld[64] circa 5% met reproschuld is belast. De groei is enorm, en in 1997 komt men uit op schattingen tussen 20 en 30 miljard kopieën per jaar.

In 1985 is het Reprobesluit in belangrijk opzicht gewijzigd.[65] Aan artikel 7 werden drie nieuwe leden toegevoegd, en krachtens ministeriële aanwijzing is de Stichting Reprorecht sinds 1986 uit eigen hoofde en exclusief bevoegd tot incasso van de in de amvb bedoelde vergoedingen, ter verdeling onder de rechthebbenden volgens een door de minister goedgekeurd repartitiereglement. Sindsdien is het reprorecht geen papieren tijger meer en kan het ook daadwerkelijk worden uitgeoefend.

CIBRA

Deze wijzigingen volgden op de voorstellen die de CIBRA (Commissie incasso, beheer en repartitie auteursrechtgelden; zie nr. 51) in 1981/82 deed om uit de impasse te geraken.[66]

62 Zie *AMR* 1979/1, p. 5. Het contract wordt jaarlijks verlengd en aangepast. De betaling beloopt thans ruim 1 miljoen gulden per jaar.

63 *Auteursrecht op reprografieën*, Onderzoek uitgevoerd door de Stichting voor Economisch Onderzoek der Universiteit van Amsterdam, april 1974.

64 De percentages divergeren sterk per gebruikersgroep: overheid 0,5%, onderwijs 25%, bedrijfsleven 5,2%, bibliotheken 65%.

65 KB van 23 augustus 1985, *Stb.* 1985, 471, inwerkingtreding 5 november 1985. Ministeriële uitvoeringsbesluiten van 19 februari 1986, *Stb.* 1986, 79-81.

66 De adviesaanvraag d.d. 30 mei 1980 en het advies d.d. 18 februari 1981 zijn gepubliceerd in de *Ned.Stcrt.* 24 maart 1981, nr. 57, en in *AMR* 1981/3, p. 63 e.v. In het CIBRA-eindrapport van mei 1982 zijn deze voorstellen gehandhaafd en werden voorts enige aanbevelingen gedaan tot wijziging van de wet zelf. Zie voor een samenvatting *NJB* 1982/22, p. 666.

Het belangrijkste probleem bij de incasso was voor de Stichting Reprorecht, zich tegenover de kopieerders in voldoende mate als vertegenwoordigster van de auteursrechthebbenden te kunnen legitimeren. In de praktijk bleek dat onmogelijk te realiseren. De oplossing voor dit probleem is vervat in het nieuwe vierde lid van artikel 7 van het Reprobesluit. Dit bepaalt dat de vergoedingen betaald moeten worden aan een door de Minister van Justitie aan te wijzen incasso-organisatie, die onder overheidstoezicht en met uitsluiting van anderen met de inning en verdeling van deze vergoeding is belast.

legitimatie

In 1986 werd de Stichting Reprorecht als zodanig aangewezen. Zij is sindsdien niet langer afhankelijk van verkregen volmachten maar kan uit eigen hoofde namens alle rechthebbenden optreden (in CIBRA-termen: als eigenrechtorganisatie). De incasso wordt sindsdien voortvarend aangepakt.

eigenrecht-organisatie

Als grondslag voor de incasso is het tellen en administreren van gemaakte kopieën van beschermd materiaal praktisch onuitvoerbaar. De Stichting sluit daarom contracten met organisaties van kopiërende instellingen, waarbij een forfaitaire basis wordt vastgesteld, zo nodig na empirisch onderzoek.

incasso

De geïnde gelden worden via categorierekeningen uitgekeerd aan de aangesloten Nederlandse uitgevers, op basis van hun omzetten. Deze hebben zich verplicht om tenminste 50% door te betalen aan hun auteurs, naar rato van de in het desbetreffende jaar uitgekeerde honoraria. Aan buitenlandse rechthebbenden wordt alleen uitgekeerd via voldoende representatieve incasso-organisaties.

repartitie

In 1984 vond een proefrepartitie plaats uit de, toen nog alleen van de centrale overheid, ontvangen gelden. Uitgekeerd werd toen *f* 400.000. Sindsdien zijn de bedragen flink opgelopen. Bij de repartitie in 1996 werd aan Nederlandse rechthebbenden ruim 8 miljoen gulden uitgekeerd.

D. Nieuwe wetgeving (1998/99)

De bestaande wettelijke regeling is onoverzichtelijk en gebrekkig, en is aan herziening toe. Tot nog toe kan de Stichting Reprorecht alleen bij de in het Reprobesluit genoemde instellingen als eigenrechtorganisatie aankloppen. Een in 1998/99 te verwachten wetswijziging zal instrumenten geven om ook het kopiërende bedrijfsleven (thans art. 17 Aw) tot betaling te brengen.

bedrijfsleven

Het ziet er naar uit dat die nieuwe regeling zal bestaan uit een wat aangepast artikel 16b voor het vrijgelaten privékopiëren, en daarnaast een aantal nieuwe wetsartikelen (16h e.v.) met uniforme regels voor het betaald kopiëren door anderen dan particulieren. Het Reprobesluit kan dan hoofdzakelijk beperkt blijven tot bepaling van het tarief en kan voor het overige vervallen, evenals het huidige artikel 17 dat een dode letter is gebleven.

Het eerder ingediende wetsvoorstel 22 600 stuitte in februari 1995 in de Eerste Kamer op grote weerstand, onder andere wegens de nogal eenzijdige positieversterking van de Stichting Reprorecht en de te zware administratieve belasting van de kopieerders. De minister nam het voorstel toen terug voor nader beraad.[67]

Commissie Auteursrecht

De hierna door de minister ingestelde Commissie Auteursrecht bracht in februari 1996 haar interimrapport uit over het reprorecht, en in december 1996 haar eindrapport.[68] De commissie ontwikkelde drie modellen. Twee daarvan, een heffing op apparatuur dan wel een 'geprivatiseerd' onderhandelingsmodel, vielen af wegens gebleken onvoldoende draagvlak bij de betrokken belanghebbenden. Wat overbleef was een voorstel tot aanpassing van de bestaande regeling, met gebruikmaking van onderdelen van wetsvoorstel 22 600.

nieuw wetsvoorstel

De minister heeft het advies goeddeels overgenomen.[69] Het vorige wetsvoorstel is in oktober 1997 ingetrokken en er wordt een nieuw wetsvoorstel voorbereid, uitgaande van de volgende hoofdlijnen:

- de wettelijke regeling zal slechts het reprograferen betreffen en zal niet gelden voor elektronisch kopiëren;
- het kopiëren door privépersonen (art. 16b) blijft vrij; de regeling van het betaald kopiëren wordt voor de verschillende groepen kopieerders gelijk;
- de vergoeding betreft het fotokopiëren van tijdschriftartikelen en kleine delen van boeken en bladmuziek, alsmede meegekopieerde tekeningen en foto's; het kopiëren van brieven en interne nota's valt erbuiten;
- de vergoeding wordt betaald aan een aan te wijzen incasso-organisatie (Stichting Reprorecht), behoudens rechtstreekse contracten met de rechthebbende (auteur of uitgever);
- kopieerders moeten jaarlijks het totaal aantal gemaakte kopieën opgeven; in onderhandeling moet, aan de hand van steekproeven, worden vastgesteld welk percentage van dat totaal geacht wordt auteursrechtelijk materiaal te betreffen; voor kleine kopieerders kan een lump-sum worden aangehouden;
- ook bij instellingen en bedrijven blijft het kopiëren voor privédoeleinden vrij; kopieën voor dossiervorming vallen daar niet onder, wel kopieën die particulieren voor eigen gebruik maken in copyshops en dergelijke;
- de bestaande repartitiepraktijk, waarbij uitgevers voor (maximaal) 50% meedelen, blijft gehandhaafd;
- de tarieven worden evenals voorheen door de overheid vastgesteld; om praktische redenen wordt voorgesteld de huidige tarieven van het Reprobesluit uit 1974 te handhaven.

40. Thuiskopie (cassetteheffing)

Het door artikel 16b vrijgelaten verveelvoudigen van beschermde werken voor eigen privégebruik geldt ook voor het kopiëren van beeld en geluid. Dat gebeurt op grote schaal. In de meeste huishoudens is wel een video- en/of cassetterecorder aanwezig, waarop films en muziek van radio en tv worden opgenomen en geleende of gehuurde cassettes en cd's worden gekopieerd. Voor een deel gaat het daarbij om *time-shifting* (opnemen van een uitgezonden film om die op een ander tijdstip te kunnen bekijken), maar overigens mag men wel aannemen dat het kopiëren de

67 Zie *AMI* 1995/4, p. 78.

68 Gepubliceerd in *AMI* 1996/4, p. 68 resp. 1997/5, p. 95. Voorzitter van de Commissie is Prof. mr. D.W.F. Verkade.

69 Brief van 8 september 1997 aan de Eerste en Tweede Kamer, *AMI* 1997/10, p. 210.

verkoop van bespeelde beeld- en geluidsdragers nadelig beïnvloedt, zodat de rechthebbenden in niet onaanzienlijke mate inkomsten (royalty's) mislopen. Het is billijk dat zij daarvoor worden gecompenseerd. Dat gebeurt door een heffing op blanco audio- en videocassettes en dergelijke, zoals geregeld in de artikelen 16c-16g Aw.[70] Volgens ingeburgerde praktijk spreekt men hier van de thuiskopievergoeding.

Stichting de Thuiskopie

De voor het privékopiëren van beeld en geluid verschuldigde vergoeding bestaat uit een heffing op voor dat kopiëren bestemde voorwerpen (onbespeelde beeld- en geluidsdragers), te betalen door de fabrikant of importeur. De incasso geschiedt door de Stichting de Thuiskopie,[71] die daartoe exclusief is aangewezen. Deze stichting is ook belast met de repartitie aan rechthebbenden. Het tarief wordt in onderhandeling vastgesteld door een andere, eveneens door de minister aangewezen, stichting (SONT) waarin rechthebbenden én betalingsplichtigen zijn vertegenwoordigd.

cassettes

cd-r

De heffing betreft alle voorwerpen die bestemd zijn om daarop vastgelegde (juister: vast te leggen) geluiden of beelden ten gehore te brengen of te vertonen. In de praktijk gaat het hoofdzakelijk om audio- en videocassettes waarop particulieren voor hun eigen gebruik beschermde werken opnemen. Het digitaal kopiëren is echter in opmars en mogelijk worden de traditionele cassettes in de nabije toekomst verdrongen door de mini-disc en de wisbare cd-r (recordable, rewritable), die de kopie tot een perfecte kloon maken. Of de consument daadwerkelijk beschermde werken opneemt en niet bijvoorbeeld alleen maar vogelgeluiden, is voor de heffing niet van belang. Wel echter valt het professionele opnemen buiten de grenzen van artikel 16b en daarmee ook buiten de thuiskopieregeling.

WNR

Rechthebbenden zijn niet alleen (Nederlandse en buitenlandse) auteurs en hun rechtverkrijgenden, maar ook uitvoerende kunstenaars en overige naburige rechthebbenden (zie nr. 14). In artikel 10 WNR is de onderhavige regeling van overeenkomstige toepassing verklaard. Alle rechthebbenden zijn via hun beroepsorganisaties vertegenwoordigd in de Stichting de Thuiskopie, die krachtens ministeriële aanwijzing exclusief bevoegd is om de vergoedingen te innen en te verdelen. Omdat de stichting als eigenrechtorganisatie een monopoliepositie inneemt, staat zij onder toezicht van een regeringscommissaris.[72]

informatieplicht

De vergoeding, die aan de consument pleegt te worden doorberekend, moet aan de stichting worden betaald door de fabrikant of de importeur van de onbespeelde cassettes en dergelijke. Zij dienen aan de stichting de noodzakelijke informatie te verstrekken. Het doen van onjuiste opgaven is strafbaar (art. 35c). De betalingsverplichting ontstaat op het tijdstip van in de handel brengen of invoeren, en vervalt bij uitvoer vanuit Nederland.

stichting SONT

De hoogte van de vergoeding wordt vastgesteld door de stichting SONT (Stichting Onderhandelingen Thuiskopievergoeding). In deze stichting wordt daarover on-

70 Ingevoegd bij wet van 30 mei 1990, *Stb.* 305 (inwerkingtreding 1 januari 1991).
71 Postbus 725, 1180 AS Amstelveen, tel. 020-3470478, fax 020-3470453 (www.cedar.nl).
72 Nader geregeld bij amvb van 20 december 1990, *Stb.* 646, gewijzigd 24 november 1993, *Stb.* 620.

derhandeld tussen rechthebbenden en betalingsplichtigen, en als men er niet uitkomt is de onafhankelijke voorzitter statutair tot vaststelling bevoegd. Het per 1 januari 1997 herziene tarief bedraagt per speeluur 59 cent voor audio en 72 cent voor video.

tarief

15%-fonds

Volgens de statuten van de Stichting de Thuiskopie wordt 15% van het jaarlijks netto voor verdeling onder rechthebbenden beschikbare bedrag besteed voor sociale en culturele doeleinden. Daarop was destijds bij de behandeling van het wetsvoorstel in het parlement aangedrongen. Het gaat hierbij om ca. 4 miljoen gulden per jaar, ondergebracht in een apart fonds.
In de landen van Europa bestaan er, ook qua tarief, belangrijke onderlinge verschillen in de wettelijke thuiskopieregelingen. Dat kan de concurrentie verstoren. Een EG-richtlijn is al enige jaren in voorbereiding.

41. Portretten

portret

Een portret is de afbeelding van een persoon. Publicatie daarvan is een delicate aangelegenheid: in het ene geval zal de geportretteerde zich gevleid voelen, in een ander geval gekrenkt of benadeeld. De aard van de afbeelding en de wijze van publicatie zijn daarbij van belang, maar ook kunnen louter commerciële overwegingen een rol spelen.

Voor portretten hanteert de Auteurswet een aparte regeling. Enerzijds zijn hier de bevoegdheden van de auteursrechthebbende enigszins aan banden gelegd, anderzijds worden aan de geportretteerde enkele rechten en bevoegdheden toegekend.[73] Daarbij maakt het verschil of het portret wel of niet in opdracht werd vervaardigd.
Onder een portret moet hier worden verstaan een herkenbare afbeelding *van het gelaat* van een persoon, met of zonder weergave van verdere lichaamsdelen. Op welke wijze of met welk middel het portret vervaardigd is, doet er niet toe.

Het woord portret heeft iets plechtigs in zich. Men moet zich hierdoor niet laten misleiden: het kiekje op straat is evenzeer een portret als de officiële trouwfoto.
In de praktijk is de regeling vooral van belang voor foto's, en dan met name in de in artikel 21 bedoelde situaties. Zij geldt echter ook voor gefilmde, geschilderde, getekende (karikaturen of spotprenten!), geboetseerde of gebeeldhouwde portretten en voor uitzending via televisie. Ook actiefoto's van bijvoorbeeld voetballers vallen eronder.[74]
In de rechtspraak wordt het 'gelaatscriterium' vrij strikt gehanteerd. Ook op andere manieren kan men echter herkenbaar zijn. Dat in zulke gevallen de portret-

73 Een veel ruimer *recht op de persona* wordt bepleit door Pinckaers, diss. (1996) en dez., 'Van portretrecht naar personarecht', *AMI* 1997/3, p. 47.
74 Pres. Rb. Haarlem 26 juni 1974, *NJ* 1974, 415; *BIE* 1977/1, p. 11 en p. 13 (*De slag om het voetbalgoud*).

bepalingen door de rechter niet van toepassing geacht worden, kan tot resultaten leiden die maar moeilijk bevredigen (vergelijk de hieronder sub B genoemde zaak van de sleutelhangers). Het criterium is echter niet zo strikt, dat men uitsluitend aan zijn afgebeelde gelaatstrekken algemeen herkenbaar zou moeten zijn; ook een afbeelding in profiel met bijvoorbeeld een typerende lichaamshouding kan een portret opleveren.[75] Een sterke persoonsgelijkenis is echter nog geen portret.[76]

Als gezegd, de regeling verschilt naar gelang er al dan niet een opdracht tot portretteren gegeven is. De opdracht (men kan ook zeggen: bestelling) kan van de geportretteerde zelf afkomstig zijn, maar ook van iemand anders, bijvoorbeeld een familielid of een huldigingscomité.

A. *In opdracht gemaakte portretten*

opdracht

Geen opdracht is er, indien de geportretteerde enkel geen bezwaar maakte tegen het afbeelden of zelfs uitdrukkelijk daarin toestemde. In zulke gevallen geldt de onder B te bespreken regeling. Ook het poseren door (beroeps)fotomodellen valt daar dus onder.
Met de rechten en bevoegdheden der betrokkenen is het als volgt gesteld.

a. De geportretteerde (art. 19)

Verveelvoudiging van een portret door of ten behoeve van de geportretteerde (of; na zijn overlijden, door zijn nabestaanden) levert geen inbreuk op auteursrecht op. Zijn er meerdere personen afgebeeld, dan heeft men elkaars toestemming nodig.

verveelvoudigen

Verveelvoudigen is niet alleen het opnieuw afdrukken van een fotonegatief, maar ook bijvoorbeeld het (laten) natekenen van een geschilderd of gefotografeerd portret. Daarvoor is geen toestemming van schilder of fotograaf vereist. Betreft het een portret waarop ook anderen staan afgebeeld, dan is voor het verveelvoudigen hun toestemming vereist (en, tot tien jaar na hun overlijden, zelfs die van hun nabestaanden; ingevolge artikel 25a zijn dat: ouders, echtgenoot en kinderen). Dat zij die zouden weigeren, lijkt uitzonderlijk.

nabestaanden

Tot zover geeft artikel 19 niet veel meer dan de in nr. 39 besproken vrijheid tot verveelvoudigen voor eigen gebruik. Slechts is hier niet vereist een afwijking in afmetingen of in werkwijze als het om beeldende kunst gaat. Een geschilderd portret mag in dezelfde grootte nageschilderd worden.

openbaarmaking

Alleen verveelvoudiging is toegestaan, niet openbaarmaking. Intussen mag de eigenaar van een kunstwerk dit krachtens artikel 23 (zie nr. 47) wel in het openbaar tentoonstellen; dat kan dus iemand anders dan de kunstenaar of de geportretteerde zijn. Voor reproductie in een tijdschrift of boek is echter toestemming van de maker vereist. Alleen voor fotografische portretten is een uitzondering gemaakt.

75 HR 30 oktober 1987, *NJ* 1988, 277, met noot LWH (*naturistengids*). De desbetreffende foto is (gedeeltelijk) afgedrukt in *AMR* 1986/2, p. 60.
76 Pres. Rb. Amsterdam 22 december 1994, *AMI* 1995/7, p. 136, met noot JHS; *IER* 1995/2, p. 61 (*Millecam*).

foto's

Door of met toestemming van degenen die tot verveelvoudiging bevoegd zijn (zie hierboven) mag een fotografisch portret worden openbaar gemaakt in een krant of tijdschrift. De naam van de fotograaf, indien bekend, moet daarbij worden vermeld.

naamsvermelding

Publicatie elders, bijvoorbeeld in een boek, blijft ongeoorloofd zonder toestemming van de auteursrechthebbende. Fotografen die belang hechten aan naamsvermelding doen er verstandig aan hun naamstempel op de achterzijde van hun foto's te plaatsen.

b. De maker van het portret in opdracht (art. 20)

Voor openbaarmaking van een in opdracht vervaardigd portret heeft de maker (of zijn rechtverkrijgende), niettegenstaande zijn auteursrecht, toestemming nodig van de geportretteerde(n). Na diens overlijden is gedurende tien jaar toestemming van de nabestaanden (art. 25a) vereist.

openbaarmaking

De schilder die in opdracht een portret heeft gemaakt dat door de geportretteerde wordt afgekeurd, kan daar weinig mee doen. Hij mag het niet exposeren, in een krant of tijdschrift afdrukken, of anderszins *openbaar maken* als de afgebeelde persoon zijn toestemming daartoe weigert (zoals ooit een oud-burgemeester van Leeuwarden deed, omdat hij vond dat de schilder zijn oren te groot had afgebeeld[77]). Soms zal uit de omstandigheden afgeleid kunnen worden dat de geportretteerde impliciet toestemming heeft gegeven. Ook kan bij voorbaat worden afgesproken dat geen toestemming vereist zal zijn.
Zijn twee of meer personen afgebeeld, dan is voor openbaarmaking van het gehele portret toestemming van ieder van hen vereist (of, gedurende tien jaar na hun overlijden, van hun nabestaanden).

verveelvoudigen

Van *verveelvoudigen* rept de wet hier niet; krachtens zijn auteursrecht blijft de maker daartoe volledig bevoegd. In artikel 24 wordt bovendien nog bepaald, dat een schilder zelfs na overdracht van zijn auteursrecht bevoegd blijft gelijke schilderwerken te vervaardigen, tenzij anders is overeengekomen (zie nr. 48).

derden

eigenaars

De toestemming van de geportretteerde tot openbaarmaking moet volgens artikel 20 gegeven zijn aan de auteursrechthebbende: de maker of diens rechtverkrijgende. Men mag aannemen dat de bepaling zich ook richt tot derden (bijvoorbeeld pers, televisie), ook al zouden zij met toestemming van de auteur handelen en dus geen inbreuk op auteursrecht maken. Eigenaars van geschilderde portretten zijn, auteursrechtelijk bezien, gerechtigd tot exposeren (art. 23; zie nr. 47); toestemming van de geportretteerde lijkt echter wel geboden.

justitie

Een uitzondering maakt de wet voor de justitiële autoriteiten (zie nr. 49).

rechtsmiddelen

Tegen ongeautoriseerde openbaarmaking kan de geportretteerde met dezelfde middelen optreden als auteurs wegens inbreuk op hun recht (art. 30; zie nr. 58).

77 Tevergeefs trachtte de kunstenaar in kort geding verlof tot exposeren te krijgen (Pres. Rb. Leeuwarden 15 december 1971, bekr. door Hof Leeuwarden 14 juni 1972; niet gepubl.). Naar verluidt is toen een dia van het gewraakte portret te kijk gehangen.

strafbepaling

Bovendien wordt onrechtmatige openbaarmaking van een portret door artikel 35 als strafbaar feit aangemerkt; de maximum straf is niet mis, namelijk een boete van vijfentwintigduizend gulden.

B. Niet in opdracht gemaakte portretten (art. 21)

Ten aanzien van een *niet* in opdracht gemaakt portret heeft de geportretteerde geen eigen rechten, maar wel kan hij opkomen tegen ongewenste publicatie ervan. Openbaarmaking (door de auteursrechthebbende dan wel door iemand anders) is namelijk niet geoorloofd voorzover een *redelijk belang* van de geportretteerde (of, na diens overlijden, van een zijner nabestaanden) zich daartegen verzet.

toestemming en opdracht

In deze gevallen zal het initiatief tot portretteren in de regel van de maker uitgaan; ook als de geportretteerde toestemt in de afbeelding, eventueel impliciet door te poseren,[78] houdt dat nog geen opdracht tot portretteren in. Wel als 'in opdracht' te beschouwen zijn de door bijvoorbeeld school- en straatfotograaf gemaakte portretten; daarvoor gelden dan de regels als onder A weergegeven.
Hoewel de auteursrechthebbende voor de openbaarmaking (expositie, publicatie in druk, filmvertoning, televisie-uitzending) geen toestemming van de geportretteerde nodig heeft, kunnen de omstandigheden zo zijn dat de openbaarmaking toch niet geoorloofd is wegens strijd met een *redelijk belang* van de geportretteerde. Waar moet men hierbij aan denken?

redelijk belang

zedelijk belang

privacy

Een redelijk belang kan zijn een *zedelijk* belang: respectering van morele waarden of eerbiediging van de persoonlijke levenssfeer, welk recht naar zijn inhoud mede door artikel 8 EVRM wordt bepaald. Dit is bijvoorbeeld aan de orde bij *reality-tv*[79] en gebruik van verborgen camera's.[80] Of van inbreuk sprake is hangt af van de feitelijke omstandigheden, met name de aard en mate van intimiteit waarin de geportretteerde is afgebeeld, terwijl ook het karakter van de opname en de context van de publicatie van belang kunnen zijn.[81] Wie een portret publiceert moet dus bedacht zijn op mogelijke bezwaren van de afgebeelde persoon, en de omstandigheden kunnen meebrengen dat hij zich tevoren daarvan zal moeten vergewissen. In het aangehaalde geval ging het om een in het tijdschrift Nieuwe Revue geplaatste foto van een vrouw die haar (toenmalige) vriend omarmt in het Amsterdamse Vondelpark. Zo op het oog niets aan de hand, zou je zeggen, maar haar vordering werd toegewezen.

78 Dat impliceert echter nog niet toestemming tot (elke wijze van) publicatie. Zie Ktg. Utrecht 7 oktober 1986, *NJ* 1987, 525 (*randgroepjongeren*).
79 Zie Hof Amsterdam 7 november 1996, *AMI* 1997/3, p. 56, met noot Schuijt; *IER* 1997/2, p. 65 (*Bedgeheimen RTL 4*). Zie ook *AMI* 1996/4, p.79 (Kamervragen).
80 Zie de jurisprudentie in *AMI* 1996/5, p. 90 e.v. Daarover G.A.I. Schuijt in *AMI* 1996/5, p. 83.
81 HR 1 juli 1988, *NJ* 1988, 1000, met noot LWH; *AMI* 1988/6, p. 125, met noot HCJ. Vervolg: Hof Amsterdam 27 april 1989, *NJ* 1990, 370; *AMI* 1989/5, p. 125, met noot HCJ (*Vondelpark*). Zie ook Pres. Rb. Amsterdam 18 februari 1993, *AMI* 1993/6, p. 110 (*blote borst*).

reclame

Volgens de Hoge Raad heeft iemand in beginsel steeds een redelijk belang om zich te verzetten tegen ongeautoriseerd gebruik van zijn portret als dat gebeurt ter ondersteuning van een commerciële reclame-uiting. Het publiek zal hem immers daarmee associëren, hetgeen als ontoelaatbare inbreuk op de persoonlijke levenssfeer is te beschouwen.[82] Dat geldt in beginsel ook indien (gemanipuleerde) foto's van publieke ambstdragers zoals ministers in reclame worden gebruikt, al moeten dezen wel zo nu en dan tegen een klein grapje kunnen.
Een wat ouder voorbeeld: twee jonge meisjes uit een kleine gemeente hadden een redelijk belang om zich te verzetten tegen het in de handel brengen van prentbriefkaarten, waarop zij in badpak stonden afgebeeld.[83] In een ander geval (foto van een 16-jarig meisje in het fotoboek 'Wij zijn ook 17') achtte de rechter geen redelijk belang aanwezig; de betrokken foto werd (gezien ook de aard van het boek) niet aanstotelijk geacht, maakte integendeel een argeloze indruk, en de goede naam van het meisje zou door de publicatie niet worden geschaad.[84] Een redelijk belang als in artikel 21 bedoeld heeft ook de verdachte in een strafproces. De terechtzitting is openbaar, maar de verdachte kan gegronde bezwaren hebben om nogmaals te kijk te staan in de sensatiepers of elders.[85] In zulke gevallen zal het belang van de geportretteerde moeten worden afgewogen tegen het eveneens hoogwaardige belang van de vrijheid van meningsuiting (art. 10 EVRM).[86]

belangenafweging

financieel belang

Het redelijk belang van de geportretteerde om zich tegen publicatie te verzetten kan ook gelegen zijn in de *commerciële* sfeer. Foto's van voetballers, tv-sterren, helden van het witte doek, leden van popgroepen, en andere bekende figuren worden nogal eens gebruikt als blikvanger in bijvoorbeeld reclamecampagnes. De populariteit is geld waard, en als een gebruikelijk te achten vergoeding achterwege blijft kan dat een redelijk belang opleveren om zich tegen de publicatie te verzetten, vooral indien daardoor de exclusiviteitswaarde van het portret verloren dreigt te gaan.[87] In feite gaat het in dergelijke gevallen niet zozeer om verzet *tegen* publicatie, als wel om opkomen voor financiële belangen bij het *wel* publiceren van het portret. Dat artikel 21 mede deze strekking heeft is door de Hoge Raad uitdrukkelijk erkend in een zaak betreffende een boek met foto's uit een tv-serie. 'Mede gezien de ontwikkeling in de maatschappelijke opvattingen dienaangaande, (kan) van een redelijk belang ook sprake zijn, wanneer de populariteit van geportretteerden, verworven in de uitoefening van hun beroep, van dien aard is dat een commerciële exploitatie van die populariteit door enigerlei wijze van openbaarmaking van hun

82 HR 2 mei 1997, *NJ* 1997, 661, met noot DWFV; *AMI* 1997/7, p. 143, met noot Schuijt (foto van danser in discotheek IT, gepubliceerd in folder en in Gay-krant).
83 HR 24 juni 1952, *NJ* 1955, 742. Vgl. voorts in gelijke zin: Rb. Middelburg 9 januari 1974 en 27 maart 1974, *NJ* 1975, 57 (*seksblad*); Ktg. Den Haag 23 januari 1981, *NJ* 1981, 578 (*dikke dames*); Rb. Zutphen 31 oktober 1985, *NJ* 1986, 636, *IER* 1986/1, p. 9 (*naakte motorrijdster*); HR 30 oktober 1987, *NJ* 1988, 277, *NJ* 1997, 661, met noot DWFV; met noot LWH (*naturistengids*). Zie voorts nog enkele uitspraken, vermeld in *AMI* 1986/2, p. 59 e.v.
84 Pres. Rb. Arnhem 25 juli 1956, *NJ* 1957, 97.
85 Pres. Rb. Middelburg 8 maart 1983, *KG* 1983, 116; *NJ* 1984, 44 (fotoboek *Zeeland in 1982*).
86 HR 21 januari 1994, *NJ* 1994, 473, met noot DWFV; *AMI* 1994/5, p. 93, met noot Schuijt en commentaar Oppenoorth op p. 58; *Mediaforum* 1994/3, p. B30 (*Ferdi E./Spaarnestad*). Zie voorts: Pres. Rb. Amsterdam 11 oktober 1984, *NJ* 1986, 131 (*Heineken-ontvoerder*). Hof Amsterdam 14 januari 1993, *AMI* 1993/6, p. 114 (*bokser*). Hof Den Bosch 23 februari 1994, *NJ* 1994, 474; *AMI* 1994/5, p. 97 (fotocollage van politieagenten).
87 Zie bijvoorbeeld Hof Den Haag 13 april 1960, *NJ* 1961, 160 (*Teddy Scholten*); Hof Amsterdam 25 augustus 1983, *BIE* 1985/3, p. 75 (*Culinair handboek*). Zie voorts nog enkele uitspraken, vermeld in *AMI* 1986/2, p. 61 e.v.

portretten mogelijk wordt. Het belang van de geportretteerden om dan in de voordelen van zulke exploitatie mee te kunnen delen door de openbaarmaking van hun portretten voor commerciële doeleinden niet te hoeven toelaten zonder daarvoor vergoeding te ontvangen, is een redelijk belang in de zin van artikel 21.'[88]

portret

Wel moet het gaan om een portret. Toen destijds de acteurs uit een (andere) populaire tv-serie zich in de door hen neergezette rollen aan sleutelhangers zagen bengelen die bij een schoonmaakmiddel cadeau werden gegeven (overigens met toestemming van de auteur van de serie), was hun verzet daartegen tevergeefs. Omdat de gezichten der acteurs niet op de poppetjes herkenbaar waren vond de rechter dit geen portretten, en ook overigens werd deze reclameactie niet onrechtmatig geacht jegens de eisers.[89] Deze uitspraak was niet erg bevredigend, temeer nu in die tijd de artistieke prestaties van uitvoerende kunstenaars voor het overige toch al zo weinig specifiek werden beschermd (zie nr. 14).

toestemming

Na verleende toestemming kan de geportretteerde zich in de regel niet meer tegen publicatie verzetten,[90] tenzij dit bijvoorbeeld in een voor de reputatie schadelijke context gebeurt.[91] Poseren impliceert niet toestemming tot elke publicatie.[92] De problemen die kunnen rijzen zijn niet altijd goed te voorzien, en een fotograaf of beeldend kunstenaar doet er goed aan tevoren toestemming te vragen tot publicatie; als er veel op het spel staat: schriftelijk. Soms kan die geacht worden stilzwijgend gegeven te zijn, bijvoorbeeld wanneer het betreft bewust in de openbaarheid tredende figuren (politici, filmsterren). Niettemin hebben ook dezen een redelijk belang, zich te verzetten tegen een al te brutale inbreuk op hun privacy of aanranding van hun goede naam.[93] Ook zijn wel eens de bezwaren erkend die een nieuwslezer van het NOS-journaal had tegen zijn ongewild als zodanig 'optreden' in een speelfilm, gelet ook op de aard daarvan.[94]

alleen natuurlijke personen

Aan te nemen valt, dat in artikel 21 met het begrip geportretteerde enkel natuurlijke personen zijn bedoeld. Een voetbalclub als zodanig kan dus niet dit artikel inroepen om een foto van een elftal te verbieden.[95]

Na het overlijden van de geportretteerde kunnen diens nabestaanden (art. 25a) zich met een beroep op hun redelijk belang tegen openbaarmaking verzetten. De wet

88 HR 19 januari 1979, *NJ* 1979, 383, met noot LWH; *AMR* 1979/3, p. 52, met noot JHS; *BIE* 1979/7, p. 163 (*'t Schaep met de vijf Pooten*). Let op de zinsnede 'enigerlei wijze van openbaarmaking'. In dit geval ging het om een normaal verkrijgbaar boek met foto's; art. 21 is dus niet beperkt tot gebruik voor reclamedoeleinden. In 1974 lag dat kennelijk nog anders: zie Pres. Rb. Haarlem 26 juni 1974, *NJ* 1974, 415; *BIE* 1977/1, p. 11 en p. 13 (*De slag om het voetbalgoud:* gewone boekuitgave niet onrechtmatig, speciale reclame-editie wel). Zie voorts Pres. Rb. Haarlem 6 november 1990, *AMI* 1991/9, p. 198, bekr. door Hof Amsterdam 27 mei 1993, *AMI* 1995/5, p. 96, met noot HCJ (*amateurbokser Arnold Vanderlijde*).

89 HR 16 januari 1970, *NJ* 1970, 220, met noot GJS; *AA* 1970/8, p. 377, met noot HCJ; *BIE* 1971/4, p. 122 (*Ja zuster, nee zuster*).

90 Pres. Rb. Amsterdam 29 maart 1974, *NJ* 1974, 398; *BIE* 1977/10, p. 265 (catalogus *Carl Denig*). Pres. Rb. Amsterdam 12 mei 1977, *AMR* 1981/2, p. 49 (*Phil Bloom*). Hof Amsterdam 10 januari 1991, *AMI* 1991/9, p. 200 (*Kwakoe Zomerfestival*). Rb. Haarlem 8 februari 1994, *AMI* 1995/5, p. 93, met noot Schuijt; *Mediaforum* 1994/3, p. B35 (*De Gulle Minnaar*).

91 Rb. Amsterdam 22 juli 1976, *NJ* 1978, 24 (reisleider in *casino*).

92 Zie hierboven, noten 78, 79 en 82.

93 Zo werd in 1977 een affiche verboden, waarop middels een fotomontage de voorzitter van het VNO de minister-president tersluiks wat geld in de zak stopt. Hoge bomen vangen veel wind, maar voor een politieke spotprent ging dit kennelijk te ver.

94 Pres. Rb. Amsterdam 22 november 1974, *NJ* 1976, 336 (Bob Meijer in *Alicia*).

95 Pres. Rb. Utrecht 16 januari 1980, *NJ* 1980, 481 (*Ajax*).

noemt geen termijn, al zal het belang met de loop der jaren wel afnemen.
Aan anderen dan de geportretteerde of diens nabestaanden komt een beroep op artikel 21 niet toe. Inbreuk is in beginsel niet onrechtmatig jegens overige belanghebbenden, bijvoorbeeld platenmaatschappijen of licentienemers met exclusieve publicatierechten.[96]

derden

Wat de auteursrechthebbende niet mag, is a fortiori anderen niet veroorloofd.[97] Zo konden de Beatles zich met succes verzetten tegen verspreiding van hun foto's als kauwgomplaatjes; de fabrikant had zich met hun manager dienen te verstaan, nu het foto's betrof waarvan de exclusiviteit was voorbehouden.[98] Zo ook hebben uitgevers van geïllustreerde boeken en tijdschriften er rekening mee te houden dat het van de fotograaf gekochte publicatierecht hen nog niet vrijuit doet gaan jegens de geportretteerden.[99] Eventueel kunnen zij zich de door de fotograaf tegen bezwaren van die kant laten vrijwaren, maar beter is het om met de afgebeelde personen zelf afspraken te maken, met name indien het om bekende figuren gaat, zoals acteurs in populaire tv-series. Het is daarbij van belang de aard en omvang van de publicatie duidelijk vast te stellen (bijvoorbeeld aantal foto's in het blad, foto op de cover, afbeelding van deze voorpagina als 'lokkertje' in krantenadvertenties,[100] enzovoort).

vrijwaring

strafbepaling

Artikel 35 Aw bevat een, algemeen gestelde, strafbepaling met betrekking tot het onrechtmatig publiceren van portretten. Civielrechtelijk staan de geportretteerde dezelfde rechtsmiddelen ten dienste als auteurs (art. 30). Niet alleen materiële, maar ook immateriële schade (smartengeld) komt voor vergoeding in aanmerking.[101] De schade moet wel aannemelijk kunnen worden gemaakt.[102]

schadevergoeding

In dit verband is ten slotte nog van belang artikel 139f van het Wetboek van Strafrecht, dat als misdrijf strafbaar stelt het tersluiks fotograferen[103] van personen in de privésfeer, indien daardoor hun rechtmatig belang kan worden geschaad. Ook het publiceren van zulk een afbeelding is afzonderlijk strafbaar (art. 139g WvSr.). Op beide delicten staat maximaal zes maanden gevangenisstraf of een geldboete. Zie voorts ook artikel 441b WvSr.

42. Werken die door de overheid zijn openbaar gemaakt

Uit een oogpunt van algemeen belang zal het in de regel wenselijk zijn dat wat door de overheid *als overheid* in de openbaarheid wordt gebracht, een zo breed moge-

96 HR 24 februari 1989, *NJ* 1989, 701, met noot LWH; *IER* 1989/2, p. 41, met noot JHS; *AA* 1989/7-8, p. 675, met noot HCJ; *AMI* 1989/3, p. 70 (BMG/Boogaard, inz. *Elvis Presley*). Evenzo Hof Den Bosch 18 september 1990, *NJ* 1991, 281; *IER* 1990/6, p. 129; *AMI* 1991/3, p. 48, met noot DWFV; *BIE* 1991/11, p. 332 (*Van Uden/Verkerke*). *Anders:* Rb. Haarlem 8 augustus 1989, *AMI* 1990/10, p. 225, met noot HCJ (*Kierke/EMI*).
97 Vgl. de strafbepaling van art. 35 Aw ('Hij die zonder daartoe gerechtigd te zijn...').
98 Pres. Rb. Den Haag 15 april 1964, *NJ* 1964, 483; *BIE* 1966/2, p. 42.
99 Dat bleek wel in de zaak rond *'t Schaep met de vijf Pooten* (zie noot 88, p. 156). Getoetst aan art. 1401 BW-*oud* werd de publicatie onrechtmatig geacht, ook zonder rechtstreekse (analogische) toepassing van art. 21 Aw.
100 Vgl. Hof Amsterdam 24 april 1985, *NJ* 1986, 351 (*boekomslag*). Hier ging het overigens niet om een portret.
101 HR 30 oktober 1987, *NJ* 1988, 277, met noot LWH (*naturistengids*).
102 Zie bijvoorbeeld Hof Amsterdam 11 juli 1991, *NJ* 1992, 205 (*Verbeke/Wang*).
103 Zie G.A.I. Schuijt, 'De rechter en de verborgen camera: recente en eerdere rechtspraak', *AMI* 1996/5, p. 83.

lijke bekendheid krijgt. Vaak is dat ook de uitdrukkelijke bedoeling. In nr. 21 zagen we reeds dat op wetten, vonnissen etc. geen auteursrecht bestaat (art. 11). Dat is wèl het geval met overige van de overheid afkomstige werken, zij het dat dit auteursrecht aanzienlijk is beperkt (art. 15b).

De verdere openbaarmaking of verveelvoudiging van een *door of vanwege de openbare macht* openbaar gemaakt werk levert geen inbreuk op auteursrecht op; er hoeft daarvoor dus geen toestemming gevraagd te worden. Dit geldt echter niet indien het auteursrecht is voorbehouden.

Nu er wel sprake is van auteursrecht, ook al is dat beperkt, gelden ook de bepalingen van artikel 25 inzake het persoonlijkheidsrecht[104] (zie hoofdstuk V).

overheid

De openbaarmaking moet zijn geschied door of in naam van de overheid (dat is: alle nationale of internationale publiekrechtelijke instanties) als zodanig. Bijvoorbeeld: de Handelingen van de Tweede Kamer,[105] rapporten van staatscommissies, in functie uitgesproken redevoeringen van ministers of burgemeesters, octrooischriften (openbaar gemaakt door de Nederlandse Octrooiraad of door het Europees Octrooibureau te München). Gezien de ratio van artikel 15b is het beslist niet zo dat alles wat door de Staatsuitgeverij wordt gepubliceerd eronder valt. Ook uitgaven 'met steun van' de overheid zijn niet te beschouwen als door of vanwege haar openbaar gemaakt, evenmin als door de overheid geëxposeerde kunstwerken.

WOB

Naar valt aan te nemen valt ook informatieverstrekking krachtens de WOB niet onder artikel 15b Aw.[106]

Voor de kwalificatie 'openbare macht' moet er sprake zijn van typische overheidstaken. Dat is volgens de rechtspraak niet het geval bij de werkzaamheden van de

bankbiljetten

Nederlandse Bank N.V., zoals het in omloop brengen van bankbiljetten.[107] Het auteursrecht daarop is dus niet ingeperkt en het afbeelden ervan in bijvoorbeeld advertenties is in beginsel niet geoorloofd. Door het ©-teken op de huidige bankbiljetten wordt men nog eens uitdrukkelijk daaraan herinnerd. De Bank laat afbeeldingen slechts toe als aan een aantal voorwaarden (onder andere eenzijdige druk en afwijkende afmetingen of kleuren) is voldaan.[108] Dergelijk gebruik in reclame zou inbreuk kunnen maken op het persoonlijkheidsrecht van de ontwerper van het bankbiljet, maar dat wordt niet snel aangenomen.[109]

104 HR 29 mei 1987, *NJ* 1987, 1003, met noot LWH (vergrote en afwijkende reproductie van *Beatrix-postzegel*). Zie voorts nog D.W.F. Verkade, 'Postzegels en auteursrecht', in *Filatelie Informatief*, juli 1986, nr. 2030 p. 1-30.

105 Zie *NJB* 1985/41, p. 1327; *AMI* 1986/1, p. 16. Zie ook *AMI* 1995/9, p. 175 (Kamervragen over gebruik van geluidsfragmenten uit troonrede in documentaire).

106 Zie D.W.F. Verkade, 'WOB en auteursrecht', *Mediaforum* 1993/1, p. 2.

107 HR 14 juni 1968, *NJ* 1968, 276; *BIE* 1969/2, p. 52 (betr. het oude art. 11, lid 2, dat toen in grote lijnen hetzelfde bepaalde als thans art. 15b). Zie voorts nog Pres. Rb. Amsterdam 27 oktober 1978, *BIE* 1982/7, p. 163 (*Ned. Bank/VARA*).

108 'Voorwaarden voor het afbeelden van Nederlandse bankbiljetten' d.d. 25 augustus 1995. De voorheen geldende 'Mededeling' van 1982 (*Stcrt.* 1982, 161) is ingetrokken.

109 Hof Arnhem 2 maart 1993, *IER* 1994/6, p. 174; *AMI* 1995/5, p. 90, met noot Grosheide; *BIE* 1996/6, p. 210 (*Ohra/Oxenaar*).

voorbehoud

De beperking van artikel 15b geldt niet indien het auteursrecht uitdrukkelijk is voorbehouden. Dat kan geschieden door een opdruk op het werk zelf of door mededeling bij de openbaarmaking, of ook in het algemeen bij wet, besluit of verordening.

Zo pleegt auteursrecht te worden voorbehouden ten aanzien van telefoongidsen van de PTT, mededelingen van het CBS enzovoort. Ook werd, blijkens een krantenbericht, indertijd auteursrecht voorbehouden op een door het ministerie van Economische Zaken ontworpen vignet met de tekst 'Zuinig met energie'; tegen ongeautoriseerd gebruik werd mede gewaakt door de Reclame-Codecommissie. Ook het auteursrecht op het nieuwe politielogo is voorbehouden.[110]
Het voorbehoud geldt ten behoeve van degene aan wie het auteursrecht toekomt, de maker in de zin van de Auteurswet. Dat hoeft niet de overheid zelf te zijn (let echter ook op art. 8 Aw, nr. 13). Voor hen, die in opdracht van een overheidsinstantie een werk totstandbrengen dat vervolgens door de overheid zal worden openbaar gemaakt, kan een uitdrukkelijk voorbehoud als hier bedoeld dus van belang zijn.

bundel

Op één punt blijft de maker zijn uitsluitend recht onbeperkt behouden, ook indien geen voorbehoud zou zijn gemaakt. Dat is het recht om zijn werken, die dus door of vanwege de openbare macht zijn openbaar gemaakt, in een verzamelbundel te doen verschijnen.

Bijvoorbeeld een verzameling parlementaire redevoeringen. Men kan ook denken aan een bundel afbeeldingen van de bouwwerken, die door een architect in opdracht van de overheid zijn ontworpen, ten minste als men ervan uitgaat dat artikel 15b ook geldt voor 'door of vanwege' de overheid neergezette gebouwen. Die opvatting is op zijn minst aanvechtbaar, gelet op de ratio van de bepaling: het algemeen belang.

43. Werken aan de openbare weg

Van aan de openbare weg opgestelde bouwwerken en werken van beeldende kunst kan men zeggen dat zij tot op zekere hoogte tot het publiek domein behoren. Reproductie is daarom niet altijd aan toestemming van de auteur gebonden. Het is echter bepaald niet zo dat deze werken 'vogelvrij' zouden zijn. Architecten en beeldhouwers hebben nu eenmaal de openbare weg als forum voor hun werken nodig en hun auteursrecht is alleen beperkt voorzover het werk als het ware in zijn omgeving is opgegaan.

Geen inbreuk op auteursrecht en dus geoorloofd is de verveelvoudiging of de openbaarmaking daarvan, van een blijvend op of

110 *Stcrt.* 5 januari 1993; *AMI* 1993/3, p. 58.

aan de openbare weg zichtbaar gesteld werk van beeldende kunst of van bouwkunst (zie nr. 17, sub 6), *mits* (a) het werk daarbij niet de hoofdvoorstelling vormt, en (b) de verveelvoudiging duidelijk verschilt van het origineel in grootte of in toegepaste werkwijze. Bij bouwwerken moet de verveelvoudiging bovendien beperkt blijven tot het exterieur (art. 18).

blijvend aan openbare weg

De beperking luidt strikt. Allereerst moet het werk *blijvend* aan de openbare weg zichtbaar gesteld zijn. Dat is niet het geval bij expositie van schilderijen in vitrines of etalages, een openluchttentoonstelling van beeldhouwwerken, tijdelijk neergezette gebouwen op een wereldtentoonstelling.[111]

geen hoofdvoorstelling

Voorts mag het werk niet de hoofdvoorstelling van de reproductie vormen.[112] Een ansichtkaart van het Museumplein te Amsterdam, waarop ook Rietvelds Van Goghmuseum te zien is, is geoorloofd, – voor afbeelding van het gebouw zelf zou toestemming zijn vereist.[113] Behalve aan prentbriefkaarten kan men denken aan foto's of tekeningen in boeken, tijdschriften, folders van reisbureaus; afbeelding van het 'eigen' kantoor- of hotelgebouw op briefpapier en visitekaartjes; schaalmodellen (souvenirindustrie; tijdens de parlementaire behandeling van de wetswijziging van 1972 werd gesproken van 'plastic Vredespaleisjes en dergelijke'); bouwplaten en bouwdozen, enzovoort. In de regel zal daarvoor dus toestemming van de maker of zijn rechtverkrijgende verkregen moeten worden.

afwijkingen

In de derde plaats moet de verveelvoudiging duidelijk verschillen qua afmetingen of wijze van vervaardiging; met andere woorden, geen al te letterlijke kopiëring. Ook het nabouwen van bouwwerken valt buiten de regeling. Voorts worden interieurs van gebouwen uitdrukkelijk uitgezonderd.

Intussen bedenke men, dat reproductie of publicatie reeds geoorloofd kan zijn krachtens een ander wetsartikel.

Genoemd kunnen worden: verveelvoudiging als bedoeld in artikel 16b, zoals de foto van de toerist of de schets van de tekenaar (zie nr. 39, B, sub a); afbeelding in bloemlezingen en dergelijke, en 'kunstcitaten' (art. 16; zie nr. 36, sub B en C); weergave in actuele reportages (art. 16a; zie nr. 38). In een enkel geval kan ook artikel 15b toepasselijk zijn (zie nr. 42).

overgangsregeling

Vóór de herziening van de wet in 1972 was artikel 18 ruimer gesteld. Met name gold niet de voorwaarde, dat het werk niet de hoofdvoorstelling van de verveelvoudiging mag uitmaken. Ten aanzien van de onder het oude regime wel, maar onder het huidige niet meer geoorloofde verveelvoudigingen is toen een overgangsregeling getroffen, als volgt:

a. afbeeldingen in boeken of gedrukte geschriften (brochures, folders): op 7 januari 1973 bestaande oplagen en latere ongewijzigde herdrukken blijven ex artikel 18-oud geoorloofd.

111 Maar de Eiffeltoren staat er nog steeds, en het Atomium ook!
112 Vgl. Rb. Amsterdam 21 maart 1990, *IER* 1990/4, p. 81; *AMI* 1991/7, p. 162, met noot Schuijt (foto van Anton Geesink tussen beeldengroep).
113 Vgl. Ktg. Rotterdam 24 februari 1983, *NJ* 1984, 677 (*beschilderde tram*).

b. gewijzigde herdrukken van de genoemde boeken en drukwerken, en andersoortige verveelvoudigingen (zoals ansichtkaarten, miniatuurmodellen etc.), mits vervaardigd voor 7 januari 1973 en toen geoorloofd krachtens artikel 18-oud: deze mochten nog vijf jaar (dat wil zeggen tot 7 januari 1978) verkocht of anderszins in het verkeer gebracht worden; dat gold ook voor nieuwe afdrukken van ten tijde van de wetsherziening bestaande clichés of mallen.

44. Wettelijke licenties voor omroep en fonografische industrie

In uitzonderlijke gevallen kan het algemeen belang van cultuurverspreiding zo zwaar wegen, dat het absolute verbodsrecht van de auteur daarvoor moet wijken. Artikel 17a voorziet in de *mogelijkheid* dat krachtens wettelijke regeling enkele specifieke wijzen van openbaarmaking of verveelvoudiging mogen plaatsvinden zonder voorafgaande toestemming van de betrokken auteursrechthebbende(n), maar wel tegen betaling van een billijke vergoeding. Men spreekt dan van een wettelijke licentie of 'licence légale', ook wel van dwanglicentie.[114]

Het artikel, althans een minder vergaande versie ervan, dateert van 1931, maar tot op heden is nog nooit van de geboden mogelijkheid door de overheid gebruikgemaakt.

radio en tv; kabel

Krachtens artikel 17a, eerste lid, kan zulk een wettelijke licentie bij amvb (zie ook art. 17d) gegeven worden ten behoeve van radio- of tv-uitzending van een beschermd werk. Zoals in nr. 29 reeds werd gemeld werd aanvankelijk toepassing van artikel 17a niet geheel uitgesloten geacht waar het de kabeldoorgifte van binnenlandse omroeprogramma's betreft. Dat is niet nodig gebleken omdat de contractuele regelingen voldoen. Sinds de implementatie van de EG-richtlijn inzake kabel en satelliet is dat ook niet meer mogelijk voor Europese programma's (art. 17a, lid 3).

cd's, geluidsbanden

Het tweede lid geeft een overeenkomstige bepaling met betrekking tot de vastlegging van een muziekwerk op cd's of geluidsbanden en het in omloop brengen daarvan (met uitzondering van de filmgeluidsband). Dit betreft alleen muziekwerken die reeds eerder rechtmatig op geluidsdragers werden vastgelegd en aldus (in binnen- of buitenland) in het verkeer gebracht.

algemeen belang

droit moral; vergoeding

Slechts in uitzonderlijke gevallen, als het algemeen belang dat per se noodzakelijk maakt, zal een maatregel als hier bedoeld gegeven kunnen worden. Het is er nog nooit van gekomen. Wie krachtens wettelijke licentie mag handelen moet in elk geval de morele rechten van de maker (art. 25) eerbiedigen, en is verplicht aan de rechthebbende een billijke vergoeding te betalen. De hoogte daarvan zal, indien

114 Het begrip dwanglicentie, hoewel ook in de hier bedoelde situatie gebruikelijk geworden, ziet eigenlijk op gevallen dat de rechthebbende verplicht is om individuele licentieaanvragen te honoreren. Zie bijvoorbeeld in het octrooirecht art. 34 ROW 1910 en art. 57 ROW 1995.

men niet tot overeenstemming kan komen, door de rechter kunnen worden vastgesteld.

45. Opnamen voor radio- of tv-uitzending

Tenzij anders is overeengekomen, houdt de bevoegdheid tot uitzenden niet tevens de bevoegdheid in om het werk op de band vast te leggen. In de praktijk wordt meestal wel 'anders overeengekomen'. Maar ook als dat niet het geval is bestaat er een zekere vrijheid van handelen.
Krachtens artikel 17b, lid 2 is de tot uitzenden bevoegde zendorganisatie gerechtigd het betrokken werk vast te leggen, mits met eigen middelen en uitsluitend voor haar eigen radio- of tv-uitzendingen. Deze vastlegging moet worden tenietgedaan binnen 28 dagen na de eerste met behulp daarvan verrichte uitzending, en in elk geval binnen een half jaar na de vervaardiging. Uiteraard dienen de morele rechten van de maker (art. 25) te worden gerespecteerd.

Radio- en tv-uitzendingen vinden veelal niet rechtstreeks plaats. Dat wil zeggen, er wordt eerst een opname (vastlegging, verveelvoudiging in de zin van art. 14) gemaakt, en deze wordt op een later tijdstip uitgezonden (openbaarmaking). Dat is niet slechts een zaak van efficiënte programmering, maar is ook in het belang van uitvoerende kunstenaars (de opname is niet tijdgebonden, en men kan gemaakte fouten corrigeren) en van auteurs (het werk wordt zo goed mogelijk uitgevoerd). Daarnaast worden ook live-uitzendingen vaak vastgelegd om een latere heruitzending mogelijk te maken.
Het is duidelijk dat door het hier bedoelde vastleggen geen afzonderlijke exploitatie van het werk plaatsvindt. Van omroepzijde is wel eens gesteld dat het hier een – geoorloofde – 'verveelvoudiging voor eigen gebruik' betreft (art. 16b; zie nr. 39, B, sub a), maar de rechter was het daar niet mee eens; het gaat immers om gebruik buiten de eigen, besloten kring.[115] Slechts ten aanzien van actuele reportages bestaat een zekere vrijheid tot opnemen en uitzenden (art. 16a; zie nr. 38). De bepaling van artikel 17b, lid 2 was dus nodig om in een reële behoefte van de praktijk te voorzien.

efemere opname

Aan de vastlegging is geen lang bestaan beschoren. Men spreekt wel van *enregistrements éphémères*. Als de termijn verstreken is moet de band worden schoongeveegd. Of dit gebeurt valt niet te controleren; uit een latere (her)uitzending kan blijken dat het is nagelaten.

eigen middelen

Voorwaarde is, dat de vastlegging (geluid en/of beeld) met eigen – technische – middelen geschiedt.

contractuele regeling

Voor de omroeporganisaties, die doorgaans van NOB-apparatuur gebruikmaken, zou dit problemen opleveren, en men heeft dus contractuele voorzieningen moeten treffen. Met Buma/Stemra is overeengekomen dat vastleg-

115 HR 23 mei 1952, *NJ* 1952, 438 (*Stemra/Radio-Unie*).

ging van uit te zenden c.q. uitgezonden muziek is toegestaan, ook voor een langere dan de in de wet genoemde termijn. In het beruchte (want nogal sterk eenzijdig bevoordelende) standaardcontract dat met individuele omroepprogrammamedewerkers pleegt te worden afgesloten staat de vastleggingsbevoegdheid eveneens uitdrukkelijk vermeld (maar wel onder het beding dat de opnamen niet in de handel zullen worden gebracht).

Krachtens het derde lid van artikel 17b kan bij algemene maatregel van bestuur worden bepaald dat opnamen van uitzonderlijke documentaire waarde in officiële archieven mogen worden bewaard.

archieven

46. Kerkmuziek

Als inbreuk op het auteursrecht op een werk van letterkunde of kunst wordt niet beschouwd de gemeentezang en de instrumentale begeleiding daarvan tijdens een eredienst.

Niet zonder enig gemopper van diverse kanten is dit artikel 17c in 1972 in de wet opgenomen. Men kan er een zekere principiële stellingname in lezen; behoefte aan een dergelijke vrijstelling bestond er eigenlijk niet. De kerken hadden met Buma al een regeling getroffen die voorzag in betaling van een vrijwillig genoemde bijdrage ten gunste van componisten en tekstdichters.

De vrijstelling geldt slechts voor gemeentelijke samenzang en begeleiding daarvan. Niet dus voor uitvoeringen van koren, kerkconcerten, of orgelrecitals. Ook radio- of tv-uitzending en opname op cd vallen buiten de vrijstelling.

47. Bevoegdheden van eigenaars

Eigendom van een werk is wèl te onderscheiden van het auteursrecht daarop, dat aan de maker toekomt. Het enkele eigenaar-zijn geeft in beginsel geen recht tot openbaarmaking of verveelvoudiging, althans niet buiten het kader van de wettelijke beperkingen van auteursrecht. Een speciale beperking ten behoeve van eigenaars van onder meer kunstwerken is neergelegd in artikel 23.

De eigenaar van een werk van beeldende kunst (tekeningen, schilderijen, sculpturen enzovoort), een bouwwerk, of een werk van toegepaste kunst (zie nr. 17, sub 11) mag dit – zonder toestemming van de auteursrechthebbende – in het openbaar tentoonstellen of, met het oogmerk van verkoop, afbeelden in een catalogus.

De bepaling is van regelend recht, dat wil zeggen er kan anders overeengekomen worden, naar beide kanten. En schilder zou zich bij de verkoop van zijn werk het tentoonstellingsrecht uitdrukkelijk kunnen voorbehouden. Het ligt evenwel meer voor de hand om af te spreken, dat de koper het schilderij desgevraagd tijdelijk zal afstaan voor een te houden (overzichts)expositie. Wordt het schilderij later weer doorverkocht, dan geldt zo'n afspraak niet zonder meer tegenover de nieuwe eige-

naar. Men moet echter wel de redelijkheid in het oog blijven houden.
Ook andersom moet men niet te strikt redeneren. Het zou niet reëel zijn om van inbreuk op auteursrecht te spreken wanneer bijvoorbeeld iemand die geïnterviewd wordt, zich thuis 'onder een schilderij' laat fotograferen.[116]
Naast expositie[117] is aan de eigenaar ook verveelvoudiging in een verkoopcatalogus toegestaan. Afbeelding in de gebruikelijke museumcatalogi blijft aan toestemming gebonden.[118] Strikt genomen geldt dat ook voor het in krantenadvertenties afbeelden van een te koop aangeboden en (nog) auteursrechtelijk beschermd huis.
Bij portretten moet gelet worden op de bepalingen in de artikelen 19-21 (zie nr. 41).
Artikel 23 is voor kunstwerken geschreven, maar heeft een uitstralende werking naar andere gevallen, zoals het door wederverkopers afbeelden van auteursrechtelijk beschermde productverpakkingen in reclamefolders.[119]

48. Speciale bevoegdheid van schilders

Een bepaling van weinig praktisch belang geeft artikel 24 met betrekking tot de situatie na overdracht van auteursrecht op een schilderwerk. Indien niet anders werd overeengekomen, blijft de schilder bevoegd tot het maken van gelijke schilderwerken.

Met het oog op exploitatie van het werk door een ander, bijvoorbeeld reproductie op posters of kaarten, kan het auteursrecht (schriftelijk!) worden overgedragen. (Noodzakelijk is dat niet; de auteur kan ook enkel toestemming, licentie verlenen. Zie verder nr. 50). Het uitsluitend recht komt dan toe aan de rechtsopvolger, maar deze kan de schilder niet verbieden zichzelf meer of minder exact te herhalen, en de aldus ontstane schilderijen te verkopen. Wenst de exploitant algehele exclusiviteit, dan zal hij in het contract met de schilder artikel 24 opzij moeten zetten.
Bij de gewone verkoop van een schilderij is geen sprake van overdracht van auteursrecht, en blijft dit bij de maker berusten.

49. Justitiële autoriteiten

Artikel 22 bepaalt, dat in het belang van de openbare veiligheid alsmede ter opsporing van strafbare feiten afbeeldingen van welke aard ook door of vanwege de justitie mogen worden verveelvoudigd, en openlijk tentoongesteld en verspreid.

116 Dat kan anders beoordeeld worden indien het kunstwerk op de foto de hoofdvoorstelling vormt. Zie Rb. Amsterdam 19 januari 1994, *AMI* 1994/3, p. 51; *IER* 1994/2, p. 50; *Mediaforum* 1994/3, p. B34 (*Volkskrant/Beeldrecht*).
117 Zie C.G.M. Berendsen, 'Hangrecht', *AMI* 1991/3, p. 43.
118 Vgl. Rb. Den Bosch 3 augustus 1990, *AMI* 1991/3, p. 50 (*Beeldrecht/Gemeente Uden*).
119 HR 20 oktober 1995, *NJ* 1996, 682, met noot J.H. Spoor; *IER* 1995/6, p. 223; *AMI* 1996/3, p. 51 (*Dior/Evora*). Hof EG 4 november 1997, *IER* 1997/6, p. 224.

In het systeem van de wet valt het artikel onder de beperkingen van het auteursrecht. Kennelijk zijn dus bedoeld: afbeeldingen (reproducties) van beschermde werken, en/of afbeeldingen die zelf beschermd zijn (foto's, portretten). Men kan denken aan foto's van vermiste of vervalste kunstvoorwerpen of kopieën van bepaalde brieven of documenten, op last van de justitiële autoriteiten in de krant afgedrukt, als pamflet verspreid of via de tv vertoond.
De reproductie en verspreiding binnen het omschreven kader is geoorloofd jegens de auteur. In de praktijk zal het vaak gaan om foto's of getekende portretten van gezochte personen ('opsporing verzocht'). Door artikel 22 worden de rechten van geportretteerden (art. 20-21; zie nr. 41) ingeperkt; niettemin past het ook de justitie, hun gerechtvaardigde belangen zo veel mogelijk te respecteren.[120]

120 Buiten het auteursrecht ligt de vraag, in hoeverre de politie in het kader van het opsporingsonderzoek bevoegd is om persfoto's van bijvoorbeeld relletjes op te vragen c.q. op te eisen. Ook hier is uiterste terughoudendheid geboden (vgl. *NJB* 1983/6, p. 199). Zie voorts nog HR (strafkamer) 5 februari 1991, *NJ* 1991, 403 (fotograferen van een verdachte door de politie is geen schending van art. 8 EVRM).

VII Exploitatie van auteursrechten

50. Auteursrecht als vermogensbestanddeel

Zonder auteursrecht zou het er voor een niet-gesalarieerde schrijver, componist of fotograaf lelijk uitzien. Boeken konden worden uitgegeven, composities uitgevoerd of opgenomen en foto's afgedrukt zonder dat de maker daarvoor een tegenprestatie kon bedingen. Toegegeven, hij kan het manuscript, de partituur, een afdruk verkopen; de vermogenswaarde van een werk is echter niet daarin gelegen, maar in de legio mogelijkheden om het, bij voortduring, te exploiteren. Als uitsluitend recht tot openbaar maken en verveelvoudigen is het auteursrecht dan ook iets dat deel uitmaakt van het vermogen van de maker.
Het op grotere schaal exploiteren van werken is vooral mogelijk geworden door de ontwikkelingen van de techniek (drukpers, omroep, beeld- en geluidsdragers).
De maker staat dan, als auteursrechthebbende, in een rechtsrelatie tot degene die de exploitatie daadwerkelijk verricht.

In dit hoofdstuk wordt nader ingegaan op de rechtspositie van de maker, en met name de contractuele relatie tussen hem en de exploitant van zijn werk. Uitgangspunt daarbij is de uitoefening van het auteursrecht als verbodsrecht. Er zijn echter ook gevallen, waarin dat onmogelijk (bijvoorbeeld fotokopiëren) of onwenselijk (bijvoorbeeld bloemlezingen en andere educatieve gebruiksvormen) is. Daar kan dan aanleiding bestaan, dat de wet het auteursrecht reduceert ('uitholt' zeggen sommigen) tot een aanspraak op een billijke vergoeding.

verbodsrecht

vergoedings-aanspraak

Het eigenlijke uitgangspunt is dan: loon naar werken, dat wil zeggen een gerechtvaardigd aandeel in de opbrengsten van het werk. Het zal duidelijk zijn dat de discussies dienaangaande in belangrijke mate bepaald worden door standpunten van belanghebbenden, en per saldo de grondslagen van het auteursrecht betreffen. Dan zijn we weer terug bij het begin (zie nr. 1).

grondslagen

Wat als exploitatie is te beschouwen, wordt auteursrechtelijk gevat onder de ruime begrippen openbaar maken en verveelvoudigen, zoals besproken in hoofdstuk IV. De concrete mogelijkheden zijn natuurlijk mede afhankelijk van de marktwaarde van het werk, maar ook van de aard daarvan. De geldswaarde van het werk van een schilder is voornamelijk belichaamd in het schilderij zelf, en wordt (hopelijk) gerealiseerd bij de verkoop ervan. Daarom kennen sommige landen een *droit de suite* of volgrecht: een meedelen van de kunstenaar in de 'winst' bij verdere door-

droit de suite

verkoop van een inmiddels in waarde gestegen werk (vergelijk de facultatieve bepaling in art. 14ter BC). Het ziet er naar uit dat ons land binnenkort wel zal volgen, daartoe verplicht door een op handen zijnde EG-richtlijn.[1] Tegenstanders, waaronder de grote veilinghuizen, verwachten dat de regeling niet zal werken en zij voorspellen dat de kunsthandel zich zal verplaatsen naar landen buiten de Europese Unie.[2]
Bij dit alles moet niet vergeten worden dat het auteursrecht niet enkel de functie heeft van exploitatierecht. Het neemt immers ook de integriteit van maker en werk in bescherming (persoonlijkheidsrecht of *droit moral*, zie hoofdstuk V).

exploitatie

Er staan voor de maker verschillende wegen open om van zijn exploitatierecht gebruik te maken. Allereerst is er de mogelijkheid een ander toestemming te geven tot openbaarmaking of verveelvoudiging van het werk op een bepaalde wijze of voor een bepaalde tijdsduur, in de regel tegen betaling. Men spreekt dan vaak van *licentie*. Het recht blijft dan bij de maker, hij oefent het zelf uit, maar hij geeft een stukje bevoegdheid uit handen.
Ook kan hij zijn auteursrecht, of een stukje daarvan, aan een ander *overdragen*, verkopen zo men wil. Dan is het de rechtverkrijgende die voortaan (dat gedeelte van) het auteursrecht uitoefent. De maker is dat recht kwijt, en behoudt slechts het droit moral.
Op deze manieren kan men te werk gaan wanneer de gebruiker een concrete wederpartij is, en de situatie dus overzichtelijk is. In geval van massaal gebruik echter, zoals bij muziekwerken, is dat uitgesloten. Zo is in het muziekauteursrecht de situatie ontstaan dat de auteursrechthebbenden hun rechten ter exploitatie overdragen aan een bemiddelingsorganisatie. De rechtverkrijgende, in dit geval Buma, oefent het recht zelfstandig uit (door het verlenen van licenties), echter niet voor zichzelf doch ten behoeve van de makers: de aangesloten componisten en tekstdichters (zie verder nr. 52). Intussen ontstond ook op andere terreinen de behoefte aan zo'n centraal bemiddelingsapparaat, met name daar waar wettelijke licenties het gebruik van werken toestaan onder de verplichting dat hiervoor wordt betaald, zoals het reprorecht en het leenrecht. Zie verder nr. 51.

bemiddeling

overdracht en licentie; verschillen

Het is duidelijk, dat overdracht en licentie wezenlijk verschillende rechtsfiguren zijn. Het verschil *lijkt* een beetje op dat tussen verkopen en verhuren. Men moet echter oppassen, overdracht van het *recht* niet te verwarren met eigendomsover-

1 Zie *AMI* 1996/4, p. 77. In het in maart 1996 door de Europese Commissie aangenomen voorstel wordt uitgegaan van een volgrecht van 4% vanaf een verkoopprijs van 1.000 ecu (ca. *f* 2.100), met lagere percentages bij hogere prijzen. Zie voorts nog B.J. van den Broek in *AMI* 1991/9, p. 191.

2 Zie ook Th.M. de Boer, 'Het volgrecht: een hersenschim', *AMR* 1980/4, p. 85 e.v.

dracht van het stoffelijke *exemplaar* van het werk, waarop het auteursrecht rust. Wanneer een schilderij wordt verkocht blijft het auteursrecht bij de maker.
Door *overdracht* komt de rechtverkrijgende in de positie die de auteur tevoren innam; hij verkrijgt het uitsluitend recht, dat hij op zijn beurt weer kan uitoefenen, en hij kan optreden tegen inbreukmakers. Voor de *licentiehouder* ligt dat anders. Deze ontleent aan de overeenkomst met de auteursrechthebbende bepaalde bevoegdheden ten aanzien van het werk, maar heeft geen uitsluitend recht. De auteur (of zijn rechtverkrijgende) kan ook aan anderen licenties verlenen, zelfs met dezelfde inhoud. Intussen doet dat laatste zich niet vaak voor; de licentie heeft veelal een exclusief karakter, hetzij krachtens uitdrukkelijke afspraak hetzij soms af te leiden uit de kennelijke partijbedoeling. Het praktische verschil tussen overdracht en licentie lijkt dus niet zo groot, althans waar het de rechtsverhouding tussen de auteur en zijn wederpartij betreft.[3] Niettemin blijft het voor de auteur doorgaans 'veiliger' om een licentie te verlenen; overdracht houdt het risico in dat hij meer rechten – en daarmee meestal tevens: financiële aanspraken – kwijtraakt dan hij heeft (kunnen) voorzien. Als bijvoorbeeld in een uitgeefovereenkomst niets over herdrukken is bepaald, berust de beslissing in beginsel bij de uitgever indien auteursrecht is overgedragen, bij de schrijver indien een licentie is verleend.[4] Voorts valt hierbij te denken aan kwesties als: afzonderlijke pocket- of boekenclubedities, uitgave in vertaling, tv- en filmbewerking, 'merchandising rights' inzake reclamegebruik, enzovoort. We zullen er hier en daar in dit hoofdstuk nog op terugkomen.
Het verschil tussen overdracht en licentie uit zich duidelijk in de positie tegenover derden. Vragen die zich hierbij voordoen (zoals: wie kan optreden wegens inbreuk op auteursrecht; wat is de positie van de licentiehouder als de maker het auteursrecht vervolgens aan een ander overdraagt?) zullen eveneens verderop nog ter sprake komen.

contracten

De wet bevat geen speciale regels voor auteurscontracten, overeenkomsten ter zake van de exploitatie van een werk. Georganiseerde branches kennen meestal standaardvoorwaarden en een enkele maal is men gekomen tot het opstellen van een modelcontract.[5] Ooit was er een wetsvoorstel dat de uitgaveovereenkomst zou regelen, maar dat is uit het zicht verdwenen. In de nrs. 55 en 56 worden enkele beschouwingen gewijd aan dergelijke overeenkomsten.

erfopvolging

Behalve door overdracht kan het auteursrecht ook door erfopvolging in andere handen komen. Evenals andere vermogensbestanddelen gaat het bij overlijden van de maker (of, na overdracht, van de rechtverkrijgende) over op de wettelijke of bij testament aangewezen erfgenamen (art. 2).

3 Vgl. HR 20 maart 1992, *NJ* 1992, 563, met noot DWFV (*Laser Vloerplan*).
4 Zie bijvoorbeeld Pres.Rb. Amsterdam 5 september 1985; bekr. door Hof Amsterdam 9 januari 1986, *NJ* 1987, 164 (*romanvertaling*).
5 *Standaardvoorwaarden* (of, in de terminologie van art. 6:231 e.v. BW, algemene voorwaarden) zijn schriftelijke bedingen die door een partij geregeld in overeenkomsten (zullen) worden gebruikt; in de concrete contractsrelatie (*standaardcontract*) kan dan daarnaar worden verwezen. Een *modelcontract* is te zien als de direct gebruiksklare voorbeeldvorm hiervan, meestal opgesteld door organisaties van belanghebbenden, al dan niet in overleg met georganiseerde wederpartijen. In de betrokken branche pleegt men zich dan daarnaar te richten. Gaat het louter om voorbeelden, dan spreekt men van *contractsmodellen*.

Wij zagen in nr. 35 dat het auteursrecht in de regel voortduurt tot 70 jaar na het overlijden van de maker. Het komt dan toe aan de erfgenamen, meestal de overblijvende echtgenoot en/of kinderen als gezamenlijke rechthebbenden (art. 26). In een onderling geschil over de uitoefening van het auteursrecht (het betrof hier postume publicatie) werd eens beslist dat de weduwe daartoe bevoegd was, omdat de erflater aan haar het vruchtgebruik over de gehele nalatenschap had gelegateerd.[6]

vruchtgebruik

Indien en voorzover het auteursrecht bij leven door de maker was overgedragen maakt het deel uit van het vermogen van de rechtverkrijgende, en gaat het dus, na diens overlijden, over op diens erfgenamen.

droit moral

Het persoonlijkheidsrecht (droit moral) van de maker is niet overdraagbaar; ook na overdracht van het exploitatierecht blijft hij het behouden. En na zijn overlijden? Dan houdt het op, tenzij de maker uitdrukkelijk, bij testament of codicil, iemand heeft aangewezen om over de morele rechten te waken. Zie verder nr. 31.

Andere wijzen van rechtsverkrijging, zoals bijvoorbeeld inbreng in de huwelijksgemeenschap of in een vennootschap blijven hier verder onbesproken.

beslag en faillissement

Als vermogensbestanddeel vertoont het auteursrecht nog een bijzonder facet, waarin de verwevenheid tussen exploitatierecht en persoonlijkheidsrecht tot uiting komt. In bepaalde gevallen kan er namelijk geen beslag op worden gelegd, en blijft het buiten een eventueel faillissement.

Voor zijn schulden is men aansprakelijk met zijn gehele vermogen. Crediteuren kunnen verhaal zoeken middels beslaglegging en executoriale verkoop. Beslag op auteursrecht, in beginsel mogelijk, impliceert dat het de beslaglegger is die gaat beslissen over de (wijze van) exploitatie. De mogelijkheid om te beslissen dat het werk überhaupt niet zal worden openbaar gemaakt moet echter voorbehouden blijven aan de maker (vergelijk nr. 32), en mede daarom verklaart artikel 2, lid 3 het auteursrecht niet vatbaar voor beslag indien en voorzover het (nog) berust bij de maker zelf, met inbegrip van de in de artikelen 7 en 8 aangewezen maker.[7] Het kan dan ook niet in een eventueel faillissement vallen (art. 21 Faill.wet).[8] Na zijn overlijden geldt hetzelfde voor auteursrecht op niet openbaar gemaakte werken, dat toekomt aan degene die het als erfgenaam (opvolger in het gehele vermogen of een evenredig deel daarvan) of als legataris (opvolger in een bepaald vermogensbestanddeel) van de maker verkregen heeft. Beslag op opbrengsten (royalty's) blijft wel steeds mogelijk.

erfgenaam; legataris

Door hun auteursrecht niet aan de uitgever over te dragen maar te volstaan met het verlenen van een uitgeeflicentie kunnen schrijvers dus voorkomen, dat zij in slechte tijden via executoriale fondsenverkoop op een plaats terecht zouden komen die hun niet zint.

6 Pres.Rb. Arnhem 8 mei 1979, *AMR* 1980/3, p. 56, met noot DWFV.
7 Vgl. J.M.M. Maeijer, *BIE* 1990/12, p. 352 en Gerbrandy (1992), p. 61.
8 Het kan hierbij om belangrijke activa gaan. Zie De Savornin Lohman in *NJB* 1988/25, p. 897, en *NJB* 1988/41, p. 1484; Thole in *Computerrecht* 1988, p. 69; Van der Klauw-Koops in *WPNR* 5963 (1989), p. 662. Zie over beslag en zekerheden in het intellectuele eigendomsrecht voorts de bijdragen in *BIE* 1990/12, in het bijzonder Spoor op p. 358. Beslag staat ook op de agenda voor een nieuw Boek 9 BW; zie Brinkhof in *BIE* 1997/8, p. 279.

belasting

Auteursrecht is mede een middel om inkomsten te verwerven. Dat heeft fiscale consequenties.

Belastingrecht is een vak apart.[9] Hier zij slechts gememoreerd dat over inkomsten uit exploitatie van een werk in de regel inkomstenbelasting is verschuldigd, ook door de niet-professionele auteur. Royalty's die uit het buitenland worden ontvangen zullen meestal ook daar belast zijn. Met diverse landen zijn verdragen gesloten ter vermijding van dubbele belasting. In voorkomend geval kan men zich tot de Inspectie wenden voor inlichtingen. Voorts zijn bij erfopvolging in beginsel successierechten verschuldigd.

Boek 9 BW

Het voornemen[10] bestaat om de zuiver vermogensrechtelijke aspecten van de intellectuele eigendom (behalve auteursrecht ook merken, octrooien enzovoort), met inbegrip van de regels inzake civielrechtelijke handhaving, te codificeren in het BW, mogelijk in een nieuw Boek 9. De verschillende rechtsgebieden kunnen dan beter op elkaar worden afgestemd.

Tussen de onderscheiden wetten bestaan in vermogensrechtelijk opzicht diverse verschillen die tot ondoorzichtigheid leiden. Harmonisatie wordt wenselijk geacht. Het gaat hierbij onder meer om regels inzake overdracht en levering, licentie, schadevergoeding en winstafdracht, beslag tot afgifte, verpanding, vruchtgebruik en rechtsverwerking. Het is thans nog onzeker of dit tot een nieuw Boek 9 zal leiden of dat volstaan kan worden met enkele aanpassingen in het algemene vermogensrecht en in de bijzondere wetten.[11]

51. Het CIBRA-rapport; collectief beheer

bemiddeling

Uitoefening van auteursrecht door individuele auteurs stuit in de praktijk geregeld op grote problemen. Dit hangt in belangrijke mate samen met bepaalde technische ontwikkelingen, waardoor het mogelijk is geworden dat auteursrechtelijk beschermde werken op een moeilijk overzienbare kwantitatieve schaal kunnen worden openbaar gemaakt of verveelvoudigd. Reprografie en taperecording zijn sprekende voorbeelden. Op het terrein van het muziek(uitvoerings)auteursrecht weten rechthebbenden en gebruikers elkaar te vinden via de bij de wet geregelde bemidde-

9 Zie over fiscale aspecten C.P.M. van Houte, 'Auteursrechten als belastingobject', *Weekblad voor fiscaal recht* nr. 5958 (18 april 1991), en over bedrijfseconomische aspecten A. de Bos en F. Krens, 'Waardering van intellectuele rechten', *IER* 1994/4, p. 97.

10 Besluit van de ministerraad, *Stcrt.* 18 april 1995, nr. 75.

11 Zie het tussentijds verslag van de (voormalige) regeringscommissaris Brinkhof in *BIE* 1997/8, p. 279 en het standpunt van de minister op p. 284. Zie ook *NTBR* 1995/9-10, dat geheel aan Boek 9 is gewijd.

lingsorganisatie Buma (art. 30a Aw, zie nr. 52). De vraag is gerezen of er ook op andere terreinen behoefte bestaat aan wettelijke regelingen inzake auteursrechtbemiddeling c.q. incasso van verschuldigde vergoedingen. Om dit te onderzoeken werd in 1978 door de minister van Justitie een adviescommissie ingesteld, de CIBRA (Commissie incasso, beheer en repartitie auteursrechtgelden), die in 1982 haar eindrapport uitbracht.

CIBRA

eigenrecht-organisatie

In een nota van 1979 had de CIBRA reeds het werkterrein in kaart gebracht en enkele voorlopige standpunten ingenomen.[12] Nieuw was de introductie van het begrip 'eigenrechtorganisatie': een centrale, monopolistische incasso-organisatie die, bij uitsluiting zelfs van de oorspronkelijk gerechtigde, rechtstreeks aan een wettelijk voorschrift de bevoegdheid zou moeten ontlenen om vorderingsrechten geldend te maken. Instelling van dergelijke organisaties komt met name daar in aanmerking, waar het verbodsrecht van de rechthebbende is vervangen door een wettelijke licentie (beperkt vrij gebruik tegen vergoedingsplicht) terwijl de rechthebbenden geen hecht georganiseerde groep vormen; een dergelijke situatie bestaat onder meer op het gebied van het reprorecht.
Op de nota volgde een groot aantal reacties uit kringen van belanghebbenden. In een hoorzitting van de commissie konden de standpunten worden toegelicht.[13] Het feit dat de materie 'in onderzoek' was, leek intussen in de praktijk van het fotokopiëren een soort alibi te gaan worden om zich van de bestaande reproregeling weinig of niets aan te trekken. De formeel geldende regels bleven in feite een dode letter. Daarin is verandering gekomen door enkele wijzigingen van het Reprobesluit in 1985, waarover door de CIBRA in 1981 een interimadvies was uitgebracht dat reeds werd besproken in nr. 39, sub C.

In het CIBRA-eindrapport[14] wordt geconcludeerd dat er op verschillende terreinen verschillende behoeften bestaan met betrekking tot auteursrechtelijke bemiddeling. Er worden voorstellen gedaan hoe daarin te voorzien. Ook is aangegeven hoe de bemiddeling als geheel in een wettelijk geregelde structuur zou kunnen worden ondergebracht.

Er zijn drie situaties te onderscheiden.

uitgave-contracten

1. Daar waar de auteur zelf rechtstreeks kan onderhandelen over de prijs voor de verlangde toestemming tot openbaarmaking of verveelvoudiging, is een centrale bemiddelingsorganisatie niet nodig. Dit is bijvoorbeeld het geval bij het sluiten van overeenkomsten voor de uitgave van werken. Gespecialiseerde adviesbureaus

12 Deze nota van 10 september 1979 is in zijn geheel afgedrukt in *AMR* 1979/4, p. 83 e.v. Voorzitter van de commissie was S.K. Martens, thans president van de Hoge Raad.
13 Hoorzitting van 17 december 1979. Hierover: L. Wichers Hoeth, 'Stoeien met de CIBRA-nota', *AMR* 1980/1, p. 11; R. Veltman Fruin, 'Reacties op de CIBRA-nota', *AMR* 1980/2, p. 37 e.v.
14 In stencildruk uitgegeven door het ministerie van Justitie, 's-Gravenhage, mei 1982.

kunnen wel zeer van nut zijn. Voor een deel wordt vanuit de diverse beroepsverenigingen daarin voorzien.

2. Behoefte aan bemiddeling en collectieve incasso is er wel voor die delen van het auteursrecht, waarin de individuele auteurs zelf niet of nauwelijks tot afspraken met gebruikers kunnen komen. De aldus geïnde bedragen kunnen dan aan individuele rechthebbenden worden uitgekeerd op grond van (voorzover mogelijk) aantoonbaar gebruik van hun werken. Op verschillende gebieden bestaan in de praktijk reeds bemiddelingsorganisaties die op basis van vrijwillige aansluiting optreden voor auteursrechthebbenden (zie hierna nr. 52).

vrijwillige bemiddeling

Een wettelijke regeling is er momenteel alleen voor de bemiddeling inzake de rechten betreffende muziekuitvoeringen. Zo een regeling kan ook gewenst zijn voor andere gebieden, waarbij te denken is aan toneel en letterkunde, beeldende kunst en fotografie. Op beide laatstgenoemde terreinen ligt volgens de CIBRA ook een taak met betrekking tot het opsporen van inbreuken op auteursrecht. Er zou nog nader onderzocht moeten worden in hoeverre de reeds bestaande organisaties zich kunnen ontwikkelen tot centrale organisaties als door de CIBRA bedoeld.

toneel en letterkunde, beeldende kunst, fotografie

3. Ten slotte zijn er de gevallen waarin van massagebruik sprake is zonder de mogelijkheid de gebruikte werken te individualiseren. Daar is de oplossing te zoeken in het oprichten van eigenrechtorganisaties, die hun bevoegdheid tot incasso voor alle rechthebbenden rechtstreeks aan de wet ontlenen en voor hun optreden dus niet afhankelijk zijn van individuele mandaten. De CIBRA zag hiertoe aanleiding op drie terreinen: het reprorecht (inmiddels gerealiseerd, zie nr. 39), de kabeltelevisie (niet nodig gebleken, zie nr. 29) en de geluids- en beelddragers (inzake vergoeding voor het zgn. thuiskopiëren, zie nr. 37).

eigenrecht-organisaties

reprorecht, kabel-tv, thuiskopie

structuur

De voorstellen inzake de structuur van de bemiddeling voorzien in overheidstoezicht op het functioneren van eigenrechtorganisaties, die in de vorm van stichtingen door de direct betrokkenen zelf zijn op te richten. De feitelijke uitvoerende taken (incasso en controle) zouden moeten worden gedelegeerd aan een gezamenlijk opgericht centraal apparaat, waarbij mogelijk gebruik zou kunnen worden gemaakt van de bij Buma/Stemra verkregen kennis en ervaring. De stichtingen Reprorecht, Thuiskopie, Leenrecht en Sena functioneren inmiddels op de hier voorgestelde wijze.[15]

In het bovenstaande is steeds gesproken van bemiddeling. Het gaat hier echter niet om tussenpersonen. Om verwarring met de bemiddelingsovereenkomst in de zin van artikel 7:425 BW te vermijden spreekt men tegenwoordig ook veelal van collectief beheer.

collectief beheer

15 De minister heeft in 1996 nader onderzoek aangekondigd naar vereenvoudiging van de toezichts- en inningsstructuur (zie *AMI* 1996/4, p. 78). Dat gebeurt interdepartementaal in het kader van het MDW-project (Marktwerking, deregulering en wetgevingskwaliteit), kamerstukken 1996-97, 24 036 nr. 54. Onder de nieuwe Mededingingswet (1998) ligt hier mogelijk ook een taak voor de Nederlandse Mededingings Autoriteit (NMA).

52. Buma en andere bemiddelingsorganisaties

Een terrein waarop van oudsher exploitatie en handhaving van auteursrecht door de individuele auteur bijzonder moeilijk te realiseren zou zijn, is dat der muziek. Hoe kan de componist ooit controleren waar en wanneer zijn werk wordt uitgevoerd, live of mechanisch, in de concertzaal of op de kermis, via radio en tv of als filmmuziek? De krachten zijn gebundeld, en sinds 1913 waakt de vereniging Buma (Bureau voor muziekauteursrecht)[16] over de aan haar ter exploitatie overgedragen uitvoeringsrechten der aangesloten componisten en tekstdichters. Voor de muziekgebruikers levert dat het gemak op, zich tot een centraal punt te kunnen wenden om de vereiste uitvoeringsvergunningen te verkrijgen.

monopolie

Krachtens artikel 30a is voor het als bedrijf verlenen van bemiddeling inzake het muziekauteursrecht (voorzover het de uitvoering van muziek in het openbaar betreft) toestemming vereist van de minister van Justitie. Buma is de enige organisatie in Nederland die (in 1933) zo'n overheidsconcessie verkregen heeft, en neemt dus een monopoliepositie in. Een regeringscommissaris houdt toezicht.[17]

wereld-repertoire

Buma handelt op eigen naam, maar ten behoeve van de ruim tienduizend aangesloten muziekauteurs (componisten en tekstdichters) en muziekuitgevers. Dezen hebben hun uitvoeringsrechten daartoe aan Buma overgedragen. Het bureau int van de muziekgebruikers de verschuldigde bedragen en zorgt voor de herverdeling der gelden onder de auteursrechthebbenden. Ook treedt het zo nodig in rechte op tegen inbreukmakers. Krachtens wederkerigheidscontracten met een honderdtal zusterorganisaties in het buitenland heeft Buma de beschikking over nagenoeg het gehele 'wereldrepertoire'.

inning en repartitie

De taak van Buma is tweeërlei. Aan de ene kant is dit het verlenen van de auteursrechtelijk vereiste toestemmingen (vergunningen) voor het in het openbaar ten gehore brengen van muziek. In de praktijk komt dat neer op het incasseren van de verschuldigde bedragen bij de muziekgebruikers, zoals horecabedrijven, bioscopen, omroepverenigingen, orkesten, zangkoren, enzovoort. Dat gebeurt volgens vastgestelde tarieven, waarbij wordt onderscheiden in achtergrondmuziek, amusementsmuziek en concertmuziek. De vergunning geldt voor het totale door

16 Adres: Prof. E. M. Meijerslaan 3, 1183 AV Amstelveen, tel. 020-3470911, fax 020-3470496 (www.buma.nl).

17 De in art. 30a, lid 5 bedoelde amvb is vastgesteld bij KB van 12 oktober 1932, *Stb.* 496; laatstelijk gewijzigd in 1977, *Stb.* 422. De Buma-concessie werd verleend bij ministeriële beschikking van 24 maart 1933, *Stcrt.* 1933 nr. 60. (NB. Het hierbij bepaalde is niet van toepassing op activiteiten van Buma die niet als 'bemiddeling' zijn te beschouwen, zoals het samenstellen van de nationale hitparade. Hof Amsterdam 4 februari 1976, *NJ* 1977, 442).

Buma beheerde repertoire. Er wordt naar gestreefd om bij grootgebruikers de inning zoveel mogelijk via collectieve contracten te doen verlopen.
Naast de incasso zorgt Buma aan de andere kant voor de verdeling (repartitie) van de netto-opbrengsten onder de aangeslotenen. Daartoe wordt zo nauwkeurig mogelijk geadministreerd welke werken zijn uitgevoerd, en hoe vaak; van de muziekgebruikers worden programmaopgaven verlangd (zie ook art. 35b Aw; nr. 59). Een belangrijk deel van de opbrengsten vloeit af naar het buitenland; daar staat tegenover dat Nederlandse componisten betalingen ontvangen voor uitvoeringen in andere landen. Afrekening vindt over en weer plaats tussen Buma en zusterorganisaties in het buitenland, zoals GEMA (Duitsland), SABAM (België) en SACEM (Frankrijk). Deze zijn alle aangesloten bij een overkoepelende internationale organisatie, de CISAC (Confédération Internationale des Sociétés d'Auteurs et Compositeurs).

CISAC

Vrijwel alle Nederlandse componisten en tekstdichters, c.q. muziekuitgevers als hun rechtverkrijgenden, zijn bij Buma aangesloten. Zij brengen in principe al hun werken in en verplichten zich om ook toekomstige werken steeds bij Buma aan te melden (declareren) en daarbij het uitvoeringsrecht over te dragen. Doel van de overdracht is dus belangenbehartiging mogelijk te maken. Men noemde dit voorheen fiduciaire overdracht ('fiducia cum amico'), thans overdracht ter exploitatie.[18] Gevolg van de overdracht is, dat de componist niet meer zelf bevoegd is om toestemming te verlenen tot uitvoering van zijn werk. Ja, zelfs indien hij zijn eigen werk uitvoert moet daarvoor aan Buma worden betaald! Het spreekt vanzelf dat Buma's monopoliepositie[19] niet mag leiden tot willekeur[20] of misbruik van macht.[21] Het toezicht van de regeringscommissaris is repressief.[22] De gehanteerde tarieven, waarover hij geen directe zeggenschap heeft, kan hij slechts marginaal beoordelen.[23]

overdracht ter exploitatie

In het kader van de verleende concessie houdt Buma zich uitsluitend bezig met de *uitvoering* in het openbaar van muziekwerken, live zowel als mechanisch. Om een paar voorbeelden te noemen: concerten, dansmuziek op feestavonden, radio- en tv-uitzendingen, filmmuziek in de bioscoop, de juke-box in het café, muziek in warenhuizen (vergelijk ook nr. 27), alsmede muziekgebruik op Internet.[24] Het muziekuitvoeringsrecht wordt ook wel 'kleinrecht'

kleinrecht

18 Sinds 1992 is ingevolge art. 3:84, lid 3, BW fiduciaire overdracht niet meer mogelijk. Zie Gerbrandy (1992), p. 113 e.v. en Spoor/Verkade (1993) nr. 254 en de daar vermelde literatuur, waaraan nog toe te voegen: P.A. Stein, *Fiducia cum amico*, afscheidscollege UvA, Kluwer 1992; S.Y.Th. Meijer, *NJB* 1995/8, p. 284. Zie voorts nog Hof Amsterdam 2 juni 1994, *AMI* 1995/4, p. 69, met noot DWFV (*Zaadnoordijk/Stemra*).

19 Zie P.G. Lodder, 'Monopoliepositie van het nationale muziekauteursrechtbureau', *AMR* 1977/3, p. 41 e.v. en *AMR* 1977/4, p. 61 e.v.

20 Hof Arnhem 29 maart 1961, *NJ* 1961, 339.

21 HR 24 mei 1968, *NJ* 1968, 252, met noot GJS; *AA* 1969/3, p. 133, met noot vdG (*Buma/Brinkmann*).

22 Vgl. D.J. Visser, 'Help, de toezichthouder houdt toezicht', *NJB* 1995/9, p. 314. Rb. Amsterdam 29 augustus 1994, *AMI* 1995/10, p. 191 (*Buma/Regeringscommissaris*).

23 Zie de tariefuitspraken van 1989 en 1990, *AMI* 1991/7, p. 156, met noot HCJ.

24 In 1996 heeft Buma/Stemra een Tijdelijke Regeling geïntroduceerd. Zie J. Jonkers, *AMI* 1997/3, p. 54 en 63.

genoemd. Daaronder rekent men, althans in Nederland, tevens het enkele ten gehore brengen van de *muziek* van opera's, operettes, musicals, balletten, en dergelijke. Integrale opvoering van deze werken (dus met 'toneel' etc.) valt echter in de sector 'grootrecht', en daarmee buiten het eigenlijke werkterrein van Buma.

grootrecht

Evenmin bemoeit Buma zich met de *verveelvoudiging* van muziekwerken, hetzij in druk (édition papier) hetzij op geluidsdragers (édition sonore). Op laatstgenoemd terrein vindt bemiddeling plaats door de stichting Stemra, die zich bezighoudt met de exploitatie van de haar toevertrouwde zogenaamde mechanische rechten: de vastlegging van muziek op cd's en cassettes, alsmede het geluidsspoor van films, videobanden enzovoort (zie ook nr. 24).

Stemra

Stemra is in bestuurlijke en organisatorische zin nauw met Buma gelieerd, en daarmee onder een dak gevestigd. Anders dan bij het uitvoeringsrecht gelden voor de bemiddeling door Stemra geen speciale wettelijke regels. De werkwijze is in grote lijnen dezelfde. De rechthebbenden-contractanten hebben hun mechanische rechten overgedragen of een exploitatievolmacht verleend, en Stemra incasseert bij de gebruikers en zorgt voor de repartitie. Met platenproducenten wordt een standaardcontract gesloten, zoals op internationaal niveau overeengekomen tussen de overkoepelende organisaties BIEM (Bureau International des sociétés gérant les droits d'Enregistrement et de reproduction Mécanique) en IFPI (International Federation of Phonogram and videogram Producers). Evenals Buma treedt Stemra ook op voor buitenlandse rechthebbenden op basis van wederkerigheidscontracten met vergelijkbare auteursrechtorganisaties in andere landen.

BIEM/IFPI-contract

Buma/Stemra beschikt voorts over een eigen opsporingsdienst,[25] die functioneert in het kader van de strafrechtelijke handhaving van auteursrechten. Deze dienst richt zich onder meer op de bestrijding van piraterij, de handel in illegale cd's en cassettes.

piraterij

In 1995 is, vanuit Buma/Stemra, Cedar B.V. opgericht.[26] Aan dit facilitair bedrijf zijn door auteursrechtelijke organisaties op een groot aantal terreinen exploitatieactiviteiten opgedragen, volgens het door die organisaties zelf bepaalde beleid. Het gaat hierbij zowel om eigenrechtorganisaties (ero's), die krachtens de wet een monopoliepositie hebben, als overige groeperingen van rechthebbenden.

Cedar

25 Zie M.G. de Boer, 'De opsporingsdienst Buma/Stemra', *NJB* 1984/37, p. 1165 en dez., *AMI* 1995/2, p. 29.

26 Adres: Postbus 725, 1180 AS Amstelveen, tel. 020-3470312, fax 020-3470453 (www.cedar.nl).

De gecertificeerde aandelen van Cedar B.V. (Centrum voor Dienstverlening Auteurs- en aanverwante Rechten) berusten bij Buma. Het is de bedoeling dat de deelnemende organisaties mede aandeelhouders worden.

Reprorecht, Thuiskopie, Leenrecht

De ero's die met Cedar een exploitatiecontract hebben gesloten zijn de stichtingen *Reprorecht*, *Thuiskopie* en *Leenrecht* (zie respectievelijk de nrs. 39, 40 en 37). Aan deze, door de minister aangewezen, stichtingen moet de op hun terreinen bij de wet voorgeschreven vergoeding worden betaald. De stichting *Sena* (zie nr. 14), eveneens een ero en belast met de incasso van de in artikel 7 en 15 WNR bedoelde vergoeding, heeft haar exploitatie niet bij Cedar ondergebracht. Op een aantal incassoterreinen, waaronder de horeca, werkt Sena wel samen met Buma.

Sena

toezicht

Omdat de vier bovengenoemde ero's een monopoliepositie innemen staan zij, net als Buma, onder overheidstoezicht. Dat wordt uitgeoefend door een, door de minister benoemde, regeringscommissaris of een College van toezicht.[27]

De overige organisaties van collectief beheer, die geen wettelijk monopolie hebben en die de exploitatie eveneens aan Cedar hebben opgedragen, zijn:

Beeldrecht

– Stichting *Beeldrecht*, opgericht in 1977. Behartigt de belangen van beeldende kunstenaars, architecten, gebonden kunstenaars, fotografen en videokunstenaars, onder meer voor wat betreft hun reproductierechten. Met grootafnemers, zoals de kranten, heeft Beeldrecht collectieve tarievenovereenkomsten gesloten. Anders dan Buma laat Beeldrecht zich geen rechten overdragen maar werkt zij op basis van door de aangesloten kunstenaars verstrekte, doorgaans exclusieve opdrachten tot uitoefening van hun auteursrechten.[28]

LIRA

– Stichting *LIRA*. Opgericht in 1986 vanuit de VvL. Behartigt de collectieve (vergoedings)rechten van literaire en literair-dramatische auteurs, onder andere op het gebied van leenrecht, (kabel)omroep, en thuiskopie.

– Voorts nog de stichtingen *Burafo* (fotografen), *Foto Anoniem* (niet traceerbare foto's), *Nieuwswaarde* (journalisten), *PRO* (uitgevers, readerrechten) en *Bladmuziek*.

Van de buiten Cedar gebleven organisaties van collectief beheer zijn hier te noemen: *Norma* (uitvoerende kunstenaars), *Vevam* (audiovisuele regisseurs) en *Sekam* (filmproducenten).

53. Overdracht van auteursrecht

Overdracht van auteursrecht kan uitsluitend plaatsvinden door middel van een authentieke of onderhandse akte, anders gezegd: bij geschrifte.

Het vereiste van een schriftelijk stuk beoogt de auteur tegen zichzelf te beschermen. Van hetgeen zwart op wit gesteld is geeft men zich immers meestal beter rekenschap dan van de enkel mondelinge afspraak.

27 Zie N. van Lingen, 'Overheidstoezicht op collectief beheer van auteursrechten', *AMI* 1994/2, p. 30; M. van Leent, 'Overheidstoezicht op bemiddelingsorganisaties in het auteursrecht', *ITeR-reeks* nr. 6, Samsom 1997. Zie ook noot 15 op blz. 172 hierboven.

28 Voorzover het niet om zgn. lastgeving met privatieve werking gaat (art. 7:423 BW) kan de kunstenaar ook zelf, desgewenst gratis, toestemming tot reproductie geven. Zie HR 29 september 1989, *NJ* 1990, 307, met noot DWFV; *AMI* 1990/5, p. 91, met noot Du Bois (*Van Spijk/Beeldrecht*).

contract

Nu kan men opmerken dat vele overeenkomsten schriftelijk plegen te worden vastgelegd. Het opgemaakte stuk heet dan, in de spreektaal, contract. Voor de geldigheid van de overeenkomst is dat echter, uitzonderingen daargelaten, zonder betekenis: de afspraak bindt. In de regel zijn overeenkomsten vormvrij en de enige functie van een schriftelijke vastlegging is dan een later eventueel noodzakelijke bewijsvoering te vergemakkelijken. Overeenkomst en contract zijn synoniemen, ook de mondeling gesloten overeenkomst is een contract. Licenties kunnen mondeling verleend worden, eventueel zelfs stilzwijgend (zie nr. 54); de (rechtsgeldig) gemaakte afspraken kan men desgewenst op papier vastleggen, maar noodzakelijk is dat niet. Voor de overdracht van auteursrecht echter is een akte geldigheidsvereiste; zonder akte geen overdracht (art. 2, lid 2, Aw).

akte

Voor de akte zelf is geen bepaalde vorm voorgeschreven. Het kan een authentieke (dan meestal: notariële) akte zijn, maar ook enig ander door auteur en rechtverkrijgende getekend stuk, waaruit van de overdracht blijkt. Het hoeft niet altijd een afzonderlijke akte te zijn; ook inbreng in een vennootschap kan als overdracht worden aangemerkt.[29] Zelfs een aan de wederpartij gerichte brief van de auteur, waarin deze een mondeling afgesproken overdracht bevestigt, kan als onderhandse akte beschouwd worden.[30] Dat is dan wel het minimaal nodige. Een schriftelijke uiting van enkel de wederpartij, of bijvoorbeeld het dagafschrift van een per giro of bank aan de auteur overgemaakt bedrag, is nog niet genoeg om tot overdracht van auteursrecht te kunnen concluderen.

wettelijk vermoeden

Voor filmwerken geldt een wettelijk vermoeden van overdracht aan de producent (art. 45d, zie nr. 10).

De overdracht kan, en zal vaak, slechts een gedeelte van het auteursrecht betreffen. Volgens artikel 2, lid 2 omvat zij alleen die bevoegdheden, waarvan de overdracht in de akte is vermeld of uit de aard of strekking van de gesloten overeenkomst noodzakelijk voortvloeit.

gedeeltelijke overdracht (afsplitsing van bevoegdheden)

Geschillen over overdracht betreffen meestal de vraag: *wat* is nu eigenlijk overdragen? Veel onzekerheid en daarmee onenigheid kan voorkomen worden door in de overeenkomst (akte) zo nauwkeurig en volledig mogelijk te omschrijven hetgeen men afspreekt. Voor beide partijen is het immers van het grootste belang, te weten waar men aan toe is.

Een voorbeeld: de schrijver-tekenaar van een kinderverhaal sluit een uitgeefovereenkomst. Hij draagt daarbij aan de uitgever het recht over (nogmaals: noodzakelijk is dat niet; licentie, dat wil zeggen toestemming zonder overdracht, is ook mogelijk) om het werk in boekvorm in de Nederlandse taal uit te geven. De aard van de overeenkomst brengt met zich mee dat de uitgever ook bevoegd zal zijn in advertenties voor het boek een illustratie eruit af te beelden; dergelijk gebruik voor publiciteitsdoeleinden wordt trouwens veelal uitdrukkelijk bedongen. Maar daar houdt het wel mee op. Alle andere auteursrechtelijke bevoegdheden – en die zijn legio, immers: alle wijzen van openbaarmaking en/of verveelvoudiging – zijn bij de auteur gebleven. Zo kan men denken aan uitgave in vertaling, bewerking voor

nevenrechten

29 Rb. Arnhem 15 december 1977, *NJ* 1980, 285; *BIE* 1980/4, p. 79.
30 Hof Den Bosch 19 mei 1993, *BIE* 1994/12, p. 408 (textieldessins).

film, televisie, radio of toneel (en vertoning, uitzending of opvoering daarvan), publicatie als feuilleton of stripverhaal, vastlegging op cd, beeld- of geluidsband, *merchandising rights* (gebruik voor reclamedoeleinden door derden: sleutelhangers, plaatjes, legpuzzels enzovoort), allemaal afzonderlijke wijzen van exploitatie.[31] Slechts dat gedeelte van het auteursrecht waarvan uitdrukkelijk sprake was is overgedragen: 'uitgave in boekvorm in de Nederlandse taal'. En dat kan men dan nog nader preciseren, zoals ten aanzien van oplage (aantal exemplaren), eventuele boekenclubedities, enzovoort. Zie verder nrs. 55 en 56.

Behalve naar vorm van de exploitatie kan de overdracht ook beperkt worden naar *tijd* (bijvoorbeeld voor vijf jaar, of alleen de eerste druk) of naar *afzetgebied* (bijvoorbeeld alleen Nederland, niet België; splitsing per provincie is echter niet mogelijk). Bij Engelstalige boeken kan men bijvoorbeeld een splitsing tegenkomen tussen de USA en het Britse Gemenebest, resulterend in twee afzonderlijke edities. Overigens moet men zich afvragen of territoriale splitsing binnen het EG-gebied niet in conflict komt met de anti-kartelbepalingen van het EG-Verdrag; zie meer in het algemeen nr. 66.

algehele overdracht

Het auteursrecht kan in zijn geheel worden overgedragen, en dat gebeurt ook geregeld in de praktijk. Wel zal dan duidelijk uit de akte moeten blijken dat dit de bedoeling van partijen was, hetgeen een kwestie is van interpretatie.[32] Het blijft dan de vraag of in die overdracht ook begrepen zijn exploitatiewijzen die ten tijde van het contracteren nog niet bestonden en waaraan partijen dus niet *konden* denken (bijvoorbeeld overdracht die plaatsvond voordat de televisie haar intrede had gedaan, en nieuwe digitale toepassingen als cd-rom en Internet).

Een ontkennend antwoord lijkt op zijn plaats,[33] maar het contract kan anders bepalen. Zie voor filmwerken artikel 45d, laatste zin. Al met al doet de auteur er het verstandigst aan niet meer rechten over te dragen dan strikt noodzakelijk voor het doel waartoe hij de overeenkomst sluit, en zich al het overige voor te behouden. Dat houdt de mogelijkheid open om later, als het werk succes zou oogsten, voor de verdere exploitatie navenante voorwaarden te kunnen stellen.

Ook in geval van gehele overdracht behoudt de auteur zijn persoonlijkheidsrecht of droit moral, als omschreven in artikel 25.

toekomstig auteursrecht

Volgens oude jurisprudentie is overdracht van toekomstig auteursrecht niet mogelijk,[34] althans wanneer het nog te maken werk naar inhoud en karakter nog niet voldoende is bepaald. Wel kan men reeds tevoren zich verbinden het auteursrecht te zullen overdragen zodra het werk klaar zal zijn.

31 Een duidelijk voorbeeld geeft ook HR 19 januari 1979, *NJ* 1979, 412, met noot LWH (*Hovener/Poortvliet*), besproken in nr. 26, sub 2.

32 Zie verder W.J. Soetenhorst, 'Boek 9 BW, de doeloverdrachtsleer en het contractenrecht', *NTBR* 1995/9-10, p. 244.

33 Evenzo Rb. Amsterdam 24 september 1997, *AMI* 1997/9, p. 194, met noot HCJ; *Mediaforum* 1997/11-12, p. B159 (*Heg c.s./Volkskrant*). Toestemming van freelance-journalisten tot publicatie in de krant omvat niet tevens gebruik op cd-rom en Internet.

34 HR 13 februari 1936, *NJ* 1936, 443, met noot EMM (*Das Blaue Licht II*).

Dat brengt een verschil in rechtsgevolg met zich mee. Als de auteur zich niet aan de (eerder) met X gemaakte afspraak[35] zou houden en het auteursrecht alsdan aan Y overdraagt, pleegt hij wanprestatie. In beginsel zal X slechts schadevergoeding kunnen vorderen, en is Y – mits niet bekend met de oudere afspraak – rechthebbende geworden. Zou echter het auteursrecht reeds aan X zijn overgedragen, dan zijn de rollen omgekeerd. In dat geval is het Y, die hoogstens schadevergoeding kan eisen. Zie voor dubbele overdracht ook hieronder.
Voor een uitgever kan het wenselijk zijn zich het auteursrecht reeds in een vroeg stadium te laten overdragen, en niet te wachten tot het manuscript persklaar zal worden ingeleverd. Voor de invoering van het NBW werd algemeen al aangenomen dat dit mogelijk is, mits het werk naar inhoud en karakter behoorlijk is bepaald. De artikelen 3:97 en 3:84, lid 2, BW sluiten hierop aan. Er moet, zeker in zo'n geval, wel duidelijk worden afgesproken wat de gevolgen zullen zijn als de uitgever het manuscript zou afkeuren en niet tot uitgave wil overgaan (zie verder de nrs. 55 en 56).

De overdracht kan 'om niet' zijn (schenking), maar geschiedt in de regel tegen betaling.

royalty's

De betaling kan zijn een bedrag ineens (à forfait, lump sum, flat fee) of een proportionele vergoeding, naar rato van de exploitatieopbrengsten. In het laatste geval spreekt men meestal van royalty's.

dubbele overdracht

Dubbele overdracht is rechtens niet mogelijk. Heeft de auteur zijn recht eenmaal aan de één overgedragen, dan kan hij datzelfde recht niet ook nog eens aan een ander overdragen of een licentie verlenen. Eventueel kan die ander in zo'n geval de auteur aanspreken wegens wanprestatie, nu deze immers de aangegane verplichtingen niet na kan komen. Zie voor dubbele overdracht bij voorbaat van toekomstige auteursrechten artikel 3:97, lid 2, BW: de oudste overdracht gaat voor.

overdracht na licentieverlening

Het kan voorkomen dat vóór de overdracht reeds licenties aan anderen waren verleend. Doorgaans zal de rechtverkrijgende daarvan op de hoogte worden gesteld en heeft hij de door derden verkregen bevoegdheden te eerbiedigen.

Indien de rechtverkrijgende, te goeder trouw, van niets wist en ook van niets *kon* weten, dan zou hij in beginsel de betrokken licentiehouder(s) een verbod kunnen opleggen. Zij hadden immers toestemming (licentie) van de auteur, niet van hem; *hij* is nu rechthebbende geworden en zonder *zijn* toestemming is het desbetreffende handelen nu dus inbreuk op *zijn* recht. Er lijkt echter alle aanleiding om niet te

35 Hiervoor geldt dus niet het vormvoorschrift van art. 2, lid 2, Aw. Evenzo Rb. Amsterdam 2 april 1986, *NJ* 1987, 548 (rov. 12).

gauw tot deze gevolgtrekkingen te komen. In elk geval kunnen de hierdoor benadeelde licentiehouders dan wel verhaal zoeken bij de auteur.[36]

verdere overdracht

De rechtverkrijgende kan het aan hem overgedragen recht op zijn beurt weer verder overgedragen, of licenties ter zake verlenen.

Niettemin kan de auteur contractueel bedingen dat verdere overdracht slechts met zijn voorafgaande toestemming mag plaatsvinden. Zo'n beding werkt echter in beginsel alleen tegen de wederpartij, niet tegen onwetende derden-rechtverkrijgenden te goeder trouw. In uitzonderlijke gevallen (zoals besproken in nr. 32, sub c) kan de auteur optreden wegens schending van zijn droit moral.

Vanzelfsprekend kan men alleen maar auteursrecht overdragen als men het heeft, met andere woorden als men maker is in de zin van de Auteurswet.

Zie hiervoor hoofdstuk II, en met name nr. 12 over de auteur in dienstbetrekking (de werkgever wordt als maker beschouwd, maar men kan anders overeenkomen). Een gemeenschappelijk auteursrecht (nr. 8, sub b) kan, behoudens andersluidende afspraak, slechts door de gezamenlijke rechthebbenden worden overgedragen.

54. Licentieverlening

Van een licentie spreekt men wanneer de auteur (of diens rechtverkrijgende) een ander toestemming, vergunning verleent om ten aanzien van het werk bepaalde openbaarmakings- en/of verveelvoudigingshandelingen te verrichten, in de regel tegen betaling. Dat is dus wel iets anders dan overdracht. Het recht blijft bij de auteur, de wederpartij is enkel bevoegd om datgene te doen waarvoor toestemming is verleend en dat zonder die toestemming inbreuk op auteursrecht zou opleveren.

Alle tot het auteursrecht (exploitatierecht) behorende bevoegdheden kunnen voorwerp van een licentie zijn. Bijvoorbeeld: publicatie van een foto, opvoering van een toneelstuk, uitgave van een roman, televisiebewerking van een detectiveverhaal, reproductie van een kunstwerk, gebruik van stripverhaalfiguren voor reclamedoeleinden. De licentie zal meestal naar haar inhoud of duur beperkt zijn, maar kan ook geheel onbeperkt verleend worden. In de regel geschiedt de verlening tegen betaling, naar rato van de opbrengsten of door een bedrag ineens (lump sum, flat fee). De auteur kan ook afzien van een geldelijke vergoeding, bijvoor-

36 Anders dan in het auteursrecht kunnen licenties met betrekking tot industriële eigendomsrechten in daartoe bestemde openbare registers worden ingeschreven, waarna zij ook werking tegen derden hebben (art. 33, lid 2, ROW 1910 en art. 56, lid 2, ROW 1995; art. 11C BMW; art. 13, lid 3, BTMW).

beeld bij gebruik van het werk in verband met een charitatief doel; dat neemt niet weg dat ook in zo'n geval zijn voorafgaande toestemming is vereist.

geen vormvereisten

De licentieverlening is niet aan een bepaalde vorm gebonden. Zij kan mondeling totstandkomen, eventueel zelfs stilzwijgend (ingezonden brief aan krant bijvoorbeeld).[37]

Schriftelijke vastlegging is veelal verstandig uit oogpunt van bewijs. Men moet dan wel het woord overdracht zorgvuldig vermijden, indien men bedoelt enkel een licentie te verlenen. De precontractuele goede trouw kan meebrengen dat onderhandelingen over licentieverlening niet voortijdig mogen worden afgebroken.[38]

Daar het auteursrecht bij de auteur blijft, is hij *in beginsel* vrij om tevens aan anderen licenties, ook met dezelfde inhoud, te verlenen. Een ander gevolg is, dat alleen hij bevoegd is om tegen derden op te treden wegens inbreuk op auteursrecht. Wel kan sinds 1989 de licentienemer tussenkomen in een door de auteursrechthebbende aangespannen geding, ter verkrijging van schadevergoeding en/of winstafdracht (art. 27a).

De licentienemer staat dus zwakker dan degene aan wie auteursrecht is overgedragen. Veelal geschiedt de licentieverlening echter onder voorwaarden, die een aanmerkelijke positieversterking van de wederpartij met zich meebrengen.

exclusieve licentie

Zo kan de licentie exclusief verleend worden; alleen de licentienemer mag dan de desbetreffende handelingen verrichten, met uitsluiting van ieder ander (eventueel met inbegrip van de auteur zelf). Indien de auteur zich niet aan de afspraak houdt door toch aan derden gelijke licenties te verlenen, kan hij worden aangesproken wegens wanprestatie, de derde onder bepaalde voorwaarden (zoals het bekend zijn met de verleende exclusieve licentie) wegens onrechtmatige daad (art. 6:162 BW). Trouwens, ook indien niet uitdrukkelijk exclusiviteit werd afgesproken brengt de goede trouw (redelijkheid en billijkheid) voor de auteur al een zekere beperking met zich mee in de verdere uitoefening van zijn recht. Men zal dit per geval moeten bezien, waarbij het een rol speelt of de tweede licentienemer in het vaarwater van de eerste zou komen. (Het kan ook zijn dat er helemaal geen vaarwater is, zoals in het geval dat de eerdere licentienemer ervan afgezien heeft de overeengekomen exploitatie ter hand te nemen of voort te zetten. Zo'n situatie moet men beoordelen in het licht van de afspraken die gemaakt waren; vaak zal de auteur dan geacht moeten worden weer vrij te zijn om met een ander in zee te gaan. Indien hij zijn auteursrecht zou hebben overgedragen, wordt het moeilijker. Hij zal dan eerst moeten zien dat het recht weer aan hem wordt terugovergedragen).

optreden wegens inbreuk

Wanneer derden ongeautoriseerd het werk openbaar maken of verveelvoudigen kan alleen de auteursrechthebbende tegen deze inbreuk optreden. De licentienemer staat veel zwakker; slechts onder bepaalde omstandigheden zal het inbreukmakende handelen ook jegens hem onrechtmatig zijn. Dat zou een impasse kunnen opleveren: de auteur onderneemt geen stappen omdat hij weinig schade ondervindt, de licentienemer lijdt wel schade maar kan niet optreden. Vandaar dat in

37 Vgl. Hof Amsterdam 17 februari 1994, *AMI* 1995/1, p. 14, met noot Quaedvlieg (*Barth/ICIN*).

38 Hof Amsterdam 7 mei 1987, *NJ* 1988, 430 (inz. verfilming *De Ziener* van S. Vestdijk).

proces-volmacht

licentieovereenkomsten veelal een procesvolmacht wordt verleend, welke de licentienemer in staat stelt om, zonodig op naam van de auteur, op eigen kosten in rechte tegen derden op te treden ter handhaving van het auteursrecht. Het is verstandig om in dat geval ook afspraken te maken aangaande de proceskosten.
Ingevolge het in 1989 ingevoerde artikel 27a kan de auteursrechthebbende vorderingen tot schadevergoeding en winstafdracht wegens inbreuk (mede) namens een licentienemer instellen. Deze laatste is ook bevoegd om hiertoe in een door de rechthebbende aangespannen geding tussen te komen (art. 285 Rv); zelfstandig optreden kan hij niet. Voorts is de licentienemer in beginsel bevoegd tot beslaglegging als bedoeld in artikel 28.

tussenkomst

beslag

Indien het auteursrecht, nadat een licentie is verleend, door de auteur aan een ander zou worden overgedragen, is deze rechtverkrijgende niet zonder meer aan die licentie gebonden.

Deze situatie werd al in nr. 53 besproken. In de licentieovereenkomst kan bepaald worden dat de auteur bij latere overdracht van zijn recht zal bedingen dat de rechtverkrijgende de eerder verleende licenties zal eerbiedigen. In de regel zal zo'n situatie wel gedekt zijn door een zogenaamde vrijwaringsclausule in het contract, waarbij de auteur de licentienemer vrijwaart tegen eventuele aanspraken van derden.

vrijwaring

Kan, aan de andere kant, de licentienemer de hem door de auteur verleende bevoegdheden op een ander doen overgaan? Men moet ervan uitgaan dat, tenzij anders is overeengekomen, dit in beginsel slechts met toestemming van de auteur kan gebeuren.[39] Hetzelfde geldt voor het door de licentienemer verlenen van zogenaamde sublicenties aan derden.

sublicenties

Partijen kunnen dit in vrij overleg regelen. Voor de bedrijfsmatig optredende licentienemer (uitgeverij bijvoorbeeld) is het van belang te voorzien in de mogelijkheid van overgang van de rechtsverhouding tot de auteur tegelijk met het gehele bedrijf of een deel daarvan[40]; de auteur kan dan van zijn kant het recht voorbehouden om zich tegen zulk een overgang te verzetten indien daardoor zijn materiële of morele belangen zouden worden geschaad. Bovendien behoudt hij altijd het recht, te ageren tegen eventuele schending van zijn droit moral (vergelijk nr. 32).
Van de verkrijger van een sublicentie mag verlangd worden dat hij zich goed informeert omtrent de auteursrechtelijke situatie. Laat hij dit na en blijkt achteraf de

39 Verkoop door de faillissementscurator van een in opdracht ontworpen woord/beeldmerk is toelaatbaar geacht in HR 20 maart 1992, *NJ* 1992, 563, met noot DWFV; *AMI* 1992/10, p. 194, met noot JHS; *BIE* 1993/5, p. 137, met noot SB (*LaserVloerplan*). Zie over de uitlegging van de verleende licentie ook Hof Amsterdam 14 april 1994, *AMI* 1995/2, p. 32, met noot Quaedvlieg (*ontwerp schoolvignet*).

40 Zie J.L.R.A. Huydecoper, 'De overgang van ondernemingen en de overgang van rechten uit licentieovereenkomsten', *AMI* 1992/4, p. 66.

sublicentie onbevoegd verleend te zijn, dan kan hij door de auteursrechthebbende worden aangesproken wegens inbreuk.[41]

beperkingen

De in hoofdstuk VI besproken beperkingen van auteursrecht staan derden bepaalde handelingen toe waarvoor geen toestemming (licentie) behoeft te worden gevraagd. Niettemin heeft de auteursrechthebbende ook dan in een enkel geval aanspraak op een billijke vergoeding.

Zie vooral de nrs. 36, sub *C* (onderwijs; bloemlezingen), 37 (uitlenen) en 39 *B*, sub b en c (fotokopieën).

55. Exploitatieovereenkomsten

Op een belangrijk punt laat de Auteurswet het afweten. Met zijn uitsluitend recht tot openbaar maken en verveelvoudigen bezit de maker weliswaar een effectief onderhandelingsmiddel[42] met betrekking tot exploitatie van zijn werk, maar over de wijze waarop en de voorwaarden waaronder dat dan moet of kan gebeuren zwijgt de wet. Bij gebreke van wetsbepalingen kunnen contracten in volledig vrije onderhandeling gesloten worden, volgens de economische 'wet' van vraag en aanbod.[43] In de praktijk is het veelal de exploitant die de lakens uitdeelt; de auteur krijgt een, eenzijdig opgesteld, standaardcontract voorgelegd, voor hem *à prendre ou à laisser*. In andere gevallen wordt er in het geheel geen schriftelijk contract opgemaakt, zodat op veel punten rechtsonzekerheid blijft bestaan.

algemene voorwaarden

Door het optreden van beroepsverenigingen is hier en daar de zwakke onderhandelingspositie van de individuele auteur in belangrijke mate versterkt, en is een basis gelegd voor contractuele regelingen die uitgaan van een redelijke belangenafweging. In het geval dat algemene (leverings)voorwaarden zijn vastgesteld (zoals bijvoorbeeld door de Fotografenfederatie en door de beroepsvereniging Nederlandse Ontwerpers/bNO, voorheen GVN) is het, met het oog op toepasselijkheid, voor de auteur zinvol om bij het aanvaarden van een opdracht

41 Rb. Assen 25 mei 1982, vernietigend Ktg. Emmen 18 maart 1981, *AMR* 1983/3, p. 62 (*Magritte-posters*).

42 We hebben het nu niet over die situaties waarin dergelijk onderhandelen in het geheel niet aan de orde is en waar behoefte bestaat aan gecentraliseerde bemiddeling. Zie daarover nr. 51 (CIBRA).

43 Zie onder andere H. Cohen Jehoram, 'De maatschappelijke positie van auteurs en hun relatie tot de exploitanten van hun werken', *AMR* 1978/4, p. 53 e.v. Voorts: Th. Limperg, 'Is het rozegeur en maneschijn met de uitgavecontracten van muziekwerken?', *AMR* 1980/3, p. 53 e.v. Gerbrandy (1988), p. 16 e.v.

model-contracten

uitdrukkelijk daarnaar te verwijzen. Soms is men gekomen tot het opstellen van model- of standaardcontracten,[44] waarin aan de belangen van beide partijen recht lijkt te worden gedaan. Een paar voorbeelden: een model voor de overeenkomst tussen opdrachtgever en industrieel ontwerper,[45] een modelcontract voor kunstopdrachten,[46] en de standaardcontracten voor auteurs/vertalers en uitgevers (resultaat van gezamenlijk overleg tussen de Koninklijke Nederlandse Uitgeversbond en de Vereniging van Letterkundigen-Vakbond van Schrijvers). Deze KNUB/VvL-contracten zullen in nr. 56 nog ter sprake komen.

Uiteraard is het niet mogelijk om in het algemeen aan te geven, hoe een goed exploitatiecontract er uitziet. De aard van het werk, het doel van de overeenkomst, de feitelijke verhouding tussen auteur en wederpartij, dat alles zijn factoren die van geval tot geval kunnen verschillen. Wel zijn er enkele algemene punten te noemen, waaraan bij het sluiten van een overeenkomst aandacht moet worden besteed. De meeste daarvan kwamen ook hierboven al ter sprake.

1. Overdracht of licentie. Voor de auteur zijn de gevolgen van overdracht verstrekkend en – met name in financieel opzicht – niet goed tevoren te overzien, zodat het voor hem in de regel verstandiger is om een licentie te verlenen; voor de exploitant hoeft dat geen nadeliger positie op te leveren. Overdracht kan alleen schriftelijk plaatsvinden, licentieverlening ook mondeling. Zeker als er iets meer op het spel staat is sterk aan te raden, de licentieovereenkomst op schrift te stellen en daarbij juridisch advies in te winnen. Dat geldt met name indien het een exploitatie van enigszins langere duur betreft.

2. Omvang bevoegdheden. De gesloten overeenkomst bepaalt waartoe de wederpartij bevoegd is. De auteur doet er goed aan de licentie of overdracht te beperken tot niet meer dan hetgeen de wederpartij werkelijk nodig heeft om de beoogde exploitatie ter hand te nemen, en zich het overige uitdrukkelijk voor te behouden. Het is verstandig om het doel van de overeenkomst duidelijk te omschrijven. Daaruit kan soms tevens de duur van de rechtsverhouding worden afgeleid (bijvoorbeeld alleen de eerste druk van een boek, opvoering van een toneelstuk gedurende een seizoen, eenmalige publicate van een foto).

3. Exploitatieverplichting. Belangrijk is ook af te spreken in hoeverre de wederpartij van de auteur verplicht is om, binnen een bepaalde termijn, daadwerkelijk de exploitatie aan te vangen.[47] Soms zal deze een slag om de arm willen houden, bijvoor-

44 Zie noot 5, p. 168.
45 Met bijbehorende toelichting opgenomen in: Th. Limperg, *Praktijkgids voor de bescherming van vormgeving tegen plagiaat*, Deventer, 1978.
46 Een publicatie van de Stichting Kunst en Bedrijf, Amsterdam, 1978.
47 HR 1 juli 1985, *NJ* 1986, 692, met noot CJHB; *AMR* 1985/6, p. 111, met noot DWFV; *AA* 1986/2, p. 125, met noot HCJ en 1986/5, p. 386 (*Frenkel/KRO* inz. 'Dromen Leven'). Vervolg: Hof Den Haag 4 juni 1986, *NJ* 1987, 472; *AMI* 1986/6, p. 139, met noot HCJ. Zie ook Rb. Den Haag 8 mei 1991, *AMI* 1992/4, p. 71 (*Overdijk/SDU*) en Rb. Amsterdam 10 juli 1991, *AMI* 1992/4, p. 73, met noot DWFV (*Centraal-Amerikaanse poëzie*).

beeld als het werk nog niet voltooid is of met het oog op mogelijke onvoorziene externe factoren die de exploitatie onrendabel zouden maken. In de gevallen dat exploitatie uitblijft en ook niet kan worden afgedwongen is het redelijk dat de maker ten minste weer de vrije beschikking krijgt over alle rechten, en hem zo nodig weer het materiële werk (manuscript, tekeningen etc.) ter hand wordt gesteld. Eventueel zal er plaats moeten zijn voor schadeloosstelling.

4. *Exclusiviteit.* Wanneer (een stukje) auteursrecht wordt overgedragen, verkrijgt de wederpartij een uitsluitend recht. Bij licentieverlening is die exclusiviteit niet zonder meer aanwezig, maar kan zij wel uitdrukkelijk worden overeengekomen.

5. *Inbreuk door derden.* Optreden in rechte is uiteraard een zaak voor degene, op wiens recht inbreuk wordt gemaakt, dus degene bij wie het auteursrecht berust. Na overdracht is dat de rechtverkrijgende, maar blijft de maker niettemin bevoegd tot het vorderen van schadevergoeding wegens inbreuk (art. 27; zie nr. 57). De licentienemer heeft geen auteursrecht en kan slechts onder bepaalde omstandigheden tegen derden-inbreukmakers een onrechtmatige-daadsactie instellen. Evenwel kan de maker hem bij de licentieovereenkomst machtigen tot optreden in rechte ter handhaving van auteursrecht. Voorts heeft de licentienemer de mogelijkheden van tussenkomst (art. 27a) en beslag (art. 28).

6. *Verlenen van rechten aan derden*
a. Door de licentienemer: in beginsel alleen mogelijk voorzover dat uit de overeenkomst met de auteursrechthebbende voortvloeit (sublicentie); in dat geval niettemin vaak gekoppeld aan de eis van voorafgaande toestemming van de maker, welke alsdan door deze niet kennelijk onredelijk geweigerd zal mogen worden.
b. Door degene aan wie auteursrecht is overgedragen: in beginsel mogelijk (zowel verdere overdracht als het verlenen van licenties); toestemming van de maker is alleen dan vereist, indien dit bij de overdracht uitdrukkelijk als voorwaarde werd bedongen.
c. Door de maker zelf: blijft mogelijk indien en voorzover hij geen auteursrecht heeft overgedragen, maar behoort niet in conflict te komen met door hem verleende exclusieve licenties.[48] Voor een licentienemer is het van belang te bedingen dat de maker hem vrijwaart tegen aanspraken van derden; als de maker bij een latere gelegenheid zijn auteursrecht aan een ander overdraagt zal hij daarbij moeten bedingen, dat deze rechtverkrijgende de eerder aan de licentienemer verleende bevoegdheden blijft eerbiedigen.

7. *Honorering.* Een proportionele vergoeding (royalty's), in percenten van de opbrengsten, is veelal te verkiezen boven een bedrag ineens (à forfait; outright; lump sum; flat fee), zeker als het gaat om exploitatie over langere termijn. De maker kan dan meedelen in een mogelijk succes van het werk. Het royaltypercentage wordt soms (bijvoorbeeld bij boeken) volgens een glijdende schaal vastgesteld, stijgend naarmate de oplage zal toenemen. Indien voor de royalty's vaste bedragen worden afgesproken, kunnen deze worden geïndexeerd volgens CBS-cijfers. In uitgavecontracten wordt de auteur veelal een niet-terugvorderbaar voorschot op nog te ontvangen royalty's toegekend. Men moet duidelijk de termijnen van betaling af-

48 Zie in dit verband ook HR 29 september 1989, *NJ* 1990, 307, met noot DWFV (*van Spijk/Beeldrecht*), besproken in nr. 52.

spreken, en het is niet ongebruikelijk dat aan de maker het recht gegeven wordt de boekhouding van de wederpartij desgewenst door een accountant te doen inzien.[49]

8. Het droit moral is niet overdraagbaar en blijft bij de maker, zelfs na gehele overdracht van het auteursrecht-exploitatierecht. Tot op zekere hoogte kan hij evenwel afstand doen van zijn morele rechten, dat wil zeggen zich verbinden ze niet tegenover de wederpartij in te zullen roepen (zie nr. 33).

9. Geschillen. In de overeenkomst kan uitdrukkelijk bepaald worden aan wie de beslechting van eventuele geschillen tussen partijen zal worden opgedragen. De (relatieve) bevoegdheid van de Nederlandse rechter is afgebakend in wettelijke regels.[50] Maar men kan ook bij voorbaat afspreken (of later alsnog bij akte van compromis overeenkomen) dat, met uitsluiting van de gewone rechter, geschillen zullen worden voorgelegd aan arbiters of scheidsmannen, die door partijen zelf benoemd kunnen worden.[51] Daarbij kan worden verwezen naar het Reglement van het Nederlands Arbitrage Instituut.[52] De specifieke deskundigheid van arbiters kan een voordeel zijn, maar men bedenke wel dat arbitrage zeker niet per se goedkoper of sneller hoeft te zijn dan de gang naar de gewone rechter. Overigens moet men het niet te gauw op een geding laten aankomen; de beste geschiloplossing is vrijwel altijd een schikking, waarbij beide partijen een veertje laten. *Mediation*-advocaten kunnen daarbij behulpzaam zijn.

10. Toepasselijk recht. Met name wanneer de rechtsverhouding internationale elementen bevat, bijvoorbeeld (eventuele) exploitatie buiten Nederland, kan het verstandig zijn in de overeenkomst te bepalen dat uitsluitend het Nederlandse recht toepasselijk is.[53] De gevolgen van toepasselijkheid van buitenlands recht zijn doorgaans moeilijk te overzien.

Met het bovenstaande zijn enkele punten gegeven die bij het sluiten van overeenkomsten op auteursrechtelijk terrein de aandacht verdienen. Het lijstje is niet volledig, en de formulering is zeer algemeen. Per voorkomend geval zal nadere concretisering en aanvulling nodig zijn.

56. Uitgavecontracten

Veel aandacht is altijd al besteed aan contracten die tussen uitgevers en schrijvers gesloten worden.[54] Juist ook op het terrein van

49 Zie voor een geval van verplichting tot rekening en verantwoording: Hof Amsterdam 6 juni 1985, *NJ* 1986, 331.
50 Wetb. v. Burgerlijke Rechtsvordering. In internationale situaties is ook van belang het EEG-Executieverdrag 1968 (*Trb.* 1969, 101).
51 Art. 1020 e.v. Rv.
52 Adres: Postbus 190, 3000 AD Rotterdam, tel. 010-4042200, fax 010-4045140.
53 Zie over vragen van internationaal privaatrecht ook nr. 60.
54 Zie meer in het bijzonder, met diverse modellen: H. Cohen Jehoram/ M.W.B. Asscher (red.), *Uitgeefovereenkomsten*, Zwolle, 1988.

de boekdruk is in het verre verleden de behoefte aan bescherming van geestesscheppingen ontstaan. Uit het 'kopijrecht', dat in het begin van de vorige eeuw drukkers-uitgevers tegen nadruk beschermde, heeft zich het auteursrecht zoals wij dat nu kennen ontwikkeld. Het is daarom niet zo verwonderlijk dat juist op dit terrein men het hierboven gesignaleerde 'gat' in de wetgeving het eerst wilde dichten. Wij zullen daar in deze paragraaf nadere aandacht aan besteden, waarbij de lezer zich wel moet realiseren dat het hier geen geldend recht betreft.

In 1972 verscheen een voorontwerp van een wettelijke regeling voor uitgaveovereenkomsten; deze regeling zou niet, zoals men misschien verwacht, opgenomen worden in de Auteurswet zelf,
NBW maar in Boek 7 van het nieuwe BW. Inmiddels is het twijfelachtig geworden of de voorgestelde regeling ooit zal worden ingevoerd.

Ofschoon dus nog lang geen wet, heeft het toch zin ook nu al even stil te staan bij het ontwerp. Het NBW is een belangrijke rechtsvormende factor, en geeft een indicatie van de in de loop der tijden soms sterk gewijzigde rechtsopvattingen. De uitgaveovereenkomst zal in deze opzet, naast enkele andere belangrijke contracten, een plaats gaan vinden in *Boek 7* (titel 8) van het BW.

De voorgestelde regeling is niet zeer gedetailleerd, en laat een ruime mate van contractsvrijheid bestaan. Op de punten echter die wèl geregeld zijn wordt die vrijheid sterk ingeperkt. De meeste bepalingen zijn namelijk van dwingend recht, dat wil zeggen dat het partijen niet vrijstaat om in hun contracten daarvan af te wijken. Enkele bepalingen bevatten zogenaamd semi-dwingend recht, in die zin dat afwijkende bedingen op schrift moeten zijn gesteld.

Het stadium waarin het wetsontwerp verkeert, maakt het weinig opportuun om er hier erg inhoudelijk op in te gaan.[55] Om dan toch maar enkele punten te signaleren: een recht van de uitgever om ter bescherming van zijn belangen het auteursrecht, als dit niet aan hem is overgedragen, toch in te roepen tegen derden-inbreukmakers; inspraak voor de auteur (en onder bepaalde omstandigheden de mogelijkheid van opzegging van de overeenkomst) ingeval de uitgever de contractuele relatie aan een ander zou willen 'overdoen'; een verplichting voor de uitgever om binnen een redelijke termijn daadwerkelijk tot uitgave over te gaan; geen recht van de uitgever tot herdruk, vertaling, bewerking enzovoort dan voorzover uitdrukkelijk bedongen, en verval van zulke rechten indien hij niet binnen een redelijke termijn gebruik ervan heeft gemaakt (waarna de auteur naar een andere uitgever kan stappen); beperking van de mogelijkheid tot 'knevelen' van de auteur middels non-concurrentiebedingen; bepalingen met betrekking tot overeenkom-

55 Zie voor een commentaar: H. Cohen Jehoram, 'Het Nederlandse ontwerp voor een uitgaveovereenkomst revisited', met als bijlage de tekst van het ontwerp naast een geamendeerd tekstvoorstel van een studiecommissie van de Ver. v. Auteursrecht, *AMR* 1982/3, p. 48 e.v. In dezelfde aflevering (p. 72 e.v.) staat ook de reactie van de KNUB op het ontwerp.

sten omtrent nog niet voltooide werken, met waarborgen voor de belangen van elk van beide partijen.
Nog een opmerking ten slotte. Het begrip uitgaveovereenkomst moet hier niet te beperkt worden opgevat. Uitgeven is, volgens het ontwerp, het verveelvoudigen door de druk of op soortgelijke wijze (offset, reprografie en dergelijke); de bepalingen worden echter van overeenkomstige toepassing verklaard op ander wijzen van verveelvoudiging (bijvoorbeeld filmbewerking, vastlegging op geluidsdragers), voorzover de uitgever tenminste het recht daartoe heeft bedongen.[56] Voorts hoeft het niet per se om de uitgave van auteursrechtelijk beschermd materiaal te gaan. Het ontwerp spreekt dan ook niet van 'auteur', maar van 'wederpartij'.

nevenrechten

KNUB/VvL-modelcontract

Voor de praktijk van meer direct belang, met name voor wat betreft de uitgave van literair werk, is het in 1987 herziene Modelcontract dat totstandkwam in gezamenlijk overleg tussen de georganiseerde uitgevers (Koninklijke Nederlandse Uitgeversbond, Groep Algemene Uitgevers) en literaire auteurs (Vereniging van Letterkundigen-Vakbond van Schrijvers). Het contract, bij zijn ontstaan in 1973 nog standaardcontract geheten, fungeert als een model; de beide organisaties hebben het gebruik ervan niet bindend voorgeschreven aan hun leden, maar een zekere morele druk gaat er toch wel van uit. Partijen zullen er bij het sluiten van overeenkomsten bezwaarlijk geheel aan voorbij kunnen gaan, zoals ook blijkt in de praktijk.

Het KNUB/VvL-contract bouwt voort op een door beide organisaties in 1961 als *gentlemen's agreement* vastgestelde 'Richtlijn'. De opstellers van het modelcontract zijn er van uitgegaan dat (gehele of gedeeltelijke) overdracht van auteursrecht niet noodzakelijk is om de uitgave te realiseren, en baseren de rechtsverhouding uitgever-auteur op het verlenen van een uitgeeflicentie. Deze heeft dan wel een exclusief karakter, terwijl bovendien de uitgever door de auteur gemachtigd wordt om zelfstandig op te treden tegen inbreuk op het auteursrecht door derden. De uitgever heeft de plicht het werk binnen een termijn van achttien maanden na inlevering van de kopij op de markt te brengen. Hij kan de overeenkomst opzeggen indien de auteur het persklare manuscript niet op de afgesproken termijn inlevert. Redigering door de uitgever geschiedt alleen in overleg met de auteur. Deze laatste verplicht zich tot tijdige correctie van de drukproeven.

exclusieve uitgeeflicentie
procesvolmacht
uitgave-verplichting

Waar het de eigenlijke exploitatie in boekvorm betreft heeft de uitgever het laatste woord; hij is immers ook degene die grotendeels het risico draagt. Wel zal er zoveel mogelijk overleg met de auteur moeten plaatsvinden, met name met betrekking tot de vormgeving. Omvang van de oplage en verkoopprijs dient de uitgever uiterlijk op de dag van uitgave aan de auteur mee te delen. Diens belang daarbij is evident, daar de honorering vrijwel altijd in de vorm van royalty's zal geschieden, dat wil zeggen een percentage van de verkoopprijs per verkocht exemplaar. Volgens het modelcontract moet dit percentage worden vastgesteld in drie trappen volgens een

exploitatie
honorarium

56 Uitgevers hebben al langer belangstelling in die richting, versterkt door de opkomst van de nieuwe digitale media. Zie W.J. Soetenhorst, diss. (1993).

glijdende schaal, oplopend naarmate de verkoopcijfers stijgen. Voor gebonden boeken en paperbacks zal dit percentage minimaal 10% moeten bedragen, voor pocketboekuitgaven minimaal 5%. Na het verschijnen van het werk is de uitgever verplicht om aan de auteur op diens verzoek een niet-terugvorderbaar voorschot uit te keren, gelijk aan het bedrag waarop de auteur recht zou hebben bij verkoop van de helft van de eerste oplage. Bij levering aan boekenclubs zal het royalty-percentage vaak lager zijn, gezien de grote korting op de verkoopprijs die dan pleegt te worden verleend.

herdruk

De uitgever heeft het recht om, telkens wanneer hij dat wenselijk acht, een herdruk uit te geven. Hij moet dan de auteur in de gelegenheid stellen, in het werk verbeteringen aan te brengen. Indien het werk gedurende een jaar niet meer leverbaar is en de uitgever dan niet tot herdruk wil overgaan, kan de auteur de overeenkomst opzeggen en is hij vrij het werk aan een andere uitgever aan te bieden.

copyright-notice

Hoewel de uitgever de uitsluitende bevoegdheid tot uitgave in boekvorm heeft verkregen, blijft het auteursrecht bij de schrijver berusten. In alle exemplaren dient het teken © te worden aangebracht met daarachter het jaar van eerste uitgave en de naam van de auteur.

nevenrechten

Het modelcontract voorziet ook in de exploitatie van zgn. nevenrechten, zoals vertalingen, opname in bloemlezingen, voorpublicaties en publicatie als feuilleton, afzonderlijke herdruk als boekenclub-, pocket-, of licentie-uitgave, vastlegging op beeld- of geluidsdragers, bewerking voor radio, tv, film. of toneel.

Uitgangspunt is dat de auteur de uitgever exclusief machtigt om hierover met derden te contracteren, tegen een afgesproken percentage (doorgaans 50%) van de netto-opbrengst.

reprorecht

Ook verkrijgt de uitgever de bevoegdheid om zich met de Stichting Reprorecht te verstaan (zie nr. 39).

overdracht aan andere uitgever

Het kan voorkomen dat een uitgever, bijvoorbeeld wegens opheffing van het bedrijf of fonds, zijn rechten aan een ander wil overdragen. Dat mag niet zonder toestemming van de auteur gebeuren. Gaat het om gehele of gedeeltelijke overdracht *van het bedrijf*, dan kan de auteur die toestemming slechts weigeren indien hij 'redelijke gronden heeft om aan te nemen dat de nieuwe uitgever onbekwaam of ongeschikt moet worden geacht de exploitatie van het werk voort te zetten in de geest en op de wijze, zoals zij voor de overdracht plaatsvond'. In commentaren is erop gewezen dat het niettemin kan voorkomen dat de auteur een door hem niet gewenste andere uitgever opgedrongen krijgt, namelijk in geval van fusies. Dan plegen immers de (meerderheid der) aandelen te worden overgedragen, niet het bedrijf.

bijlage

Een bijlage bij het modelcontract bevat een artikelsgewijze toelichting en een goed gespecificeerd modelafrekeningsformulier.

standaardcontract vertalers

Behalve met schrijvers hebben uitgevers ook met andere auteursrechthebbenden te maken, zoals fotografen, illustratoren,[57] vertalers. Voor de uitgave van vertalingen van literair werk is eveneens een KNUB/VvL-modelcontract ontworpen.[58]

57 Door de KNUB is in december 1982 een '*Voorbeeld*-overeenkomst' opgesteld voor contracten tussen uitgevers en illustratoren van kinderboeken. Ook is er een '*Voorbeeld*-reproductieovereenkomst' voor de rechtsverhouding tussen een uitgever en de Stichting Beeldrecht.

58 Herziening 1988 van het standaardcontract uit 1973. Een geamendeerde versie daarvan is opgenomen in: C. Polet, N. van Lingen en P.W.R. Vreeken, *De juridische, economische en sociale situatie van de literaire vertaler in de Europese Gemeenschap*, studie i.o.v. de Europese Commissie, Brussel, 1979. Ook verschenen in *GRUR-IT*, 1982/6, p. 347 e.v.

De beide modelcontracten zijn in druk verschenen en verkrijgbaar bij de bureaus van de betrokken organisaties.[59]

59 VvL, Huddestraat 7, 1018 HB Amsterdam, tel. 020-6240803. De KNUB is in 1996 met NOTU en NDP opgegaan in het Nederlands Uitgeversverbond, Postbus 12040, 1100 AA Amsterdam-Zuidoost, tel. 020-4309150. Beide modelcontracten zijn ook afgedrukt in L. Hesselink (red.), *Rechtwijzer voor auteurs*, Den Haag 1994, Boekmanstichting/Sdu.

VIII Rechtshandhaving en strafbepalingen

57. Optreden tegen inbreuk

In deze paragraaf gaat het over optreden in rechte, procederen. Een waarschuwing is daarbij wel op haar plaats. Men moet zich realiseren dat procederen veelal een nogal kostbare en inspannende bezigheid is, en lang niet altijd het resultaat oplevert dat men gehoopt had ermee te bereiken. De verliezende partij wordt als regel veroordeeld in de proceskosten van de tegenpartij, een bedrag dat in een eenvoudige procedure al gauw boven de duizend gulden ligt. De gang naar de rechter moet men dan ook als uiterste middel zien, voor als het echt niet anders kan. Beter is het om, bij voorkeur gesteund door deskundig juridisch advies, door onderhandeling te trachten een akkoord te treffen. Soms is zelfs dat niet nodig, en is een enkele 'brief op poten' voldoende om tot het gewenste resultaat te komen (bijvoorbeeld staken van de inbreukmakende handeling en/of een geldelijke vergoeding). De kaarten liggen duidelijk anders wanneer het om stelselmatige en in georganiseerd verband gepleegde inbreuken gaat, zoals die zich met name voordoen met betrekking tot beeld- en geluidsdragers. Hierdoor wordt grote schade toegebracht aan maatschappelijke belangen. Om deze piraterij meer effectief te kunnen bestrijden zijn in 1989 een aantal wetswijzigingen ingevoerd. Deze volgden de aanbevelingen die in 1984 door een interdepartementale werkgroep werden gedaan.[1]

Inbreuk op auteursrecht levert een onrechtmatige daad op, waartegen in rechte kan worden opgetreden (art. 6:162 BW). Daarbij doen zich vragen voor als: *wie* kan optreden, *wat* kan gevorderd worden, en *waar*, bij welke rechter, moet men daarvoor zijn? Maar eerst is er de vraag: *wanneer* is er inbreuk?

inbreuk

Auteursrecht is een uitsluitend recht. Wie een beschermd werk openbaar maakt en/of verveelvoudigt, zonder dat deze handeling door toestemming van de rechthebbende of door een wettelijke beperking van auteursrecht gedekt wordt, maakt inbreuk.[2] Voorts valt hier te denken aan de in artikel 25 genoemde handelingen,

1 Interimrapport inzake piraterij van auteursrechtelijk beschermde werken. In 1985 volgde het tweede rapport, inzake piraterij van producten beschermd door rechten van industriële eigendom.

2 Ook een uitgever kan hierop worden aangesproken; een eigen verantwoordelijkheid voor de inhoud is hiervoor niet vereist. Zie HR 10 november 1989, *NJ* 1990, 113 (*Feministische theologie*).

waartegen de maker zich op grond van zijn persoonlijkheisrecht kan verzetten.

Wat als openbaar maken en verveelvoudigen moet worden beschouwd is een materieelrechtelijke vraag, en werd besproken in hoofdstuk IV. Verveelvoudigen is niet alleen letterlijk kopiëren, maar ook bewerken of nabootsen in gewijzigde vorm. In de literatuur is omstreden, of daarbij *ontlening* als een element van inbreuk gezien moet worden.[3] Met andere woorden, kan de gedaagde ondanks de gelijkenis (welke in de *monopolieleer* op zichzelf reeds inbreuk zou opleveren) met succes het verweer voeren dat hij een eigen, oorspronkelijk werk heeft gemaakt, los van dat van eiser? Het zal vaak niet gemakkelijk zijn om dat te bewijzen. Maar anderzijds kan ook bezwaarlijk van eiser verlangd worden dat *hij* het bewijs levert dat er wèl aan zijn werk ontleend zou zijn.

ontlening

bewijs

De controverse spitst zich dus toe op de verdeling van de bewijslast. Daarover leert de Hoge Raad het volgende.[4] De eisende auteursrechthebbende hoeft niet te stellen en, bij betwisting, te bewijzen dat de overeenstemming berust op bewuste ontlening aan zijn werk. Dat zou afbreuk doen aan de effectiviteit van de bescherming volgens de Auteurswet. Niettemin kan de gedaagde het verweer voeren, mits deugdelijk gemotiveerd vanuit de bijzondere omstandigheden van het geval, dat zijn product een zelfstandige schepping is en dat van ontlening, bewust of onbewust, geen sprake is. Het is dan aan hem om dat te bewijzen.

Het zal er, in het algemeen gesproken, van afhangen of datgene wat het product van eiser tot 'werk' maakt, het eigen of oorspronkelijk karakter ervan, op de een of andere manier is terug te vinden in het werk van gedaagde; wanneer deze zich enkel door het eerdere werk heeft laten inspireren, is dat (nog) niet het geval. Bij de vergelijking komt het aan op de totaalindrukken van de beide producten.[5] Daarbij valt te overwegen dat bijvoorbeeld een frappante overeenstemming tussen twee romans eerder in de richting van ontlening wijst dan wanneer het gaat om twee foto's die min of meer op elkaar lijken.

totaalindruk

Ook 'een beetje inbreuk' is inbreuk, en kan grond zijn voor schadevergoeding. Een verbodsactie kan dan wel eens te ver gaan; men moet niet met een kanon op een mug willen schieten.[6]

drukfouten

Een beproefd middel om inbreuk (plagiaat) aan te kunnen tonen is het geval dat drukfouten of vergissingen in het eigen werk door gedaagde klakkeloos zijn overgenomen; dan is de gestelde inbreuk moeilijk te weerspreken. Het geval heeft zich in de praktijk voorgedaan met betrekking tot puzzelwoordenboeken.[7] Men moet

3 Vlg. nrs. 20 en 23. Zie voorts: Th. Limperg, 'De ontleningstheorie in het auteursrecht', *NJB* 1977/13, p. 310 e.v. A. Komen en D.W.F. Verkade, 'De ontleningstheorie en andere auteursrechtelijke zwarigheden', *NJB* 1977/22, p. 554 e.v. J.H. Spoor, 'Over ontlening en monopolie', *AMR* 1982/5, p. 136 e.v. Quaedvlieg, diss. (1987), p. 156 e.v. Gerbrandy (1988), p. 320 e.v. Spoor/Verkade (1993) nr. 106.

4 HR 21 februari 1992, *NJ* 1993, 164, met noot JHS; *AMI* 1993/1, p. 7, met noot Gerbrandy; *IER* 1992/3, p. 92, met noot Quaedvlieg; *AA* 1993/4, p. 295, met noot HCJ (*Barbie-pop*). Hierover ook Grosheide, *AMI* 1993/2, p. 26 en T.M. de Vries, *IER* 1992/6, p. 161.

5 HR 29 december 1995, *NJ* 1996, 546, met noot DWFV; *AMI* 1996/10, p. 199 (*Decaux/Mediamax*, reclamebordhouders). Hierover Quaedvlieg, 'Een stijlloze totaalindruk', *AMI* 1996/10, p. 195, en dez. in *AA-katern* 60 (1996), p. 2850. Zie voorts Hof Amsterdam 27 april 1995, *AMI* 1996/4, p. 75, met noot Grosheide (*paraplu's* met tulpkop).

6 Vgl. HR 5 januari 1979, *NJ* 1979, 339 (*Heertje/Hollebrand*), m.n. de conclusie van de Adv.-Gen. Franx (ad onderdeel 6) en de noot van L. Wichers Hoeth (sub 5).

7 Hof Amsterdam 13 juli 1972, *NJ* 1974, 12. Zie voorts Rb. Amsterdam 15 juni 1976, *BIE* 1978/1, p. 9 (berekening schadevergoeding).

zoiets wel in het verband van het geheel blijven bezien. Wanneer in een leerboek een bepaalde formule met fout en al uit een ander leerboek blijkt te zijn overgenomen, kan de bijbehorende uiteenzetting niettemin zo sterk verschillend zijn dat van inbreuk geen sprake is.[8]

In nr. 17, sub 1 werd vermeld dat ook geschriften zonder eigen of persoonlijk karakter auteursrechtelijk beschermd zijn, echter niet verder dan tegen ontlening aan het geschrift zelf. Hier zal de eiser in een inbreukprocedure dus wèl zulk een ontlening moeten stellen en bewijzen. Zie echter ook de daar gemelde omkering van de bewijslast in de Mediawet ten aanzien van omroepprogrammaopgaven.

vertaling, bewerking

Het is wellicht goed om hier nog eens te wijzen op de complicaties van het 'dubbele' auteursrecht, waarvan bij vertalingen en bewerkingen sprake is. Voor het opvoeren van een toneelstuk is toestemming van de toneelschrijver vereist. Betreft het nu een gedramatiseerde roman, dan wordt door de opvoering tevens dit achterliggende werk openbaar gemaakt. De opvoerenden zullen zich dus ook moeten verzekeren van toestemming van de romanschrijver. Met name ook valt hierop te letten bij verfilming van een scenario dat – anders dan het enkele 'vrij naar' – is gebaseerd op een bestaand boek. Met de auteur (respectievelijk diens rechtverkrijgenden) moeten duidelijke afspraken zijn gemaakt: niet slechts toestemming tot bewerking als filmscenario, maar ook tot het uitbrengen en vertonen van de film.

onrechtmatige daad (art. 6:162 BW)

Om van inbreuk te kunnen spreken moet er een werk zijn, waarop auteursrecht rust. Maar ook daarbuiten kan handelen onrechtmatig zijn. Immers, volgens de door de jurisprudentie ontwikkelde en thans in artikel 6:162 BW neergelegde criteria is als onrechtmatige daad niet alleen aan te merken het inbreuk maken op een subjectief recht (zoals het auteursrecht), maar ook het handelen in strijd met een wettelijke plicht (zoals bijvoorbeeld in artikel 21 Aw ten behoeve van geportretteerde personen) of, in het algemeen, handelen in strijd met hetgeen volgens ongeschreven recht in het maatschappelijk verkeer betaamt (het zorgvuldigheidscriterium).

mededinging

Daartoe behoren normen inzake ongeoorloofde mededinging. Wij belanden dan op het terrein van de prestatiebescherming.[9]

slaafse navolging

Aldus kon voorheen onrechtmatig zijn – al werd dit niet gauw in de rechtspraak aangenomen – de slaafse navolging van gebruiksvoorwerpen die te weinig oorspronkelijk zijn om als 'werken van toegepaste kunst' voor auteursrecht in aanmerking te komen (vergelijk nr. 17, sub 11). Sedert de invoering in 1975 van de Benelux Modellenwet (BTMW, zie nr. 19) is bescherming van dergelijke, niet oorspronkelijke tekeningen en modellen uitsluitend te effectueren door middel van een depot, waardoor een exclusief modelrecht verkregen wordt. Tegen (slaafse) namaak van

8 HR 5 januari 1979, *NJ* 1979, 339 (*Heertje/Hollebrand*).
9 Zie Th.C.J.A. van Engelen, diss. (1994). Voorts A.A. Quaedvlieg, 'Beschermingsdrift: een studie naar feiten en achtergronden rond *sweat of the brow*- of prestatiebescherming', *BIE* 1996/1, p. 4 en 1996/2, p. 51.

een model kan sindsdien alleen krachtens de BTMW, niet meer krachtens artikel 6:162 BW worden opgetreden.

reflexwerking

Men spreekt in dit verband van de negatieve reflexwerking van het geschreven recht.[10] Dit betreft de vraag naar het uitputtend karakter van de desbetreffende wettelijke regeling. Buiten het terrein der intellectuele eigendomsrechten is de rechtspraak terughoudend om via de 'achterdeur' van artikel 6:162 BW bescherming te verlenen. De betrokken maatschappelijke belangen moeten worden afgewogen. Als het gaat om onstoffelijke prestaties is voor bescherming via het recht van de ongeoorloofde mededinging in beginsel ten minste vereist, dat wordt geprofiteerd van een prestatie van dien aard dat zij *op één lijn* valt te stellen met die welke toekenning van een absoluut recht van intellectuele eigendom rechtvaardigt.[11]

éénlijns-criterium

Voor nabootsing van stoffelijke producten geldt het verwarringscriterium.[12]

uitvoerende kunstenaars

Uitvoerende kunstenaars waren vóór de invoering van de WNR voor bescherming steeds aangewezen op het 'zorgvuldigheidscriterium' van artikel 6:162 (1401-oud) BW.[13] Daarbij stonden zij wat sterker wanneer strijd met een uitdrukkelijk geschreven wetsplicht kan worden aangetoond, bijvoorbeeld publicatie van hun portret als bedoeld in artikel 21 Aw (zie nr. 41).

Wij laten de aanvullende werking van artikel 6:162 BW hier verder rusten en keren terug naar de rechtshandhaving van het auteursrecht.

a. *Wie kan optreden?*

maker

licentienemer

Optreden wegens inbreuk kan alleen de auteursrechthebbende, dat is dus de maker in de zin van de Auteurswet, of diens rechtverkrijgenden (erfgenamen, legararissen, of degenen aan wie auteursrecht is overgedragen). Een licentienemer staat veel zwakker; alleen onder bijzondere omstandigheden zal een inbreuk op het recht van de maker tevens als onrechtmatige ('onzorgvuldige') daad jegens hèm worden aangemerkt.

Wel kan de licentienemer tussenkomen in een door de rechthebbende ingesteld geding, om rechtstreeks de door hem geleden schade vergoed te krijgen of een evenredig deel van de door de inbreukmaker af te dragen winst.

tussenkomst

Laatstgenoemde mogelijkheid (art. 27a) is ingevoerd om de licentienemer een betere positie te verschaffen in de strijd tegen de piraterij. De rechthebbende kan deze

10 Zie hierover Spoor/Verkade (1993) nr. 220 e.v.

11 HR 27 juni 1986, *NJ* 1987, 191, met noot vNH; *AA* 1988/4, p. 257, met noot HCJ (*Holland Nautic/Decca*). Zie voorts: HR 20 november 1987, *NJ* 1988, 311, met noot LWH; *AA* 1988, p. 869, met noot HCJ; *AMI* 1988/2, p. 36, met noot HCJ (*Staat/Den Ouden*). HR 23 oktober 1987, *NJ* 1988, 310, met noot LWH onder 311; *AA* 1988, p. 461, met noot HCJ; *AMI* 1988/2, p. 32, met noot G. Schuijt (*NOS/KNVB*).

12 HR 31 mei 1991, *NJ* 1992, 391, met noot DWFV; *IER* 1991/5, p. 116, met noot Vriesendorp; *BIE* 1992/2, p. 50, met noot Steinhauser; *AA* 1993/9, p. 680, met noot HCJ (*Borsumij/Stenman*, raamuitzetters).

vorderingen, behalve voor zichzelf, ook of mede namens een licentienemer instellen.

procesvolmacht

De licentienemer kan niet zelf ageren, tenzij hij zich door de auteursrechthebbende laat machtigen om zelfstandig, en voorzover nodig op naam van de rechthebbende, zowel in als buiten rechte op te treden tegen inbreuk op auteursrecht. Zie nrs. 54-56.

anoniem, pseudoniem

In één geval voorziet de wet zelf in zo'n machtiging. Krachtens artikel 9 Aw (vergelijk nr. 7) kan de uitgever, of eventueel de drukker, van een anoniem of onder pseudoniem verschenen werk optreden tegen derden. Dat is ook wenselijk, want anders zou de auteur wel gedwongen zijn om zich bekend te maken.

gemeenschappelijk auteursrecht

Wanneer er sprake is van een gemeenschappelijk auteursrecht op eenzelfde werk (zie nr. 8, sub b) kan ieder der rechthebbenden zelfstandig optreden tegen inbreuk (art. 26 Aw). Uitoefening van het auteursrecht, bijvoorbeeld het sluiten van contracten, kan in beginsel slechts gezamenlijk geschieden.[14] In geval van mede-erfgenaamschap wordt door de erven veelal een hunner aangewezen die zich met zowel uitoefening als handhaving zal belasten.

Buma

Op het terrein van het muziekuitvoeringsauteursrecht geschiedt behalve de uitoefening ook de handhaving in de regel door Buma, krachtens overdracht van het auteursrecht door de aangesloten componisten en tekstdichters (zie nr. 52).

groepsactie

Collectief belang-acties van voldoende representatieve organisaties zijn in het algemeen mogelijk.[15] Tot 1994 bood artikel 29a Aw aan belangenorganisaties van auteurs, na aanwijzing door de minister van Justitie, de mogelijkheid om verbodsacties in te stellen. Thans is dit geregeld in artikel 3:305a-b BW.

buitenlanders

Ook een buitenlandse rechthebbende kan hier te lande tegen inbreuk optreden, mits hij naar Nederlands recht een auteursrecht heeft in de daarvoor door de BC of UAC bepaalde gevallen; zie nr. 61.

droit moral

Het persoonlijkheidsrecht blijft te allen tijde bij de maker (art. 25). Ook na overdracht van het auteursrecht (exploitatierecht) is hij de enige die kan optreden, met name ook tegen de rechtverkrijgende indien door deze het droit moral wordt geschonden.

Na het overlijden van de maker kan tegen schending van persoonlijkheidsrecht slechts worden opgekomen door degene die hij uitdrukkelijk, bij testament of codicil, daartoe heeft aangewezen (zie nr. 31).

maker

De maker blijft ook na overdracht van auteursrecht bevoegd om schadevergoeding te vorderen van degene die inbreuk op het, dan

13 HR 24 februari 1989, *NJ* 1989, 701, met noot LWH; *IER* 1989/2, p. 41, met noot JHS; *AMI* 1989/3, p. 70 (BMG/Boogaard, inz. *Elvis Presley*). Besproken door H. Cohen Jehoram in *AMI* 1989/3, p. 67. *Vervolg:* HR 5 april 1991, *NJ* 1991, 819, met noot DWFV; *AMI* 1992/7, p. 135, met noot HCJ; *IER* 1991/4, p. 82 (*Elvis Presley II*).

14 Zo nodig kan aan de kantonrechter worden verzocht om een regeling te treffen (art. 3:168, lid 2, BW). Vgl. Hof Den Bosch 27 december 1994, *NJ* 1995, 623 met (kritische) noot DWFV; *IER* 1995/4, p. 146.

15 Zie HR 10 november 1989, *NJ* 1990, 113, i.h.b. conclusie Adv.-Gen. sub 6 (*Feministische theologie*). HR 2 april 1993, *NJ* 1993, 573, met noot DWFV; *AMI* 1993/8, p. 152, met noot PAS (*NVPI/Snelleman*).

dus aan de rechtverkrijgende toekomende, auteursrecht maakt (art. 27 Aw).

De schade kan bijvoorbeeld bestaan in gederfde royalty's wegens verminderde afzet van het werk. Zonder deze bepaling zou de maker afhankelijk zijn van de bereidheid van de rechtverkrijgende tot optreden. Behalve schadevergoeding kan ook een verbod van de inbreukmakende handeling gevorderd worden; zie verder sub b.
Deze bevoegdheid tot optreden gaat, als vermogensrecht, na het overlijden van de maker over op zijn erfgenamen of legatarissen, en blijft bestaan zo lang als het auteursrecht voortduurt.

b. Wat kan gevorderd worden?

Artikel 28 Aw geeft de auteursrechthebbende enkele bijzondere rechtsmiddelen waarmee tegen inbreuk kan worden opgekomen; deze zullen in nr. 58 afzonderlijk besproken worden. Daarnaast is er steeds het 'gewone' rechtsmiddel, de actie op grond van artikel 6:162 BW, waarbij gevorderd kunnen worden: enkele onrechtmatigverklaring, verbod van de inbreukmakende handeling, en/of schadevergoeding.
Naast schadevergoeding kan de rechthebbende ook vorderen dat de inbreukmaker wordt veroordeeld de ten gevolge van de inbreuk genoten winst af te dragen en dienaangaande rekening en verantwoording af te leggen (art. 27a). Zoals eerder gemeld kunnen deze vorderingen ook (mede) namens een licentienemer worden ingesteld.

declaratoir

Het enkel vorderen van *onrechtmatigverklaring*, uit te spreken door de rechter in een zogenaamd declaratoir vonnis, zal niet zo heel erg vaak voorkomen.[16] Toch kan het zinvol zijn, bijvoorbeeld als partijen het in zoverre eens zijn dat zij zich naar het oordeel van de rechter zullen richten, of uit een oogpunt van preventie. Voor een slagen van de actie is het niet nodig schuld (waarmee bedoeld wordt dat de daad de gedaagde kan worden aangerekend) te bewijzen. De betrokken handeling hoeft zelfs nog niet eens te zijn verricht, en kan bijvoorbeeld alleen nog maar door gedaagde zijn voorgenomen.

verbod

Reeds wanneer de vrees voor een bepaalde inbreuk bestaat, waardoor schade dreigt, kan van de rechter een *verbod* worden gevraagd. Is de inbreukmakende handeling al aangevangen dan zal een verbod voor de toekomst[17] zinvol zijn, met vergoeding van de reeds toegebrachte schade (zie hieronder). Daarbij kan verlangd

16 Een goed voorbeeld van een dergelijke verklaring voor recht leveren de 'Amstelveense' kabeltelevisiearresten (zie nr. 29).
17 Bijvoorbeeld HR 1 december 1995, *NJ* 1996, 510, met noot DWFV; *AMI* 1996/7, p. 137, met noot Van Nispen (*Walt Disney-figuren*). Zie ook C.J.J.C. van Nispen, 'Verbod en bevel in het auteursrecht onder het Nieuwe BW', *AMI* 1992/5, p. 90.

worden dat de reeds in circulatie gebrachte inbreukmakende voorwerpen uit de handel worden teruggenomen, en dat een lijst van afnemers wordt verstrekt. Om het verbod effectief te doen zijn kan en zal doorgaans overtreding worden bedreigd met een (hoge) dwangsom, welke de gedaagde verbeurt per dag of per keer dat hij zich niet aan het verbod zou houden. Schuld hoeft niet bewezen te worden, de enkele onrechtmatigheid is voldoende.[18] In veel gevallen zal de eiser belang hebben bij een snelle uitspraak; het kort geding is daarvoor de aangewezen procedure (zie sub c).

dwangsom

toerekening

Om te slagen in een eis tot *schadevergoeding* is meer nodig. Niet alleen moet de daad onrechtmatig zijn, ook moet de eiser stellen en zo nodig bewijzen dat die daad aan de gedaagde kan worden toegerekend (door schuld of naar verkeersopvattingen)[19] en dat de geleden schade het (redelijkerwijs te verwachten) gevolg van die daad was. Toerekenbaarheid is er niet alleen als gedaagde wist dat hij inbreuk maakte, maar ook als hij dat had kúnnen weten, bijvoorbeeld door tevoren inlichtingen in te winnen.[20] Die vergewissingsplicht weegt zwaarder naarmate men meer beroeps- of bedrijfsmatig handelt. Een richtsnoer bij het vaststellen van de omvang van de geleden schade kan zijn het bedrag, dat de maker bedongen (en redelijkerwijs ook verkregen) zou hebben indien wèl zijn toestemming zou zijn gevraagd. Ook kan verlies van exclusiviteit een rol spelen. Vergoeding van ideële schade is mogelijk; men kan hierbij bijvoorbeeld denken aan schending van de reputatie van de maker, of het geval dat het werk is openbaar gemaakt terwijl de maker daarvoor nooit toestemming zou hebben gegeven.

schade

schadeposten

Samenvattend komt uit de gepubliceerde jurisprudentie[21] het volgende beeld naar voren:

- de schade wordt vrijwel steeds *ex aequo et bono* vastgesteld;
- daarbij wordt vaak aansluiting gezocht bij tarieven volgens standaardvoorwaarden (derving van gebruikelijke licentievergoeding);
- aantoonbare verminderde afzet en winstderving worden in beginsel erkend als zelfstandige schadefactor; indien toestemming desgevraagd zou zijn verleend dan is de debietvermindering reeds verdisconteerd in de toegewezen licentievergoeding;
- immateriële schade kan onder omstandigheden een zelfstandige schadepost zijn (en is zelfs wel toegewezen wegens 'ergernis' over door opzettelijke inbreuk behaalde winst);
- buitengerechtelijke kosten, voorzover redelijk, worden doorgaans toegewezen, met inbegrip van kosten tot instandhouding van een organisatie ter bescherming van rechten en belangen van de betrokken auteurs.

winstafdracht

Schadeposten als winstderving of waardevermindering van investeringen zijn soms moeilijk aan te tonen. Daarom is in 1989 de mogelijkheid opengesteld om *naast* schadevergoeding afdracht van door de inbreuk genoten winst te vorderen. De

18 Zie bijvoorbeeld Hof Den Haag 5 juni 1985, *NJ* 1986, 219 (illegale videokopie).

19 Hof Amsterdam 7 mei 1992, *AMI* 1993/9, p. 172, met noot DWFV (*Erco/Bluesprint*, bedrijfslogo).

20 Zie bijvoorbeeld Rb. Assen 25 mei 1982, *AMR* 1983/3, p. 62 (*Magritte-posters*: onbevoegd verleende sublicentie). Ktg. Roermond 10 maart 1992, *NJ* 1993, 282. Ktg. Zaandam 10 juni 1993, *NJ-kort* 1993, 42. Hof Amsterdam 21 april 1994, *NJ* 1996, 74 (*Spaarnestad/Halewijn*, portret koningin Beatrix). Rb. Arnhem 27 april 1995, *AMI* 1995/8, p. 159 (*Swatch*).

21 Vgl. de overzichten van lagere rechtspraak in *IER* 1989/4, p. 70-71 en *AMI* 1990/1, p. 17-19. Zie ook nog Rb. Haarlem 8 januari 1985 en 22 oktober 1985, *NJ* 1986, 619 en Ktg. Amsterdam 29 januari 1988, *NJ* 1988, 925.

inbreukmaker zal hiervan rekening en verantwoording moeten afleggen.[22] Artikel 27a geeft ook voorzieningen voor gedupeerde licentienemers.
Hoewel in artikel 27a winstafdracht *naast* schadevergoeding wordt genoemd, duidt dit mijns inziens niet op een onbeperkte cumulatiemogelijkheid. De ratio is het ontnemen van de economische prikkel tot inbreuk, met name bij opzettelijke piraterij. Bedoeld zal zijn, dat de benadeelde beide vorderingen naast elkaar kan instellen om zo het bedrag dat uiteindelijk het hoogste blijkt uit te vallen toegewezen te krijgen.[23] De gepubliceerde, lagere jurisprudentie is niet eenduidig.[24]
Met het oogmerk van eerherstel of preventie kan ten slotte ook gevraagd worden de gedaagde te gelasten het vonnis c.q. een door de rechter geformuleerde mededeling in bepaalde media te publiceren.

bekendmaking

c. Welke rechter?

In de regel zal een geding wegens inbreuk op auteursrecht moeten worden aangebracht bij de arrondissementsrechtbank van de woonplaats van de gedaagde. Voor geldvorderingen beneden de vijfduizend gulden kan men bij de kantonrechter terecht.
In spoedeisende zaken is een kort geding voor de president van de rechtbank de aangewezen procedure; er kan dan een verbod van de inbreukmakende handeling gevorderd worden en meestal ook, bij wege van voorschot, schadevergoeding.

In procedures voor de rechtbank is men verplicht zich te doen vertegenwoordigen door een advocaat (procureur). Bij de kantonrechter kan men zelf verschijnen, al zal het in het algemeen verstandig zijn zich van juridische bijstand te verzekeren. Procederen voor de kantonrechter hoeft dus niet altijd goedkoper te zijn. Voor de inning van kleinere vorderingen is er het incasso-kort geding bij de kantonrechter (art. 116 Rv.).

kort geding

In overige spoedeisende zaken wordt het kort geding gevoerd voor de president van de arrondissementsrechtbank (art. 289 Rv.). In de praktijk wordt zeer vaak van deze rechtsgang gebruikgemaakt. Voor de eisende partij geldt verplichte procesvertegenwoordiging, voor gedaagde niet al doet deze er in de regel natuurlijk verstandig aan ook een advocaat in de arm te nemen. Meestal zal een verbod gevraagd worden van het gewraakte handelen, op straffe van verbeurte van een dwangsom. Partijen kunnen in persoon verschijnen om hun standpunten uiteen te zetten. De president weegt de belangen van partijen tegen elkaar af[25] en geeft bij toewijzing

verbod

22 Zie bijvoorbeeld Hof Amsterdam 23 maart 1995, *AMI* 1995/6, p. 111 (*Hermans/Polak*).
23 Evenzo Spoor/Verkade (1993) nr. 282 en Deurvorst, diss. (1994), p. 173. Zie voorts Gerbrandy (1992), p. 71.
24 Rb. Arnhem 29 april 1994, *AMI* 1994/8, p. 154, met noot Deurvorst. Rb. Den Haag 15 februari 1995, *AMI* 1995/9, p. 169, met noot Deurvorst. Pres. Rb. Arnhem 24 januari 1995, *BIE* 1995/12, p. 420, met noot SB.
25 Bijvoorbeeld Pres. Rb. Utrecht 16 april 1982, *RvdW/KG* 1982, 75; *AMR* 1982/3, p. 84 (de boektitel *Verzamelen is ook een kunst* is auteursrechtelijk beschermd, maar eisers belang om deze titel beschikbaar te houden voor nog vage plannen weegt niet op tegen gedaagdes belang om met de reeds ver gevorderde productie voort te kunnen gaan; vordering afgewezen). Een ander voorbeeld: Pres. Rb. Amsterdam 28 februari 1985, *KG* 1985, 81; *AMR* 1985/5, p. 90 *(Het bittere kruid)*.

van de vordering een 'voorlopige voorziening' die vaak afdoende zal blijken.[26]

geldvordering

Behalve verbodsacties kunnen in kort geding ook geldvorderingen (voorschot op schadevergoeding of op winstafdracht[27]) worden toegewezen, indien het bestaan van de vordering voldoende aannemelijk is te maken en er een (al gauw aanwezig) spoedeisend belang is; daarbij zullen de wederzijdse belangen worden afgewogen, met name ook in verband met het restitutierisico voor geval in een latere bodemprocedure anders zou worden beslist.[28] Ook bij een in kort geding toegewezen verbod moet men op die laatste mogelijkheid bedacht zijn.[29]

Voor de in nr. 58 nog te bespreken bijzondere rechtsmiddelen die de Auteurswet geeft, zal men zich altijd (via een advocaat) tot de arrondissementsrechtbank moeten wenden.

verjaring

Als het om al wat oudere feiten gaat moet men er op bedacht zijn, dat de vordering intussen kan zijn verjaard. Dat is in de regel na vijf jaar het geval.[30]

arbitrage

Bij onderling goedvinden (akte van compromis) kunnen partijen besluiten hun geschil niet door de 'gewone rechter' te laten beslechten, maar door middel van arbitrage. In standaardcontracten wordt dit soms al bij voorbaat afgesproken. Zie nr. 55, sub 9.

58. Bijzondere rechtsmiddelen

Behalve in de vorige paragraaf besproken gewone rechtsmiddelen zoals verbod en schadevergoeding, waarmee in het algemeen tegen een onrechtmatige daad kan worden opgekomen, staan aan de auteursrechthebbende bovendien nog enkele speciale rechtsmiddelen ten dienste. Deze worden beschreven in artikel 28 Aw.

opeising, vernietiging, onbruikbaarmaking

De auteursrechthebbende is bevoegd om in strijd met zijn recht openbaar gemaakte voorwerpen alsmede niet geoorloofde verveelvoudigingen van het werk als zijn eigendom op te eisen. Ook kan hij de vernietiging of onbruikbaarmaking daarvan vorderen. Dit laatste is tevens mogelijk ten aanzien van voorwerpen waarmee de inbreuk is gepleegd. Indien afgifte wordt gevorderd kan

26 Een bodemprocedure is dan niet nodig. Naar valt aan te nemen dwingt art. 50 van het TRIPs-verdrag daar ook niet toe. Evenzo Hof Den Bosch 30 oktober 1996, *NJ* 1997, 491. Zie over deze materie onder andere J.J. Brinkhof, *BIE* 1995/11, p. 363 en de diverse bijdragen in *BIE* 1996/8.

27 Zie de noot van S. Boekman onder Pres. Rb. Arnhem 24 januari 1995, *BIE* 1995/12, p. 420.

28 HR 29 maart 1985, *NJ* 1986, 84, met noot WLH. Deze ontwikkeling was al eerder ingezet door met name de Amsterdamse rechtbank. Zie voorts: J.M. Barendrecht, 'Schadevergoeding in kort geding, in het bijzonder in industriële eigendomszaken', *IER* 1989/3, p. 45 e.v. L. Versteegh, 'Haken en ogen aan het incasso-kort geding', *NJB* 1992/35, p. 1138.

29 HR 16 november 1984, *NJ* 1985, 547, met noten WHH en LWH. Intussen verbeurde dwangsommen blijven echter wel verschuldigd: HR 22 december 1989, *NJ* 1990, 434, met noot WHH. Zie verder A.A. van Rossum, 'Aansprakelijkheid voor de tenuitvoerlegging van kort geding vonnissen', *IER* 1991/6, p. 121.

30 Zie N. van Lingen, 'Nieuwe verjaringstermijnen in het BW', *AMI* 1992/10, p. 183.

de rechter daaraan een door de eiser te betalen vergoeding verbinden.

De tekst van artikel 28 is in 1992 aangepast aan het nieuwe BW. In 1989 werden de mogelijkheden voor de rechthebbende al verruimd om piraterij beter te kunnen bestrijden. Sindsdien kan ook van productiemiddelen de vernietiging of onbruikbaarmaking worden geëist, waardoor de fabricage van illegale producten kan worden stilgelegd. De vorderingen van artikel 28 zullen doorgaans worden gecombineerd met beslaglegging (art. 491 e.v. en 730 e.v. Rv.). Dat beslag gaat in rangorde voor andere beslagen.

beslag

licentienemer

Tenzij anders is overeengekomen kan ook de licentienemer de bevoegdheden van artikel 28 uitoefenen ter bescherming van zijn rechten. Na overdracht van auteursrecht heeft de maker, afgezien van zijn droit moral-aanspraken, nog slechts de mogelijkheid om bij inbreuk schadevergoeding te eisen (art. 27 Aw).
De vorderingen zijn ook mogelijk ten aanzien van voorwerpen die slechts ten dele inbreuk op auteursrecht maken, bijvoorbeeld cd's die zijn vervaardigd zonder toestemming van de tekstdichter der opgenomen liedjes, maar wel met toestemming van de componist (c.q. Stemra).
Een eventuele afgifte mag niet tot onevenredige verrijking leiden. Men kan hierbij denken aan ongeoorloofde reproducties in edel metaal van een beeldhouwwerk, of inbreukmakende sieraden. De rechter zal dan aan een toewijzing van de eis de voorwaarde (kunnen) verbinden dat de waarde van het materiaal door de auteursrechthebbende aan de inbreukmaker wordt vergoed.

onroerende zaken: wijziging

De genoemde vorderingen gelden slechts voor roerende zaken die geen registergoederen zijn. Wordt de inbreuk gemaakt door middel van onroerende zaken (gebouw, wandschildering), schepen of luchtvaartuigen, dan kan verlangd worden dat daaraan zodanige wijzigingen worden aangebracht dat de inbreuk wordt opgeheven.

Deze vordering kan slechts worden ingesteld tegen de eigenaar of houder die *schuld* heeft (art. 29, lid 2); het enkele bekend zijn met de inbreuk op auteursrecht is daartoe niet voldoende, het moet hem ook kunnen worden aangerekend. Het bevel tot wijziging zal doorgaans worden versterkt met een dwangsom.

Afgifte of vernietiging/onbruikbaarmaking kan niet worden gevorderd als de zaken zich bevinden bij personen die geen handel daarin drijven en die deze zaken uitsluitend voor eigen gebruik hebben verkregen, tenzij door henzelf inbreuk op het auteursrecht is gemaakt (art. 29, lid 1).

De regeling is met name ook bedoeld voor bedrijfsmatige piraterij, zoals illegale cd's en geplagieerde modeartikelen. En wordt bijvoorbeeld door de uitgave van een boek auteursrecht geschonden (dat kan ook een bepaald onderdeel van het boek betreffen, zoals ongeautoriseerd opgenomen illustraties), dan kan de gehele bij de uitgever, drukker of binder aanwezige oplage in beslag worden genomen.

Was het werk al in omloop, dan zal de uitgever de exemplaren van de boekhandel terug moeten nemen, voorzover dit althans redelijkerwijs uitvoerbaar is.[31] Dit laatste geldt ook voor (in principe wel mogelijk) beslag onder de boekhandelaar. Voor het slagen van de actie is, anders dan bij de hierboven genoemde onroerende zaken, geen schuld bij de gedaagde vereist. Het is echter niet mogelijk om de door particulieren gekochte exemplaren op te eisen; dat zou trouwens ook op praktische bezwaren stuiten.
De vorderingen kunnen wel worden ingesteld tegen een particulier die zelf inbreuk heeft gemaakt. Men kan bijvoorbeeld denken aan een voor eigen gebruik gemaakte verveelvoudiging buiten de in artikel 16b gestelde grenzen van toelaatbaarheid (zie nr. 39, sub a).

entreegelden

opbrengsten

De bevoegdheid tot opeising geldt ook voor het bedrag der toegangsgelden, die betaald zijn voor het bijwonen van een inbreukmakende voordracht, op- of uitvoering of tentoonstelling of voorstelling, alsmede voor andere uit inbreuk op auteursrecht verkregen opbrengsten (art. 28, lid 1).

Het aldus op te eisen bedrag kan hoger zijn dan het bedrag dat bedongen zou zijn indien toestemming was gevraagd. Dat geeft de bepaling een zekere preventieve werking. Indien de inbreukmakende openbaarmaking slechts een onderdeel uitmaakte van het geheel waarvoor entreegeld werd betaald (bijvoorbeeld slechts één der in een concert uitgevoerde werken; muziek bij een kermisattractie), zal het te vorderen bedrag een evenredig deel van de recettes zijn.[32]
De inbreukmaker kan direct in zijn financiële mogelijkheden worden getroffen nu bijvoorbeeld ook beslag mogelijk is op de opbrengsten uit de verspreiding van illegale kopieën of de opbrengsten van beroep of bedrijf die (mede) zijn verkregen door ongeoorloofde openbaarmaking.

portretten

De bijzondere rechtsmiddelen die de wet hier aan de auteursrechthebbende toekent komen ook toe aan geportretteerde personen, wier portret onrechtmatig is openbaar gemaakt (art. 30).

De bescherming, die de artikelen 20 en 21 de geportretteerde verlenen, kan hierdoor worden geëffectueerd.[33] Zie nr. 41.

administratie-plicht

Artikel 30b opent de mogelijkheid dat op verzoek van brancheorganisaties een administratieverplichting wordt opgelegd aan personen of ondernemingen die zich beroeps- of bedrijfsmatig

31 Zie bijvoorbeeld Pres. Rb. Utrecht 27 november 1975, *NJ* 1976, 481 (*Sinterklaas en de hulpzwartepieten*).
32 HR 17 mei 1940, *NJ* 1941, 1, met noot EMM.
33 Voor de toewijsbaarheid van de vordering zal, zeker in kort geding, ook een rol spelen welke belangen voor gedaagde op het spel staan. Vgl. Pres. Rb. Amsterdam 22 november 1974, *NJ* 1976, 336 (NOS-nieuwslezer in film *Alicia*: geen verwijdering van de desbetreffende filmbeelden, wel mededeling in de krant).

bezighouden met de invoer, openbaarmaking of verveelvoudiging van beschermde werken.

Aldus kan de anonimiteit van leveranciers van gepirateerde producten worden doorbroken en wordt de organisatie van de bonafide branchegenoten ondersteund. Bevoegd tot oplegging zijn de ministers van Justitie en van Economische Zaken. Niet nakoming is een strafbaar feit.

59. Strafbepalingen

Tegen inbreuk op auteursrecht kan niet alleen door de benadeelde rechthebbende civielrechtelijk worden opgetreden, zoals uiteengezet in de beide voorgaande paragrafen, – ook levert het de kwade kans op een strafvervolging op. De handelingen die als strafbaar feit worden beschouwd zijn omschreven in de artikelen 30b-36b van de Auteurswet.

exploitatierecht

opzettelijke inbreuk

Inbreuk op het exploitatierecht van de maker of diens rechtverkrijgende, dat is dus het zonder voorafgaande toestemming openbaar maken en/of verveelvoudigen van een werk, is strafbaar gesteld in de artikelen 31-32. Opzettelijke inbreuk op auteursrecht kan gestraft worden met maximaal zes maanden gevangenisstraf of een boete van *f* 25.000.

verspreiding

Voorts is strafbaar gesteld het opzettelijk (willens en wetens)[34] ter verspreiding aanbieden of het voor dit doel of voor import voorhanden hebben, dan wel het uit winstbejag bewaren van inbreukmakende voorwerpen (art. 31a) of van middelen die bestemd zijn om technische beveiligingen van computerprogramma's illegaal te verwijderen of te omzeilen (art. 32a). Het gaat hier om misdrijven, waarop gevangenisstraf of hoge geldboeten zijn gesteld.
Het verspreidingsdelict van artikel 31a treft niet alleen hem die opzettelijk handelt (met bij beroeps- of bedrijfsmatig handelen een ingevolge artikel 31b verhoogd boetemaximum van *f* 100.000, bij rechtspersonen zelfs een miljoen gulden), maar ook degene die redelijkerwijs kan vermoeden dat het desbetreffende werk is gemaakt met inbreuk op het auteursrecht van een ander (schuldvariant, art. 32).

deelneming

Nu het om misdrijven gaat, is poging tot, en medeplichtigheid aan de betrokken handeling eveneens strafbaar.
Openbaar maken en verveelvoudigen zijn ruime begrippen, zie hoofdstuk IV. Ook

34 Hof Amsterdam 13 december 1994, *AMI* 1995/5, p. 99.

wie studieboeken laat kopiëren om de kopieën gebundeld te verkopen, verveelvoudigt en is strafbaar.[35]

In 1989 is het verspreidingsdelict opnieuw geformuleerd en uitgebreid.[36] Het vervolgingsbeleid van het OM is in de praktijk met name gericht op de piraterij van beeld- en geluidsdragers (handel in illegale platen, cd's en muziek- en videocassettes) en van computersoftware.

piraterij

software

Artikel 32a is ingevoegd bij de implementatie van de EG softwarerichtlijn in 1994. Bedoeld zijn middelen die uitsluitend bestemd zijn voor het kraken van beveiligingen tegen ongeautoriseerd gebruiken of kopiëren van de programmatuur.

voorwaardelijk opzet

Van opzet is ook sprake indien de verdachte, bijvoorbeeld door onvoldoende informatie in te winnen, 'zich willens en wetens heeft blootgesteld aan de geenszins denkbeeldige kans' dat door de desbetreffende handeling inbreuk op auteursrecht zou worden gemaakt.

droit moral

Handelen in strijd met het persoonlijkheidsrecht van de maker (art. 25) levert eveneens een misdrijf op en kan gestraft worden met maximaal zes maanden gevangenisstraf of een boete van *f* 25.000 (art. 34).

De wet noemt hierbij onder meer het aanbrengen van wijzigingen in een werk. Zie daarover nr. 32, sub b.[37]

In dit verband is ook te wijzen op artikel 326b WvSr. inzake valse naamsaanduidingen, ook strafbaar ten aanzien van werken die niet meer auteursrechtelijk zijn beschermd.

portretten

Het zonder daartoe gerechtigd te zijn in het openbaar tentoonstellen of anderszins publiceren van een portret is, als overtreding, strafbaar met een boete van maximaal *f* 25.000 (art. 35).

De bepaling sluit aan bij de in artikelen 19-21 neergelegde regeling. Strikt genomen gaat het hier niet om auteursrecht, maar meer om bescherming van privacy.[38]

Ook de auteursrechthebbende (fotograaf, schilder, tekenaar) is niet zonder meer gerechtigd tot publicatie van het door hem gemaakte portret. Anderzijds is het bedoelde 'gerechtigd zijn' niet per se afhankelijk van toestemming van de geportretteerde (vergelijk art. 21; nr. 41).

Het feit is een overtreding, en wordt dus berecht door de kantonrechter.

In nr. 52 werd vermeld dat voor bedrijfsmatige bemiddeling inzake het muziekauteursrecht ministeriële toestemming is vereist. Aan deze voorwaarde is een strafsanctie verbonden, neergelegd in

35 HR 13 december 1988, *NJ* 1989, 499. Zie ook HR 16 december 1986, *NJ* 1987, 613.

36 Art. 32-*oud* Aw sloot vervolging wegens heling (art. 416 WvSr.) niet uit. HR 2 maart 1982, *NJ* 1982, 446, met noot ACtH (*Anders*: Hof en Rb., *NJ* 1980, 629).

37 Vgl. HR 11 januari 1983, *NJ* 1983, 323, met noot LWH.

38 Zie ook art. 139f en 139g WvSr.

artikel 35a. Zoals bekend is Buma de enige organisatie aan wie zulk een overheidsconcessie is verleend.

Buma int de voor uitvoering van muziekwerken verschuldigde gelden, en zorgt voor de herverdeling daarvan onder de auteursrechthebbenden. De vaststelling van de tarieven geschiedt aan de hand van de door de voor de uitvoering verantwoordelijke personen te verstrekken opgaven, onder meer van het programma, de duur van de uitvoering, afmetingen van de ruimte waarin de muziek ten gehore wordt gebracht.
Tegen het doen van opgaven die met de waarheid in strijd zijn waakt artikel 35b, in de wandeling wel aangeduid als het 'Buma-delict'.

'Buma-delict'

Het opzettelijk onjuiste of onvolledige mededelingen doen in een schriftelijke aanvrage of opgave aan Buma kan gestraft worden met maximaal drie maanden hechtenis of een boete van *f* 10.000. Het feit is een overtreding.

thuiskopie, leenrecht

Dezelfde straffen staan op het opzettelijk nalaten of onjuist doen van opgaven aan de Stichting de Thuiskopie (art. 35c) of de Stichting Leenrecht (art. 35d).

verbeurdverklaring

De strafrechter kan als bijkomende straf de verbeurdverklaring uitspreken van onrechtmatig vervaardigde verveelvoudigingen (exemplaren) van een werk (bijvoorbeeld boeken en andere geschriften, reproducties van kunstwerken, cd's, audio- en videocassettes). In beginsel worden deze dan vernietigd, maar de rechter kan ook bepalen dat ze, eventueel tegen een aan de Staat te betalen vergoeding, zullen worden afgegeven aan de auteursrechthebbende indien deze daar prijs op blijkt te stellen (art. 36).

Vergelijk de civielrechtelijke regeling van artikel 28. Verbeurd verklaarde voorwerpen worden eigendom van de Staat, aan wie in dit geval dus ook de vergoeding moet worden betaald. Door afgifte aan de auteursrechthebbende gaat op deze de eigendom over.

rechtspersoon

Wanneer een der in de Auteurswet omschreven delicten gepleegd wordt door (dat wil zeggen door personen die handelen in de sfeer van) een rechtspersoon, daaronder mede begrepen een vennootschap zonder rechtspersoonlijkheid of een maatschap, kan deze als zodanig strafrechtelijk worden vervolgd.

Zie artikel 51 WvSr., zoals dat in 1976 werd gewijzigd; de bepaling van het vroegere artikel 36a Aw kon toen vervallen. Vervolging en veroordeling is mogelijk ten aanzien van de rechtspersoon zelf of de feitelijk verantwoordelijke personen, dan wel beiden tezamen.

opsporing

De artikelen 36a en 36b ten slotte geven speciale voorzieningen ten behoeve van de opsporing van door de Auteurswet strafbaar gestelde feiten.

Hierbij is met name gedacht aan het door opsporingsambtenaren (bijvoorbeeld Buma/Stemra-inspecteurs die tevens onbezoldigd opsporingsambtenaar zijn) binnentreden van café's en andere lokaliteiten waar muziek ten gehore wordt gebracht. Tegenwoordig is de opsporing vooral ook gericht op piraterij van cd's en muziek- en videocassettes.[39] De opsporingsambtenaren kunnen ook inzage verlangen in bescheiden of andere informatiedragers.

geheimhoudingsplicht

De incasso-organisaties hebben een geheimhoudingsplicht met betrekking tot vertrouwelijke gegevens van derden. Artikel 36c-oud, dat hierin voorzag, kon vervallen bij de invoering van de Algemene Wet Bestuursrecht in 1994. Zie ook artikel 272 WvSr.

39 Zie M.G. de Boer, 'Strafrechtelijke handhaving van de Auteurswet', *AMI* 1995/2, p. 29.

IX Internationale aspecten

60. Inleiding

In dit laatste hoofdstuk gaat het om de rechtsregels die toepasselijk zijn in internationale situaties, dat wil zeggen gevallen die niet als louter nationaal zijn aan te merken. Hierbij is bijvoorbeeld te denken aan de vertaalde uitgave elders van een Nederlandse roman, uitvoering van een buitenlands muziekwerk in Nederland, overdracht van auteursrecht door een Nederlandse scenarioschrijver aan een in Frankrijk gevestigde Amerikaanse filmproductiemaatschappij, namaak in Nederland van een Japans computerprogramma, enzovoort. Een belangrijke vraag is dan deze, volgens welke criteria kan worden vastgesteld welke regels op het concrete geval van toepassing zijn. Dergelijke vragen behoren tot het terrein van internationaal privaatrecht (i.p.r.).

i.p.r.

De inhoud van de toe te passen regels zelf is goeddeels bepaald door het nationale recht (in Nederland dus de Auteurswet 1912), ook in internationale situaties. De internationale auteursrechtconventies (BC en UAC) bevatten enkele regels van materieel verdragsrecht, waar auteurs zich in bepaalde gevallen rechtstreeks op kunnen beroepen; voor het overige is de bescherming van buitenlanders in de verdragsstaten gebaseerd op het zgn. gelijkstellings- of assimilatiebeginsel, dat wil zeggen dat zij dezelfde bescherming genieten als door de nationale wetgeving aan eigen onderdanen wordt verleend.

gelijkstellingsbeginsel

In het internationaal privaatrecht wordt aangegeven, door welk nationale rechtsstelsel het concrete geval wordt beheerst, met andere woorden hoe bij het nationale recht van een bepaald land kan worden 'aangeknoopt'. Daarna kan de concrete rechtsvraag van het geval volgens de toepasselijke materiële rechtsregels worden opgelost.

rechtsmacht

De vraag naar het toepasselijke recht moet goed worden onderscheiden van de vraag naar de rechtsmacht, de bevoegdheid van de rechter aan wie het geschil wordt voorgelegd.[1] Voorzover partijen niet zelf hierover afspraken hebben gemaakt (zgn. forumkeuze; zie ook nr. 55, sub 9), gelden voor ingezetenen van de daarbij aangesloten landen de regels van het EEG-Executieverdrag 1968 (*Trb.* 1969, 101), in overige gevallen zal in Nederland doorgaans artikel 126 Rv. de door-

1 Vgl. Rb. Amsterdam 2 april 1986, *NJ* 1987, 548.

slag geven. Het zal duidelijk zijn dat, als de Nederlandse rechter bevoegd is, daarmee nog niet vaststaat dat hij Nederlands recht behoort toe te passen. Dat is immers de volgende vraag die aan de orde komt en die dan aan de hand van het Nederlandse i.p.r. te beantwoorden is. Het ligt voor de hand dat, zo veel mogelijk, geprocedeerd wordt in het land waar de bescherming ook effectief zal moeten zijn, dus bijvoorbeeld het land waar de inbreuk plaatsvond. Anders krijgt men ook te maken met de vraag in hoeverre in het desbetreffende land buitenlandse vonnissen worden erkend en kunnen worden ten uitvoer gelegd. Binnen de landen van het EEG-Executieverdrag levert dat geen problemen op.

Op het gebied van het auteursrecht zijn de i.p.r.-regels voor een belangrijk deel af te leiden uit de beide internationale verdragen, Berner Conventie en Universele Auteursrechtconventie. Voor het overige moet het nationale i.p.r. worden geraadpleegd, in casu de relevante bepalingen in de Auteurswet zelf (art. 47-47b) en voorts de door jurisprudentie en doctrine ontwikkelde ongeschreven rechtsregels. De geschreven rechtsregels zullen in de volgende paragrafen worden besproken. Daarmee heeft men echter nog niet in alle gevallen een pasklare oplossing. Er blijven situaties bestaan, waarvoor niet met zekerheid te zeggen is volgens welk criterium het toepasselijke materiële recht kan worden aangewezen.

territorialiteitsbeginsel

De auteursrechtconventies zijn gebaseerd op het territorialiteitsbeginsel. Dat betekent dat auteurs een bundel nationale auteursrechten hebben, even veel als er aangesloten landen zijn. Een andere theoretisch denkbare benadering is die volgens

personaliteitsbeginsel

het personaliteitsbeginsel; dan zou de inhoud van het subjectieve auteursrecht, vast te stellen volgens het recht van het land van herkomst van het werk of het land waar de auteur zijn woonplaats heeft, eens en voor al internationaal vaststaan. Binnen de Europese Gemeenschap wordt naar een dergelijk resultaat toegewerkt langs

harmonisering

de weg van harmonisatie[2] van de nationale wetgevingen op deelterreinen, voorgeschreven door diverse Richtlijnen (zoals met betrekking tot software, verhuur- en leenrecht, kabel en satelliet, beschermingsduur, databanken, volgrecht).
Men zal er in internationale situaties rekening mee hebben te houden dat zich tal van rechtsvragen kunnen voordoen, waarvoor de conventies geen materiële regels of verwijzingsregels geven en die in de rechtsstelsels van de verschillende landen soms verschillend worden beantwoord. Die vragen betreffen bijvoorbeeld de aanwijzing van de auteursrechthebbende in arbeidsverhoudingen (vergelijk art. 7 Aw), contractuele relaties in het algemeen, voorwaarden voor en gevolgen van overdracht van auteursrecht, en erfopvolging bij overlijden.[3] Hier wordt ermee vol-

2 Art. 3, sub h EG-Verdrag. De verschillen zijn destijds zeer gedegen in kaart gebracht in inmiddels verouderde studies van A. Dietz i.o.v. de Europese Commissie: *Das Urheberrecht in der Europäischen Gemeinschaft*, 1976 (Duitse handelseditie: München 1976, Engelse handelseditie: Alphen aan den Rijn 1978); *Das primäre Urhebervertragsrecht in den Mitgliedstaaten der Europäischen Gemeinschaft*, 1981.

3 Vgl. Pres. Rb. Amsterdam 24 februari 1992, AMI 1992/6, p. 112; IER 1992/5, p. 146; BIE 1994/9, p. 307 *(O Fortuna)*. In Frankrijk CdCass. 28 mei 1991, AMI 1991/10, p. 221, met noot Seignette *(Asphalt Jungle*, ingekleurde speelfilm). Hierover Th.M. de Boer, AMI 1993/1, p. 3; Gerbrandy (1992), p. 59.

staan deze vragen te signaleren, en verder te verwijzen naar de meer specialistische literatuur.[4]

61. In Nederland beschermde werken

Aan het begin van dit boek werd het auteursrecht omschreven als een door de wet aan de auteur verleende waarborg van zeggenschap over zijn werk. Die wet is de Nederlandse Auteurswet, en de werking daarvan is afgebakend door onze landsgrenzen. Maar ook daarbuiten kan, en zal ook nogal eens, het werk uitgegeven, uitgevoerd, gereproduceerd of op een andere wijze openbaar gemaakt en/of verveelvoudigd worden. Van de genoemde waarborg zou dus niet veel overblijven indien het auteursrecht een louter nationaal geregelde materie was en de auteur buiten zijn eigen land geen rechten kon doen gelden. Dat is dan ook niet het geval.

BC

Reeds aan het eind van de vorige eeuw werd in Bern een verdrag gesloten, waarbij de toetredende landen zich over en weer verplicht hebben tot bescherming van werken van buitenlandse auteurs. Ons land is in 1912 toegetreden. Deze *Berner Conventie* van 1886 (zie nr. 63) is nadien vele malen herzien, het laatst in 1971 te Parijs. De ratificatie door Nederland van deze Akte van 1971 vond plaats in 1985.[5]

Bij deze ene conventie is het intussen niet gebleven. De BC gaat uit van de 'Europese' visie, welke nooit heeft willen weten van enigerlei formaliteit als voorwaarde voor auteursrechtbescherming, en onder andere dit uitgangspunt vormde met name voor de USA lange tijd een beletsel om tot het verdrag toe te treden.

UAC

Naast de BC is daarom een tweede verdrag totstandgekomen, de in 1952 te Genève gesloten *Universele Auteursrechtconventie* (zie nr. 64). Hierbij zijn vanaf het begin de Verenigde Staten partij, en sinds 1973 ook de voormalige Sovjet-Unie. Nederland is in 1967 tot dit verdrag toegetreden, en heeft in 1985 de (ook in 1971 te Parijs) herziene tekst geratificeerd.[6]

De verdragen bevatten regels met betrekking tot de bescherming van auteurs die onderdaan zijn van een aangesloten land, in de andere aangesloten landen. Op 'nationale situaties' – dat wil zeggen, globaal genomen, de positie van de auteur in zijn eigen land – zijn zij niet direct van toepassing. Wel indirect, in zoverre dat het

4 Th.M. de Boer, *'Aanknoping in het internationaal auteursrecht'*, *WPNR* 5412-5414 (1977), p. 673, 689 en 705. Gerbrandy (1988), p. 28, 49, 408 en passim. Spoor/Verkade (1993), p. 541. J.M.B. Seignette, *AMI* 1990/9, p. 195 en diss. (1994). R.L. du Bois, *AMI* 1996/1, p. 6.

5 Goedkeuringswet 30 mei 1985, *Stb.* 306. De herziene BC-tekst trad op 30 januari 1986 voor Nederland in werking.

6 Goedkeuringswet 30 mei 1985, *Stb*, 306. De herziene UAC-tekst trad op 30 november 1985 voor Nederland in werking.

wel niet vaak voor zal komen dat een land aan zijn eigen onderdanen-auteurs minder bescherming biedt dan het, krachtens verdragsverplichting, aan buitenlandse auteurs moet verlenen.
Het belang van de conventies voor de Nederlandse auteur met het oog op bescherming in het buitenland zal aan de orde worden gesteld in de nrs. 63-64, die nader ingaan op BC en UAC. Ik wil het nu eerst hebben over het toepassingsgebied van de Nederlandse Auteurswet, de vraag dus wanneer een werk in Nederland auteursrechtelijk wordt beschermd. Daartoe moet men niet alleen te rade gaan bij de Auteurswet zelf (art. 47) maar ook bij de conventies.

Door het aangeven van enkele rechten welke de auteur ten minste toekomen stellen de conventies de minimale omvang vast van de bescherming van de auteur in internationale situaties. Voor het overige berust het systeem van beide conventies op het zogenaamde gelijkstellings- of assimilatiebeginsel, dat wil zeggen dat in de door de conventies omschreven gevallen buitenlandse auteurs in de overige aangesloten landen dezelfde bescherming genieten als deze landen aan hun eigen onderdanen-auteurs verlenen. Dat staat dan geheel los van het al of niet bestaan van bescherming in het eigen land. De auteur heeft dus niet één internationaal auteursrecht, maar een bundel nationale rechten die naar inhoud en werking zijn vastgesteld door de eigen wetgeving van de betrokken landen.

gelijkstellings-beginsel

De Engelsen spreken in dit verband van national treatment, de Duitsers van Inländerbehandlung, de Fransen van principe d'assimilation.

minimum-rechten

Als gezegd, is daarnaast in de conventies een minimumbeschermingsomvang neergelegd. De BC somt van oudsher een aantal rechten op welke de auteur ten minste toekomen; de UAC deed dat aanvankelijk nauwelijks, doch in de in 1971 herziene tekst worden wel uitdrukkelijk enkele minimumrechten genoemd. Om enkele voorbeelden te geven: rechten met betrekking tot reproductie, openbare op- en uitvoering, radio- en tv-uitzending, vertalen, bewerken, alsook de minimale duur van de rechtsbescherming; de BC noemt bovendien uitdrukkelijk het 'droit moral' van de auteur. In hun nationale wetgeving mogen de aangesloten landen op deze rechten beperkingen aanbrengen (vergelijk de art. 15-25a Aw), doch alleen binnen de grenzen die de conventie daaraan stelt. In het uitzonderlijke geval dat de wet van een aangesloten land op een bepaald punt onder het verdragsminimum zou blijven kan de buitenlandse auteur zich dan meestal op de rechtstreeks aan het verdrag te ontlenen rechten beroepen.
Vele landen zijn, net als Nederland, zowel bij de BC als bij de UAC aangesloten.
In de onderlinge verhouding tussen zulke landen gaat de BC voor; deze regel is neergelegd in artikel XVII UAC plus de daarbij behorende 'Bijgevoegde verklaring'.

aanknopingspunt

Zoals uit de voorgaande paragraaf moge blijken, zal de toepasselijkheid van de Auteurswet 1912 (hetzij direct krachtens artikel 47, hetzij indirect krachtens BC of UAC) steeds zijn af te leiden uit een bepaalde omstandigheid, een aanknopingspunt. Als zodanig fungeert, in de regel, hetzij de nationaliteit van de auteur, hetzij de plaats waar het werk voor de eerste maal is openbaar gemaakt. Dit resulteert in het volgende overzicht.

overzicht

In Nederland zijn door de Auteurswet 1912 beschermd:

– *krachtens artikel 47 Aw (zie nader nr. 62):*

a. Alle werken die voor het eerst (of binnen 30 dagen na eerste uitgave in een ander land) in Nederland zijn uitgegeven, onverschillig welke nationaliteit de maker heeft.

b. Alle andere werken (dus niet-uitgegeven, of voor het eerst in het buitenland uitgegeven zonder dat binnen 30 dagen uitgave in Nederland is gevolgd) waarvan de maker Nederlander is of hier zijn gewone verblijfplaats heeft.

– *krachtens artikel 3 BC (zie nader nr. 63)*:

c. Alle werken van onderdanen van BC-landen,[7] al dan niet openbaar gemaakt; auteurs die in een BC-land hun gewone verblijfplaats hebben, worden met onderdanen gelijkgesteld.

De verdragtekst van 1948, die voor Nederland gold tot 1986, beschermde de voor het eerst buiten de BC openbaar gemaakte werken alleen dan, indien binnen 30 dagen openbaarmaking in een BC-land was gevolgd.

d. Alle werken van onderdanen van niet bij de BC aangesloten landen die voor de eerste maal (of binnen 30 dagen na eerste openbaarmaking elders) in een BC-land zijn openbaar gemaakt.

Is Nederland het land van eerste openbaarmaking, dan geldt de bescherming van de Nederlandse Auteurswet; is het een ander BC-land, dan omvat de bescherming hier te lande ten minste het verdragminimum.

– *krachtens artikel II UAC (zie nader nr. 64)*:

e. Alle werken die voor het eerst in een UAC-land[7] zijn openbaar gemaakt, ongeacht de nationaliteit van de maker.

f. Alle andere werken (dus niet openbaar gemaakt, of voor het

7 Zie de opsomming in Bijlage IV.

eerst openbaar gemaakt in een niet-UAC-land) waarvan de maker onderdaan is van een UAC-land.

Men ziet dat er dus gevallen zijn waarin de bepalingen inzake toepasselijkheid van onze Auteurswet, zoals die in artikel 47 van de wet zelf en in de conventies zijn neergelegd, elkaar overlappen. Wanneer een Duitse schrijver zijn boek voor het eerst in Nederland publiceert, geniet hij de bescherming van de Nederlandse Auteurswet (gevallen a en c; eigenlijk ook e, maar dat is hier niet relevant omdat bij gelijktijdige toepasselijkheid van BC en UAC eerstgenoemde voorgaat). Wanneer het werk voor het eerst in Duitsland is uitgegeven, is het eveneens in Nederland auteursrechtelijk beschermd (geval c); ons land is dan niet het 'land van oorsprong' – dat begrip komt in nr. 63 nog terug – hetgeen impliceert, dat de Duitse auteur zich hier te lande ook rechtstreeks op de minimumrechten van de conventie kan beroepen voorzover die meer bescherming zouden bieden dan de Auteurswet. (Hier lag de reden dat voorheen in artikel 15-*oud* Aw (zie nr. 36, sub A) de toegestane vrije overname van stukken door periodieken onderling ten aanzien van buitenlandse bladen minder ver ging. Met zuiver nationale situaties heeft de BC geen bemoeienis, zodat de Nederlandse wetgever met betrekking tot overname uit binnenlandse bladen het auteursrecht in verdergaande mate kon beperken. In 1985 is dit gelijkgetrokken).

land van oorsprong

Wanneer een Nederlandse auteur zijn werk voor het eerst in Duitsland (of enig ander land) openbaar maakt is het hier te lande beschermd, zowel op grond van de Auteurswet zelf (geval b) alsook krachtens de BC (geval c); dat maakt dat hij zich in eigen land, Nederland dus, ook rechtstreeks op de conventie zou kunnen beroepen in het (niet gauw voorkomende, maar toch ook weer niet ondenkbare) geval dat deze hem meer bescherming biedt dan de Auteurswet.

62. Geldingsgebied van de Auteurswet 1912

Het laatste hoofdstuk van de Auteurswet (art. 46 e.v.) bevat overgangs- en slotbepalingen. De overgangsbepalingen uit 1912 hebben in de loop der tijd hun betekenis vrijwel verloren. Behalve artikel 50b, dat in nr. 24 even ter sprake is gekomen (en dat in 1985 is komen te vervallen), en artikel 47a dat we hieronder nog zullen tegenkomen, blijven deze artikelen hier verder onbesproken. Wel nog van belang is het overgangsrecht bij de beschermingsduurverlenging in 1995 (art. 51, zie nr. 35) en bij de wetswijzigingen van 1995 en 1996 (verhuur- en leenrecht respectievelijk kabel en satelliet; zie bijlage II).

In de artikelen 47 en 47b is de toepasselijkheid van de Auteurswet geregeld. Daarbij moet men zich wel realiseren dat de wet ook nog in andere, door BC en UAC omschreven gevallen van toepassing kan zijn, zoals in de vorige paragraaf werd aangegeven.

art. 47 Aw

Volgens artikel 47 is de wet van toepassing op:

a. alle werken van letterkunde, wetenschap of kunst welke voor of na 1912 (rechtmatig) voor de eerste maal (of binnen 30 dagen na de eerste uitgave in het buitenland) in Nederland zijn uitgegeven, alsmede

b. alle niet of niet aldus uitgegeven werken, waarvan de maker Nederlander is.

Ook werken die ouder zijn dan de huidige Auteurswet kunnen dus nog beschermd zijn; was in 1912 het voormalige auteursrecht echter reeds door het verstrijken van de geldigheidsduur vervallen, dan bleef dat verder zo. In navolging van de BC zijn met Nederlanders gelijkgesteld buitenlanders die hier hun gewone verblijfplaats hebben, terwijl de wet tevens van toepassing is op de filmwerken waarvan de producent in Nederland zijn zetel of zijn gewone verblijfplaats heeft.

verblijfplaats

De Nederlandse Antillen en Aruba moeten hier ook als 'buitenland' beschouwd worden; men kent aldaar een eigen wettelijke regeling van het auteursrecht. Dezelfde positie werd ingenomen door Suriname voor de onafhankelijkheid in 1975.

Ned. Antillen, Aruba
Suriname

Voorheen was de wet ook van toepassing op werken die voor het eerst in het toenmalige Nederlandsch-Indië of Nederlands-Nieuw-Guinea waren uitgegeven. Voorzover dat is geschied vóór de soevereiniteitsoverdracht (27 december 1949) respectievelijk de bestuursoverdracht (1 oktober 1962) van deze gebieden blijven zulke werken door de Nederlandse auteurswet beschermd (art. 47a).

Ned.-Indië
Ned.-Nieuw-Guinea

uitgegeven

Een werk wordt – in het kader van artikel 47 – als 'uitgegeven' beschouwd wanneer het met toestemming van de maker in druk is verschenen of, in het algemeen, wanneer van het werk exemplaren, van welke aard ook, in voldoende hoeveelheid ter beschikking van het publiek zijn gesteld.

Uitgeven is meer dan alleen maar distribueren, in het verkeer brengen. Uitgeven doet degene die krachtens overeenkomst met de auteursrechthebbende bevoegd is, de exploitatie van het werk op eigen naam en verantwoordelijkheid ter hand te nemen, en het werk dienovereenkomstig ter beschikking van het publiek stelt. Dit criterium, door de jurisprudentie ontwikkeld,[8] is van belang om uit te maken *waar* de (eerste) uitgave heeft plaatsgevonden. Dat het moet gaan om een uitgave met toestemming van de maker staat thans uitdrukkelijk in de wet.

De bovenvermelde 30 dagen-clausule is overgenomen uit de BC; met deze speelruimte is tegemoetgekomen aan de praktische onmogelijkheid om een werk in twee landen gelijktijdig, op dezelfde dag dus, uit te geven, zoals in dit verband de voorwaarde vroeger luidde.

exemplaren

Het woord exemplaren is bij de wetsherziening van 1972 in de plaats gekomen van 'verveelvoudigingen', dat er voorheen stond. Daarmee heeft men bewust het toepassingsgebied van de wet willen inperken. Immers, verveelvoudigingen zijn niet alleen exemplaren als boeken, films, cd's enzovoort, maar kunnen ook exemplaren zijn van het werk in gewijzigde vorm, zoals vertalingen en bewerkingen (vergelijk nr. 23). Thans is het zo dat wanneer een buitenlands boek voor het eerst (of binnen de bedoelde 30 dagen) in Nederland in vertaling wordt uitgegeven, volgens artikel 47 *alleen de vertaling* als werk wordt beschermd (daarvan zijn exemplaren in omloop gebracht), maar niet het achterliggende vertaalde werk zelf (want dat is niet 'uitgegeven'). De bedoeling was, de wet meer in overeenstemming te

vertaling

8 Vgl. HR 26 juni 1936, *NJ* 1936, 1059, met noot EMM en HR 23 mei 1941, *NJ* 1941, 931, met noot EMM (*Gone with the wind*).

brengen met de BC, maar het is nog maar zeer de vraag of dat hierdoor is gebeurd. Vrij algemeen wordt immers aangenomen dat volgens de BC een werk ook in de oorspronkelijke vorm beschermd wordt indien de eerste uitgave, in vertaling, in een BC-land plaatsvond.[9]

De kwestie kan met name van belang zijn met betrekking tot werken van auteurs die onderdaan zijn van een niet bij BC of UAC aangesloten land. Dat zijn er tegenwoordig nog maar heel weinig. Wanneer bijvoorbeeld vóór de toetreding in 1992 een auteur uit de Volksrepubliek China zijn boek voor het eerst in Nederland zou hebben laten uitgeven (in vertaling), dan zou volgens onze Auteurswet alleen die Nederlandse tekst beschermd zijn; andere uitgaven, in het oorspronkelijke Chinees of in een andere taal, bijvoorbeeld Engels, zouden dan naar Nederlands recht vrij tot stand kunnen komen zonder inbreuk op auteursrecht. Volgens de BC echter is in zo'n geval 'het werk' uitgegeven, en daarmee in alle BC-landen beschermd. (Vergelijk nr. 61, geval d; hetzelfde geldt voor de UAC – geval e – maar daar ligt het minimale beschermingsniveau wel een stuk lager.) De kwestie is in het verleden met name actueel geweest toen werken van dissidente Russische auteurs voor het eerst in vertaling in West-Europa werden uitgegeven. Pas in 1973 werd de toenmalige Sovjet-Unie partij bij de de UAC, en in 1995 trad Rusland toe tot de BC.[10]

Sovjet-Unie

De exemplaren moeten in voldoende aantallen in het verkeer zijn gebracht. Artikel 47 geeft een duidelijk criterium: een zodanig aanbod van exemplaren, van welke aard ook, dat daardoor, gelet op de aard van het werk, wordt voorzien in de redelijke behoeften van het publiek. Daaronder valt bijvoorbeeld ook de verhuur van slechts enkele exemplaren van films of van orkestwerken aan bioscoopexploitanten of concertdirecties. Wel moet er sprake zijn van een reële terbeschikkingstelling aan het publiek. Door de inzending van een exemplaar van een film ter vertoning op het festival in Cannes geldt het werk dus nog niet als uitgegeven in de zin van artikel 47.

bouwwerken

Met uitgeven wordt op één lijn gesteld het bouwen van een bouwwerk alsmede het aanbrengen van daarmee een geheel vormende werken van beeldende kunst (zoals gevelsculpturen, wandschilderingen, glas-in-loodramen, enzovoort). Voorts is de wet van toepassing verklaard op alle filmwerken waarvan de producent in Nederland zijn zetel of zijn gewone verblijfplaats heeft.

films

De wet geeft – ter verduidelijking – ook voorbeelden van wat *niet* als een uitgave wordt aangemerkt. Genoemd worden de opvoering van een toneelstuk of opera en dergelijke, de uitvoering van een muzikale compositie, de vertoning van een (nog niet in roulatie gebrachte) film, de voordracht en radio- of tv-uitzending van een werk, en de tentoonstelling van een kunstwerk.

op- en uitvoering

De toepasselijkheid van de Auteurswet op satellietuitzendingen wordt geregeld in artikel 47b.

satelliet-omroep

9 Zie Gerbrandy (1988), p. 415 en 446.

10 Vgl. voor de situatie na het uiteenvallen van de Sovjet-Unie C. Prins, 'Handhaving van nieuwe intellectuele eigendomswetgeving laat Russen vooralsnog Siberisch koud', *AMI* 1994/2, p. 23.

De wet geldt, kort gezegd, als de opstraling naar de satelliet (art. 12, lid 7; zie nr. 26, sub 5) in Nederland plaatsvindt of in een land buiten de Europese Unie.

63. Berner Conventie

De Berner Conventie is het belangrijkste internationale verdrag op het gebied van auteursrecht. De BC kwam tot stand in 1886, en begin 1997 waren er 121 landen bij aangesloten.[11] Vergeleken met de UAC ligt het belang vooral in het beschermingsniveau dat, als minimum, in de BC is neergelegd.

Op gezette tijden vindt internationaal overleg plaats om het verdrag waar nodig te herzien.[12] De afgelopen decennia echter hebben politieke tegenstellingen tussen de geïndustrialiseerde landen en de derdewereldlanden de gelederen te verdeeld gehouden om nog tot verdere aanpassingen van het verdrag te komen.[13] Wel kon in 1996 overeenstemming worden bereikt over twee aanvullende WIPO-verdragen (zie nr. 65). De BC als zodanig werd voor het laatst herzien in 1971 te Parijs. De op zo'n diplomatieke conferentie herziene tekst treedt evenwel niet automatisch voor de aangesloten landen in werking, maar moet daartoe eerst door deze worden geratificeerd.

Acte van 1948 (Brussel)
Acte van 1971 (Parijs)

Voor Nederland gold tot 1986 nog de tekst zoals die in 1948 te Brussel werd vastgesteld.[14] De Akte van 1971 werd in 1985 bekrachtigd en trad op 30 januari 1986 voor ons land in werking.[15] Al eerder werden de enkel administratieve bepalingen daarvan (art. 22-38) geratificeerd.[16]

De aangesloten landen vormen tezamen een Unie of Verbond. Als overkoepelend administratief orgaan is er een bureau, dat tevens de betrekkingen in andere Unies (zoals die bestaan op het terrein der industriële eigendom: octrooi- en merkenrecht enzovoort) coördineert. In 1967 is men gekomen tot een modernisering van deze organisatiestructuur, waarbij de vroegere BIRPI (Bureaux internationaux réunis pour la protection de la propriété intellectuelle) is omgezet in OMPI/WIPO (Organisation mondiale de la propriété intellectuelle/World Intellectual property organization).[17]

BIRPI
OMPI/WIPO

11 Zie Bijlage IV.
12 Zie het symposiumverslag 'Van Bern tot Brussel', *AMI* 1990/6, p. 103 e.v.
13 Zie onder andere H. Cohen Jehoram, 'Eerste reeks WIPO-voorstellen voor een Protocol bij de Berner Conventie', *AMI* 1992/1, p. 3, en 'Het Protocol bij de Berner Conventie tussen crisis en hoop', *AMI* 1993/4, p. 68; E.W. Vierdag, *AMI* 1994/4, p. 63.
14 *Trb.* 1955, 45 en 1973, 9. Goedgekeurd voor Nederland en Suriname bij Rijkswet van 27 oktober 1972, *Stb.* 1972, 569.
15 Goedgekeurd voor het Rijk in Europa bij Wet van 30 mei 1985, *Stb.* 306. Zie ook *Trb.* 1972, 157 en *Trb.* 1985, 151. Voor de Nederlandse Antillen en Aruba geldt nog de BC-tekst van 1948.
16 Goedgekeurd voor het gehele Koninkrijk bij Rijkswet van 26 juni 1974, *Stb.* 1974, 398. Zie voorts nog *Trb.* 1980, 39 en *Trb.* 1984, 154.
17 Adres: 34 chemin des Colombettes, PO Box 18, Ch-1211 Genève 20, Suisse, tel. +41.22.3389111, fax 7335428 (www.wipo.int).

gelijkstellingsbeginsel

De door de BC gerealiseerde auteursrechtbescherming is gebaseerd op het zogenaamde gelijkstellingsbeginsel, dat al eerder ter sprake kwam. Kort gezegd houdt dat in, dat in de door de conventie omschreven gevallen auteurs in alle BC-landen dezelfde bescherming genieten als deze landen aan hun eigen onderdanen verlenen, onafhankelijk van het al dan niet bestaan van bescherming in wat als land van oorsprong van het werk wordt beschouwd.[18] Het is dus niet zo dat een Nederlands auteur een Nederlands auteursrecht heeft dat als zodanig ook in het buitenland geldt, maar hij heeft naast zijn Nederlandse ook een Duits, een Frans, een Engels, een Japans enz. auteursrecht.

geen formaliteiten

USA

Een tweede belangrijk beginsel dat aan de BC ten grondslag ligt is, dat 'het genot en de uitoefening' van de rechten van de auteur aan geen enkele formaliteit is onderworpen. Bescherming in BC-landen mag niet afhankelijk worden gesteld van voorwaarden als bijvoorbeeld registratie of depot van het werk of vermelding van een copyrightclausule. Dit was vanouds de situatie in de USA. Aangezien dit land per 1 maart 1989 is toegetreden tot de BC,[19] moest de nationale wetgeving (U.S. Code, title 17) worden aangepast. In hoeverre bepaalde formaliteiten nog verenigbaar zijn met de BC is een interpretatievraag. Men kan maar beter het zekere voor het onzekere nemen. Zie verder nr. 64.

minimumbescherming

Voorts geeft de conventie de minimale omvang aan van de aan de auteur toekomende rechtsbescherming. Een Nederlands auteur kan zich, indien nodig, in andere BC-landen rechtstreeks daarop beroepen.

geldingsgebied

land van oorsprong

Het geldingsgebied van de BC, de gevallen dus waarin dit verdrag werking heeft, is omschreven in de artikelen 3-6. Een belangrijk begrip daarbij is het 'land van oorsprong (of herkomst)'. Is het werk (nog) niet openbaar gemaakt (of voor het eerst openbaar gemaakt in een niet-BC-land) dan is dat het land welks nationaliteit de auteur heeft, in het andere geval het land waar de eerste openbaarmaking heeft plaatsgevonden.

18 Slechts in een paar gevallen is de bescherming gebaseerd op reciprociteit. Zie art. 2, lid 7 (tekeningen en modellen), art. 7, lid 8, (duur) en art. 14ter (volgrecht of droit de suite). Binnen de EG echter is bescherming op basis van reciprociteit niet toegestaan wegens strijd met het discriminatieverbod. Zie Hof EG 20 oktober 1993, *AMI* 1994/5, p. 91 (*Phil Collins*). Rb. Den Bosch 11 maart 1994, *NJ* 1995, 107, met noot DWFV; *AMI* 1994/7, p. 138, met noot HCJ (Italiaanse meubels).

19 Zie David Nimmer, 'Letter from the United States', *AMI* 1994/9, p. 172. E.D.G. Kiersch, 'Met terugwerkende kracht tot 1886: artikel 18 van de Berner Conventie', *AMI* 1997/1, p. 6.

Verschijnt een werk binnen 30 dagen in verschillende BC-landen, dan geldt als land van oorsprong het land dat de kortste beschermingsduur kent; bij verschijnen binnen 30 dagen in zowel een land dat niet, als een land dat wel bij de BC is aangesloten, wordt het laatste als land van oorsprong beschouwd. Gebouwen en daarin aangebrachte kunstwerken hebben als land van oorsprong dat waarin ze gelegen zijn. Voor films waarvan de producent in een BC-land gevestigd is, geldt dat laatste land als land van oorsprong.
Het hier gehanteerde begrip 'openbaar maken' komt vrijwel overeen met 'uitgeven' in artikel 47 Aw, waarvan de strekking in nr. 62 werd besproken.
Wanneer in het vervolg gesproken wordt van eerste openbaarmaking, moet men daarbij steeds de bovenbedoelde 30 dagen-clausule inbegrepen achten.

Dan komen we nu aan de vraag, in hoeverre een Nederlands auteur (in de Akte van 1971 worden daaraan gelijkgesteld buitenlandse auteurs die hier hun gewone verblijfplaats hebben) krachtens de BC-bepalingen aanspraak kan maken op bescherming.
De bescherming in het land van oorsprong van het werk – dat hoeft dus niet altijd Nederland te zijn – is een 'nationale situatie' waarmee de BC zich niet inlaat, behalve in het geval dat het werk voor het eerst niet in eigen land maar in een ander BC-land wordt openbaar gemaakt. In dat andere land (het land van oorsprong dus) geniet de maker dan dezelfde bescherming als aldaar aan eigen onderdanen wordt verleend.
In de BC-landen die niet het land van oorsprong zijn kan de Nederlandse auteur aanspraak maken op de rechten die de wetten van de desbetreffende landen thans aan eigen onderdanen verlenen of in de toekomst zullen verlenen, *alsmede* op de rechten die in de conventie nog eens in het bijzonder zijn neergelegd.

Volgens de Akte van 1948 gold deze bescherming voor werken die hetzij niet, hetzij voor de eerste maal in een BC-land zijn openbaar gemaakt.
Een onbevredigend gevolg hiervan was, dat een Nederlands auteur die voor het eerst buiten het BC-gebied (bijvoorbeeld toentertijd de USA) zijn werk openbaar maakte zonder dat binnen 30 dagen publicatie in een BC-land (bijvoorbeeld Canada, of Nederland zelf) volgde, in de BC-landen niet werd beschermd. (In Nederland echter wel, krachtens art. 47 Aw). In de Akte van 1971 is dit verbeterd door ook hier het nationaliteitscriterium te hanteren, zodat alle werken van onderdanen van BC-landen, uitgegeven of niet, in bescherming worden genomen.

Werken van auteurs uit niet aangesloten landen zijn volgens de BC beschermd, indien ze voor het eerst in een BC-land zijn uitgegeven. De BC-landen zijn evenwel bevoegd, de bescherming te beperken ten opzichte van niet aangesloten landen die zelf onvoldoende bescherming verlenen aan werken van BC-auteurs.

De conventie geeft een opsomming van de uitsluitende rechten welke de auteur ten minste toekomen (zoals het droit moral, vertaalrecht, op- en uitvoeringsrecht, recht tot radio- en tv-uitzending, en nog een aantal andere rechten), en stelt grenzen tot waar de nationale wetgevingen deze rechten ten hoogste mogen beperken (citaten, bloemlezingen, enzovoort).

nationaliteits-criterium

Nieuw in de Akte van 1971 is artikel 14bis met regels voor de film. De landen zijn vrij, in hun nationale wetgeving de rechthebbende(n) op de film aan te wijzen. Voorzover creatieve medewerkers als (mede-)auteurs worden aangemerkt zullen dezen zich, behoudens andersluidende contractuele afspraken, niet kunnen verzetten tegen een aantal opgesomde handelingen die, kan men zeggen, de normale exploitatie van de film uitmaken.

film, televisie

In hoeverre de regeling zich ook uitstrekt over 'volgens een soortgelijke werkwijze uitgedrukte' en aan films gelijk te stellen werken (art. 2; te denken is aan de productie van live tv-uitzendingen) is kennelijk overgelaten aan de nationale wetgevingen.[20] Zie voor Nederland verder de in 1985 ingevoerde regeling, besproken in nr. 10.

ontwikkelings-landen

Van de kant der ontwikkelingslanden is er steeds sterk op aangedrongen om voor hen speciale faciliteiten te creëren, die verdergaande beperkingen van auteursrecht in hun nationale wetgevingen mogelijk maken. Een onverkort geldend auteursrecht op vooral buitenlandse boeken en tijdschriften zou te zeer belemmerend werken op hun grote informatiebehoeften. Dit heeft indertijd geresulteerd in een aan de Akte van 1971 toegevoegde 'Annexe', welke de ontwikkelingslanden veroorlooft om onder bepaalde voorwaarden buitenlandse werken te reproduceren en te vertalen voor doeleinden van onderwijs en wetenschap. Dit aanhangel vormt een integrerend bestanddeel van het verdrag, en bindt automatisch de landen die de Akte van 1971 ratificeren.

Annexe 1971

Voorloper van dit aanhangel was het tijdens de herzieningsconferentie van Stockholm in 1967 totstandgekomen 'Protocol voor de ontwikkelingslanden', dat echter reeds bij de geboorte nauwelijks levensvatbaar bleek. Dit Protocol kwam de ontwikkelingslanden nog verder tegemoet, té ver volgens het merendeel der landen die dan ook niet bereid waren de Akte van 1967 te ratificeren. Daarom volgde vrij snel de herziening van Parijs 1971, resulterend in de gemelde Annexe als wél aanvaardbaar compromis. Voor het overige werd de in Stockholm vastgestelde conventietekst nagenoeg ongewijzigd overgenomen, om voortaan als Parijse tekst door het leven te gaan.

Protocol 1967

64. Universele Auteursrechtconventie

Er zijn landen waar auteursrecht niet automatisch ontstaat door het maken van een werk, maar wordt verleend door de overheid nadat bepaalde formaliteiten zijn vervuld.

Aldus van oudsher de situatie in de Verenigde Staten, die dan ook lange tijd niet hebben willen toetreden tot de Berner Conventie waarin immers het stellen van

20 Vgl. Desbois-Françon-Kerever, *Les conventions internationales du droit d'auteur et des droits voisins*, Paris, 1976, p. 223.

formele voorwaarden verboden wordt. Ook het in de BC erkende 'droit moral' van de auteur vindt als zodanig in Amerika weinig weerklank.
Bescherming van werken uit de USA in het buitenland en vice versa werd in het verleden veelal gerealiseerd langs de weg van bilaterale verdragen, alsook via inter-Amerikaanse multilaterale conventies. Deze weinig overzichtelijke situatie maakte een uniformering gewenst.

Op initiatief van de Unesco vond in 1952 te Genève een conferentie plaats, resulterend in het totstandkomen van de Universele Auteursrechtconventie (UAC). In 1997 waren 95 landen daarbij aangesloten,[21] waartoe sinds 1967 ook Nederland behoort. De in 1971 te Parijs herziene UAC-tekst is door ons land in 1985 geratificeerd[22] en trad op 30 november 1985 in werking. De Nederlandse Antillen en Aruba zijn niet tot het verdrag toegetreden, hoewel het in 1966 bij Rijkswet voor het gehele Koninkrijk is goedgekeurd.[23] De UAC wordt beheerd door de Unesco te Parijs.[24]

Ned. Antillen, Aruba

Evenals in de BC is het systeem van de UAC gebaseerd op het gelijkstellingsbeginsel: bescherming voor de auteur in alle aangesloten landen in dezelfde mate als daar aan eigen onderdanen geboden wordt (vergelijk nr. 63). De UAC verplicht de toegetreden landen om in hun eigen wetgeving een 'voldoende en doeltreffende' bescherming te realiseren en omschrijft, naast een (sterk beknot) vertaalrecht en een minimum-beschermingsduur, enkele rechten waarop auteurs zich in internationale situaties rechtstreeks zouden kunnen beroepen. Het minimale beschermingsniveau ligt beduidend lager dan dat van de BC.

gelijkstellingsbeginsel

Tussen landen die, zoals Nederland, zowel bij de BC als bij de UAC zijn aangesloten gaan de meer bescherming biedende BC-bepalingen voor. Overstappen van BC naar UAC, waardoor een land zijn internationale beschermingsverplichtingen zou kunnen verlagen, is niet mogelijk (art. XVII UAC plus 'Bijgevoegde verklaring'). In de Akte van Parijs 1971 is hierop een uitzondering gemaakt voor ontwikkelingslanden, zodat deze wèl van BC naar UAC kunnen uitwijken.

geldingsgebied

Het geldingsgebied van de UAC is neergelegd in artikel II. Voor de Nederlandse auteur komt dit hier op neer dat hij voor zijn werken – of deze nu wel (waar dan ook) of niet zijn openbaar gemaakt

21 Zie Bijlage IV.
22 Goedgekeurd bij wet van 30 mei 1985, *Stb.* 306. Zie ook *Trb.* 1972, 114; 1976, 37; 1985, 150.
23 Rijkswet van 16 september 1966, *Stb.* 1966, 385.
24 Adres: 7 place de Fontenoy, 75352 Paris 07 SP, France, tel. +33.1.45681000, fax 45671690 (www.unesco.org).

– in alle aangesloten landen dezelfde bescherming geniet als deze landen voor zulke werken aan hun eigen onderdanen verlenen.[25]

openbaar-making

Auteurs die onderdaan zijn van een niet-UAC-land worden evenzo beschermd, mits zij hun werk voor de eerste maal in een UAC-land hebben openbaar gemaakt. Als openbaarmaking geldt hier de weergave in stoffelijke vorm en de beschikbaarstelling voor het publiek van exemplaren van het werk, waardoor men het kan lezen of anderszins visueel waarnemen. Dat is dus beperkter dan in de BC; het uitbrengen van cd's bijvoorbeeld geldt volgens de UAC *niet* als openbaarmaking.

formaliteiten

Zoals bekend is een land als de USA steeds blijven vasthouden aan een systeem dat voor volledige bescherming de voorwaarde stelt dat formaliteiten worden vervuld. De toetreding tot de BC in 1989 heeft hier een stokje voor gestoken.[26] Maar ook voordien waren buitenlanders reeds beschermd, want ingevolge artikel III UAC mag een land, dat in zijn eigen wetgeving de bescherming aan formaliteiten koppelt, van auteurs uit andere UAC-landen die hun werk voor het eerst buiten dat betrokken land hebben openbaar gemaakt niet méér verlangen, dan dat vanaf de eerste openbaarmaking *alle* exemplaren van het werk het teken © dragen *plus* het jaar van eerste openbaarmaking *plus* de naam van de auteursrechthebbende. Dit copyrightteken moet op duidelijke wijze zijn aangebracht, bij boeken bijvoorbeeld verso titelpagina.

copyricht-notice

USA-copy-right

Een UAC-land mag in 'nationale situaties' (werken van buitenlanders die op zijn grondgebied het eerst zijn openbaar gemaakt en alle werken van eigen onderdanen of van in het land gevestigde buitenlandse auteurs) wèl formaliteiten voorschrijven. In de USA is dat: registratie en depot van twee exemplaren bij de Library of Congress (Copyright Office). Verzuim daarvan heeft echter alleen financiële gevolgen, geen verlies van bescherming. Voor werken van Nederlandse auteurs die voor het eerst buiten de USA zijn openbaar gemaakt is registratie dus niet nodig; mits op alle exemplaren een copyright-notice is aangebracht, is het werk ook daar beschermd. Volgens de BC is zelfs dat niet vereist, al kan het wel zijn nut hebben. Indien men van Amerikaanse zijde belangstelling voor het werk verwacht is het niettemin verstandig om toch maar direct tot registratie en depot over te gaan, zij het dat dit ook in een later stadium nog kan gebeuren. Een 'certificate of registration' is namelijk wel vereist om in Amerika in rechte te kunnen optreden tegen inbreuk. (Voordat in 1978 de nieuwe Copyright Act 1976 in werking trad[27] was depot ook nodig om het auteursrecht desgewenst na het verstrijken van de eerste geldigheidstermijn te verlengen. De duur van het copyright was in de USA

25 Vgl. Pres. Rb. Amsterdam 15 december 1975, *NJ* 1977, 546 (bloemdecoraties serviesgoed).

26 Zie Jon A. Baumgarten en Chr.A. Meyer, 'Effects of U.S. Adherence to the Berne Convention', *BIE* 1989/5, p. 115. David Nimmer, 'Letter from the United States', *AMI* 1994/9, p. 172.

27 Zie D.W.F. Verkade, 'Een nieuwe Amerikaanse auteurswet', *AMR* 1977/1, p. 6 e.v.

voorheen vastgesteld op 28 jaar vanaf eerste publicatie, met de mogelijkheid van eenmalige verlenging voor eenzelfde periode. Volgens de huidige wet duurt de bescherming, naar het voorbeeld van de BC, tot 50 jaar na het overlijden van de auteur. Voor werken van voor 1978 geldt een overgangsregeling, waardoor de oude termijn van tweemaal 28 jaar wordt verlengd tot in totaal 75 jaar. De daarbij voorgeschreven formaliteiten zijn in 1992 afgeschaft, zodat werken die in of na 1964 voor het eerst zijn gepubliceerd automatisch beschermd blijven.)

vertalingen

Een punt waarop de UAC heel duidelijk minder bescherming biedt dan de BC is het vertaalrecht (art. V).

Hoewel in beginsel de auteur het uitsluitend recht wordt toegekend met betrekking tot vertalingen van zijn werk, mag dit recht in de nationale wetgeving der toegetreden landen onder bepaalde voorwaarden beperkt worden door een systeem van niet-exclusieve dwanglicenties (zie voor dit begrip nr. 44). Tot de voorwaarden behoort onder meer dat er binnen zeven jaar na eerste verschijning van het werk geen vertaling in de taal van het betrokken land rechtmatig is gepubliceerd, dat tevergeefs getracht is van de auteursrechthebbende toestemming tot vertalen te krijgen, en dat aan de auteursrechthebbende een billijke vergoeding zal worden betaald.

minimum-rechten

ontwikkelings-landen

Bij de jongste herziening (Parijs 1971) zijn in de UAC een aantal uitsluitende rechten neergelegd (zoals ter zake van reproductie, openbare op- of uitvoering, radio- en tv-uitzending) waarop de auteur zich in internationale situaties rechtstreeks kan beroepen (art. IVbis). De nieuwe artikelen Vbis-quater geven een regeling met speciale faciliteiten voor ontwikkelingslanden, in grote lijnen overeenstemmend met de in nr. 63 gemelde Annexe bij de BC-1971.

65. TRIPs-verdrag 1994 en WIPO-verdragen 1996

De BC en de UAC zijn na 1971 niet meer herzien. Dit had alles te maken met onoverbrugbaar lijkende noord-zuid tegenstellingen. De door de geïndustrialiseerde wereld gewenste uitbreiding van de beschermingsomvang stuitte op even hardnekkig als begrijpelijk verzet vanuit de ontwikkelingslanden, die vanuit hun achterstandspositie de toegang tot informatie zo veel mogelijk vrij wilden houden. De Wereldorganisatie voor Intellectuele Eigendom (WIPO) kwam in een impasse te verkeren.
Het toegenomen economische belang van auteursrecht en industriële eigendom heeft ertoe geleid, dat in ander mondiaal verband naar oplossingen is gezocht. Dit heeft geresulteerd in het TRIPs-verdrag, een van de in april 1994 te Marrakesj bereikte accoorden in het kader van de Wereld Handels Organisatie (WTO), waarmee de in 1986 in Uruquay begonnen GATT-onderhandelingen werden afgesloten.[28]

WTO

TRIPs

Het TRIPs-verdrag[29] (Agreement on Trade-Related aspects of

28 Zie P. van den Bossche, 'Het oude GATT is dood, leve de WTO', *NJB* 1994/27, p. 901.
29 *Trb.* 1995, 130 (Nederlandse tekst); *AMI* 1995/7 (Engelse tekst).

Intellectual Property Rights, including Trade in Counterfeit Goods) is op 1 januari 1996 in werking getreden. Het bestrijkt het gehele terrein van de intellectuele eigendom (naast auteursrecht en naburige rechten ook octrooien, merken, tekeningen en modellen, knowhow enzovoort), en strekt tot verhoging en harmonisering van het beschermingsniveau in de toegetreden landen met als uiteindelijk oogmerk de bevordering van de wereldhandel.

Het verdrag gaat, evenals de BC en de UAC, uit van het gelijkstellings- of assimilatiebeginsel (art. 3). Het kent daarbij een zgn. meestbegunstigingsregel (art. 4), volgens welke niet mag worden gediscrimineerd tussen onderdanen van verschillende landen, behalve voorzover dat onder andere door reciprociteitsbepalingen van de BC is toegelaten.
Voor wat betreft het auteursrecht verplicht TRIPs de toegetreden landen tot naleving van de materieelrechtelijke bepalingen (art. 1-21) van de BC, met uitzondering van artikel 6bis inzake het droit moral. Het verdrag voorziet daarnaast onder meer in bescherming van computerprogramma's en databanken en geeft regels voor verhuur van werken.
Men neemt vrij algemeen aan dat de Nederlandse wetgeving reeds voldoet aan de door TRIPs gestelde eisen.[30]

WIPO-verdragen

Eind 1996 zijn in WIPO-verband twee verdragen gesloten die met name bedoeld zijn om het auteursrecht en de naburige rechten beter af te stemmen op nieuwe digitale technologieën. Dit zijn het WIPO Copyright Treaty (WCT) en het WIPO Performances and Phonograms Treaty (WPPT).

Aanvankelijk lag het in de bedoeling om de binnen WIPO ontstane impasse te doorbreken door een aanvullend Protocol bij de BC. De onderhandelingen hebben uiteindelijk geresulteerd in de verdragsteksten van 1996.[31] Blijkens de preambules is beoogd, het juiste evenwicht te vinden tussen enerzijds de rechten van auteurs, uitvoerende kunstenaars en fonogrammenproducenten en anderzijds het algemene belang van onderwijs, onderzoek en toegang tot informatie. Het WCT is een aanvullend verdrag als bedoeld in artikel 20 BC. Het bevat onder andere regels inzake de bescherming van computerprogramma's en databanken, distributie en verhuur, en openbaarmaking door publieke communicatie. Over het reproductierecht, dat in de digitale omgeving als problematisch wordt ervaren, is men het nog niet eens geworden. Ook al is de reikwijdte van de WIPO-verdragen van 1996 tamelijk beperkt,[32] ze betekenen wel een doorbraak voor de verdere ontwikkeling van het internationale auteursrecht.

30 Zie over het TRIPs-verdrag verder onder andere P.J.I.M. de Waart, *AMI* 1995/2, p. 23. H. Cohen Jehoram en R.L. du Bois, *AMI* 1995/7 (TRIPs-*special*). T. Cohen Jehoram en W.J.M. Diekman, 'De directe werking van TRIPs', *AMI* 1996/7, p. 127. Zie ook nog noot 26 op blz. 199.

31 Zie de bijdragen van E.J. Arkenbout, F.W. Grosheide en P.B. Hugenholtz in *AMI* 1997/4. Daar zijn ook de verdragsteksten afgedrukt.

32 Zie ook nr. 2.

66. Auteursrecht en de Europese Gemeenschap

In toenemende mate wordt de inhoud van het auteursrecht mede bepaald door EG-regelgeving. Het gemeenschapsbeleid is gericht op harmonisatie van de nationale wetgevingen der lidstaten. Dat beleid wordt uitgevoerd door middel van richtlijnen, die op een aantal deelterreinen zijn uitgevaardigd. De lidstaten zijn verplicht om de inhoud daarvan in nationale wetgeving om te zetten (implementatie).

Richtlijnen

De in vorige hoofdstukken al ter sprake gekomen en inmiddels in de Nederlandse Auteurswet geïmplementeerde richtlijnen zijn die, welke betrekking hebben op: computerprogramma's (91/250/EEG, 14 mei 1991, zie nr. 17, sub 12), verhuur- en leenrecht (92/100/EEG, 19 november 1992, zie nr. 26, sub 3), satellietomroep en kabeldoorgifte (93/83/EEG, 27 september 1993, zie nr. 26, sub 5 en nr. 29) en de beschermingstermijn (93/98/EEG, 29 oktober 1993, zie nr. 35). Een wetsvoorstel ter implementatie van de richtlijn over de rechtsbescherming van databanken (96/9/EG, 11 maart 1996, zie nr. 16) is in voorbereiding. Verder ligt er nog een Europees voorstel voor een richtlijn betreffende het volgrecht (25 april 1996, zie nr. 50) en wordt er gedacht aan een richtlijn inzake het thuiskopiëren (cassetteheffing, zie nr. 40).
Richtlijnen richten zich tot overheden en hebben, anders dan EG-verordeningen, voor de onderdanen geen rechtstreekse werking. Aan de lidstaten wordt telkens een termijn gesteld, waarbinnen de nationale wet aan de richtlijn moet zijn aangepast. Die termijn wordt niet altijd gehaald. In de daarop volgende periode pleegt de wet dan zoveel mogelijk *richtlijnconform* te worden uitgelegd, voorzover dat althans niet in conflict komt met het rechtszekerheidsbeginsel.[33]

Groenboek

Op gezette tijden publiceert de Europese Commissie in een zogeheten groenboek haar visie op de toekomstige ontwikkeling van het auteursrecht. In 1995 verscheen het Green Paper inzake auteursrecht en naburige rechten in de informatiemaatschappij.[34]

EG-Verdrag

De auteursrechtelijke situatie in het internationale verkeer wordt mede beheerst door de bepalingen van het EG-Verdrag.[35] In de landen van de Europese Gemeenschap zijn hierdoor zekere beperkingen gesteld aan de uitoefening van auteursrechten. Hieronder wordt kort ingegaan op de voornaamste aspecten daarvan.[36]

33 Vgl. HR 25 oktober 1996, *NJ* 1997, 649, met noot DWFV (*Pink Floyd*). Zie blz. 47 noot 48.
34 Green Paper *Copyright and Related Rights in the Information Society*, Brussel 19 juli 1995, COM(95) 382.
35 Verdrag tot oprichting van de Europese (Economische) Gemeenschap, oorspronkelijk gesloten te Rome op 25 maart 1957; *Trb.* 1957, 74; 1957, 91; 1957, 249; 1962, 104. Sinds 1992 (Verdrag van Maastricht) is de EG onderdeel van de Europese Unie; *Trb.* 1994, 200; 1995, 64.
36 Zie ook Gerbrandy (1988), p. 421 e.v., Spoor/Verkade (1993) nr. 252-253, en voorts de annotaties onder enkele hierna nog te vermelden uitspraken van het Hof EG.

Voorzover de verbodsbepalingen van het Verdrag zich richten tot de lidstaten zelf (zie bijvoorbeeld art. 30 e.v.) betekent dat ook dat de nationale rechter erop heeft toe te zien dat toepassing van het nationale recht niet in strijd komt met de regels van het Verdrag. Waar nodig zal van het Hof van Justitie van de Europese Gemeenschappen te Luxemburg een prejudiciële beslissing gevraagd worden inzake de juiste interpretatie van het Verdrag. Door de jurisprudentie van het Hof EG is in de loop der jaren duidelijker geworden dat en in hoeverre de verdragsbepalingen ook toepasbaar zijn op de uitoefening van auteursrechten. Aanvankelijk werd dit wel eens betwijfeld, onder meer omdat in artikel 36 sprake is van 'industriële en commerciële eigendom', niet tevens van auteursrecht (c.q. artistieke of letterkundige eigendom) of intellectuele eigendom in het algemeen.

Hof EG

gemeenschappelijke markt

De hoofddoelstelling van de Europese Gemeenschap is het instellen van een gemeenschappelijke markt (art. 2). Discriminatie op grond van nationaliteit is verboden (art.6).[37] Binnen de EG zal voor personen, goederen, diensten en kapitaal een even vrije bewegingsruimte dienen te bestaan als binnen de landsgrenzen van een afzonderlijke lidstaat. De wijze waarop dit in het Verdrag nader is uitgewerkt is voor intellectuele eigendomsrechten met name van belang op de volgende drie punten.

a. Vrij verkeer van goederen (art. 30 en 36)

Hoofdregel is een verbod van kwantitatieve invoerbeperkingen en alle maatregelen van gelijke werking (art. 30). Daarop worden een aantal uitzonderingen toegelaten, onder meer voorzover zulks gerechtvaardigd is uit hoofde van bescherming van de industriële en commerciële eigendom (art. 36). Het *bestaan* van de daaraan verbonden rechten blijft onverlet, maar de *uitoefening* mag geen afbreuk doen aan het beginsel van een vrij goederenverkeer binnen de Europese Gemeenschap.

uitputting

Dit brengt met zich mee dat krachtens auteursrecht in een lidstaat niet de import kan worden verboden van onder dat recht vallende producten, wanneer deze door of met toestemming van de rechthebbende in een andere lidstaat[38] rechtmatig in het verkeer zijn gebracht (beginsel van uitputting van het auteursrecht).[39] Ook kunnen dan geen aanvullende auteursrechtvergoedingen gevorderd worden, zoals in het geval dat de gebruikelijke royalty's voor grammofoonplaten in het importland hoger zijn dan in het land van vervaardiging en aldaar reeds volgens het lagere tarief zijn voldaan.[40]

Met deze jurisprudentie van het Hof EG is komen vast te staan dat de regels van het Verdrag ook toepasbaar zijn op de commerciële exploitatie van auteursrechten.

37 Vgl. Hof EG 20 oktober 1993, *AMI* 1994/5, p. 91 (*Phil Collins*).

38 Of waar dan ook. In het auteursrecht geldt de uitputting, naar valt aan te nemen, mondiaal. Vgl. nr. 14 voor de naburige rechten.

39 Hof EG 22 januari 1981, *BIE* 1981/11, p. 302; *NJ* 1982, 120, met noot LWH (*Dansk Supermarked/Imerco*). Al eerder was een zelfde beslissing gegeven met betrekking tot de aan het auteursrecht verwante rechten van een (Duitse) grammofoonplatenfabrikant: Hof EG 8 juni 1971, *BIE* 1971, p. 240 (*DGG/Metro*). De auteursrechthebbende kan zich evenmin verzetten tegen voor de parallelimporteur gebruikelijke reclame, tenzij die de reputatie van de producten ernstig zou schaden: Hof EG 4 november 1997, *IER* 1997/6, p. 224 (*Dior/Evora*).

40 Hof EG 20 januari 1981, *BIE* 1981/11, p. 289; *AA* 1981/8, p. 429, met noot HCJ; *NJ* 1982, 111, met noot LWH (*Membran/Gema* en *K-tel/Gema*). De platen waren afkomstig uit Engeland, waar het bestaande stelsel van wettelijke licenties (zie nr. 44) ertoe leidt dat het royaltypercentage daar bijna 2% lager ligt dan wat op het continent gebruikelijk wordt overeengekomen.

Al eerder was de betekenis van artikel 36 voor het auteursrecht tot uiting gekomen in een procedure betreffende het vrije verkeer van diensten (zie sub b). De door het Hof EG aan de artikelen 30 en 36 uitgegeven uitleg is te zien in het licht van de doelstellingen van de Europese Gemeenschap. Ondanks vrijwel identieke bepalingen in een toenmalige overeenkomst tussen de EEG en Portugal werd het wel geoorloofd geacht om met een beroep op auteursrecht de import in Engeland tegen te houden van (goedkope) grammofoonplaten die in Portugal met toestemming van de auteursrechthebbende waren vervaardigd.[41]
Ook kan een platenproducent zijn verbodsrecht inroepen in een lidstaat waar zijn recht nog niet verstreken is en waar zijn platen zijn geïmporteerd uit een ander EG-land waar zij reeds vrij in de handel zijn omdat het recht aldaar wel verstreken is.[42] Eveneens is toelaatbaar geacht dat de producent van videocassettes de verhuur daarvan verbiedt, hoewel deze reeds met zijn toestemming in een andere lidstaat in het verkeer waren gebracht. Verhuur is een specifieke markt voor videofilms en een aanzienlijke inkomstenbron voor filmmakers, hetgeen een verbodsrecht ingevolge artikel 36 rechtvaardigt.[43] Deze jurisprudentie heeft het harmonisatiestreven versneld.

b. Vrij verkeer van personen en diensten (art. 48 e.v.)

Ook ten aanzien van het vrije dienstenverkeer binnen de EG (art. 59) doet de vraag zich voor, in hoeverre het geoorloofd is dit met een beroep op auteursrechten te beperken. Indertijd is van het Hof EG een beslissing gevraagd toen Ciné Vog, de rechthebbende op het exclusieve vertoningsrecht in België van een bepaalde film (Le Boucher) een inbreukactie instelde tegen de Belgische kabel-tv-maatschappij Coditel, die de (rechtmatige) Duitse tv-uitzending van deze film had opgevangen en doorgegeven aan haar abonnees in België.[44] Het Hof EG achtte een dergelijk inroepen van het auteursrecht geen ongeoorloofde beperking van het vrije dienstenverkeer binnen de EG. Het eerder gememoreerde artikel 36 bleek dus niet alleen van toepassing als het goederen betreft, maar ook bij diensten. De verdragsregels houden halt voor intellectuele eigendomsrechten voorzover het specifieke voorwerp daarvan in het geding is. Dat deed zich hier voor omdat, aldus het Hof EG, een film, anders dan bijvoorbeeld bij boeken en grammofoonplaten het geval is, ter beschikking van het publiek wordt gesteld door onbeperkt herhaalbare vertoning. En het behoort tot de wezenlijke functie van het auteursrecht op films dat de rechthebbende voor elke vertoning royalty's kan vorderen. Daarom werd geoordeeld dat het EG-Verdrag zich er niet tegen verzet, dat binnen de EG filmvertoningsrechten worden verleend die geografisch zijn beperkt.

film en kabel-tv

richtlijn

Deze uitspraak is achterhaald door de satelliet- en kabelrichtlijn van 1993 (zie nr. 26, sub 5 en nr. 29). Territoriale exclusiviteit is bij grensoverschrijdende omroep in de EG niet meer mogelijk.

41 Hof EG 9 februari 1982, *BIE* 1982/11, p. 286; *AA* 1982/9, p. 521, met noot HGS; *NJ* 1983, 119 (*Polydor/Harlequin*).
42 Hof EG 24 januari 1989, *AMI* 1989/3, p. 83; *NJ* 1990, 558 (EMI Electrola/Patricia, inz. *Cliff Richard*).
43 Hof EG 17 mei 1988, *NJ* 1990, 246; *AMI* 1990/2, p. 28, met noot HCJ; *AA* 1990/3, p. 176, met noot HCJ (Warner/Christiansen, inz. *Never say never again*).
44 Hof EG 18 maart 1980, *AMR* 1980/4, p. 78, met noot GM; *NJ* 1981, 531, met noot LWH (onder 530); *AA* 1981/2, p. 77, met noot HCJ (*Coditel/Ciné Vog* I).

c. *Onvervalste mededinging (art. 85-86)*

contracten

Voor het auteursrecht zijn, ten slotte, ook van belang de anti-kartelbepalingen van het EG-Verdrag. Artikel 85 verbiedt alle overeenkomsten en dergelijke tussen ondernemingen welke de handel tussen lidstaten ongunstig kunnen beïnvloeden en waardoor de mededinging binnen de gemeenschappelijke markt kan worden verhinderd, beperkt of vervalst. Te denken valt aan exportverboden, exclusiviteitsbedingen, anti-concurrentiebepalingen en dergelijke clausules in auteursrecht(licentie)contracten. Onder bepaalde voorwaarden kan ontheffing van het verbod worden verleend.

In het verlengde van de hierboven vermelde Coditel-zaak is aan het Hof EG ook de vraag voorgelegd of de overeenkomst waarbij door de oorspronkelijk auteursrechthebbende op de film aan Ciné Vog het alleenvertoningsrecht voor België werd verleend niet in strijd is met artikel 85. Het Hof bevestigde de toepasselijkheid van artikel 85 voor licenties ter zake van auteursrecht, ook als het niet materiële goederen betreft maar een vertoningsrecht. Gelet echter op 'de kenmerkende eigenschappen van de filmindustrie en de filmmarkt' valt een overeenkomst als in casu *op zichzelf* nog niet onder de verbodsbepalingen van artikel 85. Per voorkomend geval zal onderzocht moeten worden of de *uitoefening* van het alleenvertoningsrecht in een bepaald geografisch gebied niet van dien aard is, dat de mededinging binnen de EG wordt verhinderd, beperkt of vervalst. Als voorbeelden worden onder meer genoemd het vorderen van excessieve royalty's of een exclusiviteit die de vereiste duur te boven gaat.[45]

geografische beperking

misbruik van machtspositie

Artikel 86 verbiedt ondernemingen misbruik te maken van een machtspositie, voorzover de handel tussen lidstaten daardoor ongunstig kan worden beïnvloed. Voor het auteursrecht is dit artikel onder meer van betekenis met betrekking tot de wijze waarop met de exploitatie van auteursrechten belaste instellingen hun functie uitoefenen.[46] Dat betreft met name ook de gehanteerde tarieven.[47]

auteursrechtenbureaus

45 Hof EG 6 oktober 1982, *BIE* 1983/9, p. 258 (*Coditel/Ciné Vog* II). Zie ook Hof EG 9 april 1987, *NJB* 1988/27, p. 984 (*Basset/Sacem*).

46 Hof EG 30 januari 1974 en 27 maart 1974, *Jur. Hof EG* 1974, p. 51 en 313 (*Sabam*). Hof EG 2 maart 1983, *NJB* 1984/21, p. 633 (*GVL*). P.G. Lodder, 'Monopolie van het nationale muziekauteursrechtbureau', *AMR* 1977/3, p. 41 e.v. en 1977/4, p. 61 e.v. C. van Rij, 'EU competition law and collective management of rights', in *Reports Midem 1997*, Maklu Publishers, Apeldoorn/Antwerpen, p. 138.

47 Hof EG 13 juli 1989, *NJ* 1991, 642-643; *AMI* 1991/7, p. 141. Gerecht van eerste aanleg EG 24 januari 1995, *AMI* 1995/8, p. 146 (*Sacem*). R.L. du Bois, 'De Sacem-zaak', *AMI* 1991/7, p. 133. W. Alexander, 'Toetsing van Sacem's discotarieven aan art. 86 EEG-Verdrag: een lijdensweg', *AMI* 1995/8, p. 143.

Bijlage I: Tekst van de Auteurswet 1912

zoals laatstelijk gewijzigd bij de wetten van 21 december 1995, Stb. 651-653 (duurverlenging en verhuur- en leenrecht, inwerkingtreding 29 december 1995) en van 20 juni 1996, Stb. 364 (satellietomroep en kabeldoorgifte, inwerkingtreding 1 september 1996), en nadien nog bij wet van 17 april 1997, Stb. 192.

HOOFDSTUK I

Algemene bepalingen

1. *De aard van het auteursrecht*

Artikel 1. Het auteursrecht is het uitsluitend recht van de maker van een werk van letterkunde, wetenschap of kunst, of van diens rechtverkrijgenden, om dit openbaar te maken en te verveelvoudigen, behoudens de beperkingen, bij de wet gesteld.

Artikel 2. (1) Het auteursrecht gaat over bij erfopvolging en is vatbaar voor gehele of gedeeltelijke overdracht.
(2) De levering vereist voor gehele of gedeeltelijke overdracht, geschiedt door een daartoe bestemde akte. De overdracht omvat alleen die bevoegdheden waarvan dit in de akte is vermeld of uit de aard of strekking van de titel noodzakelijk voortvloeit.
(3) Het auteursrecht, hetwelk toekomt aan de maker van het werk, zomede, na het overlijden des makers, het auteursrecht op niet openbaar gemaakte werken, hetwelk toekomt aan degene, die het als erfgenaam of legataris van de maker verkregen heeft, is niet vatbaar voor beslag.

2. *De maker van het werk*

Artikel 3. *(Vervallen).*

Artikel 4. (1) Behoudens bewijs van het tegendeel wordt voor de maker gehouden hij die op of in het werk als zodanig is aangeduid, of bij gebreke van zulk een aanduiding, degene, die bij de openbaarmaking van het werk als maker daarvan is bekend gemaakt door hem, die het openbaar maakt.
(2) Wordt bij het houden van een niet in druk verschenen mondelinge voordracht geen mededeling omtrent de maker gedaan, dan wordt, behoudens bewijs van het tegendeel, voor de maker gehouden hij die de mondelinge voordracht houdt.

Artikel 5. (1) Van een werk van letterkunde, wetenschap of kunst, hetwelk bestaat uit afzonderlijke werken van twee of meer personen, wordt, onverminderd het auteursrecht op ieder werk afzonderlijk, als de maker aangemerkt degene, onder wiens leiding en toezicht het ganse werk is totstandgebracht, of bij gebreke van dien, degene, die de verschillende werken verzameld heeft.
(2) Als inbreuk op het auteursrecht op het ganse werk wordt beschouwd het verveelvoudigen of openbaar maken van enig daarin opgenomen afzonderlijk werk, waarop auteursrecht bestaat, door een ander dan de maker daarvan of diens rechtverkrijgenden.
(3) Is zulk een afzonderlijk werk niet te voren openbaar gemaakt, dan wordt, tenzij tussen partijen anders is overeengekomen, als inbreuk op het auteursrecht op het ganse werk beschouwd het verveelvoudigen of openbaar maken van dat afzonderlijk werk door de maker daarvan of diens

rechtverkrijgenden, indien daarbij niet het werk vermeld wordt, waarvan het deel uitmaakt.

Artikel 6. Indien een werk is totstandgebracht naar het ontwerp van een ander en onder diens leiding en toezicht, wordt deze als de maker van dat werk aangemerkt.

Artikel 7. Indien de arbeid, in dienst van een ander verricht, bestaat in het vervaardigen van bepaalde werken van letterkunde, wetenschap of kunst, dan wordt, tenzij tussen partijen anders is overeengekomen, als de maker van die werken aangemerkt degene, in wiens dienst de werken zijn vervaardigd.

Artikel 8. Indien een openbare instelling, een vereniging, stichting of vennootschap, een werk als van haar afkomstig openbaar maakt, zonder daarbij enig natuurlijk persoon als maker er van te vermelden, wordt zij, tenzij bewezen wordt, dat de openbaarmaking onder de bedoelde omstandigheden onrechtmatig was, als de maker van dat werk aangemerkt.

Artikel 9. Indien op of in enig in druk verschenen werk de maker niet, of niet met zijn ware naam, is vermeld, kan tegenover derden het auteursrecht ten behoeve van de rechthebbende worden uitgeoefend door degene, die op of in dat werk als de uitgever ervan is aangeduid, of bij gebreke van zodanige aanduiding, door degene, die op of in het werk als de drukker ervan is vermeld.

3. *De werken, waarop auteursrecht bestaat*

Artikel 10. (1) Onder werken van letterkunde, wetenschap of kunst verstaat deze wet:
1°. boeken, brochures, nieuwsbladen, tijdschriften en alle andere geschriften;
2°. toneelwerken en dramatisch-muzikale werken;
3°. mondelinge voordrachten;
4°. choreografische werken en pantomimes;
5°. muziekwerken met of zonder woorden;
6°. teken-, schilder-, bouw- en beeldhouwwerken, lithografieën, graveer- en andere plaatwerken;
7°. aardrijkskundige kaarten;
8°. ontwerpen, schetsen en plastische werken, betrekkelijk tot de bouwkunde, de aardrijkskunde, de plaatsbeschrijving of andere wetenschappen;
9°. fotografische werken;
10°. filmwerken;
11°. werken van toegepaste kunst en tekeningen en modellen van nijverheid;[1]
12°. computerprogramma's en het voorbereidend materiaal;
en in het algemeen ieder voortbrengsel op het gebied van letterkunde, wetenschap of kunst, op welke wijze of in welke vorm het ook tot uitdrukking zij gebracht. Computerprogramma's behoren niet tot de in de eerste zin van dit lid, onder 1°, genoemde werken.
(2) Verveelvoudigingen in gewijzigde vorm van een werk van letterkunde, wetenschap of kunst, zoals vertalingen, muziekschikkingen, verfilmingen en andere bewerkingen, zomede verzamelingen van verschillende werken,

1 *Overgangsbepaling* in art. Ia van de wet van 27 oktober 1972, *Stb.* 579: Tot de datum waarop de Eenvormige Beneluxwet op de Tekeningen of Modellen, die als bijlage is gevoegd bij het Benelux-Verdrag inzake Tekeningen of Modellen, gesloten te Brussel op 25 oktober 1966, in werking treedt [dat was: 1 januari 1975], wordt het eerste lid, onder 10° [thans: 11°] van artikel 10 gelezen: 10°. werken van toegepaste kunst.

worden, onverminderd het auteursrecht op het oorspronkelijke werk, als zelfstandige werken beschermd.

Artikel 11. Er bestaat geen auteursrecht op wetten, besluiten en verordeningen, door de openbare macht uitgevaardigd, noch op rechterlijke uitspraken en administratieve beslissingen.

4. *Het openbaar maken*

Artikel 12. (1) Onder de openbaarmaking van een werk van letterkunde, wetenschap of kunst wordt mede verstaan:
1°. de openbaarmaking van een verveelvoudiging van het geheel of een gedeelte van het werk;
2°. de verbreiding van het geheel of een gedeelte van het werk of van een verveelvoudiging daarvan, zolang het niet in druk verschenen is;
3°. het verhuren of uitlenen van het geheel of een gedeelte van het werk met uitzondering van bouwwerken en werken van toegepaste kunst, of van een verveelvoudiging daarvan die door de rechthebbende of met zijn toestemming in het verkeer is gebracht;
4°. de voordracht, op- of uitvoering of voorstelling in het openbaar van het geheel of een gedeelte van het werk of van een verveelvoudiging daarvan;
5°. het uitzenden van een in een radio- of televisieprogramma opgenomen werk door middel van een satelliet of een andere zender of een draadomroepinrichting als bedoeld in artikel 1, onder g, van de Wet op de telecommunicatievoorzieningen.
(2) Onder verhuren als bedoeld in het eerste lid, onder 3°, wordt verstaan het voor een beperkte tijd en tegen een direct of indirect economisch of commercieel voordeel voor gebruik ter beschikking stellen.
(3) Onder uitlenen als bedoeld in het eerste lid, onder 3°, wordt verstaan het voor een beperkte tijd en zonder direct of indirect economisch of commercieel voordeel voor gebruik ter beschikking stellen door voor het publiek toegankelijke instellingen.
(4) Onder een voordracht, op- of uitvoering of voorstelling in het openbaar wordt mede begrepen die in besloten kring, tenzij deze zich beperkt tot de familie-, vrienden- of daaraan gelijk te stellen kring en voor de toegang tot de voordracht, op- of uitvoering of voorstelling geen betaling, in welke vorm ook, geschiedt. Hetzelfde geldt voor een tentoonstelling.
(5) Onder een voordracht, op- of uitvoering of voorstelling in het openbaar wordt niet begrepen die welke uitsluitend dient tot het onderwijs dat vanwege de overheid of vanwege een rechtspersoon zonder winstoogmerk wordt gegeven, voorzover de voordracht, op- of uitvoering of voorstelling deel uitmaakt van het schoolwerkplan, of leerplan voorzover van toepassing, of tot een wetenschappelijk doel.
(6) Als afzonderlijke openbaarmaking wordt niet beschouwd de gelijktijdige uitzending van een in een radio- of televisieprogramma opgenomen werk door hetzelfde organisme dat dat programma oorspronkelijk uitzendt.
(7) Onder het uitzenden van een in een radio- of televisieprogramma opgenomen werk door middel van een satelliet wordt verstaan de handeling waarbij de programmadragende signalen voor ontvangst door het publiek onder controle en verantwoordelijkheid van de omroeporganisatie worden ingevoerd in een ononderbroken mededelingenketen die naar de satelliet en terug naar de aarde voert. Indien de programmadragende signalen in gecodeerde vorm worden uitgezonden, is er sprake van het uitzenden van een in een radio- of televisiepro-

gramma opgenomen werk door middel van een satelliet, indien de middelen voor het decoderen van de uitzending door of met toestemming van de omroeporganisatie ter beschikking van het publiek worden gesteld.

Artikel 12a. (1) Indien de maker het verhuurrecht, bedoeld in artikel 12, eerste lid, onder 3°, met betrekking tot een op een fonogram vastgelegd werk van letterkunde, wetenschap of kunst aan de producent daarvan heeft overgedragen, is de producent de maker een billijke vergoeding verschuldigd voor de verhuur.
(2) Van het in het eerste lid bedoelde recht op een billijke vergoeding kan geen afstand worden gedaan.

5. *Het verveelvoudigen*

Artikel 13. Onder de verveelvoudiging van een werk van letterkunde, wetenschap of kunst wordt mede verstaan de vertaling, de muziekschikking, de verfilming of toneelbewerking en in het algemeen iedere gehele of gedeeltelijke bewerking of nabootsing in gewijzigde vorm, welke niet als een nieuw, oorspronkelijk werk moet worden aangemerkt.

Artikel 14. Onder het verveelvoudigen van een werk van letterkunde, wetenschap of kunst wordt mede verstaan het vastleggen van dat werk of een gedeelte daarvan op enig voorwerp dat bestemd is om een werk ten gehore te brengen of te vertonen.

6. *De beperkingen van het auteursrecht*

Artikel 15. (1) Als inbreuk op het auteursrecht wordt niet beschouwd het overnemen van nieuwsberichten, gemengde berichten, of artikelen over actuele economische, politieke, godsdienstige of levensbeschouwelijke onderwerpen, die in een dag-, nieuws- of weekblad of tijdschrift zijn verschenen, alsmede van werken van dezelfde aard die zijn opgenomen in een uitgezonden radio- of televisieprogramma, indien:
1°. het overnemen geschiedt door een dag-, nieuws- of weekblad of tijdschrift, [of] in een uitzending van een radio- of televisieprogramma;
2°. de bepalingen van artikel 25 in acht worden genomen;
3°. de bron op duidelijke wijze wordt vermeld, alsmede de aanduiding van de maker, indien deze in de bron voorkomt, en
4°. het auteursrecht niet uitdrukkelijk is voorbehouden.
(2) Bij tijdschriften wordt als een uitdrukkelijk voorbehoud als bedoeld in het eerste lid, onder 4°, ook aangemerkt een voorbehoud in algemene bewoordingen dat aan het hoofd van het nummer voorkomt.
(3) Ten aanzien van nieuwsberichten en gemengde berichten kan een voorbehoud als bedoeld in het eerste lid, onder 4°, niet worden gemaakt.
(4) De bepalingen van dit artikel zijn mede van toepassing ten aanzien van het overnemen in een andere taal dan de oorspronkelijk.

Artikel 15a. (1) Als inbreuk op het auteursrecht op een werk van letterkunde, wetenschap of kunst wordt niet beschouwd het citeren uit een werk in een aankondiging, beoordeling, polemiek of wetenschappelijke verhandeling, mits:
1°. het werk waaruit is geciteerd rechtmatig openbaar gemaakt was;
2°. het citeren in overeenstemming is met hetgeen naar de regels van het maatschappelijk verkeer redelijkerwijs geoorloofd is en aantal en omvang der geciteerde gedeelten door het te bereiken doel zijn gerechtvaardigd;
3°. de bepalingen van artikel 25 in acht worden genomen, en

4°. de bron op duidelijke wijze wordt vermeld, alsmede de aanduiding van de maker, indien deze in de bron voorkomt.

(2) Waar het geldt een kort werk of een werk als bedoeld in artikel 10, eerste lid onder 6°, onder 9°, of onder 11°, mag voor hetzelfde doel en onder dezelfde voorwaarden als genoemd in het eerste lid het gehele werk, in zodanige verveelvoudiging dat deze door haar grootte of door de werkwijze volgens welke zij is vervaardigd een duidelijk verschil vertoont met het oorspronkelijke werk, worden overgenomen.

(3) Onder citeren wordt in dit artikel mede begrepen het citeren uit in een dag-, nieuws- of weekblad of tijdschrift verschenen artikelen in de vorm van persoverzichten.

(4) De bepalingen van dit artikel zijn mede van toepassing ten aanzien van het citeren in een andere taal dan de oorspronkelijk.

(5) Wij behouden Ons voor bij algemene maatregel van bestuur nader te bepalen wat in het eerste lid onder 2°, is te verstaan onder 'naar de regels van het maatschappelijk verkeer redelijkerwijs geoorloofd'.

Artikel 15b. Als inbreuk op het auteursrecht op een door of vanwege de openbare macht openbaar gemaakt werk van letterkunde, wetenschap of kunst wordt niet beschouwd verdere openbaarmaking of verveelvoudiging daarvan, tenzij het auteursrecht, hetzij in het algemeen bij wet, besluit of verordening, hetzij in een bepaald geval blijkens mededeling op het werk zelf of bij de openbaarmaking daarvan uitdrukkelijk is voorbehouden. Ook als een zodanig voorbehoud niet is gemaakt, behoudt de maker echter het uitsluitend recht, zijn werken, die door of vanwege de openbare macht zijn openbaar gemaakt, in een bundel verenigd te doen verschijnen.

Artikel 15c. (1) Als inbreuk op het auteursrecht op een werk van letterkunde, wetenschap of kunst wordt niet beschouwd het uitlenen als bedoeld in artikel 12, eerste lid, onder 3°, van het geheel of een gedeelte van het werk of van een verveelvoudiging daarvan die door de rechthebbende of met zijn toestemming in het verkeer is gebracht, mits degene die de uitlening verricht of doet verrichten een billijke vergoeding betaalt. De eerste zin is niet van toepassing op een werk als bedoeld in artikel 10, eerste lid onder 12°, tenzij dat werk onderdeel uitmaakt van een van gegevens voorziene informatiedrager en uitsluitend dient om die gegevens toegankelijk te maken.

(2) Instellingen van onderwijs en instellingen van onderzoek en de aan die instellingen verbonden bibliotheken en de Koninklijke Bibliotheek zijn vrijgesteld van de betaling van een vergoeding voor uitlenen als bedoeld in het eerste lid.

(3) Bibliotheken, bekostigd door de Stichting fonds voor het bibliotheekwerk voor blinden en slechtzienden, zijn voor het uitlenen ten behoeve van de bij deze bibliotheken ingeschreven blinden en slechtzienden vrijgesteld van betaling van de in het eerste lid bedoelde vergoeding.

(4) De in het eerste lid bedoelde vergoeding is niet verschuldigd indien de betalingsplichtige kan aantonen dat de maker of diens rechtverkrijgende afstand heeft gedaan van het recht op een billijke vergoeding. De maker of diens rechtverkrijgende dient de afstand schriftelijk mee te delen aan de in de artikelen 15d en 15f bedoelde rechtspersonen.

Artikel 15d. De hoogte van de in artikel 15c, eerste lid, bedoelde vergoeding wordt vastgesteld door een door Onze Minister van Justitie in overeenstemming met Onze Minister van Onderwijs, Cultuur en Wetenschappen aan te wijzen stichting waarvan het bestuur zodanig is samengesteld dat de belangen van de makers of hun rechtverkrijgenden en de ingevolge artikel 15c, eerste lid, betalingsplichtigen op evenwichtige wijze worden behartigd. De voorzitter van het bestuur van deze stichting wordt benoemd door Onze Minister van Jusititie in overeenstemming met Onze Minister van Onderwijs, Cultuur en Wetenschappen. Het aantal bestuursleden van deze stichting dient oneven te zijn.

Artikel 15e. Geschillen met betrekking tot de in artikel 15c, eerste lid, bedoelde vergoeding worden in eerste aanleg bij uitsluiting beslist door de arrondissementsrechtbank te 's-Gravenhage.

Artikel 15f. (1) De betaling van de in artikel 15c bedoelde vergoeding dient te geschieden aan een door Onze Minister van Justitie in overeenstemming met Onze Minister van Onderwijs, Cultuur en Wetenschappen aan te wijzen naar hun oordeel representatieve rechtspersoon, die met uitsluiting van anderen belast is met de inning en de verdeling van deze vergoeding. In aangelegenheden betreffende de vaststelling van de hoogte van de vergoeding en de inning daarvan alsmede de uitoefening van het uitsluitende recht vertegenwoordigt de in de vorige zin bedoelde rechtspersoon de rechthebbenden in en buiten rechte.
(2) De in het eerste lid bedoelde rechtspersoon staat onder toezicht van een College van Toezicht, waarvan de leden worden benoemd door Onze Minister van Justitie in overeenstemming met Onze Minister van Onderwijs, Cultuur en Wetenschappen. Bij algemene maatregel van bestuur worden nadere regels gesteld omtrent het toezicht.
(3) De verdeling van de geïnde vergoedingen geschiedt overeenkomstig een door de in het eerste lid bedoelde rechtspersoon opgesteld en door Onze Minister van Justitie in overeenstemming met Onze Minister van Onderwijs, Cultuur en Wetenschappen goedgekeurd reglement. Onze Minister van Justitie wint daartoe het gevoelen in van het in het tweede lid bedoelde College van Toezicht.

Artikel 15g. Degene die tot betaling van de in artikel 15c, eerste lid, bedoelde vergoeding verplicht is, is gehouden, voorzover geen ander tijdstip is overeengekomen, vóór 1 april van ieder kalenderjaar aan de in artikel 15f, eerste lid, bedoelde rechtspersoon opgave te doen van het aantal rechtshandelingen, bedoeld in artikel 15c. Hij is voorts gehouden desgevraagd aan deze rechtspersoon onverwijld de bescheiden of andere informatiedragers ter inzage te geven, waarvan kennisneming noodzakelijk is voor de vaststelling van de verschuldigdheid en de hoogte van de vergoeding.

Artikel 16. (1) Als inbreuk op het auteursrecht op een werk van letterkunde, wetenschap of kunst wordt niet beschouwd:

a. het overnemen van gedeelten van werken in publicaties of geluids- of beeldopnamen die gemaakt zijn om te worden gebruikt als toelichting bij het onderwijs, mits:
1°. het werk waaruit is overgenomen rechtmatig openbaar gemaakt was;
2°. het overnemen in overeenstemming is met hetgeen naar de regels van het maatschappelijk verkeer redelijkerwijs geoorloofd is;
3°. de bepalingen van artikel 25 in acht worden genomen;
4°. de bron op duidelijke wijze wordt vermeld, alsmede de aandui-

ding van de maker, indien deze in de bron voorkomt, en
5°. aan de maker of zijn rechtverkrijgenden een billijke vergoeding wordt betaald;
b. het openbaar maken van gedeelten van werken door uitzending van een radio- of televisieprogramma in een programma dat gemaakt is om te dienen als toelichting bij het onderwijs, mits:
1°. het werk waaruit is overgenomen rechtmatig openbaar gemaakt was;
2°. het openbaar maken in overeenstemming is met hetgeen naar de regels van het maatschappelijk verkeer redelijkerwijs geoorloofd is;
3°. de bepalingen van artikel 25 in acht worden genomen;
4°. de bron op duidelijke wijze wordt vermeld, alsmede de aanduiding van de maker, indien deze in de bron voorkomt, en
5°. aan de maker of zijn rechtverkrijgenden een billijke vergoeding wordt betaald.

(2) Waar het geldt een kort werk of een werk als bedoeld in artikel 10, eerste lid onder 6°, onder 9° of onder 11° mag voor hetzelfde doel en onder dezelfde voorwaarden het gehele werk worden overgenomen.
(3) Waar het het overnemen in een compilatiewerk betreft, mag van dezelfde maker niet meer worden overgenomen dan enkele korte werken of korte gedeelten van zijn werken, en waar het geldt werken als bedoeld in artikel 10, eerste lid onder 6°, onder 9° of onder 11° niet meer dan enkele van die werken en in zodanige verveelvoudiging, dat deze door haar grootte of door de werkwijze, volgens welke zij vervaardigd is, een duidelijk verschil vertoont met het oorspronkelijke met dien verstande, dat wanneer van deze werken er twee of meer verenigd openbaar zijn gemaakt, die verveelvoudiging slechts ten aanzien van een daarvan geoorloofd is.
(4) De bepalingen van dit artikel zijn mede van toepassing ten aanzien van het overnemen in een andere taal dan de oorspronkelijke.
(5) Wij behouden Ons voor bij algemene maatregel van bestuur regelen te stellen omtrent een overeenkomstig het eerste lid onder *a*, 5° en onder *b*, 5° te betalen billijke vergoeding alsmede nader te bepalen wat in het derde lid is te verstaan onder 'enkele korte werken of korte gedeelten van zijn werken'.

Artikel 16a. Als inbreuk op het auteursrecht op een werk van letterkunde, wetenschap of kunst wordt niet beschouwd een korte opname, weergave en mededeling ervan in het openbaar in een foto-, film-, radio- of televisiereportage voorzover zulks voor het behoorlijk weergeven van de actuele gebeurtenis welke het onderwerp der reportage uitmaakt, noodzakelijk is.

Artikel 16b.[2] (1) Als inbreuk op het auteursrecht op een werk van letterkunde, wetenschap of kunst wordt niet beschouwd de verveelvoudiging, welke beperkt blijft tot enkele exemplaren en uitsluitend dient tot eigen oefening, studie of gebruik van degene die de verveelvoudiging vervaardigt of tot het verveelvoudigen uitsluitend ten behoeve van zichzelf opdracht geeft.
(2) Waar het geldt een werk als bedoeld bij artikel 10, eerste lid, onder 1°, de partituur of de partijen van een

2 Ingevolge art. IV, lid 2 van de wet van 27 oktober 1972, *Stb.* 579, zijn de artikelen 16b en 17 in werking getreden op 1 juli 1974 (KB van 20 juni 1974, *Stb.* 351, art. 9; zie Bijlage III).

muziekwerk daaronder begrepen, moet die verveelvoudiging bovendien beperkt blijven tot een klein gedeelte van het werk, behalve indien het betreft:
a. werken, waarvan naar redelijkerwijs mag worden aangenomen geen nieuwe exemplaren tegen betaling, in welke vorm ook, aan derden ter beschikking worden gesteld;
b. in een dag-, nieuws- of weekblad of tijdschrift verschenen korte artikelen, berichten of andere stukken.
(3) Waar het geldt een werk, als bedoeld bij artikel 10, eerste lid, onder 6°, moet de verveelvoudiging door haar grootte of door de werkwijze, volgens welke zij vervaardigd is, een duidelijk verschil vertonen met het oorspronkelijke werk.
(4) De bepalingen van het eerste lid met betrekking tot een in opdracht vervaardigde verveelvoudiging zijn niet van toepassing ten aanzien van de verveelvoudiging welke plaatsvindt door het vastleggen van een werk of een gedeelte daarvan op enig voorwerp dat bestemd is een werk ten gehore te brengen of te vertonen.
(5) Indien een ingevolge dit artikel toegelaten verveelvoudiging heeft plaatsgevonden, mogen de vervaardigde exemplaren zonder toestemming van de rechthebbende op het auteursrecht niet aan derden worden afgegeven, tenzij de afgifte geschiedt ten behoeve van een rechterlijke of administratieve procedure.
(6) Wij kunnen bij algemene maatregel van bestuur bepalen dat ten aanzien van de verveelvoudiging van werken als bedoeld bij artikel 10, eerste lid, onder 1°, van het in een of meer der voorgaande leden bepaalde mag worden afgeweken ten behoeve van de uitoefening van de openbare dienst, alsmede ten behoeve van de vervulling van taken waarmee in het algemeen belang werkzame instellingen zijn belast. Wij kunnen daarbij nadere regelen geven en voorwaarden stellen.[3]
(7) De voorgaande bepalingen van dit artikel zijn niet van toepassing ten aanzien van het nabouwen van bouwwerken.

Artikel 16c. (1) Voor de verveelvoudiging die met inachtneming van artikel 16b, eerste lid, voor eigen oefening, studie of gebruik geschiedt door vastlegging van een werk of een gedeelte daarvan op een voorwerp dat bestemd is om daarop vastgelegde beelden of geluiden ten gehore te brengen of te vertonen, is ten behoeve van de maker of diens rechtverkrijgenden een vergoeding verschuldigd.
(2) De verplichting tot betaling van de vergoeding rust op de fabrikant of de importeur van de in het eerste lid bedoelde voorwerpen.
(3) Voor de fabrikant ontstaat de verplichting tot betaling van de vergoeding op het tijdstip dat de door hem vervaardigde voorwerpen in het verkeer kunnen worden gebracht. Voor de importeur ontstaat deze verplichting op het tijdstip van invoer.
(4) De verplichting tot betaling van de vergoeding vervalt indien de ingevolge het tweede lid betalingsplichtige de in het eerste lid bedoelde voorwerpen uitvoert.
(5) De vergoeding is slechts eenmaal per voorwerp verschuldigd.

Artikel 16d. (1) De betaling van de in artikel 16c bedoelde vergoeding dient te geschieden aan een door Onze Minister van Justitie aan te wijzen, naar zijn oordeel representatieve rechtspersoon, die belast is met de inning en de verdeling van deze vergoeding overeenkomstig een door Onze

3 Zie Bijlage III.

Minister van Justitie goed te keuren reglement. In aangelegenheden betreffende de inning en vergoeding vertegenwoordigt deze rechtspersoon de makers of hun rechtverkrijgenden in en buiten rechte. Deze rechtspersoon staat onder toezicht van Onze Minister van Justitie.
(2) Bij algemene maatregel van bestuur kunnen nadere voorschriften worden gegeven betreffende de uitoefening van het toezicht op de in het eerste lid bedoelde rechtspersoon.

Artikel 16e. (1) De hoogte van de in artikel 16c bedoelde vergoeding wordt vastgesteld door een door Onze Minister van Justitie aan te wijzen stichting waarvan het bestuur zodanig is samengesteld dat de belangen van de makers of hun rechtverkrijgenden en de ingevolge artikel 16c, tweede lid, betalingsplichtigen op evenwichtige wijze worden behartigd. De voorzitter van het bestuur van deze stichting wordt benoemd door Onze Minister van Justitie.
(2) Bij het bepalen van de hoogte van de vergoeding wordt in het bijzonder de speelduur van het voorwerp in aanmerking genomen.

Artikel 16f. Degene die tot betaling van de in artikel 16c bedoelde vergoeding verplicht is, is gehouden onverwijld of binnen een met de in artikel 16d, eerste lid, bedoelde rechtspersoon overeengekomen tijdvak opgave te doen aan deze rechtspersoon van het aantal en de speelduur van de door hem geïmporteerde of vervaardigde voorwerpen, bedoeld in artikel 16c, eerste lid. Hij is voorts gehouden aan deze rechtspersoon op diens aanvrage onverwijld die bescheiden ter inzage te geven, waarvan kennisneming noodzakelijk is voor de vaststelling van de verschuldigdheid en de hoogte van de vergoeding.

Artikel 16g. Geschillen met betrekking tot de in artikel 16c bedoelde vergoeding worden in eerste aanleg bij uitsluiting beslist door de arrondissementsrechtbank te 's-Gravenhage.

Artikel 17.[4] (1) Onverminderd het bepaalde in het voorgaande artikel [lees: artikel 16b] wordt als inbreuk op het auteursrecht op de in artikel 10, eerste lid, onder 1°, bedoelde werken niet beschouwd de verveelvoudiging ten behoeve van een onderneming, organisatie of instelling van afzonderlijke in een dag-, nieuws- of weekblad of tijdschrift verschenen artikelen, berichten of andere stukken, of van kleine gedeelten van boeken, brochures of andere geschriften, een en ander voorzover het betreft werken van wetenschap, mits de verveelvoudiging beperkt blijft tot zoveel exemplaren als in de onderneming, organisatie of instelling redelijkerwijze nodig zijn. De exemplaren mogen alleen worden afgegeven aan degenen die in de onderneming, organisatie of instelling werkzaam zijn.
(2) Degene die de kopieën vervaardigt of daartoe opdracht geeft, moet aan de maker van het verveelvoudigde werk of zijn rechtverkrijgenden een billijke vergoeding betalen.
(3) Wij kunnen bij algemene maatregel van bestuur regelen stellen ten aanzien van het maximum aantal exemplaren, de maximale omvang dezer kopieën, het bedrag der vergoeding, de wijze waarop deze moet worden voldaan en het aantal exemplaren waarvoor geen vergoeding behoeft te worden betaald.

Artikel 17a. (1) Bij algemene maatregel van bestuur kunnen in het algemeen belang regelen worden vastgesteld nopens de uitoefening van het recht van de maker van een werk van

4 Zie noot 2.

letterkunde, wetenschap of kunst of van zijn rechtverkrijgenden met betrekking tot de openbaarmaking van zulk een werk door uitzending van een radio- of televisieprogramma. Deze algemene maatregel van bestuur kan bepalen, dat zodanig werk mag worden openbaar gemaakt zonder voorafgaande toestemming van de maker of zijn rechtverkrijgenden. Zij die dientengevolge bevoegd zijn een werk openbaar te maken, zijn desniettemin verplicht de in artikel 25 bedoelde rechten van de maker te eerbiedigen en aan de maker of zijn rechtverkrijgenden een billijke vergoeding te betalen, welke bij gebreke van overeenstemming op vordering van de meest gerede partij door de rechter zal worden vastgesteld, die tevens het stellen van zekerheid kan bevelen.
(2) Het in het vorige lid bepaalde is van overeenkomstige toepassing ten aanzien van de vervaardiging en het in het verkeer brengen van voorwerpen, met uitzondering echter van verveelvoudigingen van filmwerken, bestemd om het geheel of een gedeelte van een muziekwerk langs mechanische weg ten gehore te brengen, indien dergelijke voorwerpen met betrekking tot dit muziekwerk reeds eerder door of met toestemming van de maker of zijn rechtverkrijgenden vervaardigd en in het verkeer gebracht zijn.
(3) Het eerste lid is niet van toepassing op:
a. de gelijktijdige, ongewijzigde en onverkorte uitzending van een door middel van een satelliet of een andere zender uit een andere lidstaat van de Europese Unie of uit een staat die partij is bij de Overeenkomst betreffende de Europese Economische Ruimte van 2 mei 1992 uitgezonden, in een radio- of televisieprogramma opgenomen werk, dat voor ontvangst door het publiek bestemd is, door een draadomroepinrichting als bedoeld in artikel 1, onder g, van de Wet op de telecommunicatievoorzieningen;
b. het uitzenden van een in een radio- of televisieprogramma opgenomen werk door middel van een satelliet.

Artikel 17b. (1) Tenzij anders is overeengekomen, sluit de bevoegdheid tot openbaarmaking door uitzending van een radio- of televisieprogramma niet in de bevoegdheid het werk vast te leggen.
(2) De zendorganisatie, die bevoegd is tot openbaarmaking zoals in het eerste lid bedoeld, is echter gerechtigd met haar eigen middelen en uitsluitend voor uitzending van haar eigen radio- of televisieprogramma's het ter uitzending bestemde werk vast te leggen, mits de vastlegging van geluiden of beelden wordt teniet gedaan binnen 28 dagen na de eerste, met behulp daarvan verrichte uitzending van een radio- of televisieprgramma en in ieder geval binnen een half jaar na de vervaardiging. De zendorganisatie, die dientengevolge gerechtigd is tot vastlegging, is desniettemin verplicht de in artikel 25 bedoelde rechten van de maker van het werk te eerbiedigen.
(3) Bij algemene maatregel van bestuur kan worden bepaald dat en onder welke voorwaarden aldus vervaardigde opnamen van uitzonderlijke documentaire waarde in officiële archieven mogen worden bewaard.

Artikel 17c. Als inbreuk op het auteursrecht op een werk van letterkunde of kunst wordt niet beschouwd de gemeentezang en de instrumentale begeleiding daarvan tijdens een eredienst.

Artikel 17d. Een algemene maatregel van bestuur als bedoeld in de artikelen 16, tweede [lees: vijfde] lid, 16b, zesde lid, 17, derde lid, en 17a, eerste en tweede lid, of een wijziging daarvan, zomede alle daaruit voortvloeiende besluiten, treden niet eerder in werking dan twee maanden na datum van uitgifte van het *Staatsblad,* waarin deze worden geplaatst.

Artikel 18.[5] Als inbreuk op het auteursrecht op een werk, als bedoeld bij artikel 10, 6°, hetwelk blijvend op of aan de openbare weg zichtbaar is gesteld, wordt niet beschouwd de verveelvoudiging, of de openbaarmaking van zodanige verveelvoudiging, indien het werk daarbij niet de hoofdvoorstelling vormt en de verveelvoudiging door hare grootte of door de werkwijze, volgens welke zij vervaardigd is, een duidelijk verschil vertoont met het oorspronkelijk werk, en zich, wat bouwwerken betreft, tot het uitwendige daarvan bepaalt.

Artikel 19. (1) Als inbreuk op het auteursrecht op een portret wordt niet beschouwd de verveelvoudiging daarvan door, of ten behoeve van, de geportretteerde of, na diens overlijden, zijn nabestaanden.
(2) Bevat een zelfde afbeelding het portret van twee of meer personen, dan staat die verveelvoudiging aan ieder hunner ten aanzien van andere portretten dan zijn eigen slechts vrij met toestemming van die andere personen of, gedurende tien jaren na hun overlijden, van hun nabestaanden.
(3) Ten aanzien van een fotografisch portret wordt mede niet als inbreuk op het auteursrecht beschouwd het openbaar maken daarvan in een nieuwsblad of tijdschrift door of met toestemming van een der personen, in het eerste lid genoemd, mits daarbij de naam des makers, voorzover deze op of bij het portret is aangeduid, vermeld wordt.
(4) Dit artikel is slechts van toepassing ten aanzien van portretten, welke vervaardigd zijn ingevolge een opdracht, door of vanwege de geportretteerde personen, of te hunnen behoeve aan de maker gegeven.

Artikel 20. (1) Tenzij anders is overeengekomen is degene, wien het auteursrecht op een portret toekomt, niet bevoegd dit openbaar te maken zonder toestemming van de geportretteerde of, gedurende tien jaren na diens overlijden, van diens nabestaanden.
(2) Bevat een zelfde afbeelding het portret van twee of meer personen, dan is ten aanzien van de ganse afbeelding de toestemming vereist van alle geportretteerden of, gedurende tien jaren na hun overlijden, van hun nabestaanden.
(3) Het laatste lid van het voorgaande artikel is van toepassing.

5 *Overgangsbepaling* in art. III van de wet van 27 oktober 1972, *Stb.* 579: (1) Artikel 18, zoals dit thans is gewijzigd, is niet van toepassing op verveelvoudigingen die voorkomen in boeken of gedrukte geschriften welke in geheel dezelfde vorm worden uitgegeven als waarin dit reeds voor het inwerkingtreden dezer wet is geschied. Deze boeken en drukwerken blijven voor wat de verveelvoudigingen betreft onderworpen aan artikel 18, zoals dit vóór de inwerkingtreding dezer wet luidde.
(2) Verveelvoudigingen, waarop het eerste lid niet van toepassing is en welke vóór de inwerkingtreding van deze wet op grond van artikel 18 zonder inbreuk op het auteursrecht waren vervaardigd, mogen, ook wat betreft alsnog met behulp daarvan ongewijzigd vervaardigde verveelvoudigingen, verder in het verkeer gebracht worden binnen 5 jaren na het inwerkingtreden dezer wet.
[Art. 18-*oud* luidde: Als inbreuk op het auteursrecht op een werk, als bedoeld bij artikel 10, 6°, hetwelk blijvend op of aan den openbaren weg zichtbaar is gesteld, wordt niet beschouwd de verveelvoudiging, welke door hare grootte of door de werkwijze, volgens welke zij vervaardigd is, een duidelijk verschil vertoont met het oorspronkelijke werk, en zich, wat bouwwerken betreft, tot het uitwendige daarvan bepaalt.]

Artikel 21. Is een portret vervaardigd zonder daartoe strekkende opdracht, den maker door of vanwege de geportretteerde, of te diens behoeve, gegeven, dan is openbaarmaking daarvan door degene, wien het auteursrecht daarop toekomt, niet geoorloofd, voorzover een redelijk belang van de geportretteerde of, na zijn overlijden, van een zijner nabestaanden zich tegen de openbaarmaking verzet.

Artikel 22. In het belang van de openbare veiligheid alsmede ter opsporing van strafbare feiten mogen afbeeldingen van welke aard ook door of vanwege de justitie worden verveelvoudigd en openlijk tentoongesteld en verspreid.

Artikel 23. Tenzij anders is overeengekomen is de eigenaar van een teken-, schilder-, bouw- of beeldhouwwerk of van een werk van toegepaste kunst gerechtigd dat werk zonder toestemming van degene, wien het auteursrecht daarop toekomt, in het openbaar tentoon te stellen of, met het oogmerk het te verkopen, in een catalogus te verveelvoudigen.

Artikel 24. Tenzij anders is overeengekomen blijft de maker van enig schilderwerk, niettegenstaande de overdracht van zijn auteursrecht, bevoegd gelijke schilderwerken te vervaardigen.

Artikel 25. (1) De maker van een werk heeft, zelfs nadat hij zijn auteursrecht heeft overgedragen, de volgende rechten:
a. het recht zich te verzetten tegen openbaarmaking van het werk zonder vermelding van zijn naam of andere aanduiding als maker, tenzij het verzet zou zijn in strijd met de redelijkheid;
b. het recht zich te verzetten tegen de openbaarmaking van het werk onder een andere naam dan de zijne, alsmede tegen het aanbrengen van enige wijziging in de benaming van het werk of in de aanduiding van de maker, voorzover deze op of in het werk voorkomen, dan wel in verband daarmede zijn openbaar gemaakt;
c. het recht zich te verzetten tegen elke andere wijziging in het werk, tenzij deze wijziging van zodanige aard is, dat het verzet zou zijn in strijd met de redelijkheid;
d. het recht zich te verzetten tegen elke misvorming, verminking of andere aantasting van het werk, welke nadeel zou kunnen toebrengen aan de eer of de naam van de maker of aan zijn waarde in deze hoedanigheid.
(2) De in het eerste lid genoemde rechten komen, na het overlijden van de maker tot aan het vervallen van het auteursrecht, toe aan de door de maker bij uiterste wilsbeschikking of bij codicil aangewezene.
(3) Van het recht, in het eerste lid, onder *a* genoemd kan afstand worden gedaan. Van de rechten onder *b* en *c* genoemd kan afstand worden gedaan voorzover het wijzigingen in het werk of in de benaming daarvan betreft.
(4) Heeft de maker van het werk het auteursrecht overgedragen dan blijft hij bevoegd in het werk zodanige wijzigingen aan te brengen als hem naar de regels van het maatschappelijk verkeer te goeder trouw vrijstaan. Zolang het auteursrecht voortduurt komt gelijke bevoegdheid toe aan de door de maker bij uiterste wilsbeschikking of bij codicil aangewezene, als redelijkerwijs aannemelijk is, dat ook de maker die wijzigingen zou hebben goedgekeurd.

Artikel 25a. In deze paragraaf worden onder nabestaanden verstaan de ouders, de echtgenoot en de kinderen. De aan de nabestaanden toekomende bevoegdheden kunnen zelfstandig door ieder van hen worden uitgeoefend. Bij verschil van mening kan de rechter een voor hen bindende beslissing geven.

HOOFDSTUK II

De uitoefening en de handhaving van het auteursrecht en bepalingen van strafrecht

Artikel 26. Indien aan twee of meer personen een gemeenschappelijk auteursrecht op een zelfde werk toekomt, kan, tenzij anders is overeengekomen, de handhaving van dit recht door ieder hunner geschieden.

Artikel 26a. (1) Het recht om toestemming te verlenen voor de gelijktijdige, ongewijzigde en onverkorte uitzending van een in een radio- of televisieprogramma opgenomen werk door een draadomroepinrichting als bedoeld in artikel 1, onder g, van de Wet op de telecommunicatievoorzieningen kan uitsluitend worden uitgeoefend door rechtspersonen die zich ingevolge hun statuten ten doel stellen de belangen van rechthebbenden door de uitoefening van het aan hen toekomende hiervoor bedoelde recht te behartigen.
(2) De in het eerste lid bedoelde rechtspersonen zijn ook bevoegd de belangen te behartigen van rechthebbenden die daartoe geen opdracht hebben gegeven, indien het betreft de uitoefening van dezelfde rechten als in de statuten vermeld. Indien meerdere rechtspersonen zich blijkens hun statuten de behartiging van de belangen van dezelfde categorie rechthebbenden ten doel stellen, kan de rechthebbende een van hen aanwijzen als bevoegd tot de behartiging van zijn belangen. Voor rechthebbenden die geen opdracht hebben gegeven als bedoeld in de tweede zin gelden de rechten en verplichtingen die voortvloeien uit een overeenkomst die een tot de uitoefening van dezelfde rechten bevoegde rechtspersoon heeft gesloten met betrekking tot de in het eerste lid bedoelde uitzending, onverkort.
(3) Vorderingen jegens de in het eerste lid bedoelde rechtspersoon [lees: rechtspersonen] terzake van de door deze geïnde gelden vervallen door verloop van drie jaren na de aanvang van de dag volgende op die waarop de in het eerste lid bedoelde uitzending heeft plaatsgevonden.
(4) Dit artikel is niet van toepassing op rechten als bedoeld in het eerste lid die toekomen aan een omroeporganisatie met betrekking tot haar eigen uitzendingen.

Artikel 26b. Partijen zijn verplicht de onderhandelingen over de toestemming voor de gelijktijdige, ongewijzigde en onverkorte uitzending, bedoeld in artikel 26a, eerste lid, te goeder trouw te voeren en niet zonder geldige reden te verhinderen of te belemmeren.

Artikel 26c. (1) Indien over de gelijktijdige, ongewijzigde en onverkorte uitzending, bedoeld in artikel 26a, eerste lid, geen overeenstemming kan worden bereikt, kan iedere partij een beroep doen op een of meer bemiddelaars. De bemiddelaars worden zodanig geselecteerd dat over hun onafhankelijkheid en onpartijdigheid in redelijkheid geen twijfel kan bestaan.
(2) De bemiddelaars verlenen bijstand bij het voeren van de onderhandelingen en zijn bevoegd aan de partijen voorstellen te betekenen. Tot drie maanden na de dag van ontvangst van de voorstellen van de bemiddelaars kan een partij zijn bezwaren tegen deze voorstellen betekenen aan de andere partij. De voorstellen van de bemiddelaars binden de partijen, tenzij binnen de in de vorige zin bedoelde termijn door een van hen bezwaren zijn betekend. De voorstellen en de

bezwaren worden aan de partijen betekend overeenkomstig het bepaalde in de Eerste Titel, Eerste Afdeling, van het Eerste Boek van het Wetboek van Burgerlijke Rechtsvordering.

Artikel 27. (1) Niettegenstaande de gehele of gedeeltelijke overdracht van zijn auteursrecht blijft de maker bevoegd een rechtsvordering ter verkrijging van schadevergoeding in te stellen tegen degene die inbreuk op het auteursrecht heeft gemaakt.
(2) De in het eerste lid bedoelde rechtsvordering ter verkrijging van schadevergoeding wegens inbreuk op het auteursrecht komt na het overlijden van de maker toe aan zijn erfgenamen of legatarissen tot aan het vervallen van het auteursrecht.

Artikel 27a. (1) Naast schadevergoeding kan de maker of zijn rechtverkrijgende vorderen dat degene die inbreuk op het auteursrecht heeft gemaakt, wordt veroordeeld de door deze ten gevolge van de inbreuk genoten winst af te dragen en dienaangaande rekening en verantwoording af te leggen.
(2) De maker of diens rechtverkrijgende kan de in het eerste lid bedoelde vorderingen of een van deze ook of mede namens een licentienemer instellen, onverminderd de bevoegdheid van deze laatste in een al of niet namens hem of mede namens hem door de maker of diens rechtverkrijgende ingesteld geding tussen te komen om rechtstreeks de door hem geleden schade vergoed te krijgen of om zich een evenredig deel van de door de gedaagde af te dragen winst te doen toewijzen. De in het eerste lid bedoelde vorderingen of een van deze kan een licentienemer slechts instellen als hij de bevoegdheid daartoe van de maker of diens rechtverkrijgende heeft bedongen.

Artikel 28. (1) Het auteursrecht geeft aan de gerechtigde de bevoegdheid om roerende zaken, die geen registergoederen zijn en die in strijd met dat recht zijn openbaar gemaakt of een niet geoorloofde verveelvoudiging vormen, als zijn eigendom op te eisen dan wel vernietiging of onbruikbaarmaking daarvan te vorderen.
(2) Gelijke bevoegdheid tot opeising bestaat:
a. ten aanzien van het bedrag van de toegangsgelden betaald voor het bijwonen van een voordracht, een op- of uitvoering of een tentoonstelling of voorstelling, waardoor inbreuk op het auteursrecht wordt gemaakt;
b. ten aanzien van andere gelden waarvan aannemelijk is dat zij zijn verkregen door of als gevolg van inbreuk op het auteursrecht.
(3) Gelijke bevoegdheid tot het vorderen van vernietiging of onbruikbaarmaking bestaat ten aanzien van roerende zaken die geen registergoederen zijn en waarmee de inbreuk op het auteursrecht is gepleegd.
(4) De bepalingen van het Wetboek van Burgerlijke Rechtsvordering betreffende beslag en executie tot afgifte van roerende zaken die geen registergoederen zijn, zijn van toepassing. Bij samenloop met een ander beslag gaat degene die beslag heeft gelegd krachtens dit artikel voor.
(5) De rechter kan gelasten dat de afgifte niet plaats vindt dan tegen een door hem vast te stellen, door de eiser te betalen vergoeding.
(6) Ten aanzien van onroerende zaken, schepen of luchtvaartuigen, waardoor inbreuk op een auteursrecht wordt gemaakt, kan de rechter op vordering van de gerechtigde gelasten dat de gedaagde daarin zodanige wijziging zal aanbrengen dat de inbreuk wordt opgeheven.
(7) Tenzij anders is overeengekomen, heeft de licentienemer het recht de uit

de leden 1-6 voortvloeiende bevoegdheden uit te oefenen, voorzover deze strekken tot bescherming van de rechten waarvan de uitoefening hem is toegestaan.

Artikel 29. (1) De in artikel 28, eerste lid, bedoelde bevoegdheid kan niet worden uitgeoefend ten aanzien van zaken die onder personen berusten, die niet in soortgelijke zaken handeldrijven en deze uitsluitend voor eigen gebruik hebben verkregen, tenzij zij zelf inbreuk op het desbetreffende auteursrecht hebben gemaakt.
(2) De vordering, bedoeld in artikel 28, vierde [lees: zesde] lid, kan slechts worden ingesteld tegen de eigenaar of houder van de zaak, die schuld heeft aan de inbreuk op het desbetreffende auteursrecht.

Artikel 29a. *(Vervallen).*[6]

Artikel 30. Indien iemand zonder daartoe gerechtigd te zijn een portret openbaar maakt gelden ten aanzien van het recht van de geportretteerde dezelfde bepalingen als in de artikelen 28 en 29 met betrekking tot het auteursrecht zijn gesteld.

Artikel 30a. (1) Voor het als bedrijf verlenen van bemiddeling in zake muziekauteursrecht, al of niet met het oogmerk om winst te maken, is de toestemming vereist van Onze Minister van Justitie.
(2) Onder het verlenen van bemiddeling inzake muziekauteursrecht wordt verstaan het, al of niet op eigen naam, ten behoeve van de makers van muziekwerken of hun rechtverkrijgenden, sluiten of ten uitvoer leggen van overeenkomsten betreffende de uitvoering in het openbaar of de uitzending in een radio- of televisieprogramma, door tekens, geluid of beelden, van die werken, of hun verveelvoudigingen, in hun geheel of gedeeltelijk.
(3) Met de uitvoering of de uitzending in een radio- of televisieprogramma van muziekwerken wordt gelijkgesteld de uitvoering of de uitzending in een radio- of televisieprogramma van dramatisch-muzikale werken, choreografische werken en pantomimes en hun verveelvoudigingen, indien deze ten gehore worden gebracht zonder te worden vertoond.
(4) Overeenkomsten als bedoeld bij het tweede lid, welke worden aangegaan zonder dat de ingevolge het eerste lid vereiste ministeriële toestemming is verkregen, zijn nietig.
(5) Bij algemene maatregel van bestuur[7] worden verdere voorschriften gegeven, welke mede betreffen uitoefening van toezicht op degene, die de ministeriële toestemming heeft verkregen. De kosten van dit toezicht kunnen te diens laste worden gebracht.
(6) Het toezicht, in het vorige lid bedoeld, mag slechts betreffen de wijze, waarop degene, die bemiddeling verleent, de hem opgedragen taak vervult. In de uitoefening van dit toezicht worden belanghebbenden betrokken.

Artikel 30b. (1) Op verzoek van een of meer naar het oordeel van Onze Minister van Justitie en van Onze Minister van Economische Zaken representatieve organisaties van bedrijfs- of beroepsgenoten die rechtspersonen met volledige rechtsbevoegdheid zijn en die ten doel hebben de behartiging van belangen van personen die beroeps- of bedrijfsmatig werken van letterkunde, wetenschap of kunst invoe-

6 Wet van 6 april 1994, *Stb.* 269. Zie art. 3:305a en 305b BW (collectieve actie).
7 KB van 12 oktober 1932, *Stb.* 496; gewijzigd bij KB van 23 december 1968, *Stb.* 724 en KB van 4 juli 1977, *Stb.* 422.

ren in Nederland, openbaar maken of verveelvoudigen, kunnen voornoemde ministers gezamenlijk bepalen dat door hen aangewezen beroeps- of bedrijfsgenoten verplicht zijn hun administratie te voeren op een nader door hen aan te geven wijze.
(2) Hij die de in het vorige lid bedoelde verplichting niet nakomt, wordt gestraft met een geldboete van de tweede categorie. Het feit is een overtreding.

Artikel 31. Hij die opzettelijk inbreuk maakt op eens anders auteursrecht, wordt gestraft met gevangenisstraf van ten hoogste zes maanden of geldboete van de vierde categorie.

Artikel 31a. Hij die opzettelijk een voorwerp waarin met inbreuk op eens anders auteursrecht een werk is vervat,
a. openlijk ter verspreiding aanbiedt,
b. ter verveelvoudiging of ter verspreiding voorhanden heeft,
c. met het oog op de invoer in Nederland voorhanden heeft of
d. bewaart uit winstbejag
wordt gestraft met gevangenisstraf van ten hoogste zes maanden of geldboete van de vierde categorie.

Artikel 31b. Hij die van het plegen van de misdrijven, als bedoeld in de artikelen 31 en 31a, zijn beroep maakt of het plegen van deze misdrijven als bedrijf uitoefent, wordt gestraft met gevangenisstraf van ten hoogste vier jaar of geldboete van de vijfde categorie.

Artikel 32. Hij die een voorwerp waarvan hij redelijkerwijs kan vermoeden dat daarin met inbreuk op eens anders auteursrecht een werk is vervat,
a. openlijk ter verspreiding aanbiedt;
b. ter verveelvoudiging of ter verspreiding voorhanden heeft;
c. met het oog op de invoer in Nederland voorhanden heeft of
d. bewaart uit winstbejag
wordt gestraft met geldboete van de derde categorie.

Artikel 32a. Hij die opzettelijk middelen die uitsluitend bestemd zijn om het zonder toestemming van de maker of zijn rechtverkrijgende verwijderen van of het ontwijken van een technische voorziening ter bescherming van een werk als bedoeld in artikel 10, eerste lid, onder 12°, te vergemakkelijken
a. openlijk ter verspreiding aanbiedt,
b. ter verspreiding voorhanden heeft,
c. met het oog op de invoer in Nederland voorhanden heeft, of
d. bewaart uit winstbejag
wordt gestraft met gevangenisstraf van ten hoogste zes maanden of geldboete van de vierde categorie.

Artikel 33. De feiten strafbaar gesteld in de artikelen 31, 31a, 31b, 32 en 32a zijn misdrijven.

Artikel 34. (1) Hij die opzettelijk in enig werk van letterkunde, wetenschap of kunst, waarop auteursrecht bestaat, in de benaming daarvan of in de aanduiding van de maker wederrechtelijk enige wijziging aanbrengt of wel met betrekking tot een zodanig werk op enige andere wijze, welke nadeel zou kunnen toebrengen aan de eer of de naam van de maker of aan zijn waarde in deze hoedanigheid, het werk aantast, wordt gestraft met gevangenisstraf van ten hoogste zes maanden of geldboete van de vierde categorie.
(2) Het feit is een misdrijf.

Artikel 35. (1) Hij die zonder daartoe gerechtigd te zijn een portret in het openbaar tentoonstelt of op andere wijze openbaar maakt, wordt gestraft met geldboete van de vierde categorie.
(2) Het feit is een overtreding.

Artikel 35a. (1) Hij die, zonder dat de vereiste toestemming van Onze Minister van Justitie is verkregen, handelingen verricht, die behoren tot een bedrijf als bedoeld bij artikel 30a, wordt gestraft met geldboete van de vierde categorie.
(2) Het feit is een overtreding.

Artikel 35b. (1) Hij die in een schriftelijke aanvrage of opgave, dienende om in het bedrijf van degene, die met toestemming van Onze Minister van Justitie bemiddeling verleent inzake muziekauteursrecht, te worden gebezigd bij de vaststelling van het wegens auteursrecht verschuldigde, opzettelijk een onjuiste of onvolledige mededeling doet, wordt gestraft met hechtenis van ten hoogste drie maanden of geldboete van de derde categorie.
(2) Het feit is een overtreding.

Artikel 35c. Degene die een schriftelijke opgave aan de in artikel 16d, eerste lid, bedoelde rechtspersoon, dienende voor de vaststelling van het op grond van artikel 16c verschuldigde, opzettelijk nalaat dan wel in een dergelijke opgave opzettelijk een onjuiste of onvolledige mededeling doet, wordt gestraft met hechtenis van ten hoogste drie maanden of geldboete van de derde categorie. Het feit wordt beschouwd als een overtreding.

Artikel 35d. Degene die een opgave, als bedoeld in artikel 15g opzettelijk nalaat dan wel in een dergelijke opgave opzettelijk een onjuiste mededeling doet, wordt gestraft met hechtenis van ten hoogste drie maanden of geldboete van de derde categorie. Het feit wordt beschouwd als een overtreding.

Artikel 36. (1) De door de strafrechter verbeurd verklaarde verveelvoudigingen worden vernietigd; echter kan de rechter bij het vonnis bepalen, dat zij aan degene, wien het auteursrecht toekomt, zullen worden afgegeven, indien deze zich daartoe ter griffie aanmeldt binnen een maand nadat de uitspraak in kracht van gewijsde is gegaan.
(2) Door de afgifte gaat de eigendom van de verveelvoudigingen op de rechthebbende over. De rechter zal kunnen gelasten, dat die afgifte niet zal geschieden dan tegen een bepaalde, door de rechthebbende te betalen vergoeding, welke ten bate komt van de Staat.

Artikel 36a. De opsporingsambtenaren kunnen te allen tijde tot het opsporen van bij deze wet strafbaar gestelde feiten inzage vorderen van alle bescheiden of andere gegevensdragers waarvan inzage voor de vervulling van hun taak redelijkerwijze nodig is, bij hen die in de uitoefening van hun beroep of bedrijf werken van letterkunde, wetenschap of kunst invoeren in Nederland, openbaar maken of verveelvoudigen.

Artikel 36b. (1) De opsporingsambtenaren zijn bevoegd, tot het opsporen van de bij deze wet strafbaar gestelde feiten en ter inbeslagneming van hetgeen daarvoor vatbaar is, elke plaats te betreden.
(2) Indien hun de toegang wordt geweigerd, verschaffen zij zich die desnoods met inroeping van de sterke arm.
(3) In woningen treden zij tegen de wil van de bewoner niet binnen dan op vertoon van een schriftelijke bijzondere last van of in tegenwoordigheid van een officier van justitie of een hulpofficier van justitie. Van dit binnentreden wordt door hen binnen vierentwintig uren procesverbaal opgemaakt.

Artikel 36c. *(Vervallen).*

HOOFDSTUK III

De duur van het auteursrecht

Artikel 37. (1) Het auteursrecht vervalt door verloop van 70 jaren, te rekenen van de 1e januari van het jaar, volgende op het sterfjaar van de maker.
(2) De duur van een gemeenschappelijk auteursrecht op een zelfde werk, aan twee of meer peronen als gezamenlijke makers daarvan toekomende, wordt berekend van de 1e januari van het jaar, volgende op het sterfjaar van de langstlevende hunner.

Artikel 38. (1) Het auteursrecht op een werk, ten aanzien waarvan de maker niet is aangeduid of niet op zodanige wijze dat zijn identiteit buiten twijfel staat, vervalt door verloop van 70 jaren, te rekenen van de 1e januari van het jaar, volgende op dat, waarin de eerste openbaarmaking van het werk rechtmatig heeft plaatsgehad.
(2) Hetzelfde geldt ten aanzien van werken, waarvan een openbare instelling, een vereniging, stichting of vennootschap als maker wordt aangemerkt, tenzij de natuurlijke persoon, die het werk heeft gemaakt, als zodanig is aangeduid op of in exemplaren van het werk, die zijn openbaar gemaakt.
(3) Indien de maker vóór het verstrijken van de in het eerste lid genoemde termijn zijn identiteit openbaart, zal de duur van het auteursrecht op dat werk worden berekend naar de bepalingen van artikel 37.

Artikel 39. Voor werken, waarvan de duur van het auteursrecht niet wordt berekend naar de bepalingen van artikel 37 en die niet binnen 70 jaren na hun totstandkoming op rechtmatige wijze zijn openbaar gemaakt, vervalt het auteursrecht.

Artikel 40. Het auteursrecht op een filmwerk vervalt door verloop van 70 jaren, te rekenen van de 1e januari van het jaar, volgende op het sterfjaar van de langstlevende van de volgende personen: de hoofdregisseur, de scenarioschrijver, de schrijver van de dialogen en degene die ten behoeve van het filmwerk de muziek heeft gemaakt.

Artikel 41. Ten aanzien van werken, in verschillende banden, delen, nummers of afleveringen verschenen, wordt voor de toepassing van artikel 38 iedere band, deel, nummer of aflevering als een afzonderlijk werk aangemerkt.

Artikel 42. In afwijking voor zooverre van de bepalingen van dit hoofdstuk kan in Nederland geenerlei beroep worden gedaan op auteursrecht, waarvan de duur in het land van oorsprong van het werk reeds verstreken is. Het in de eerste zin bepaalde geldt niet voor werken waarvan de maker onderdaan is van een lidstaat van de Europese Unie of een staat die partij is bij de Overeenkomst betreffende de Europese Economische Ruimte van 2 mei 1992.

HOOFDSTUK IV

Wijziging van de Faillissementswet en van het Wetboek van Strafrecht

Artikelen 43-44. *(Bevatten wijzigingen in Failissementswet en Wetboek van Strafrecht).*

Artikel 45. *(Vervallen).*

HOOFDSTUK V

Bijzondere bepalingen betreffende filmwerken[8]

Artikel 45a. (1) Onder filmwerk wordt verstaan een werk dat bestaat uit een reeks beelden met of zonder geluid, ongeacht de wijze van vastlegging van het werk, indien het is vastgelegd.
(2) Onverminderd het in de artikelen 7 en 8 bepaalde worden als de makers van een filmwerk aangemerkt de natuurlijke personen die tot het ontstaan van het filmwerk een daartoe bestemde bijdrage van scheppend karakter hebben geleverd.
(3) Producent van het filmwerk is de natuurlijke of rechtspersoon die verantwoordelijk is voor de totstandbrenging van het filmwerk met het oog op de exploitatie daarvan.

Artikel 45b. Indien een van de makers zijn bijdrage tot het filmwerk niet geheel tot stand wil of kan brengen, kan hij zich, tenzij schriftelijk anders overeengekomen is, niet verzetten tegen het gebruik door de producent van die bijdrage, voorzover deze reeds tot stand is gebracht, ten behoeve van de voltooiing van het filmwerk. Voor de door hem totstandgebrachte bijdrage geldt hij als maker in de zin van artikel 45a.

Artikel 45c. Het filmwerk geldt als voltooid op het tijdstip waarop het vertoningsgereed is. Tenzij schriftelijk anders overeengekomen is, beslist de producent wanneer het filmwerk vertoningsgereed is.

Artikel 45d. Tenzij de makers en de producent schriftelijk anders overeengekomen zijn, worden de makers geacht aan de producent het recht overgedragen te hebben om vanaf het in artikel 45c bedoelde tijdstip het filmwerk openbaar te maken, dit te verveelvoudigen in de zin van artikel 14, er ondertitels bij aan te brengen en de teksten ervan na te synchroniseren. Het vorenstaande geldt niet ten aanzien van degene die ten behoeve van het filmwerk de muziek gemaakt heeft en degene die de bij de muziek behorende tekst gemaakt heeft. De producent is aan de makers of hun rechtverkrijgenden een billijke vergoeding verschuldigd voor iedere vorm van exploitatie van het filmwerk. De producent is eveneens aan de makers of hun rechtverkrijgenden een billijke vergoeding verschuldigd indien hij overgaat tot exploitatie in een vorm die ten tijde van het in artikel 45c bedoelde tijdstip nog niet bestond of niet redelijkerwijs voorzienbaar was of indien hij aan een derde het recht verleent tot zo'n exploitatie over te gaan. De in dit artikel bedoelde vergoedingen worden schriftelijk overeengekomen. Van het recht op een billijke vergoeding voor verhuur kan door de maker geen afstand worden gedaan.

Artikel 45e. Iedere maker heeft met betrekking tot het filmwerk naast de rechten, bedoeld in artikel 25, eerste lid, onder b, c en d, het recht
a. zijn naam op de daarvoor gebruikelijke plaats in het filmwerk te doen vermelden met vermelding van zijn hoedanigheid of zijn bijdrage aan het filmwerk;
b. te vorderen dat het onder a bedoelde gedeelte van het filmwerk mede wordt vertoond;

8 *Overgangsbepaling* in art. II van de wet van 30 mei 1985, *Stb.* 307: Het bepaalde in de artt. 45a-45g is niet van toepassing indien met het totstandbrengen van het filmwerk een aanvang is gemaakt voor het tijdstip van de inwerkingtreding van deze wet. [Dat was: 1 augustus 1985.]

c. zich te verzetten tegen vermelding van zijn naam op het filmwerk, tenzij dit verzet in strijd met de redelijkheid zou zijn.

Artikel 45f. De maker wordt, tenzij schriftelijk anders overeengekomen is, verondersteld tegenover de producent afstand gedaan te hebben van het recht zich te verzetten tegen wijzigingen als bedoeld in artikel 25, eerste lid onder c, in zijn bijdrage.

Artikel 45g. Iedere maker behoudt, tenzij schriftelijk anders overeengekomen is, het auteursrecht op zijn bijdrage, indien deze een van het filmwerk scheidbaar werk vormt. Na het in artikel 45c bedoelde tijdstip mag iedere maker, tenzij schriftelijk anders overeengekomen is, zijn bijdrage afzonderlijk openbaar maken en verveelvoudigen, mits hij daardoor geen schade toebrengt aan de exploitatie van het filmwerk.

HOOFDSTUK VI

Bijzondere bepalingen betreffende computerprogramma's

Artikel 45h. Voor het openbaar maken door middel van verhuren van het geheel of een gedeelte van een werk als bedoeld in artikel 10, eerste lid, onder 12°, of van een verveelvoudiging daarvan die door de rechthebbende of met zijn toestemming in het verkeer is gebracht, is de toestemming van de maker of zijn rechtverkrijgende vereist.

Artikel 45i. Onverminderd het bepaalde in artikel 13 wordt onder het verveelvoudigen van een werk als bedoeld in artikel 10, eerste lid, onder 12°, mede verstaan het laden, het in beeld brengen, de uitvoering, de transmissie of de opslag, voorzover voor deze handelingen het verveelvoudigen van dat werk noodzakelijk is.

Artikel 45j. Tenzij anders is overeengekomen, wordt niet als inbreuk op het auteursrecht op een werk, als bedoeld in artikel 10, eerste lid, onder 12°, beschouwd de verveelvoudiging, vervaardigd door de rechtmatige verkrijger van een exemplaar van eerder genoemd werk, die noodzakelijk is voor het met dat werk beoogde gebruik. De verveelvoudiging, als bedoeld in de eerste zin, die geschiedt in het kader van het laden, het in beeld brengen of het verbeteren van fouten, kan niet bij overeenkomst worden verboden.

Artikel 45k. Als inbreuk op het auteursrecht op een werk, als bedoeld in artikel 10, eerste lid, onder 12°, wordt niet beschouwd de verveelvoudiging, vervaardigd door de rechtmatige gebruiker van eerder genoemd werk, die dient als reservekopie indien zulks voor het met dat werk beoogde gebruik noodzakelijk is.

Artikel 45l. Hij die bevoegd is tot het verrichten van de in artikel 45i bedoelde handelingen, is mede bevoegd tijdens deze handelingen de werking van dat werk waar te nemen, te bestuderen en te testen teneinde de daaraan ten grondslag liggende ideeën en beginselen te achterhalen.

Artikel 45m. (1) Als inbreuk op het auteursrecht op een werk als bedoeld in artikel 10, eerste lid, onder 12°, worden niet beschouwd het vervaardigen van een kopie van dat werk en het vertalen van de codevorm daarvan, indien deze handelingen onmisbaar zijn om de informatie te verkrijgen die nodig is om de interoperabiliteit van een onafhankelijk vervaardigd computerprogramma met andere compu-

terprogramma's tot stand te brengen, mits:
a. deze handelingen worden verricht door een persoon die op rechtmatige wijze de beschikking heeft gekregen over een exemplaar van het computerprogramma of door een door hem daartoe gemachtigde derde;
b. de gegevens die noodzakelijk zijn om de interoperabiliteit tot stand te brengen niet reeds snel en gemakkelijk beschikbaar zijn voor de onder a bedoelde personen;
c. deze handelingen beperkt blijven tot die onderdelen van het oorspronkelijke computerprogramma die voor het totstandbrengen van de interoperabiliteit noodzakelijk zijn.
(2) Het is niet toegestaan de op grond van het eerste lid verkregen informatie:
a. te gebruiken voor een ander doel dan het totstandbrengen van de interoperabiliteit van het onafhankelijk vervaardigde computerprogramma;
b. aan derden mede te delen, tenzij dit noodzakelijk is voor het totstandbrengen van de interoperabiliteit van het onafhankelijk vervaardigde computerprogramma;
c. te gebruiken voor de ontwikkeling, de productie of het in de handel brengen van een computerprogramma, dat niet als een nieuw, oorspronkelijk werk kan worden aangemerkt of voor andere, op het auteursrecht inbreuk makende handelingen.

Artikel 45n. De artikelen 16b, eerste lid, en 17, eerste lid, zijn niet van toepassing op de in artikel 10, eerste lid, onder 12°, bedoelde werken.

HOOFDSTUK VII

Bescherming van na het verstrijken van de beschermingsduur openbaar gemaakte werken.

Artikel 45o. (1) Hij die een niet eerder uitgegeven werk voor de eerste maal rechtmatig openbaar maakt na het verstrijken van de duur van het auteursrecht, geniet het in artikel 1 genoemde uitsluitende recht.
(2) Het in het eerste lid genoemde recht vervalt door verloop van 25 jaren, te rekenen van de 1e januari van het jaar, volgende op dat, waarin de eerste openbaarmaking van dat werk rechtmatig heeft plaats gehad.
(3) Het in het eerste lid en in het tweede lid bepaalde geldt tevens voor niet eerder uitgegeven werken die nooit door het auteursrecht zijn beschermd en waarvan de maker meer dan 70 jaar geleden is overleden.

HOOFDSTUK VIII

Overgangs- en slotbepalingen

Artikel 46. (1) Bij het in werking treden van deze wet vervalt de wet van 28 juni 1881 (*Staatsblad* no. 124), tot regeling van het auteursrecht.
(2) Echter blijft artikel 11 van laatstgenoemde wet van kracht ten aanzien van werken en vertalingen, vóór bedoeld tijdstip ingezonden.

Artikel 47. (1) Deze wet is van toepassing op alle werken van letterkunde, wetenschap of kunst, welke hetzij vóór, het zij na haar in werking treden voor de eerste maal, of binnen dertig dagen na de eerste uitgave in een ander land, zijn uitgegeven in Nederland, alsmede op alle zodanige niet of niet aldus uitgegeven werken, welker makers zijn Nederlanders.
(2) Voor de toepassing van het voorgaande lid worden met Nederlanders

gelijkgesteld de makers die geen Nederlander zijn maar die hun gewone verblijfplaats in Nederland hebben, voorzover het betreft niet uitgegeven werken of werken die zijn uitgegeven nadat de maker zijn gewone verblijfplaats in Nederland heeft verkregen.
(3) Een werk is uitgegeven in de zin van dit artikel wanneer het met toestemming van de maker in druk is verschenen of in het algemeen wanneer met toestemming van de maker een zodanig aanbod van exemplaren daarvan, van welke aard ook, heeft plaatsgevonden dat daardoor, gelet op de aard van het werk, wordt voorzien in de redelijke behoeften van het publiek.
(4) De opvoering van een toneelwerk of muziek-dramatisch werk, de uitvoering van een muziekwerk, de vertoning van een filmwerk, de voordracht of de uitzending in een radio- of televisieprogramma van een werk en de tentoonstelling van een kunstwerk worden niet als een uitgave aangemerkt.
(5) Ten aanzien van bouwwerken en van werken van beeldende kunst die daarmede één geheel vormen, wordt het bouwen van het bouwwerk of het aanbrengen van het werk van beeldende kunst als uitgave aangemerkt.
(6) Onverminderd het bepaalde in de voorgaande leden is deze wet van toepassing op filmwerken, indien de producent daarvan in Nederland zijn zetel of zijn gewone verblijfplaats heeft.

Artikel 47a. Deze wet blijft van toepassing op alle werken van letterkunde, wetenschap of kunst, welke voor de eerste maal vóór 27 december 1949 in Nederlandsch-Indië of vóór 1 oktober 1962 in Nederlands-Nieuw-Guinea door of vanwege de maker zijn uitgegeven.

Artikel 47b. (1) Deze wet is van toepassing op het uitzenden van een in een radio- of televisieprogramma opgenomen werk door middel van een satelliet, indien de handeling, bedoeld in artikel 12, zevende lid, in Nederland plaatsvindt.
(2) Deze wet is voorts van toepassing op het uitzenden van een in een radio- of televisieprogramma opgenomen werk door middel van een satelliet, indien:
a. de handeling, bedoeld in artikel 12, zevende lid, plaatsvindt in een land dat niet tot de Europese Unie behoort of dat niet partij is bij de Overeenkomst betreffende de Europese Economische Ruimte van 2 mei 1992;
b. het land waar de handeling, bedoeld in artikel 12, zevende lid, plaatsvindt niet het niveau van bescherming biedt, voorzien in hoofdstuk II van richtlijn nr. 93/83/EEG van de Raad van de Europese Gemeenschappen van 27 september 1993 tot coördinatie van bepaalde voorschriften betreffende het auteursrecht en naburige rechten op het gebied van de satellietomroep en de doorgifte via de kabel (PbEG L 248); en
c. hetzij de programmadragende signalen naar de satelliet worden doorgezonden vanuit een grondstation in Nederland, hetzij een omroeporganisatie, die in Nederland haar hoofdvestiging heeft, opdracht heeft gegeven tot de uitzending en geen gebruik wordt gemaakt van een grondstation in een lidstaat van de Europese Unie of in een staat die partij is bij de Overeenkomst betreffende de Europese Economische Ruimte van 2 mei 1992.

Artikel 48. Deze wet erkent geen auteursrecht op werken, waarop het auteursrecht op het tijdstip van haar in werking treden krachtens een der artikelen 13 of 14 der wet van 28 juni 1881 (*Staatsblad* no. 124), tot regeling van het auteursrecht, was vervallen, noch op werken, waarvan op bedoeld tijdstip het kopijrecht vervallen was krachtens artikel 3 der wet van de 25ste januari 1817 (*Staatsblad* no. 5), de rechten bepalende die in de Nederlanden, ten opzichte van het drukken en uitgeven van letter- en kunstwerken, kunnen worden uitgeoefend.

Artikel 49. Het auteursrecht, verkregen krachtens de wet van 28 juni 1881 (*Staatsblad* no. 124), tot regeling van het auteursrecht, zomede het kopijrecht of enig recht van deze aard, onder een vroegere wetgeving verkregen en door genoemde wet gehandhaafd, blijft na het in werking treden van deze wet gehandhaafd.

Artikelen 50-50b. *(Vervallen)*

Artikel 50c. (1) Hij die vóór 1 september 1912, niet in strijd met de bepalingen van de wet van 28 juni 1881 (*Stb.* 124) tot regeling van het auteursrecht, noch met die van enig tractaat in Nederland of Nederlandsch-Indië enige verveelvoudiging van een werk van letterkunde, wetenschap of kunst, niet zijnde een nadruk van het geheel of een gedeelte van een zodanig werk, als bedoeld bij artikel 10, 1°, 2°, 5° of 7°, heeft uitgegeven, verliest door het in werking treden van deze wet niet de bevoegdheid om de vóór dat tijdstip uitgegeven verveelvoudiging, ook wat betreft later vervaardigde exemplaren, te verspreiden en te verkopen. Deze bevoegdheid gaat over bij erfopvolging en is vatbaar voor gehele of gedeeltelijke overdracht. Het tweede [lees: derde] lid van artikel 47 vindt overeenkomstige toepassing.
(2) Niettemin kan de rechter, op het schriftelijk verzoek van degene wien het auteursrecht op het oorspronkelijk werk toekomt, hetzij de in het eerste lid genoemde bevoegdheid geheel of gedeeltelijk opheffen, hetzij de verzoeker ter zake van de uitoefening dier bevoegdheid een schadeloosstelling toekennen, een en ander volgens de bepalingen der beide volgende artikelen.

Artikel 50d. (1) Het verzoek tot gehele of gedeeltelijke opheffing van de in artikel 50c genoemde bevoegdheid kan slechts worden gedaan, indien na 1 november 1915 een nieuwe uitgave der verveelvoudiging heeft plaatsgehad. Het tweede [lees: derde] lid van artikel 47 vindt overeenkomstige toepassing.
(2) Het verzoekschrift wordt vóór het verstrijken van het kalenderjaar, volgende op dat, waarin die uitgave heeft plaatsgehad, ingediend bij de rechtbank te Amsterdam. De griffier roept partijen op tegen een door de rechter te bepalen bekwame termijn. De zaak wordt in raadkamer behandeld.
(3) Het verzoek tot opheffing der bevoegdheid wordt slechts ingewilligd, indien en voorzover de rechter van oordeel is, dat het zedelijk belang des verzoekers door de verspreiding en de verkoop der verveelvoudiging wordt gekrenkt. Geschiedt het verzoek niet door de maker van het oorspronkelijk werk, dan wijst de rechter het af, indien het hem aannemelijk voorkomt, dat de maker die uitgave der verveelvoudiging heeft goedgevonden. De rechter wijst het verzoek ook af, indien de verzoeker pogingen heeft aangewend tot het bekomen ener schadeloosstelling van de degene die de bevoegdheid uitoefent. De rechter kan het verzoek afwijzen, indien door de opheffing degene die de bevoegdheid uitoefent, in verhouding tot het te beschermen belang des verzoekers, te zeer zou worden benadeeld. Indien de rechter de bevoegdheid geheel of gedeeltelijk opheft, bepaalt hij het tijdstip, waarop die opheffing in werking treedt.
(4) Bij zijn beslissing maakt de rechter zodanige bepalingen als hij met het oog op de belangen van beide partijen en van derde belanghebbenden billijk

oordeelt. Hij begroot de kosten van beide partijen en bepaalt in welke verhouding zij deze zullen dragen. Tegen de rechterlijke beslissingen, ingevolge dit artikel gegeven, staat geen hogere voorziening open. Griffierechten zijn ter zake van de toepassing van dit artikel niet verschuldigd.

Artikel 50e. (1) Een schadeloosstelling ter zake van de uitoefening van de in artikel 50c genoemde bevoegdheid kan slechts worden toegekend, indien na 1 mei 1915 een nieuwe uitgave van de verveelvoudiging heeft plaatsgehad. Het tweede [lees: derde] lid van artikel 47 vindt overeenkomstige toepassing.
(2) Het tweede en het vierde lid van het voorgaande artikel zijn van toepassing.

Artikel 50f. *Vervallen).*

Artikel 51. (1) De in deze wet voorziene beschermingstermijnen zijn met ingang van het tijdstip van inwerkingtreding van dit artikel[9] van toepassing op werken die op 1 juli 1995 in tenminste één lidstaat van de Europese Unie of een staat die partij is bij de Overeenkomst betreffende de Europese Economische Ruimte van 2 mei 1992 beschermd worden door de nationale wetgeving op het gebied van het auteursrecht.
(2) Deze wet kan een op de dag vóór de dag van inwerkingtreding van dit artikel lopende beschermingstermijn niet verkorten.
(3) Deze wet laat vóór het tijdstip van inwerkingtreding van dit artikel rechtmatig verrichte exploitatiehandelingen alsmede vóór dat tijdstip verworven rechten onverlet.
(4) Hij die met betrekking tot een werk, waarvan de beschermingstermijn vóór het tijdstip van inwerkingtreding van dit artikel was verstreken en waarop met ingang van het tijdstip van inwerkingtreding van dit artikel deze wet weer van toepassing is, vóór 24 november 1993 rechtmatig exploitatiehandelingen heeft verricht, is bevoegd deze exploitatiehandelingen met ingang van het tijdstip van inwerkingtreding van dit artikel voort te zetten.
(5) Rechten die op het tijdstip van inwerkingtreding van dit artikel herleven of verlengd worden komen tot het verval van deze rechten toe aan degene die laatste rechthebbende zou zijn geweest als de herleving of verlenging niet had plaatsgevonden, tenzij anders is overeengekomen.

Artikel 52. Deze wet kan worden aangehaald onder de titel 'Auteurswet 1912'.

Artikel 53. Deze wet treedt in het Rijk in Europa in werking op de eerste dag der maand[10] volgende op die, waarin zij afgekondigd wordt.

9 29 december 1995.
10 1 november 1912.

Bijlage II: Overgangsbepalingen 1995 en 1996

Overgangsbepalingen Verhuur- en uitleenrecht

Wet van 21 december 1995, Stb. 653 (wijziging van de artikelen 12, 12a, 15c t/m 15g, 28, 35d, 45d en 45h Aw), inwerkingtreding 29 december 1995.

Artikel III. (1) Deze wet laat vóór het tijdstip van inwerkingtreding van deze wet verrichte exploitatiehandelingen onverlet.
(2) Voor het verhuren van een werk in de zin van de Auteurswet 1912 (...), waarvan de verhuurder aantoont dat hij daarover vóór het tijdstip van inwerkingtreding van deze wet op rechtmatige wijze de beschikking heeft gekregen, wordt de rechthebbende geacht toestemming te hebben gegeven, onverminderd het recht van de rechthebbende op een billijke vergoeding.
(3) Het recht op een billijke vergoeding bedoeld in artikel 12a, en artikel 45d, zesde zin, van de Auteurswet 1912 (...), voortvloeiend uit een vóór het tijdstip van inwerkingtreding van deze wet gesloten overeenkomst, wordt uiterlijk op 31 december 1996 ingeroepen.

Artikel IV. (1) Onze Minister van Justitie zendt in overeenstemming met Onze Minister van Onderwijs, Cultuur en Wetenschappen vóór 1 januari 2000 aan de Staten-Generaal een verslag over de werking en het effect van de in de Auteurswet 1912 en de Wet op de naburige rechten opgenomen regeling terzake van het leenrecht.
(2) De stichting, bedoeld in artikel 15d van de Auteurswet 1912 (...), en de rechtspersoon, bedoeld in artikel 15f van de Auteurswet 1912 (...), zijn verplicht de voor het in het eerste lid bedoelde verslag noodzakelijke gegevens te verschaffen en voor het overige hun medewerking te verlenen aan de voorbereiding van dit verslag.

Artikel V. De Auteurswet 1912 is op het uitlenen door openbare bibliotheken van publicaties als bedoeld in artikel 21, onderdeel c, van de Tijdelijke wet leenvergoeding van toepassing met ingang van het tijdstip waarop de Tijdelijke wet leenvergoeding vervalt.

Overgangsbepalingen Satellietomroep en kabeldoorgifte

Wet van 20 juni 1996, Stb. 364 (wijziging van de artikelen 12, 17a, 26a t/m 26c, 47b Aw), inwerkingtreding 1 september 1996.

Artikel III. (1) Deze wet laat vóór het tijdstip van inwerkingtreding van deze wet verrichte exploitatiehandelingen onverlet.
(2) Op overeenkomsten betreffende de exploitatie van een werk in de zin van de Auteurswet 1912 (...), die op het tijdstip van inwerkingtreding van deze wet nog van kracht zijn, is de in deze wet opgenomen regeling betreffende het uitzenden door middel van een satelliet van toepassing met ingang van 1 januari 2000, indien deze overeenkomsten op het laatstgenoemde tijdstip nog van kracht zijn.
(3) Met betrekking tot een vóór het tijdstip van inwerkingtreding van deze wet totstandgekomen internationale co-productieovereenkomst tussen een co-producent uit een van de lidstaten van de Europese Unie of uit een staat die partij is bij de Overeenkomst be-

treffende de Europese Economische Ruimte van 2 mei 1992 en een of meer co-producenten uit andere lidstaten of uit derde landen die een regeling bevat, waarbij de exploitatierechten voor alle vormen van openbaarmaking naar geografisch gebied worden verdeeld tussen de co-producenten zonder onderscheid te maken tussen uitzendingen door middel van een satelliet en andere vormen van openbaarmaking, is, indien de uitzending van de co-productie door middel van een satelliet de exclusiviteit, in het bijzonder de taalexclusiviteit, van een van de co-producenten of van diens rechtverkrijgenden op een bepaald grondgebied zou aantasten, voor de uitzending door middel van een satelliet de toestemming vereist van de co-producent die recht op die exclusiviteit kan doen gelden of diens rechtverkrijgenden.

Bijlage III: Reprobesluit 1974

BESLUIT van 20 juni 1974 inzake het kopiëren van auteursrechtelijk beschermde werken (Stb. 1974, 351), zoals gewijzigd bij KB van 23 augustus 1985 (Stb. 1985, 471).

Wij JULIANA, bij de gratie Gods, Koningin der Nederlanden, Prinses van Oranje-Nassau, enz., enz., enz.

Op voordracht van Onze Minister van Justitie van 27 mei 1974, Stafafdeling Wetgeving Privaatrecht, Nr. 261/674;

Overwegende dat de artikelen 16b en 17 van de Auteurswet 1912, zoals die zijn vastgesteld bij de Wet van 27 oktober 1972 (*Stb.* 579) tot herziening van de Auteurswet 1912, ingevolge artikel IV, tweede lid, van genoemde Wet van 27 oktober 1972 uiterlijk op 1 juli 1974 in werking dienen te treden, alsmede dat er behoefte bestaat aan een algemene maatregel van bestuur als bedoeld in genoemd artikel 16b, zesde lid;

Gelet op de artikelen 16b, 17 en 17d, zoals die zijn vastgesteld bij de Wet van 27 oktober 1972 (*Stb.* 579) tot herziening van de Auteurswet 1912, alsmede op artikel IV, tweede lid, van genoemde Wet van 27 oktober 1972;

De Raad van State gehoord (advies van 12 juni 1974, nr. 10);

Gezien het nader rapport van Onze Minister van Justitie van 18 juni 1974, Stafafdeling Wetgeving Privaatrecht, nr. 293/674;

Hebben goedgevonden en verstaan:

Artikel 1. In dit besluit wordt verstaan onder:

a. 'de Wet': de Auteurswet 1912;

b. 'de overheid':
1°. de lichamen en organen waaraan bij of krachtens de wet een taak ten behoeve van de openbare dienst is opgedragen,
2°. lichamen en organen die door de onder 1° bedoelde lichamen en organen in het leven zijn geroepen en waaraan een taak ten behoeve van de openbare dienst is opgedragen.

c. 'bibliotheken':
1°. bibliotheken zonder winstoogmerk die in belangrijke mate de publieke dienstverlening tot taak hebben,
2°. andere bibliotheken, doch slechts voorzover deze een functie vervullen in het leenverkeer met de onde 1° bedoelde bibliotheken;

d. 'onderwijsinstellingen': instellingen waar onderwijs wordt gegeven vanwege de overheid of vanwege een rechtspersoon zonder winstoogmerk;

e. 'andere in het algemeen belang werkzame instellingen': instellingen wier uitgaven geheel of hoofdzakelijk uit door de overheid ter beschikking gestelde gelden worden bekostigd.

f. 'geschriften':
1°. kleine gedeelten van werken als bedoeld in artikel 10, eerste lid, onder 1°, van de Wet, de partituur of de partijen van een muziekwerk daaronder begrepen,
2°. gehele werken als bedoeld in artikel 10, eerste lid, onder 1°, van de Wet, de partituur of de partijen van

een muziekwerk daaronder begrepen, wanneer daarvan naar redelijkerwijs mag worden aangenomen geen nieuwe exemplaren tegen betaling, in welke vorm ook, aan derden ter beschikking worden gesteld,
3°. in een dag-, nieuws- of weekblad of tijdschrift verschenen artikelen, berichten of andere stukken.

Artikel 2. Onverminderd hetgeen reeds krachtens artikel 16b van de Wet geoorloofd is, wordt niet als inbreuk op het auteursrecht beschouwd het vervaardigen of doen vervaardigen van verveelvoudigingen van geschriften door de overheid ten behoeve van personen tot haar dienst behorende of ten behoeve van bij de uitoefening van haar taak betrokken derden, doch niet tot een groter aantal dan voor de juiste vervulling van haar taak ten behoeve van de openbare dienst noodzakelijk is.

Artikel 3. Onverminderd hetgeen reeds krachtens artikel 16b van de Wet geoorloofd is, wordt niet als inbreuk op het auteursrecht beschouwd het vervaardigen of doen vervaardigen door bibliotheken van verveelvoudigingen van geschriften als bedoeld in artikel 1, onder f, 2° en 3°, indien dit geschiedt:
a. ter vervanging van de geschriften waarvan door bepaalde derden aan die bibliotheek of aan een andere bibliotheek uitlening is verzocht, of
b. om die verveelvoudigingen te zijner tijd uit te lenen, of
c. om met behulp daarvan nieuwe verveelvoudigingen te vervaardigen, mits die bestemd zijn om op de onder a omschreven wijze te worden gebruikt.

Artikel 4. Onverminderd hetgeen reeds krachtens artikel 16b van de Wet geoorloofd is, wordt niet als inbreuk op het auteursrecht beschouwd het vervaardigen of doen vervaardigen van verveelvoudigingen van geschriften door onderwijsinstellingen, indien de verveelvoudigingen worden vervaardigd ten behoeve van degenen die het onderwijs volgen of die voornemens zijn een examen af te leggen, mits het verveelvoudigen geschiedt ter noodzakelijke aanvulling van de in de leerplannen en studieprogramma's per vak voorgeschreven of aanbevolen leerboeken. Het aantal verveelvoudigingen mag niet groter zijn dan het aantal leerlingen of studenten dat de verveelvoudigingen nodig heeft, hetzij voor het volgen van het onderwijs, hetzij met het oog op een af te leggen examen.

Artikel 5. (1) Voorzover in de artikelen 3 en 4 geen nadere regelen zijn gesteld, is artikel 2 op bibliotheken en onderwijsinstellingen van overeenkomstige toepassing.
(2) Artikel 2 is op andere in het algemeen belang werkzame instellingen van overeenkomstige toepassing.

Artikel 6. Als inbreuk op het auteursrecht wordt niet beschouwd het afgeven van overeenkomstig de artikelen 2, 3, 4 en 5 vervaardigde verveelvoudigingen aan degenen te wier behoeve zij zijn vervaardigd.

Artikel7. [1] (1) Voor de verveelvoudiging ingevolge de artikelen 2 en 3, artikel 4 voorzover het betreft instellingen van wetenschappelijk onderwijs, en artikel 5 komt aan de rechthebbende op het auteursrecht met ingang van 1 januari 1975 een vergoeding toe van *f* 0,10 per gekopieerde pagina.
(2) Voor de verveelvoudiging ingevolge artikel 4 voorzover het betreft

1 De leden 4, 5 en 6 zijn ingevoegd bij KB van 23 augustus 1985, *Stb.* 471, inwerkingtreding 5 november 1985.

andere onderwijsinstellingen dan instellingen van wetenschappelijk onderwijs komt aan de rechthebbende op het auteursrecht met ingang van 1 januari 1975 een vergoeding toe van *f* 0,025 per gekopieerde pagina.
(3) De verplichting tot betaling van deze vergoedingen rust op degene die de verveelvoudigingen ingevolge de artikelen 2, 3, 4 en 5 vervaardigt of doet vervaardigen; zij vervalt door verloop van drie jaren na het tijdstip waarop het verveelvoudigen heeft plaatsgevonden.
(4) De betaling van de in dit artikel bedoelde vergoedingen dient te geschieden aan een door Onze Minister van Justitie aan te wijzen incasso-organisatie, die met uitsluiting van anderen met de inning en verdeling van deze vergoeding is belast.
(5) De in het vorige lid bedoelde incasso-organisatie hanteert voor de verdeling van de geïnde vergoedingen een reglement dat door Onze Minister van Justitie is goedgekeurd.
(6) Bij de beschikking, houdende de aanwijzing van de incasso-organisatie, worden regels gesteld betreffende het door Onze Minister van Justitie uit te oefenen toezicht.

Artikel 8. De artikelen 1-7 van dit besluit treden in werking twee maanden na de datum van uitgifte van het *Staatsblad,* waarin dit besluit wordt geplaatst.

Artikel 9. (1) De artikelen 16b en 17 van de Auteurswet 1912, zoals die zijn vastgesteld bij de Wet van 27 oktober 1972 (*Stb.* 579) tot herziening van de Auteurswet 1912, treden op 1 juli 1974 in werking.
(2) Dit artikel treedt in werking op de tweede dag na die der dagtekening van het *Staatsblad* waarin dit besluit wordt geplaatst.

Lasten en bevelen dat dit besluit met de daarbij behorende nota van toelichting in het *Staatsblad* zal worden geplaatst en dat daarvan afschrift zal worden gezonden aan de Raad van State en aan de Algemene Rekenkamer.

Soestdijk, 20 juni 1974.
JULIANA

De Minister van Justitie,
VAN AGT.

Uitgegeven de
vijfentwintigste juni 1974.

Bijlage IV: Lijst van bij BC en/of UAC aangesloten landen

De lijst geeft de situatie weer per 1 januari 1997.
Landen waar niets achter staat vermeld zijn bij beide conventies aangesloten.

Albanië (BC)
Algerije (UAC)
Andorra (UAC)
Argentinië
Australië
Bahamas
Bahrain (BC)
Bangladesh (UAC)
Barbados
België
Belize (UAC)
Benin (BC)
Bolivia
Bosnië en Herzegowina
Brazilië
Bulgarije
Burkina Faso (Opper Volta)(BC)
Cambodja (UAC)
Canada
Centraal Afrikaanse Republiek (BC)
Chili
China
Colombia
Costa Rica
Cuba
Cyprus
Denemarken
Dominicaanse Republiek (UAC)
Duitsland
Ecuador
Egypte (BC)
El Salvador
Estland (BC)
Fiji
Filippijnen
Finland
Frankrijk
Gabon (BC)
Gambia (BC)
Georgië (BC)
Ghana
Griekenland
Groot-Brittannië
Guatemala (UAC)
Guinea
Guinee-Bissau (BC)
Guyana (BC)
Haïti
Honduras (BC)
Hongarije
Ierland
India
Israël
Italië
Ivoorkust (BC)
Jamaica (BC)
Japan
Joegoslavië
Kameroen
Kazakhstan (UAC)
Kenya
Kongo (Brazzaville) (BC)
Kongo (Zaïre) (BC)
Kroatië
Laos (UAC)
Lesotho (BC)
Letland (BC)
Libanon
Liberia
Libië (BC)
Liechtenstein
Litouwen (BC)
Luxemburg
Macedonië (BC)
Madagaskar (BC)
Malawi
Maleisië (BC)
Mali (BC)
Malta
Marokko
Mauretanië (BC)
Mauritius
Mexico
Moldavië (BC)

Monaco
Namibië (BC)
Nederland[1]
Nicaragua (UAC)
Nieuw-Zeeland
Niger
Nigeria
Noorwegen
Oekraïne
Oostenrijk
Pakistan
Panama
Paraguay
Peru
Polen
Portugal
Roemenië (BC)
Ruanda
Russische Federatie
St. Kitts en Nevis (BC)
St. Lucia (BC)
St. Vincent en de Grenadinen
Saoedi Arabië (UAC)
Senegal
Slowakije
Slowenië
Spanje
Sri Lanka
Suriname (BC)
Tadzjikistan (UAC)
Tanzania (BC)
Thailand (BC)
Togo (BC)
Trinidad en Tobago
Tsjaad (BC)
Tsjechië
Tunesië
Turkije (BC)
Uruguay
USA
Vaticaanstad
Venezuela
Wit-Rusland (UAC)
IJsland
Zambia
Zimbabwe (BC)
Zuid-Afrika (BC)
Zuid-Korea
Zweden
Zwitserland

Totaal: 134 landen
BC: 121 landen
UAC: 95 landen

1 Nederlandse Antillen en Aruba: alleen BC (tekst 1948).

Trefwoordenregister

De cijfers verwijzen naar de nummers der paragrafen. Een vetgedrukt cijfer wil zeggen, dat het betreffende onderwerp aldaar meer in het bijzonder wordt behandeld.